Thérèse de l'Enfant-Jésus
Docteur de l'Amour

CENTRE NOTRE-DAME DE VIE

Thérèse de l'Enfant-Jésus Docteur de l'Amour

Rencontre théologique et spirituelle
1990

ÉDITIONS DU CARMEL

ISBN 2-900424-15-1
ISSN 0758-9263

PRÉFACE

Il pourrait être trop aisé de reprendre la phrase de saint Pie X comme un slogan que l'on va répétant avec satisfaction : "Thérèse de Lisieux, la plus grande sainte des temps modernes". Longtemps, j'ai évité de l'employer, craignant de tomber dans une sorte de facilité. Après plus de trente ans de compagnonnage avec celle qui a conquis le monde, j'y reviens avec conviction parce que ce Pape canonisé a été prophète. Mais au point de vue de Thérèse, on peut immédiatement ajouter : "la plus *petite* sainte des temps modernes", tant elle a voulu "rester petite, le devenir de plus en plus" (Ms B, 3rº). Et plus elle l'a été − toute sa vie cachée dans un carmel de province nous le montre à l'évidence − plus son influence mondiale s'est déployée.

Il serait fastidieux et interminable de recenser cet impact dans les cinq continents ("Au-delà des frontières, une doctrine universelle", la troisième partie de ce livre, en donne quelques aperçus). Je ne citerai que le témoignage du Préposé Général des carmes déchaux, le Père Philippe Sainz de Baranda revenant de visites généralices à travers les pays de l'Est, le regard du monde s'étant récemment porté vers ces régions : "Je suis convaincu de l'actualité incontestée de 'la petite voie' à l'heure présente de l'Église et du monde. Dans mes voyages récents en Union soviétique, en Lituanie, en Biélorussie et en Ukraine, comme dans les autres pays d'Europe centrale et orientale, j'ai pu constater combien Thérèse est connue et aimée. Elle est vraiment la sainte la plus populaire, la sainte universelle de notre temps" (Lettre du 9 novembre 1990).

Ici même peut surgir un malentendu. Que sainte Thérèse de l'Enfant-Jésus et de la Sainte-Face soit une des saintes les plus populaires du monde, cela ne fait aucun doute, sa statue est présente dans nombre d'églises et le Cardinal Pacelli, légat *a latere* de Pie XI à Lisieux, n'a pas hésité à l'appeler "la plus grande thaumaturge des temps modernes" (11/7/1937) comme elle est patronne universelle des missions (1927).

Mais, oserons-nous dire, après tant d'autres papes et théologiens qui ont été des pionniers, que Thérèse est encore plus que cela ? Tous ceux qui se sont plongés dans la profondeur de sa *doctrine*, en ont éprouvé comme un vertige. A sa manière, qui demeure unique dans l'histoire de la spiritualité, elle a révélé au monde les trésors de l'Amour Miséricordieux, proposé aux pécheurs, en faisant ressurgir "l'essentiel de l'Évangile qui est l'essentiel de son message" : la paternité divine et notre vie filiale (Jean-Paul II, pèlerin à Lisieux, 2 juin 1980).

Car, sans l'assistance de l'Esprit Saint, une terrible déviation aurait pu se produire : la dérive d'un message essentiel pour le monde moderne vers une dévotion marquée de mièvrerie. Le dérapage n'a pas toujours été évité. Ce qui est vrai, c'est que la "petite" Thérèse a toujours employé les moyens pauvres et que son audacieuse confiance, son "téméraire abandon" (Ms B, 5r°) n'ont jamais voulu se fonder que sur la Croix de Jésus, son "Bien-Aimé", "Son Unique Amour".

Mais le vaste effort entrepris pour donner Thérèse en vérité au monde a porté des fruits et en portera encore. La parution, en 1956, des *Manuscrits auto-biographiques* — état primitif de l'*Histoire d'une Âme* (1898) — par le P. François de Sainte Marie ocd, de 47 photos authentiques qui ont révélé le vrai visage de la carmélite (1961), la publication par une équipe de l'Édition critique dite du Centenaire comprenant 266 Lettres, 54 Poésies, 8 Récréations théâtrales, 21 Prières, les Derniers entretiens (1971-1988) [1], la parution des deux Procès de Canonisation en 1973 et 1976 par une équipe de carmes de la faculté pontificale du Teresianum de Rome, ont permis de cerner de très près "le vrai de la vie" (Ms A, 31v°) de Thérèse, sans fioritures, et de mesurer l'importance de son message, inséparable de sa vie.

Nous ne sommes sans doute qu'à l'aube de nouveaux travaux qui vont puiser dans ce matériau considérable une nouvelle lecture de celle qui voulut être "l'Amour au cœur de l'Eglise" (Ms B, 3v°).

Les travaux de la Rencontre qui s'est tenue à Notre-Dame de Vie (Venasque) sont une étape de ce travail en profondeur qui reflète la richesse inépuisable de l'apport thérésien à la théologie spirituelle. Car il s'agit bien de la théologie des Saints qui revient en force à la conscience de l'Église et qui l'oriente vers cette "théologie orante", chère à Hans Urs von Balthasar, un des grands théologiens qui a rapidement perçu l'importance de Thérèse.

Le lecteur attentif de ce livre si dense, remarquera que ces conférences ne sont pas publiées, comme les autres colloques, dans la série "Spiritualité" mais dans la série "Théologie" des Éditions du Carmel.

C'est dire que nous avons ici un dossier construit sur le thème de *Thérèse de l'Enfant-Jésus, Docteur de l'Amour* qui balaie un vaste champ, partant de l'Écriture et de la Tradition pour aboutir à l'œcuménisme et au monde de l'incroyance moderne, en passant par la théologie de la voie d'enfance et l'importance de l'apport thérésien au Concile Vatican II.

Il ne s'agit pas de tranformer la jeune carmélite de Lisieux en une intel-lectuelle. Mais de se mettre à son école, avec un cœur d'enfant aussi transparent et priant que possible, pour recevoir ce que cette "Parole de Dieu" pour le monde (Pie XI, 11/2/1923) doit nous transmettre.

Dès 1932, sept ans seulement après la canonisation, au premier Congrès thérésien de Lisieux, le Père Desbuquois, jésuite de l'Action Populaire, demandait

---

1. Éditions Cerf-Desclée de Brouwer. Œuvre couronnée par le Grand Prix Cardinal Grente de l'Académie française (1989).

le Doctorat de la Sainte. Son appel eut un écho mondial mais se heurta au refus du Pape Pie XI (qui avait pourtant fait de Thérèse "l'Étoile de son pontificat") : son sexe s'y opposait. Déjà, en 1923, le Saint Père avait refusé le Doctorat de sainte Thérèse de Jésus d'Avila pour la raison qu'elle était femme[2].

En 1970, le Pape Paul VI leva l'obstacle en faisant Docteurs de l'Église sainte Thérèse d'Avila et sainte Catherine de Sienne.

On se trouve donc devant cette situation : la carmélite de Lisieux est à la fois fille de Docteur, du côté de la Madre qui l'a nourrie de sa sève carmélitaine et fille spirituelle du Docteur saint Jean de la Croix (1926). On découvre encore mieux cette influence en célébrant cette année le quatrième centenaire de la mort du Saint espagnol.

Sainteté éminente de vie, pénétration étonnante du Mystère révélé, message à la fois évangélique et parfaitement adapté au monde moderne, enseignement universellement diffusé et accueilli depuis bientôt un siècle, non sans avoir causé une profonde transformation des mentalités : sainte Thérèse de l'Enfant-Jésus et de la Sainte-Face se trouve dans des conditions telles que Monseigneur Pierre Pican, évêque de Bayeux-Lisieux, a demandé "de reprendre le dossier du doctorat de sainte Thérèse qui avait été ouvert dans les années 30" (*Église de Bayeux*, 12/3/1989).

Le paradoxe, c'est que sainte Thérèse de Lisieux est à la fois très connue et, par certains côtés, inconnue. L'ensemble des communications de ce volume, centrées sur sa doctrine, pourront aider maints lecteurs à évaluer la dimension de son apport à l'Église universelle. Sa simplicité transparente, signe évident de l'action de l'Esprit Saint, cache un abîme de profondeur.

Les faits sont là : Thérèse est présente dans tous les secteurs du renouveau de l'Église, dans tous les domaines, dans tous les pays. Un seul exemple : au dernier synode sur la formation des prêtres, le cardinal Paul Poupard (Président du Conseil pontifical pour le Dialogue avec les non-croyants) a fait une intervention pour confier le sacerdoce à sainte Thérèse de Lisieux, source de tant de vocations diverses. Il concluait ainsi : "Sainte Thérèse continue aujourd'hui de féconder le ministère des prêtres, spécialement des jeunes qui sont attirés par son message. Il serait donc important de lui donner une place de choix dans le cursus des études de théologie spirituelle" (*Osservatore Romano*, 17/10/1990, édit. italienne ; 25/12/1990, édit. française).

La lecture de *Thérèse de l'Enfant-Jésus, Docteur de l'Amour* fera sans doute découvrir à beaucoup qu'elle se trouve au carrefour des questions essentielles du renouveau spirituel de ce temps. Et bien d'autres points seront à étudier...

Le Père Marie-Eugène de l'Enfant-Jésus, carme, fondateur de l'Institut Notre-Dame de Vie, dont la cause de canonisation est ouverte depuis 1985, a reçu au cœur le message thérésien dès 1908, à treize ans. Tout au long de sa vie, il n'a

---

2. Cf. l'étude très documentée de Paul DROULERS, s.j., "Le Doctorat de Sainte Thérèse de Lisieux proposé en 1932", *Ephemerides Carmeliticæ*, XXIV, 1973, I, Teresianum Romæ, p. 86-129.

cessé de le méditer et de l'approfondir. Il organisa en 1947 un congrès thérésien à l'Institut Catholique de Paris, y invitant les grands théologiens de l'époque pour que soit mise en valeur la haute valeur doctrinale de sainte Thérèse. Parmi tant d'autres, son témoignage, jailli de l'expérience de toute une vie, ne peut laisser indifférent : "Thérèse nous ramène à une pureté et une intégrité de doctrine tout évangélique. Cette simplicité qui pénètre et réalise intégralement et en profondeur, telle est la grâce spéciale de sainte Thérèse de l'Enfant-Jésus et qui fait la nouveauté de son message. Simplicité et profondeur, qualités qui font les grands maîtres. Par elles, la petite Thérèse entre de plain-pied dans la famille des grands maîtres spirituels de tous les temps.

Serait-elle donc une grande théologienne ? Non pas, certes, au sens habituel du mot qui éveille l'idée d'explications de la vérité divine où s'applique la raison éclairée par la foi ; mais si nous pouvons définir la théologie spirituelle : cette science qui met toutes choses en leur place sous la lumière de Dieu et de son Christ et organise avec sagesse la marche de l'homme vers sa fin dernière, à n'en pas douter la petite Thérèse est une très grande théologienne spirituelle..."

Et il concluait : "Il est toujours dangereux de prophétiser. Mais est-ce prophétiser que d'exprimer nos pressentiments, à tous, notre conviction qui s'appuie sur l'œuvre déjà réalisée, sur l'étendue du champ où elle s'exerce qui n'est autre que l'univers entier, sur la puissance et la pureté de la lumière qui jaillit, et d'affirmer que Thérèse sera, est déjà parmi les grands maîtres spirituels de l'Église, parmi les plus puissants conducteurs d'âmes de tous les temps"[3].

Ce texte a été écrit il y a plus de quarante ans. Nous pressentons à notre tour qu'il est en train de se réaliser et que nous ne sommes pas au bout de nos surprises en ce qui concerne et l'action et l'enseignement posthumes de sainte Thérèse de l'Enfant-Jésus et de la Sainte-Face. Mais ne nous avait-elle pas prévenus ? "Je ne veux pas me reposer tant qu'il y aura des âmes à sauver..." (CJ 17.7)

Guy GAUCHER, ocd
Evêque auxiliaire de Bayeux-Lisieux

---

3. *Sainte Thérèse de l'Enfant-Jésus, Docteur de la vie mystique*, conclusion aux "Journées Thérésiennes" organisées du 10 au 13 juillet 1947 pour le cinquantenaire de sa mort. Repris dans *Ton amour a grandi avec moi. Un génie spirituel, Thérèse de Lisieux*, Éditions du Carmel, Venasque, 1987, p. 121-122 et 168-169, et en texte final de ce volume.

SOMMAIRE

Les sigles utilisés se trouvent p. 363.

"JE ME SENS LA VOCATION DE DOCTEUR"

(Ms B, 2v°)

Monseigneur Guy GAUCHER *

Au cours de l'été 1896, sœur Thérèse de l'Enfant-Jésus et de la Sainte-Face sent qu'elle ne peut plus se contenter d'être carmélite, épouse et mère. Certes elle assume pleinement sa belle vocation carmélitaine pour laquelle elle a vaillamment combattu à quatorze et quinze ans : elle a voulu être carmélite afin de prier pour les prêtres et les pécheurs [1]. Mais voici que maintenant, à vingt-trois ans, elle éprouve comme une crise de vocation : elle voudrait les embrasser toutes : elle désirerait être guerrier, prêtre, apôtre, docteur, martyre... Et elle détaille les aspects de ces vocations apparemment contradictoires :

> *Ah ! malgré ma petitesse, je voudrais éclairer les âmes comme les Prophètes, les Docteurs, j'ai la vocation d'être Apôtre..*

Ses désirs vont à l'infini et elle voudrait être pleinement et totalement investie dans ces vocations. Elle en explicite les dimensions dans l'espace et le temps :

> *Je voudrais annoncer l'Évangile dans les cinq parties du monde et jusque dans les îles les plus reculées* (espace)... *Je voudrais être missionnaire non seulement pendant quelques années mais je voudrais l'avoir été depuis la création du monde et l'être jusqu'à la consommation des siècles...* (temps).

Sommes-nous en présence "d'une volonté de puissance qui parfois s'empare d'un être et qui excite en lui le désir mégalomane de cumuler toutes les expériences à la fois ?" [2] ou est-ce un appel de l'Esprit Saint qui veut faire franchir à Thérèse une nouvelle étape ?

Remarquons d'abord que la jeune carmélite ne délire pas. Tout est calme en elle. Elle prévient l'objection possible de sa correspondante, sœur Marie du Sacré-Cœur : "Peut-être allez-vous trouver mes expressions exagérées". C'est le moins que l'on puisse dire à la lecture d'un tel texte mais Thérèse ajoute : "Je vous assure qu'il n'est aucune exagération dans ma *petite âme,* tout y est calme et reposé" [3].

---

* Évêque auxiliaire de Bayeux-Lisieux.
1. Cf. son examen canonique, Ms A, 69v°.
2. A. MANARANCHE, *L'Esprit et la Femme*, Seuil, p. 46.
3. Ms B, 1v°.

On constate en effet que ce texte lyrique est bien écrit, bien construit : Thérèse s'y montre très lucide. Elle se pose toute une série de questions raisonnables sur ce qu'elle éprouve : "Comment allier ces contrastes ? A toutes ses folies que va répondre Jésus ? Comment témoignera-t-elle son amour, puisque l'amour se prouve par des œuvres ?" etc. Quand elle touche au but et trouve enfin la clef de sa vocation — "être l'amour dans le cœur de l'Église" — elle parle de "l'excès de sa joie délirante" mais se reprend aussitôt : "Pourquoi parler d'une joie délirante ? non, cette expression n'est pas juste, c'est plutôt la paix calme et sereine du navigateur apercevant le phare qui doit le conduire au port..."[4]

Devant ce texte unique, plein du souffle de l'Esprit Saint, l'historien doit aussi garder la tête froide. Avec le recul du temps, il peut constater que ces désirs ne sont pas ceux d'une tuberculeuse enfièvrée, mais que certains ont été comblés. Sœur Thérèse voulait être missionnaire et... en 1927, elle a été déclarée patronne des missions universelles. Si tel ses désirs a été effectivement comblé, pourquoi les autres ne le seraient-ils pas ? Et particulièrement celui-ci : "Je voudrais éclairer les âmes comme les Docteurs"[5].

Dès la canonisation (17 mai 1925), cette parole a suscité des demandes et des travaux. En 1932, au premier congrès thérésien à Lisieux, le Père Desbuquois s.j., de l'Action Populaire, a prononcé une conférence qui a provoqué un vaste mouvement en faveur du Doctorat de la "petite" Sainte. Il s'est heurté au refus catégorique de Pie XI, pape qui avait pourtant fait de Thérèse de Lisieux "l'Étoile de son Pontificat". La seule raison invoquée était qu'elle était femme. Déjà, en 1923, et pour la même raison, Pie XI avait refusé de proclamer Docteur Thérèse de Jésus[6].

Mais aujourd'hui, l'obstacle est heureusement levé : Paul VI a franchi le pas en 1970, déclarant Thérèse d'Avila et Catherine de Sienne Docteurs de l'Église.

Ce que nous voudrions tenter ici, c'est de suivre l'évolution de sainte Thérèse de l'Enfant-Jésus qui a pris peu à peu conscience d'avoir "quelque chose à dire" à son entourage immédiat, puis, dans les dernières semaines de sa vie, au monde entier. Autrement dit, nous voudrions expliciter au maximum son désir exprimé clairement en l'été 1896 : "Je me sens la vocation de Docteur..."

Une telle entreprise se révèle particulièrement ardue. D'abord, à cause de la simplicité de Thérèse. Tout est si simplement affirmé qu'on ne sait pas trop comment et par où l'aborder. On se trouve face à une simplicité qui n'est pas d'indigence, mais de profondeur et de transparence comme dirait Jean Guitton.

---

4. Ms B, 3v°.
5. Ms B, 2v°.
6. Cf. l'article très documenté de Paul DROULERS, s.j., "Le Doctorat de Sainte Thérèse de Lisieux proposé en 1932", *Ephemerides Carmeliticæ*, 1973 I, Teresianum Romæ, p. 86-129.

On oserait dire que tout est tellement simple et lisse chez cette jeune fille qui n'a rien d'une théoricienne qu'on ne sait pas trop comment saisir le fil conducteur de sa pensée. Et pourtant, elle en a une...

D'autre part, bien qu'elle ait assez abondamment écrit (environ 130 pages de manuscrits autobiographiques, 266 lettres, 54 poésies, 8 pièces de théâtre, 21 prières), elle n'a formulé que de brèves synthèses, en des lieux variés. Il faut donc puiser dans tous ces textes pour tenter de trouver sa "doctrine".

Telle est la tâche délicate à laquelle nous sommes affrontés.

Sœur Thérèse a bien eu conscience d'avoir "quelque chose" à enseigner lorsqu'elle répond, en septembre 1896 à sa sœur Marie du Sacré-Cœur : "Vous m'avez demandé de vous écrire 'ma petite doctrine' comme vous l'appelez. Je l'ai fait dans les pages suivantes..." [7] Elle laisse à sa marraine la responsabilité de cette formulation mais elle ne la désavoue pas. Au contraire, elle va répondre à sa demande. La seule condition qu'elle y met est d'écrire directement à Jésus car cela facilite son inspiration et sa formulation. Elle va donc s'exprimer sur le mode de la prière.

Monsieur l'abbé Domin, aumônier de l'École de l'Abbaye des Bénédictines de Lisieux, faisait-il le prophète lorsqu'il nommait son élève au catéchisme, son "petit Docteur" à cause de son nom de Thérèse et de ses bonnes réponses ? [8]

C'est beaucoup plus tardivement que Thérèse a pris conscience d'avoir quelque chose à transmettre. Elle a été nommée maîtresse des novices. Situation peu définie en 1893 (deux novices) mais beaucoup plus explicite en mars 1896. Elle a donc reçu un mandat officiel pour enseigner. Nous verrons plus loin la manière dont elle a rempli cette tâche.

Pour l'instant, il est plus urgent de résumer la façon dont la jeune carmélite a pris conscience de sa petite voie.

Nous savons en détails comment se sont constitués peu à peu les fondements de la voie d'enfance et comment ils se sont cristallisés à la lecture de deux passages de l'Ancien Testament lus dans le carnet scripturaire de Céline, entrée au Carmel le 14 septembre 1894 [9].

Mais dès octobre 1891, Thérèse avait été mise sur sa voie sous l'influence du Père Alexis Prou, qui l'avait lancée sur "les flots de la confiance et de l'amour qui [l']attiraient si fort mais sur lesquels [elle] n'osait avancer..." [10]

---

7. Ms B, 1v°.
8. Des Papes mentionnent le fait dans leurs documents (Pie XI, Pie XII, cf. appendice du présent texte).
9. Cf. P. Conrad DE MEESTER, *Dynamique de la confiance, Genèse de la voie d'enfance*, Cerf, Paris, 1969, 435 p.
10. Ms A, 80v°.

Il ne faut pas oublier que Thérèse a trouvé son chemin au sein d'une grande solitude intérieure. La spiritualité ambiante ne lui convenait guère, marquée encore des craintes jansénistes. Heureusement qu'à 17 et 18 ans (1890-91), elle avait découvert des merveilles chez le "Docteur de l'Amour" saint Jean de la Croix, spécialement dans son *Cantique Spirituel* et sa *Vive Flamme d'Amour*, ignorés de la plupart des carmélites de cette époque.

> *Le Bon Dieu voulant me montrer que c'était Lui seul le directeur de mon âme se servit justement de ce Père qui ne fut apprécié que de moi... J'avais alors de grandes épreuves intérieures de toutes sortes (jusqu'à me demander parfois s'il y avait un Ciel). Je me sentais disposée à ne rien dire de mes dispositions intimes, ne sachant comment les exprimer, mais à peine entrée dans le confessionnal je sentis mon âme se dilater. Après avoir dit peu de mots, je fus comprise d'une façon merveilleuse et même* devinée...*mon âme était comme un livre dans lequel le Père lisait mieux que moi-même... Il me lança à pleines voiles sur les flots de la* confiance *et de l'amour* qui m'attiraient si fort mais sur lesquels je n'osais avancer... Il me dit que *mes fautes ne faisaient pas de peine* au Bon Dieu, que tenant sa place, *il me disait de* sa part *qu'Il était très content de moi... Oh ! que je fus heureuse en écoutant ces consolantes paroles !* [11]

Cette rencontre providentielle ne fut qu'une étape de cette marche solitaire guidée par l'Esprit Saint qui allait aboutir fin 1894 à l'explicitation de la petite voie, événement rapporté par Thérèse dans son manuscrit de juin 1897 :

> *L'ascenseur qui doit m'élever jusqu'au Ciel, ce sont vos bras, ô Jésus ! Pour cela je n'ai pas besoin de grandir, au contraire il faut que je reste* petite, *que je le devienne de plus en plus* [12].

Dès 1888, son directeur, le Père Pichon s.j. avait dit à Thérèse que Jésus serait son "supérieur" et son "maître des novices". Sept ans plus tard, elle commentera : "Il le fut en effet et aussi mon 'Directeur' " [13], le Père Pichon étant au Canada d'où il ne répondait qu'une seule lettre aux douze de Thérèse qu'il recevait chaque année.

Enseignée "dans le secret"

Oui, son Directeur fut bien Jésus, seul. Dès le début de son premier manuscrit, Thérèse remarque que c'est Jésus qui l'a instruite de la diversité des âmes [14]. Avant sa première communion (8 mai 1884), elle faisait oraison sans le savoir et comprit bien plus tard que déjà le bon Dieu "l'instruisait en secret" [15].

Adolescente, à quatorze ans, elle a conscience d'être déjà dépositaire de grandes réalités spirituelles :

---

11. Ms A, 80v°.
12. Ms C, 2r°/v°.
13. Ms A, 70r°.
14. Ms A, 2v°.
15. Ms A, 33v°.

Parce que j'étais petite et faible il s'abaissait vers moi, il m'instruisait en secret des choses *de son* amour. *Ah ! si des savants ayant passé leur vie dans l'étude étaient venus m'interroger, sans doute auraient-ils été étonnés de voir une enfant de quatorze ans comprendre les secrets de la perfection, secrets que toute leur science ne leur peut découvrir, puisque pour les posséder il faut être pauvre d'esprit !...* [16]

A la fin de son premier manuscrit, Thérèse déclare catégoriquement, faisant appel à son expérience :

Jésus n'a point besoin de livres ni de docteurs pour instruire les âmes ; Lui, le Docteur des docteurs, il enseigne sans bruit de paroles.. Jamais je ne l'ai entendu parler, mais je sens qu'Il est en moi, à chaque instant, Il me guide et m'inspire ce que je dois dire ou faire [17].

Elle pourra enchaîner dans son second manuscrit, en septembre 1896 :

Sans se montrer, sans faire entendre sa voix, Jésus m'instruit dans le secret, ce n'est pas par le moyen des livres, car je ne comprends pas ce que je lis, mais parfois une parole comme celle-ci que j'ai tirée à la fin de l'oraison (après être restée dans le silence et la sécheresse) vient me consoler : "Voici le maître que je te donne, il t'apprendra tout ce que tu dois faire. Je veux te faire lire dans le livre de vie, où est contenue la science d'AMOUR" [18]. *La science d'Amour, ah oui ! cette parole résonne doucement à l'oreille de mon âme, je ne désire que cette science-là* [19].

Les mêmes affirmations se retrouvent tout au long de la correspondance avec Céline. Elle lui écrit : "Jésus nous fait la grâce insigne de nous instruire lui même, de nous montrer une *lumière cachée* !" [20]... Thérèse oppose la manière de faire de Jésus à celle des directeurs terrestres qui

font avancer dans la perfection en faisant faire un grand nombre d'actes de vertu et ils ont raison, mais mon directeur qui est Jésus ne m'apprend pas à compter mes actes [21] *; Il m'enseigne à faire* tout *par amour, à ne lui rien refuser, à être contente quand Il me donne une occasion de Lui prouver que je l'aime, mais cela se fait dans la paix, dans l'abandon, c'est Jésus qui fait tout et moi je ne fais rien* [22].

Ensemble, nous avons grandi, ensemble Jésus nous a instruites de ses secrets, secrets sublimes qu'il cache aux puissants et qu'il révèle aux petits [23].

Thérèse affectionne ce passage de Luc 10, 21 et le parallèle de Mt 11, 25, elle les cite souvent (au moins dix fois dans ses écrits).

---

16. Ms A, 49r°.
17. Ms A, 83v°.
18. Paroles de Jésus à S. Marguerite-Marie, dans *Petit bréviaire du Sacré-Cœur de Jésus*, 1882, p. 58.
19. Ms B, 1r°.
20. LT 96, 15/10/1889.
21. Elle écrira pourtant le 23 juillet suivant : "Je suis même obligée d'avoir un chapelet de pratiques, je l'ai fait par charité pour une de mes compagnes, je te dirai cela en détail c'est assez amusant... Je suis prise dans des filets qui ne me plaisent pas mais qui me sont très utiles dans l'état d'âme où je suis" (LT 144). La compagne était la novice sœur Madeleine du Saint-Sacrement.
22. LT 142, 6/7/1893.
23. LT 127, 26/4/1891.

Il y a une petite fleur mystérieuse que Jésus s'est réservée pour instruire nos âmes [24].

Ce bien aimé instruit mon âme, Il lui parle dans le silence, dans les ténèbres... [25]

Quel mystère que notre grandeur en Jésus... (...) Et maintenant quelle science va-t-Il nous enseigner ? Ne nous a-t-Il pas tout appris ?... [26]

Ainsi donc, c'est Jésus seul, c'est l'Esprit de Jésus qui a inspiré Thérèse et l'a guidée sur le chemin de la voie d'enfance.

Mais pourquoi désirer communiquer tes secrets d'amour, ô Jésus, n'est-ce pas toi seul qui me les a enseignés et ne peux-tu pas les révéler à d'autres ?... [27]

Avec sœur Marie de la Trinité, Thérèse a précisé davantage encore :

C'est le bon Dieu tout seul qui m'a instruite. Aucun livre, aucun théologien ne m'a enseigné et pourtant je sens dans le fond de mon cœur que je suis dans la vérité. Je n'ai reçu d'encouragement de personne et, quand l'occasion s'est présentée d'ouvrir mon âme, j'étais si peu comprise que je disais au bon Dieu comme saint Jean de la Croix : "Ne m'envoyez plus désormais de messagers qui ne savent pas me dire ce que je veux" [28].

Aussi sœur Thérèse se réjouit grandement d'apprendre par sœur Marie de la Trinité que les sermons du Père Boulanger, Provincial des Dominicains à Paris, sont consonants avec la petite voie : "Quelle consolation vous me donnez ! Me voir appuyée par un savant, un théologien renommé, me donne une consolation sans pareille" [29].

C'est encore Jésus qui lui fait comprendre les secrets de la charité fraternelle, la grande découverte de sa dernière année sur la terre. Avant 1896, elle la "comprenait mais d'une manière imparfaite" [30]. "Jésus a fait cette grâce à votre enfant, écrit-elle à Mère Marie de Gonzague, de lui faire pénétrer les mystérieuses profondeurs de la charité" [31].

Thérèse enseignante

Instruite en secret par Jésus, Thérèse peut enseigner à son tour. C'est surtout à partir de mars 1896, qu'elle en a reçu la mission. Mère Marie de Gonzague lui confie pratiquement le noviciat c'est à dire cinq Sœurs. Sœur Geneviève (Céline) raconte : "Elle rassemblait chaque jour les novices, après vêpres, de deux heures et demie à trois heures. Elle ne leur faisait pas de

---

24. LT 132, 20/10/1891.
25. LT 135, 15/8/1892.
26. LT 137, 19/10/1892.
27. Ms B, 5v°.
28. Sr MARIE DE LA TRINITÉ, *Une novice de sainte Thérèse*, Souvenirs et témoignages présentés par Pierre Descouvemont, Cerf 1985, p. 106.
29. *Ibid.*, p. 107.
30. Ms C, 11v° ; 17v°.
31. Ms C, 18v°.

conférence proprement dite. Son enseignement n'avait rien de systématique. Elle lisait ou faisait lire quelques passages de la Règle, des Constitutions ou du Coutumier dit 'Papier d'exaction', donnait les quelques explications ou précisions qu'elle jugeait utiles, ou répondait aux questions que posaient les jeunes Sœurs, puis reprenait leurs manquements, s'il y avait lieu, et parlait familièrement avec elles sur ce qui pouvait les intéresser à ce moment-là, en fait de spiritualité, ou même de travail en cours" [32].

Sœur Thérèse a très vite compris que la tâche d'enseigner dépassait ses forces. Elle adopte alors la seule attitude qui lui permet de faire face : tout recevoir de la main du bon Dieu.

> *Ma Mère, depuis que j'ai compris qu'il m'était impossible de rien faire par moi-même, la tâche que vous m'avez imposée ne me parut plus difficile, j'ai senti que l'unique chose nécessaire était de m'unir de plus en plus à Jésus et que Le reste* me serait donné par surcroît. *Je me suis mise dans les bras du bon Dieu, comme un petit enfant et cachant ma figure dans ses cheveux, je Lui ai dit : "Seigneur, je suis trop petite pour nourrir vos enfants ; si vous voulez leur donner par moi ce qui convient à chacune, remplissez ma petite main et sans quitter vos bras, sans détourner la tête, je donnerai vos trésors à l'âme qui viendra me demander sa nourriture"* [33].

Dans une telle attitude, elle oublie ses goûts, ses conceptions personnelles pour s'adapter à chacune. Prière et sacrifices sont les deux armes favorites qui font toute sa force [34]. Elle est inspirée, au moment où il le faut, pour dire à ses compagnes les paroles qui viennent de l'Esprit [35].

La jeune maîtresse a parfaitement conscience de n'être qu'un instrument.

"Nous lui disions qu'elle était bien heureuse d'être choisie par le bon Dieu pour montrer aux âmes la voie de la confiance. Elle répondit : 'Qu'est-ce que cela me fait que ce soit moi ou une autre qui donne cette voie aux âmes ; pourvu qu'elle soit montrée, qu'importe l'instrument !' " [36] "Depuis quand le Seigneur n'a-t-il plus le droit de se servir d'une de ses créatures pour dispenser aux âmes qu'Il aime la nourriture qui leur est nécessaire" [37]. La jeune carmélite n'est qu'un petit pinceau dans la main du Peintre divin [38].

Ainsi Thérèse remplit-elle la *mission* d'enseigner qu'elle a reçue [39].

Les témoignages des novices enseignées nous sont précieux. "Elle marchait par cette voie de confiance aveugle et totale qu'elle nomme 'sa petite voie' ou

32. CSG, p. 6.
33. Ms C, 22r°.
34. Cf. Ms C, 24v°.
35. Cf. Ms C, 22r°.
36. CJ 21.7.5.
37. Ms C, 20r°.
38. Cf. Ms C, 20v°.
39. Cf. Ms C, 23v° ; 27v° ; 33v° ; 36r°.

'Voie d'enfance spirituelle' " écrit sœur Geneviève [40]. Tout au long de son livre *Conseils et Souvenirs*, on pourra glaner d'abondants enseignements sur la petite voie sous chacune des rubriques : "humilité, pauvreté spirituelle, esprit d'enfance, confiance..." Céline n'a pas cru utile de faire un chapitre spécial sur la voie d'enfance car celle-ci imprègne tout. "C'est la vérité qu'en toute rencontre notre chère maîtresse nous indiquait sa 'petite voie'. Pour y marcher, déclarait-elle, il faut être humble, pauvre d'esprit et simple" [41].

Thérèse promet à sœur Marie de la Trinité qu'elle ne la laissera pas s'égarer après sa mort :

> *Si je vous induis en erreur avec ma petite voie d'amour, ne craignez pas que je vous la laisse suivre longtemps. Je vous apparaîtrai bientôt pour vous dire de prendre une autre route ; mais si je ne reviens pas, croyez à la vérité de mes paroles : on n'a jamais trop de confiance envers le bon Dieu, si puissant et si miséricordieux ! On obtient de lui tout autant qu'on en espère* [42].

Sœur Marie de la Trinité est si convaincue qu'elle ne pourrait croire le pape qui dirait que sœur Thérèse s'est trompée.

> *Oh ! répond celle-ci, il faudrait croire le pape avant tout. Mais ne craignez pas qu'il vienne vous dire de changer de voie : je ne lui en laisserai pas le temps. Car si, en arrivant au Ciel, j'apprends que je vous ai induite en erreur, j'obtiendrai du bon Dieu la permission de venir immédiatement vous en avertir. Jusque là croyez que ma voie est sûre* [43] *et suivez-la fidèlement* [44].

Ecoutons le témoignage vigoureux de sœur Geneviève au Procès, qui voulait la glorification de sa petite sœur pour que la "Petite Voie" soit canonisée.

> *Au Procès, lorsque le Promoteur de la Foi m'a demandé pourquoi je désirais la Béatification de sœur Thérèse de l'Enfant-Jésus, je lui ai répondu que c'était uniquement pour faire connaître sa "Petite Voie". C'est ainsi qu'elle appelait sa spiritualité, sa manière d'aller à Dieu. Il a repris : "Si vous voulez parler de 'voie', la Cause tombera infailliblement, comme cela est arrivé déjà en plusieurs circonstances analogues". "Tant pis, ai-je répondu, la crainte de perdre la Cause de sœur Thérèse ne saurait m'empêcher de mettre en valeur le seul point qui m'intéresse : faire en quelque sorte canoniser la 'Petite Voie'." Et je tins bon, et la Cause ne tomba pas à l'eau. C'est pourquoi j'ai éprouvé plus de joie au Discours de Benoît XV qui exaltait "l'Enfance Spirituelle" qu'à la Béatification et la Canonisation de notre Sainte. Mon but était atteint ce jour-là, 14 août 1921* [45].

Même avis de Mère Marie de Gonzague à qui Thérèse écrit dans le *Manuscrit C* :

---

40. CSG, p. 49.
41. CSG, p. 35.
42. *Une novice de sainte Thérèse...*, p. 107.
43. On sait que cette affirmation *"la mia via è secura, e non mi sono sbagliata seguendola"* "Ma voie est sûre et je ne me suis pas trompée en la suivant" a été dite par sœur Thérèse, apparue au carmel de Gallipoli en 1910-1911. Cf. PO, p. 557-568. Déposition de l'évêque de Nardo, Nicolas Giannatasio di Francesco.
44. *Une novice de sainte Thérèse...*, p. 107-108.
45. CSG, p. 34.

Vous n'avez pas craint que j'égare vos petits agneaux ; mon inexpérience, ma jeunesse ne vous ont point effrayée, peut-être vous êtes-vous souvenue que souvent le Seigneur se plaît à accorder la sagesse aux petits et qu'un jour, transporté de joie, Il a béni son Père *d'avoir caché ses secrets aux prudents et de les avoir révélés aux* plus petits *(Mt 11, 25).*

Mais l'âge n'est pas une limite pour Dieu.

David ne chantait-il pas : "Je suis JEUNE et méprisé" *(mais)* "Je suis devenu plus prudent que les vieillards : parce que j'ai recherché votre volonté... Votre parole est la lampe qui éclaire mes pas"... (...) *Mère bien-aimée, vous n'avez pas craint de me dire un jour que le Bon Dieu illuminait mon âme, qu'Il me donnait même l'expérience des* années [46].

L'univers du noviciat était bien restreint. Mais sœur Thérèse ne veut manquer aucune occasion de donner sa "petite voie". Dieu va combler un de ses grands désirs qui paraissait irréalisable : celui d'avoir deux frères prêtres alors que deux petits garçons Martin étaient morts en bas âge. Mais le Seigneur l'exauce tout autrement : deux prieures lui confient la vocation et la mission de deux missionnaires : l'abbé Bellière qui ira en Afrique, l'abbé Roulland qui partira pour la Chine.

Bien qu'elle ait déclaré ne pas se croire capable ni assez orgueilleuse pour instruire des missionnaires [47], elle n'en a pas moins profité de l'occasion pour exposer sa voie d'enfance à l'abbé Bellière et au Père Roulland.

Au premier, elle écrit : "J'espère qu'un jour Jésus vous fera marcher par la même voie que moi" [48]. Elle développe dans sa lettre ce qu'est la Miséricorde de Dieu, l'amour du Cœur de Jésus, la confiance toute filiale.

*Nous devons aller au Ciel par la même voie, celle de la souffrance unie à l'amour. Quand je serai au port je vous enseignerai, cher petit frère de mon âme, comment vous devrez naviguer sur la mer orageuse du monde avec l'abandon et l'amour d'un enfant qui sait que son Père le chérit et ne saurait le laisser seul à l'heure du danger. Ah ! que je voudrais vous faire comprendre la tendresse du Cœur de Jésus, ce qu'Il attend de vous. Dans votre lettre du 14 vous avez fait tressaillir doucement mon cœur, j'ai compris plus que jamais à quel point votre âme est sœur de la mienne puisqu'elle est appelée à s'élever vers Dieu par l'*ASCENSEUR *de l'amour et non pas à gravir le rude* escalier *de la crainte* [49]...

Mais son enseignement sera vraiment efficace lorsqu'il sera posthume :

J'en suis sûre, je vous aiderai beaucoup plus à marcher par cette voie délicieuse quand je serai délivrée de mon enveloppe mortelle [50].

Elle sait se faire véhémente :

---

46. Ms C, 4r°.
47. Ms C, 35r°.
48. LT 247, 21/6/1897.
49. On retrouve les terme de Ms C, 2v° / 3r° : l'ascenseur opposé à l'escalier.
50. LT 258, 18/7/1897.

Il vous est interdit *d'aller au Ciel par une autre voie que celle de votre pauvre petite sœur. (...) Ah ! mon frère, que la* bonté, *l'amour miséricordieux de Jésus sont peu connus !... Il est vrai que pour jouir de ces trésors, il faut s'humilier, reconnaître son néant, et voilà ce que beaucoup d'âmes ne veulent pas faire, mais, mon petit frère, ce n'est pas ainsi que vous agissez, aussi la voie de la confiance simple et amoureuse est bien faite pour vous* [51].

Considérant la photographie du Père Bellière en tenue militaire, elle s'exclame :

A ce soldat-là qui a l'air si fringant, je donne des conseils tout comme à une petite fille ! Je lui indique la voie de l'amour et de la confiance ! [52]

Au Père Roulland, qui paraissait douter de son entrée immédiate au Ciel en cas de martyre, elle explique que cette justice de Dieu qui effraye tant d'âmes fait le sujet de sa joie et de sa confiance (...) "J'espère autant de la justice du bon Dieu que de sa miséricorde" [53].

Tel est au cours de sa vie, l'univers restreint auquel elle enseigne sa petite voie. "Je lui demandais des explications sur la voie qu'elle disait vouloir enseigner aux âmes après sa mort : 'C'est la voie de l'enfance spirituelle, c'est le chemin de la confiance et du total abandon. Je veux enseigner les petits moyens qui m'ont si parfaitement réussi" [54]. "Depuis qu'[elle a] deux frères et ses cinq petites sœurs les novices", elle est bien occupée : "Si je voulais demander pour chaque âme ce qu'elle a besoin et bien le détailler, les journées seraient trop courtes et je craindrais fort d'oublier quelque chose d'important" [55].

Sœur Geneviève a noté aussi que quelques sœurs anciennes, vinrent la consulter en secret au cours de sa dernière maladie [56].

Une mission posthume universelle

Au moment où elle tombe gravement malade et envisage la possibilité d'une mort prochaine, Thérèse a bien conscience de n'avoir "rien" fait de sa vie si brève. Peu à peu, dans ses dernières semaines, surgit la pensée qu'elle continuera son œuvre au Ciel, mieux encore qu'elle y prendra une dimension universelle. Oui, elle espère une mission posthume non plus limitée aux horizons étroits de son petit carmel inconnu. Ses deux frères spirituels ont déjà élargi son regard vers la Chine et vers l'Afrique. Mais il fallait bien davantage à cette petite sœur missionnaire : pas moins que le monde entier !

---

51. LT 261, 26/7/1897.
52. CJ 12.8.2.
53. LT 226, 9/5/1897. Elle dira à Mère Agnès à propos de cette lettre : "Ma Mère, dans mon cahier (Ms C) je n'ai dit que deux mots seulement au sujet de la justice du Bon Dieu. Mais, si vous le voulez, vous trouverez toute ma pensée dans une lettre au P. Roulland où je me suis bien expliquée" (NV, p. 80-81).
54. DE Juillet, JEV, p. 223.
55. Ms C, 33v°.
56. CSG, p. 13.

Le jour de l'Ascension 1897, Thérèse accepte l'idée d'avoir une circulaire nécrologique qui sera envoyée, selon l'usage, à tous les carmels de France. Mais après la démarche de Mère Agnès de Jésus auprès de la prieure pour demander que la malade continue la rédaction de ses souvenirs, l'idée surgit que la circulaire pourrait devenir un livre. Sœur Geneviève en a témoigné au Procès Apostolique : "Dans la composition de la 2ème partie (de son manuscrit) faite sur la demande de Mère Marie de Gonzague, alors que la Servante de Dieu était déjà très malade, elle prévoyait, je crois, non qu'on éditerait ses notes telles quelles, mais qu'on les utiliserait, en les retouchant pour publier un livre qui ferait connaître par quelle voie elle était allée au bon Dieu et engagerait les âmes à suivre la même direction"[57].

La déposition de Mère Agnès de Jésus au Procès de l'Ordinaire va dans le même sens : "Lorsque la Mère Prieure, Marie de Gonzague, lui ordonna d'écrire ce qui avait trait à sa vie au carmel, je lui fis entrevoir que ce manuscrit serait un moyen dont Dieu se servirait pour réaliser son désir de faire du bien après sa mort et elle accepta cette idée très simplement"[58].

Car il s'agit bien d'un désir qui se fait de plus en plus pressant pour la malade : elle espère passer son Ciel à faire du bien sur la terre. Elle y revient souvent dans les *Derniers Entretiens*, prie à cette intention, fait une neuvaine "dite de la grâce" à saint François Xavier du 12 au 20 mars 1897 et une autre neuvaine à saint Joseph. Son désir est de parcourir le monde : "Je reviendrai..."[59], "je descendrai"[60], "je sens surtout que ma mission va commencer, ma mission de *faire aimer le bon Dieu comme je l'aime, de donner ma petite voie aux âmes*"[61]. Et cette parole d'une enfant audacieuse : "Il faudra que le bon Dieu fasse toutes mes volontés au Ciel parce que je n'ai jamais fait ma volonté sur la terre"[62].

Elle considère bien ce qu'elle a écrit comme un enseignement mais s'inquiète de n'avoir pu parfois préciser sa pensée sur des points importants :

> Je n'ai pas eu le temps d'écrire ce que j'aurais voulu. Ce n'est pas complet. Mais écoutez-moi, ma Mère : tout ce que vous trouverez bon de retrancher ou d'ajouter au cahier de ma vie, c'est moi qui le retranche et l'ajoute. Rappelez-vous cela plus tard et n'ayez aucun scrupule, aucun doute à ce sujet[63].

A ce moment-là, Thérèse pressent déjà l'importance de ses écrits et leur influence posthume. "Le 11 juillet (je lui parlais du manuscrit de sa vie, du bien qu'il ferait aux âmes) : 'Mais comme on verra que tout vient du bon Dieu, et ce que j'en aurai de gloire, ce sera un don gratuit qui ne m'appartiendra pas ; tout le monde le verra bien...'"[64] "Il y en aura pour tous les goûts, excepté pour les voies extraordinaires'"[65].

---

57. PA, p. 314.
58. PO, p. 148.
59. CJ 9.7.2.
60. CJ 13.7.3.
61. CJ 17-7, souligné par nous.
62. CJ 13.7.2.
63. CV II, p. 42-43.
64. CJ 11.7.3.
65. CJ 9.8.2.

Elle redoute que ce qu'elle a écrit au fil de la plume, sans plan préalable, et sans chercher à donner un enseignement cohérent, soit mal compris. D'où ses pressantes recommandations à Mère Agnès de Jésus :

> *On pourrait croire que c'est parce que je n'ai pas péché que j'ai une confiance si grande dans le bon Dieu. Dites bien, ma Mère, que si j'avais commis tous les crimes possibles, j'aurais toujours la même confiance. Je sens que toute cette multitude d'offenses serait comme une goutte d'eau jetée dans un brasier ardent. Vous raconterez ensuite l'histoire de la pécheresse convertie qui est morte d'amour : les âmes comprendront tout de suite, car c'est un exemple si frappant de ce que je voudrais dire[66].*

Mère Agnès de Jésus s'inquiète à propos des difficultés qu'elle entrevoyait pour la publication des manuscrits. Thérèse répond : "Eh bien, je dis comme Jeanne d'Arc : 'Et la volonté de Dieu s'accomplira malgré la jalousie des hommes'"[67].

(Pendant matines, à propos du manuscrit de sa vie) :

> *Après ma mort, il ne faudra parler à personne de mon manuscrit avant qu'il soit publié ; il ne faudra en parler qu'à Notre Mère. Si vous faites autrement, le démon vous tendra plus d'un piège pour gâter l'œuvre du bon Dieu... une œuvre bien importante![68]...*

> *Quelques jours plus tard lui ayant demandé de relire un passage de son manuscrit qui me semblait incomplet, je la trouvai les yeux pleins de larmes : comme je lui demandais pourquoi, elle me répondit avec simplicité : "Ce que je relis dans ce cahier, c'est si bien mon âme... Ma Mère, ces pages feront beaucoup de bien. On connaîtra mieux ensuite la douceur du bon Dieu..."[69]*

Il s'agit donc bien de laisser un message aux futurs lecteurs (des millions à travers le monde), une lumière sur la Miséricorde de Dieu, sur la petite voie d'enfance spécialement : "Je sens bien maintenant que ce que j'ai dit et écrit est vrai sur tout..."[70]

Ce ne sont pas seulement les manuscrits et les lettres qui sont un lieu d'enseignement pour Thérèse. Il faudrait y joindre les prières, les récréations et les poésies. En ce qui concerne ces dernières, il est un exemple frappant : celui du message marial que Thérèse a eu conscience de laisser.

> *Que j'aurais donc bien voulu être prêtre pour prêcher sur la Sainte Vierge ! Une seule fois m'aurait suffi pour dire tout ce que je pense à ce sujet[71].*

---

66. CJ 11.7.6., cf. 20.7.3.
67. CJ 27.7.6.
68. CJ 1.8.2.
69. NV, p. 108.
70. CJ 25.9.2.
71. CJ 21.8.3*.

Il faut dire qu'aucun sermon entendu ne l'avait touchée[72].

Enfin j'ai dit dans mon Cantique "Pourquoi je t'aime, ô Marie !" tout ce que je prêcherais sur elle[73].

On y voit la Vierge, de Nazareth au Calvaire, vivre selon la voie commune, toute proche des hommes et des femmes de tous les temps, dans une vie toute simple. "*Point de ravissements, de miracles, d'extases*" (str. 17). "C'est par *la voie commune*, incomparable Mère qu'il te plaît de marcher" (str. 17). On connaît très peu sa vie réelle. Thérèse en scrute d'autant plus chaque détail évangélique. Nul n'est besoin de dire des choses invraisemblables. Marie cherche son Fils en la nuit de la foi, dans l'angoisse du cœur (str. 16). Il faut parler de sa vie réelle, pas de sa vie supposée selon une exigence de vérité. Les prédicateurs montrent souvent une Vierge Marie inabordable. Il faudrait la montrer "imitable". Elle est plus Mère que reine et bien loin de faire disparaître la gloire des saints, ses enfants, elle augmente au contraire la splendeur des élus[74]. Elle a "souffert non seulement de l'âme, mais aussi du corps. Elle a souffert beaucoup dans les voyages, du froid, de la chaleur, de la fatigue. Elle a jeûné bien des fois... Oui, elle sait ce que c'est que de souffrir"[75]. "Ce qui me fait du bien quand je pense à la Sainte Famille, c'est de m'imaginer une vie tout ordinaire". "Tout dans leur vie s'est fait comme dans la nôtre"[76].

Cette mariologie est fort proche de celle du Concile Vatican II et de l'encyclique de Jean-Paul II : *La Mère du Rédempteur* (1987).

Des poésies thérésiennes, on pourrait tirer d'autres enseignements spécialement sur l'Eucharistie.

Même travail à faire dans la Correspondance de Thérèse, spécialement dans les lettres à Céline et à ses deux frères spirituels. Mais je retiendrai une lettre à Marie Guérin du 30 mai 1889. Thérèse a 16 ans et demi et a reçu les confidences écrites de sa cousine germaine concernant ses scrupules à propos de la communion. Dès 1910, Monseigneur de Teil, vice-postulateur de la cause de Béatification de sœur Thérèse de l'Enfant-Jésus, avait montré cette lettre au pape Pie X en audience particulière. Le pape qui voulait la communion fréquente des fidèles, fut très satisfait de ces lignes d'une toute jeune fille qui allaient dans sa direction. "C'est très opportun. C'est une grande joie pour moi, travaillez à conduire très vite ce Procès".

Pense donc que Jésus est là dans le tabernacle exprès pour toi, pour toi seule, il brûle du désir d'entrer dans ton cœur... (...) Ta pauvre petite Thérèse a aussi passé par le martyre du scrupule mais Jésus lui a fait la grâce de communier quand même, alors même qu'elle croyait avoir fait de grands péchés... eh bien ! je t'assure qu'elle a reconnu que c'était le seul moyen de se débarrasser du démon,

---

72. Cf. CJ 23.8.9.
73. CJ 21.8.3*.
74. Cf. CJ 21.8.3*.
75. CJ 20.8.11.
76. CJ 20.8.14.

*car quand il voit qu'il perd son temps il vous laisse tranquille !... (...) Ton cœur est
fait pour aimer Jésus, pour l'aimer passionnément, prie bien afin que les* plus
belles années *de* ta vie *ne se passent pas en craintes chimériques. (...) Petite Sœur
chérie,* communie souvent, *bien souvent... Voilà* le seul remède *si tu veux
guérir* [77].

Saint Pie X a parlé, tous les Papes, depuis Léon XIII, ont parlé de sainte
Thérèse de l'Enfant-Jésus de la Sainte-Face. Nous voulons terminer en citant
quelques passages des déclarations de ces Papes, de Benoît XV à Jean-Paul II.
En écoutant ces paroles, on verra que le pas qui reste à franchir n'est pas très
grand.

Thérèse a voulu éclairer les âmes en étant Docteur, ce qui implique la
sainteté — celle-ci a été reconnue dès 1923 et 1925 —, un enseignement de portée
universelle — on le constate depuis l'extraordinaire influence spirituelle qu'elle a
eue à partir de sa mort dans le monde entier —, enfin une proclamation officielle.
C'est celle-ci que nous attendons et que nous solliciterons avec d'innombrables
amis de Thérèse à travers le monde, dans la joie et la confiance.

Dans le Prologue de son premier manuscrit, sœur Thérèse écrivait :

*J'ai compris encore que l'amour de Notre Seigneur se révèle aussi bien dans l'âme
la plus simple qui ne résiste en rien à sa grâce que dans l'âme la plus sublime ; en
effet, le propre de l'amour étant de s'abaisser, si toutes les âmes ressemblaient à
celles des Saints docteurs qui ont illuminé l'Église par la clarté de leur doctrine, il
semble que le bon Dieu ne descendrait pas assez bas en venant jusqu'à leur cœur ;
mais il a créé l'enfant* [78]...

Thérèse a été cette enfant donnée à notre monde pour illuminer l'Église par
la clarté de sa doctrine. Une jeune fille Docteur ?

*Mon inexpérience, ma jeunesse ne vous ont point effrayée, ma Mère, peut-être
vous êtes-vous souvenue que souvent le Seigneur se plaît à accorder la sagesse aux
petits et qu'un jour, transporté de joie, Il a béni son* Père *d'avoir caché ses secrets
aux prudents et de les avoir révélés aux* plus petits. *Ma Mère, vous le savez, elles
sont bien rares les âmes qui ne mesurent pas la puissance divine à leurs courtes
pensées, on veut bien que partout sur la terre il y ait des exceptions, seul le Bon
Dieu n'a pas le droit d'en faire !* [79]

---

77. LT 92.
78. Ms A, 2v°.
79. Ms C, 4r°.

APPENDICE : PAROLES DES PAPES

* Benoît XV

"Cette vie est caractérisée par les mérites de l'enfance spirituelle. Or là est le secret de la sainteté non seulement pour les Français mais pour tous les fidèles répandus dans le monde entier. (...) Disciple d'un Ordre religieux dans lequel la gloire des docteurs est même l'apanage du sexe faible, elle ne fut cependant pas nourrie par de fortes études ; néanmoins, elle eut tant de science par elle-même qu'elle sut indiquer aux autres la voie du Salut (...) D'où vient cet ample trésor de doctrine ? Des secrets que Dieu révèle aux enfants !" [80]

Discours sur la promulgation du décret sur l'héroïcité des vertus de S. Thérèse de l'E.J. (en italien) — 14 août 1921.

* Pie XI a fait de Thérèse "l'Étoile de son Pontificat."

– "Que veut nous dire la 'petite Thérèse' qui s'est faite, elle aussi une *parole de Dieu*?"

Discours lors de la Promulgation du Décret concernant l'Approbation des Miracles pour la Béatification de sœur Thérèse de l'Enfant-Jésus (en italien) — 11 février 1923.

– "Les hommes ont particulièrement besoin aujourd'hui d'une lumière qui les guide".

Discours à la Promulgation du Décret "di Tuto" pour la Vénérable Thérèse de l'Enfant-Jésus (en italien).

– "Elle semblait consumée plutôt par l'Amour divin que par la maladie, et ce lit où reposait la Servante de Dieu fut comme une chaire d'où elle prêchait la sainteté à toute la famille religieuse".

Discours de Pie XI pour la Cérémonie de Béatification (en latin) — 29 avril 1923. (*ici* : "on l'appelait au catéchisme le petit docteur").

– "En vérité, le bon Dieu nous dit bien des choses par Elle qui fut comme sa parole vivante".

Audience solennelle accordée aux pèlerins français au lendemain de la Béatification (en français) — 30 avril 1923.

---

80. Le Père Philippe de la Trinité a écrit que l'abbé André Combes faisait "une lecture mini-misante du discours du pape Benoît XV", *La Sainte de l'enfance spirituelle*, Lethielleux, 1980. De son côté, l'abbé Combes a fortement insisté sur la doctrine de Thérèse reconnue par les Papes : "Thérèse n'est pas moins admirable par ses œuvres littéraires (je préfèrerais dire "ses écrits") que par la grande œuvre de sa vie" etc. Toute la page est à lire. *Introduction à la spiritualité de sainte Thérèse de l'Enfant-Jésus*, Paris, Vrin, 1948, p. 31-32. Soulignons ces lignes : "De quel Docteur l'Église a-t-elle jamais dit autant et davantage ?" (p. 32).

- "Elle s'est révélée un Maître, dans ce livre merveilleux de sa Vie écrit pour obéir à ses Supérieures et dont la fraîcheur et la grâce sont si naturelles !"

Message au Cardinal Vico, légat pour les Solennités de la Béatification, à Lisieux — 14 mai 1923.

- "Elle acquit au témoignage de notre Prédécesseur immédiat une telle science des choses surnaturelles, qu'elle a pu tracer aux autres une voie certaine de salut".

"Cette voie de l'enfance spirituelle, elle l'a enseignée par ses paroles et ses exemples aux novices de son monastère et elle l'a révélée à tous par ses écrits qui se sont répandus par toute la terre".

"Cette voie de l'enfance spirituelle, selon la doctrine de l'Évangile, elle l'enseigna aux autres, spécialement aux novices, dont ses Supérieures lui avaient confié la formation aux vertus religieuses ; et ensuite par ses écrits pleins de zèle apostolique, elle enseigna, avec un saint enthousiasme, à un monde enflé d'orgueil, n'aimant que la vanité et recherchant le mensonge, la voie de la simplicité évangélique".

Bulle de canonisation "Vehementes exultemus" — 17 mai 1925.

- "La nouvelle Sainte Thérèse s'est pénétrée de cette doctrine évangélique et l'a fait passer dans la pratique quotidienne de sa vie. Bien plus, cette voie de l'*Enfance spirituelle*, elle l'a enseignée par ses paroles et ses exemples aux novices de son Monastère, et elle l'a révélée à tous par ses écrits qui se sont répandus par toute la terre, et que personne, assurément, n'a lus sans être charmé et sans les lire et relire avec beaucoup de plaisir et de fruit. (...) Ne nous étonnons pas si, en cette sainte Moniale, s'est accomplie la Parole du Christ : "Quiconque se fera petit comme un enfant sera le plus grand dans le Royaume des Cieux" (Mt 18, 4). Il a donc plu à la divine Bonté de la douer et enrichir d'un don de Sagesse tout à fait exceptionnel. Elle avait puisé abondamment dans les leçons du Catéchisme la pure doctrine de la Foi, celle de l'ascétisme dans le livre d'Or de l'Imitation de Jésus-Christ, celle de la mystique dans les écrits de son Père saint Jean de la Croix. Surtout elle nourrissait son esprit et son cœur de la méditation assidue des Saintes Écritures, et l'Esprit de Vérité lui découvrit et enseigna ce qu'Il cache ordinairement aux sages et aux prudents et révèle aux humbles [81]. Elle acquit, en effet, au témoignage de notre Prédécesseur immédiat une telle science des choses surnaturelles qu'*elle a pu tracer aux autres une voie certaine de salut* ".

Homélie pendant la messe de Canonisation (en latin) — 17 mai 1925.

- "Du fond de sa clôture, elle fascine aujourd'hui le monde sous la magie de son exemple, exemple de sainteté que tout le monde peut et doit suivre, car tout le monde doit entrer dans cette 'petite voie', voie d'une simplicité d'or qui n'a d'enfantine que le nom"...*Audience accordée aux pèlerins français au lendemain de la canonisation* (en français) — 18 mai 1925.

---

81. Cf. *La Bible avec Thérèse de Lisieux*, Cerf - DDB, 1979.

* Cardinal PACELLI, Légat de Pie XI

"Tracer une voie, une 'petite voie' ! Sa science des choses divines, en partie acquise, en partie infuse, elle ne l'a pas gardée pour soi. Elle a dit : 'Ma mission est de faire aimer le bon Dieu comme je l'aime, et de donner ma petite voie aux âmes.' Voilà bien un des plus merveilleux aspects sous lesquels nous apparaît cette physionomie si attachante ; la petite Carmélite, du fond de son couvent, fait la leçon à notre siècle si orgueilleux de sa science. Elle a une mission ; elle a une doctrine. Mais sa doctrine, comme sa personne, est humble et simple : elle tient en ces deux mots : 'Enfance spirituelle' ou en ces deux autres équivalents : 'Petite voie'.

L'Évangile, d'ailleurs, n'est-il pas là depuis vingt siècles pour nous apprendre que 'le royaume des cieux appartient aux petits enfants et à ceux qui leur ressemblent ?' Le Maître l'a dit : des docteurs et des saints ont commenté sa parole ; mais pour lui donner encore et sous nos yeux, le plus clair et le plus décisif des commentaires, voici l'application littérale et intégrale de ce principe à la direction de toute une vie qui s'élève, en peu d'années par cette 'petite voie' à la plus grande et à la plus haute perfection".

Bénédiction et inauguration de la Basilique Sainte-Thérèse à Lisieux — 11 juillet 1937.

* Paul VI

"Elle constitue un guide incomparable sur les chemins de l'oraison". *Lettre à Monseigneur Badré pour le 100ème anniversaire de la naissance* — 1973, 2 janvier [82].

* Jean-Paul II

– "De Thérèse de Lisieux, on peut dire avec conviction que l'Esprit de Dieu a permis à son cœur de révéler directement aux hommes de notre temps, *le mystère fondamental*, la réalité fondamentale de l'Évangile : le fait d'avoir reçu réellement 'un esprit de fils adoptifs qui nous fait nous écrier : Abba ! Père !' La 'petite voie' est la voie de la 'sainte enfance'. Dans cette voie, il y a en même temps la confirmation et le renouvellement de la vérité la plus *fondamentale* et la plus *universelle*. Quelle vérité du message évangélique est en effet plus fondamentale et plus universelle que celle-ci : Dieu est notre Père, nous sommes ses enfants ?"

Homélie devant la basilique — 2 juin 1980.

– "J'ai déjà exprimé longuement mon action de grâce et mon attachement pour la 'voie spirituelle' qu'elle a adoptée et offerte à toute l'Église".

Discours aux contemplatives — 2 juin 1980.

---

82. Au témoignage de Dom Macchi (secrétaire particulier de Paul VI), le Pape avait songé à proclamer sainte Thérèse de Lisieux, Docteur de l'Église (P. Daniel-Ange).

Au terme de ce florilège des textes de six Papes, nous espérons qu'il sera enrichi d'un grand texte explicitant le Doctorat de sainte Thérèse de Lisieux car ce serait reconnaître la réalité de son influence doctrinale dans le monde entier et en même temps combler un de ses désirs : "Ah ! malgré ma petitesse, je voudrais éclairer les âmes comme *les Prophètes, les Docteurs*" [83].

Ce n'est pas que Thérèse ait recherché un honneur quelconque, si opposé à sa petite voie. Mais elle a eu conscience d'avoir une mission à l'échelle mondiale et les faits sont là [84].

Soulignons enfin l'apport irremplaçable du doctorat d'une femme, car il y a une approche proprement féminine de la théologie, ou plutôt, dans le cas de Thérèse, du mystère chrétien. Il en est de même des saintes Thérèse d'Avila et Catherine de Sienne qui apportent une manière complémentaire de l'approche masculine. Manière plus existentielle, plus intuitive, plus compréhensive de la totalité du mystère, même si elle ne s'exprime pas en une synthèse définitive.

Dans le cas de Thérèse de Lisieux, enfant et jeune fille à qui le Seigneur a révélé ses secrets d'amour, et qui nous les transmet avec une expérience et un accent particuliers, nous entendons une sorte de langage de l'enfance à nul autre pareil. Il serait dommage que l'Église et le monde se privent de ces trésors trop souvent cachés mais qui nous sont révélés d'une manière unique par une jeune femme morte à vingt-quatre ans. Comme le disait déjà Hans Urs von Balthasar en 1973, pour le centenaire de la naissance de Thérèse, il serait grand temps que la corporation des théologiens fasse une place aux nombreuses femmes qui ont emprunté et décrit le chemin qui mène à l'union divine et parmi elles, une place de choix à sœur Thérèse de l'Enfant-Jésus et de la Sainte-Face.

---

83. Ms B, 3r°.
84. Cf. P. DANIEL-ANGE, *Dans cinq heures je verrai Jésus, Jacques Fesch*, Fayard, 1989, p. 105. "Absolument extraordinaire — unique peut-être dans l'histoire de l'Église — la présence active et quasi-tangible de Thérèse dans la vie des jeunes paumés de notre temps. On la retrouve partout ! Saisissantes, ses interventions dans l'itinéraire d'un grand nombre de jeunes d'aujourd'hui. On pourrait recueillir des volumes entiers de témoignages. Quand on verra, pleinement déployée, la tapisserie des fils entre-croisés de l'action des saints dans nos vies, ce sera un éblouissement !"

AU CŒUR DE L'ÉCRITURE

ET DE LA TRADITION

UN MAÎTRE
POUR PÉNÉTRER DANS LA PAROLE DE DIEU

Pascal-Marie JERUMANIS *

"Ce Livre d'or est mon plus cher trésor"

Dans la foulée du renouveau biblique de ce XXᵉ siècle, le Concile Vatican II a voulu que l'Écriture Sainte ait vraiment toute sa place dans la vie de l'Église. Il espérait qu'"une vénération croissante pour la parole de Dieu"[1] contribuerait à la revitalisation de tout le Peuple de Dieu. Plus de soixante ans auparavant, sainte Thérèse de l'Enfant-Jésus avait déjà donné aux Saintes Écritures une grande importance, anticipant ainsi le Concile. Le grand nombre de citations bibliques dans les écrits de Thérèse — environ 1100[2] — n'est qu'une première indication du rôle déterminant qu'a tenu l'Écriture dans sa vie. A ce propos, écoutons son propre témoignage. A la fin de sa vie, elle disait :

> *Pour moi, je ne trouve plus rien dans les livres, si ce n'est dans l'Évangile. Ce livre-là me suffit*[3].

Et dans les *Manuscrits*, elle écrivait :

> *Ah ! que de lumières n'ai-je pas puisées dans les œuvres de Notre Père saint Jean de la Croix !... A l'âge de 17 et 18 ans je n'avais pas d'autre nourriture spirituelle, mais plus tard tous les livres me laissèrent dans l'aridité et je suis encore dans cet état.(...) Dans cette impuissance, l'Écriture Sainte et l'Imitation viennent à mon secours ; en elles je trouve une nourriture solide et toute pure. Mais c'est par-dessus tout l'Évangile qui m'entretient pendant mes oraisons, en lui je trouve tout ce qui est nécessaire à ma pauvre petite âme. J'y découvre toujours de nouvelles lumières, des sens cachés et mystérieux...*[4]

---

* Prêtre de Notre-Dame de Vie.
1. *Dei Verbum*, 26.
2. On relève 420 citations explicites ou implicites de l'Ancien Testament et 658 du Nouveau, soit 1078 au total (en ne tenant compte que de celles qui se trouvent dans les *Manuscrits*, les *Lettres*, les *Poésies*, les *Récréations pieuses*, les *Prières* et les *Derniers Entretiens*). Le nombre des citations de S. Jean de la Croix, de S. Thérèse d'Avila et de l'*Imitation* viennent loin derrière : par exemple, dans les *Lettres*, on n'en rencontre en tout que 61 pour 271 citations bibliques.
3. CJ 15.5.3.
4. Ms A, 83r°.

On comprend alors que, dans une de ses poésies, elle dise à Jésus :

> *Montre-moi les secrets cachés dans l'Évangile.*
> *Ah ! que ce Livre d'or*
> *Est mon plus cher trésor*
> *Rappelle-toi* [5].

"Une intelligence rare des saintes Écritures"

Les affirmations de ses contemporains sont également très éloquentes : "elle avait une intelligence rare des Saintes Écritures", disait sœur Marie des Anges [6]. "Plusieurs ont remarqué avec quelle pénétration et quelle justesse elle utilisait à tout propos les pensées et les textes de la Sainte Écriture", affirmait sa sœur Léonie [7]. Et sœur Marie de la Trinité rapportait : "Par-dessus tout, c'était le Saint Évangile et l'Écriture Sainte qu'elle citait constamment et avec un tel à propos qu'on eût dit que ses conversations n'étaient que le commentaire des Livres saints" [8].

Aux Procès, les affirmations des prêtres allaient dans le même sens. Ainsi le chanoine Maupas, supérieur du Carmel, disait avoir été "frappé de sa connaissance étendue de la Sainte Écriture et de l'application si heureuse qu'elle sait en faire presque à chaque page (de l'*Histoire d'une âme*). Cela dépasse de beaucoup ce que l'on peut attendre d'une si jeune religieuse". Et il ajoutait : "je m'estimerais bien heureux d'en pouvoir faire autant" [9]. Le Père Godefroy Madelaine, abbé de Mondaye, premier lecteur et censeur des Manuscrits thérésiens, et le Père Ariault, jésuite, professeur à l'Institut catholique de Paris, tenaient des propos semblables [10].

Tous ces témoignages incitent à examiner de plus près la relation entre Thérèse et la Bible. Pourquoi les Livres Saints — et en particulier l'Évangile — ont-ils pris une telle place dans sa vie, alors que l'atmosphère ambiante ne l'y portait pas particulièrement ? Comment a-t-elle abordé et utilisé l'Écriture ? Quelle influence a exercé la Bible sur son enseignement ? Voilà quelques questions essentielles qui surgissent dès qu'on regarde Thérèse sous l'angle scripturaire. Ce sont ces questions que nous allons tenter d'éclairer.

I – L'IMPORTANCE DES ÉCRITURES POUR THÉRÈSE

Sources bibliques

Comme toute son époque, Thérèse n'a pas eu un accès facile aux Écrits bibliques. N'ayant pas de Bible intégrale à sa disposition immédiate, elle a fait son

---

5. PN 24, 12.
6. PA, p. 349.
7. PO, p. 352.
8. PO, p. 462.
9. PA, p. 399.
10. Cf. PO, p. 517 ; PA, p. 122.

miel avec ce qu'elle trouvait. Avant d'entrer au Carmel, elle a notamment découvert l'Écriture par la lecture familiale de l'*Année liturgique* de Dom Guéranger. Comme enfant, elle disposait aussi de catéchismes, d'*Histoires saintes abrégées*, de *Vies de Notre-Seigneur Jésus-Christ*. Elle glanait également telle parole de l'Écriture au cours de ses lectures profanes. A l'adolescence, elle découvrait les conférences de l'abbé Arminjon, *Fin du monde présent et mystères de la vie future*, où l'Écriture est très présente. La lecture assidue de l'*Imitation*, tissée de nombreuses citations bibliques intimement mêlées au texte, a certainement aussi joué un rôle important. Dans ses *Manuscrits*, Thérèse écrit :

> *Depuis longtemps, je me nourrissais de la "pure farine" contenue dans l'Imitation, c'était le seul livre qui me fît du bien, car je n'avais pas encore trouvé les trésors cachés dans l'Évangile. Je savais par cœur presque tous les chapitres de ma chère Imitation, ce petit livre ne me quittait jamais*[11].

C'est au Carmel, vers 1892[12], qu'elle trouvera "les trésors cachés dans l'Évangile". Désormais, ce sera par-dessus tout l'Évangile qui l'entretiendra pendant ses oraisons[13] et elle en portera toujours sur elle un exemplaire[14]. Pendant sa vie religieuse, Thérèse a disposé également des autres livres du Nouveau Testament dans son *Manuel du chrétien*, qui contenait aussi les Psaumes. Une Bible intégrale pouvait être consultée avec permission chez Mère Cœur-de-Jésus. Une autre Bible (selon la traduction de Le Maistre de Saci) était accessible à l'avant-chœur[15]. Comme autres sources bibliques, Thérèse carmélite a bénéficié, après le 14 septembre 1894, des "Carnets de Céline" où sa sœur avait recopié de nombreux passages bibliques[16]. Et puis, il y eut la relation à l'Écriture par la liturgie et les contacts indirects par les lectures communautaires et personnelles[17].

Si l'on juge d'après les citations, on peut dire que Thérèse a essentiellement lu et approfondi les Évangiles, les deux Épîtres aux Corinthiens[18], puis dans l'Ancien Testament, les Psaumes, les chapitres 44 et 66 du livre d'Isaïe et le Cantique des Cantiques dont elle aurait voulu écrire un commentaire[19]. Ce qui peut être étonnant, c'est de trouver chez Thérèse un si grand nombre de citations de l'Ancien Testament auquel pourtant elle avait assez difficilement accès[20].

---

11. Ms A, 47r°.
12. BT, p. 19.
13. Cf. Ms A, 83v°.
14. Elle fit relier à part les quatre Évangiles qu'elle avait extraits de son *Manuel du Chrétien*. Mais c'était trop grand. Aussi, elle choisit une autre édition d'un format plus petit pour pouvoir le porter sur elle (BT, p. 19-20).
15. D'après ses citations bibliques, on sait que Thérèse l'a effectivement utilisée.
16. Sur le contenu de ces carnets, voir C. DE MEESTER, *La voie d'enfance chez Thérèse de Lisieux*, Cerf, Paris, 1969, p. 405-406.
17. On trouvera un relevé complet des sources bibliques de Thérèse avant et après son entrée au Carmel dans BT, p. 308-311.
18. Cf. J. COURTES, "Les citations bibliques dans la correspondance de Thérèse de Lisieux", *Revue d'Ascétique et de Mystique* (RAM), 44 (1968), p. 68.
19. Cf. Sr MARIE DE LA TRINITÉ, *Une novice de sainte Thérèse*,Cerf, 1985, p. 94.
20. Rappelons que sur les 1078 citations relevées dans les écrits publiés, 420 sont de l'Ancien Testament.

"Je n'ai jamais désiré que vous aimer"

Mais pourquoi donc Thérèse a-t-elle donné une telle importance à l'Écriture et surtout à l'Évangile ? C'est cette question qu'il nous faut maintenant aborder.

Alors qu'elle n'avait pas reçu de formation biblique particulière, alors que son milieu ne mettait pas spécialement l'accent sur la Bible, Thérèse a fait de l'Évangile son "plus cher trésor". Comme nous le notions déjà, c'est dans l'oraison qu'elle en est venue à ne plus pouvoir goûter que l'Évangile. Tous les autres livres — à l'exception de l'*Imitation* — la laissaient dans l'aridité. Thérèse parle d'impuissance [21]. Or pour Thérèse, l'oraison c'est l'"office d'amour" [22] du petit oiseau qui fixe son regard sur le Soleil divin [23]. Cette oraison est uniquement animée par l'amour de Jésus. Fin 1893, elle écrivait : "Quand je suis auprès du Tabernacle je ne sais dire qu'une seule chose à Notre Seigneur : Mon Dieu, vous savez que je vous aime" [24]. Et peu avant de mourir, elle répondait à sœur Geneviève qui lui demandait ce qu'elle disait à Jésus dans la prière : "Je ne lui dis rien, je l'aime" [25]. Cet amour de Jésus que vivait Thérèse à l'oraison a été en fait l'âme de toute sa vie. Dans son dernier manuscrit, elle écrira : "Je n'ai jamais désiré que vous aimer" [26].

C'est donc son amour pour Jésus qui la conduisit, pendant l'oraison, à ne plus pouvoir se nourrir que de l'*Imitation* et de l'Évangile [27].

"Je ne puis me nourrir que de la vérité"

Son amour — parce qu'authentique — ne cherchait que la vérité. Dans sa lettre du 8 septembre 1896 à sœur Marie du Sacré-Cœur, elle écrivait : "Jésus, éclaire-moi, tu le sais, je cherche la vérité" [28]. Et à la fin de sa vie, elle affirmait : "Je ne puis me nourrir que de la vérité" [29], et encore : "Il me semble que je n'ai jamais cherché que la vérité" [30].

Ainsi quand Thérèse veut connaître Marie, ce qui l'intéresse c'est "sa vie réelle, pas sa vie supposée" [31]. Et où la trouve-t-elle ? Dans l'Évangile, comme en témoigne notamment sa poésie *Pourquoi je t'aime, ô Marie*. C'est là qu'elle découvre la vérité la plus pure. On comprend alors pourquoi son amour en recherche de vérité a fait de l'Évangile son livre préféré.

---

21. Ms A, 83v°.
22. Ms B, 5r°.
23. Cf. Ms B, 4v°-5v°.
24. LT 152.
25. DE I, p. 610 ; JEV, p. 205.
26. Ms C, 34v°.
27. Quand, dans le Procès ordinaire, sœur Geneviève disait que Thérèse scrutait l'Écriture Sainte afin de connaître "le caractère du bon Dieu", elle affirmait la même chose : c'est parce que Thérèse aimait Jésus qu'elle voulait connaître son caractère (PO, p.275).
28. Ms B, 4v°.
29. CJ 5.8.4.
30. CJ, 30.9.
31. CJ 21.8.3.

"La parole de Jésus, c'est Lui-même"

Mais tout cela suppose, chez Thérèse, une grande foi dans l'Écriture. Le début du *Manuscrit B* montre bien comment elle comprenait l'inspiration de la Bible : " 'Si quelqu'un est tout petit, qu'il vienne à moi', a dit l'Esprit Saint par la bouche de Salomon et ce même Esprit d'Amour a dit encore...". Et elle écrit ensuite : "En son nom, le prophète Isaïe nous révèle...", ce "prophète dont le regard inspiré plongeait déjà dans les profondeurs éternelles"[32]. Plus loin, elle met un psaume dans la bouche de Jésus lui-même : "il a dit dans le Ps. XLIX ...". Dans un propos recueilli par sœur Geneviève, Thérèse dira de manière très concise que l'Écriture Sainte permet de "connaître la pensée divine, telle que Dieu daigna l'exprimer en notre langage humain"[33]. Ce qui est un écho du passage du *De civitate Dei* qu'a repris *Dei Verbum* : "Dieu, dans la Sainte Écriture, a parlé par des hommes à la manière des hommes"[34].

Pour Thérèse, l'Esprit Saint est donc l'Auteur de la Bible et c'est lui qui s'y exprime, tout en ayant recours à de vrais écrivains humains. Ainsi Thérèse avait bien assimilé la foi de l'Église dans l'Écriture, qui articule l'élément divin et humain[35]. C'est cette foi qui a permis à son amour en quête de vérité de se tourner vers l'Écriture et de se nourrir plus spécialement de l'Évangile. La vérité qu'elle y a trouvée n'était pas seulement une vérité au sujet de Jésus, mais la Vérité elle-même :

> *Il me semble que la parole de Jésus, c'est Lui-même... Lui Jésus, le Verbe, la Parole de Dieu !...,*

écrivait-elle le 7 juillet 1894[36]. Et elle exprimait le contact immédiat qu'elle avait avec Jésus dans l'Évangile en ces termes :

> *Je n'ai qu'à jeter les yeux dans le St Évangile, aussitôt je respire les parfums de la vie de Jésus[37].*

Cette grande certitude est sans doute l'explication ultime de la prédilection de Thérèse pour l'Évangile : son amour pour Jésus ne pouvait plus se satisfaire d'autres livres que de la Bible, et plus particulièrement de l'Évangile, parce qu'elle y rencontrait son Bien-Aimé en personne.

---

32. Ms B, 1r°.
33. PO, p. 275 ; CSG p. 80.
34. *Dei Verbum*, 12.
35. Cette foi sera pleinement explicitée par *Dei Verbum*, 11 :"...rédigés sous l'inspiration de l'Esprit Saint, ils [l'Ancien et le Nouveau Testament] ont Dieu pour auteur. (...) En vue de composer ces livres sacrés, Dieu a choisi des hommes auxquels il eut recours dans le plein usage de leurs facultés et de leurs moyens, pour que, lui-même agissant en eux et par eux, ils missent par écrit, en vrais auteurs, tout ce qui était conforme à son désir,et cela seulement".
36. LT 165.
37. Ms C, 36v°. C'est cette immédiateté qui permettait à Thérèse de connaître, par l'Écriture, "le caractère du bon Dieu", c'est-à-dire de Jésus.

II – L'APPROCHE THÉRÉSIENNE DE L'ÉCRITURE

"La science d'Amour"

En essayant de comprendre pourquoi Thérèse en était venue à accorder une telle importance à l'Écriture, nous avons en fait déjà trouvé des éléments de réponse à la deuxième question qui se posait et qui portait sur la "méthode thérésienne" d'aborder et d'utiliser les Livres Saints. C'est cette question que nous essayerons maintenant d'approfondir plus spécialement. Nous préciserons en même temps ce qui a déjà été mis en lumière jusqu'ici.

Si c'est l'amour de Jésus qui a poussé Thérèse à se nourrir "par-dessus tout" de l'Évangile, on peut penser que c'est dans ce même amour qu'elle le lira, dans cet amour qui s'appuie sur la foi, qui ne recherche que la vérité et permet de communier à la Parole en personne : Jésus. Nous tenterons de voir ce qu'il en est en regardant de plus près comment Thérèse lit l'Écriture. Mais notons déjà ce qu'elle dit dans son *Manuscrit B* :

> La science d'Amour, ah oui ! cette parole résonne doucement à l'oreille de mon âme, je ne désire que cette science-là [38].

Thérèse affirme ici très clairement ce qu'elle recherche. C'est l'amour qui sera sa "méthode" de connaissance. Et elle écrit dans son dernier manuscrit que c'est dans "l'oraison qui embrase d'un feu d'amour" que les saints ont puisé leur science divine [39]. En ne cherchant que la "science d'Amour", Thérèse veut donc se glisser dans leur lignée.

Mais quelle est cette science qu'ambitionne Thérèse ? C'est la connaissance de "connaturalité avec les réalités divines", connaturalité réalisée par la charité qui unit le plus parfaitement à Dieu [40]. Ici-bas, nous ne pouvons rien connaître de Dieu qui corresponde à la réalité, si ce n'est par la charité qui est de même nature que lui. C'est donc par elle que nous pouvons le connaître le plus objectivement [41], comme le souligne la première lettre de Jean : "Tout homme qui aime Dieu est né de Dieu et connaît Dieu, celui qui n'aime pas n'a pas connu Dieu, car Dieu est amour" [42].

En ce qui concerne la Bible, cette science d'Amour est à rapprocher de ce que dit le Concile Vatican II quand il affirme que "la Sainte Écriture doit être lue et interprétée à la lumière du même Esprit qui la fit rédiger" [43]. Plus directement encore, cette science d'Amour se rapproche de la "science éminente du Christ" que, d'après le Concile, tous les chrétiens doivent poursuivre en lisant les Écritures [44].

---

38. Ms B, 1r°.
39. Ms C, 36r°-v°.
40. Cf. S. THOMAS, *Somme théologique*, II ª II ªᵉ, q. 45, a.2.
41. Cf. F.M. LÉTHEL, *Connaître l'amour du Christ qui surpasse toute connaissance* (coll. *Centre Notre-Dame de Vie*, Théologie 2), Éd. du Carmel, Venasque, 1989, p. 566-569.
42. *1 Jn* 4, 7-8.
43. *Dei Verbum*, 12.
44. Cf. *ibid.*, 25.

Avant de voir plus concrètement comment Thérèse applique sa "méthode" à la lecture de l'Écriture, écoutons ce qu'elle dit sur sa manière d'acquérir des connaissances profondes. Cela permettra de mieux préciser ce qu'est cette "science d'Amour".

Lui qui s'écriait aux jours de sa vie mortelle dans un transport de joie : "Mon Père, je vous bénis de ce que vous avez caché ces choses aux sages et aux prudents et que vous les avez révélés aux plus petits" voulait faire éclater en moi sa miséricorde ; parce que j'étais petite et faible il s'abaissait vers moi, il m'instruisait en secret des choses de son amour. Ah ! si des savants ayant passé leur vie dans l'étude étaient venus m'interroger, sans doute auraient-ils été étonnés de voir une enfant de quatorze ans comprendre les secrets de la perfection, secrets que toute leur science ne leur peut découvrir, puisque pour les posséder il faut être pauvre d'esprit !... [45]

Thérèse écrira semblablement :

... mon cœur se tourna bien vite vers le Directeur des directeurs et ce fut Lui qui m'instruisit de cette science cachée aux savants et aux sages qu'il daigne révéler aux plus petits... [46]

Elle précisera :

J'ai remarqué bien des fois que Jésus ne veut pas me donner de provisions, il me nourrit à chaque instant d'une nourriture toute nouvelle, je la trouve en moi sans savoir comment elle y est... Je crois tout simplement que c'est Jésus Lui-même caché au fond de mon pauvre petit cœur qui me fait la grâce d'agir en moi et me fait penser tout ce qu'Il veut que je fasse au moment présent [47].

Et elle explicitera encore :

Jésus n'a point besoin de livres ni de docteurs pour instruire les âmes ; Lui, le Docteur des docteurs, il enseigne sans bruit de paroles... Jamais je ne l'ai entendu parler, mais je sais qu'Il est en moi, à chaque instant, Il me guide et m'inspire ce que je dois dire ou faire [48].

Dans ces affirmations, il apparaît que Thérèse attribue directement à Jésus la "science" qu'elle a acquise. Cette science n'est pas une conquête mais un don que la Miséricorde n'accorde qu'aux petits. Son mode d'acquisition est mystérieux : la connaissance est donnée "en secret", "sans bruit de paroles" et Thérèse la trouve en soi "sans savoir comment elle y est". "Une nourriture toute nouvelle" est donnée "à chaque instant". Cette science porte sur les "choses" de l'amour de Jésus, sur les "secrets de la perfection" et est orientée vers la vie qui comporte indissociablement de l'"agir" et du "penser".

---

45. Ms A, 49r°.
46. Ms A, 71r° ; cf. Ms C, 4r°. Notons le terme "science".
47. Ms A, 76r°.
48. Ms A, 83v°.

La Bible dans le cheminement de Thérèse

A présent, nous pouvons voir concrètement comment Thérèse aborde l'Écriture. Pour ce faire, attardons-nous d'abord aux principaux textes bibliques qui, d'après ses écrits, ont jalonné son cheminement spirituel ou qui apparaissent dans la relecture qu'elle en fait dans ses *Manuscrits*.

Le chant des Miséricordes

Commençons par relever les deux passages de l'Écriture qui, au début des *Manuscrits*, résument toute sa vie. Il s'agit de *Mc* 3, 13 et de *Rm* 9, 15-16 :

> *Avant de prendre la plume, je me suis agenouillée devant la statue de Marie (...). Ensuite ouvrant le Saint Évangile, mes yeux sont tombés sur ces mots : — "Jésus étant monté sur une montagne, il appela à Lui ceux qu'il Lui plut ; et ils vinrent à Lui" (St Marc, chap. III, v. 13). Voilà bien le mystère de ma vocation, de ma vie tout entière et surtout le mystère des privilèges de Jésus sur mon âme... Il n'appelle pas ceux qui en sont dignes, mais ceux qu'il Lui plaît ou comme le dit St Paul —: "Dieu a pitié de qui Il veut et Il fait miséricorde à qui Il veut faire miséricorde (...)* [49].

A la lecture de ce texte de Thérèse, deux aspects sont déjà à souligner. Elle exprime ici son "réflexe" : pour commencer une œuvre aussi importante que l'"histoire de (son) âme" elle prie d'abord, puis se tourne vers l'Évangile. Notons l'aspect actif et passif de cette approche : elle prie, elle ouvre le Saint Évangile et ses yeux tombent sur ces mots... C'est dans la prière qu'elle lit et reçoit l'enseignement biblique. Mais cette approche de la Bible s'enracine dans sa vie : elle part de la situation concrète de Thérèse (elle doit écrire son "histoire") et aboutit à une application à son existence ("voilà bien le mystère de ma vocation, de ma vie tout entière"). Ainsi le texte biblique est lu à la lumière de son expérience ou, plus exactement, dévoile son sens à l'intérieur de cette expérience.

Soulignons également comment, dans sa lecture, Thérèse met en écho plusieurs textes scripturaires. Elle explicite *Mc* 3, 13 par *Rm* 9, 15-16 et, juste avant, elle citait *Ps* 88, 2 : "je ne vais faire qu'une seule chose : Commencer à chanter ce que je dois redire éternellement — 'les Miséricordes du Seigneur ! ! !'..." Ces trois passages s'éclairent mutuellement et expriment tous la miséricorde. Par ce thème, Thérèse rejoint le cœur de l'enseignement biblique et particulièrement néotestamentaire. Or, c'est ce même aspect qui, pour elle, constitue le mystère de toute sa vie. Le fait qu'elle résume toute sa vie par un texte scripturaire — qui de plus touche à l'essentiel du message biblique — est assez remarquable. Cela témoigne non seulement de l'amour de Thérèse pour l'Écriture, mais, plus encore, du caractère éminemment évangélique de son existence : elle a lu la Bible en la vivant.

---

49. Ms A, 2r°.

Plus loin dans les *Manuscrits*, nous trouvons la lecture qu'elle fait de sa première communion et de sa confirmation. Elle se refuse à expliciter la grâce de sa première communion, parce qu'"il est des pensées de l'âme qui ne peuvent se traduire en langage de la terre sans perdre leur sens intime et céleste"[50]. Mais pour exprimer ce fait, Thérèse se sert précisément d'un texte biblique (*Ap 2, 17*) qu'elle applique à sa situation de manière analogique ("... c'est comme cette Pierre blanche qui ...")[51]. Quant à sa confirmation, elle l'interprète à la lumière de *1 R* 19, 12-13 : "je ne sentis pas un vent impétueux au moment de la descente du Saint-Esprit, mais plutôt cette brise légère dont le prophète Élie entendit le murmure sur le Mont Horeb"[52]. On voit que Thérèse s'approprie ce texte à travers la lecture qu'en fait la tradition spirituelle.

La soif de Jésus

Venons-en maintenant à la grâce de Noël et surtout à sa découverte de "la soif de Jésus". Thérèse relit sa grâce de Noël également à l'aide de l'Écriture :

> *En un instant l'ouvrage que je n'avais pu faire en 10 ans, Jésus le fit se contentant de ma bonne volonté qui jamais ne me fit défaut. Comme ses apôtres, je pouvais Lui dire : "Seigneur, j'ai péché toute la nuit sans rien prendre"[53]. Plus miséricordieux encore pour moi qu'Il ne le fut pour ses disciples, Jésus prit Lui-même le filet, le jeta et le retira rempli de poissons... Il fit de moi un pêcheur d'âmes...[54]*

Ce texte illustre bien comment Thérèse recourt spontanément à l'Évangile et lit sa vie en écho avec le texte, ce qui lui fait découvrir qu'elle vit ce que les apôtres ont vécu, et même en mieux. On la voit ici entrer dans l'Évangile pour le transposer ensuite à sa situation de manière tout à fait cohérente avec le sens du texte : comme les apôtres, elle a travaillé sans résultat et, comme pour eux, Jésus fit l'ouvrage en un instant, avec un résultat inespéré, avant de faire d'elle un pêcheur d'âmes. Par contre-coup, le sens profond de cet épisode évangélique est lui-même mis en lumière : seule la miséricorde de Jésus peut donner une fécondité au travail humain et cette fécondité prend même des dimensions tout à fait inattendues. Mais Thérèse va encore plus loin et a l'audace de se comparer aux disciples pour en conclure que Jésus a été encore plus miséricordieux pour elle : c'est lui qui a tout fait.

Après avoir parlé dans son *Manuscrit* de sa grâce de Noël, Thérèse raconte comment, un dimanche, une image de Jésus en croix l'a frappée en même temps que son cri : "J'ai soif" (*Jn* 19, 28) :

> *Le cri de Jésus sur la Croix retentissait aussi continuellement dans mon cœur : "J'ai soif !". Ces paroles allumaient en moi une ardeur inconnue et très vive... Je*

---

50. Ms A, 35r°.
51. *Ibid.*
52. Ms A, 36v°.
53. *Lc* 5, 5.
54. Ms A, 45v°.

voulais donner à boire à mon Bien-Aimé et je me sentais moi-même dévorée de la soif des âmes... [55]

Il ne s'agit plus ici de la lecture d'une situation à la lumière de l'Évangile mais d'une phrase qui a été déterminante dans le cheminement spirituel de Thérèse. Après l'épisode de la conversion de Pranzini, elle écrit encore, associant ainsi *Jn* 19, 28 et *Jn* 4, 7 :

Ah ! depuis cette grâce unique, mon désir de sauver les âmes grandit chaque jour, il me semblait entendre Jésus me dire comme à la samaritaine : "Donne-moi à boire !" [56] (*Jn* 4, 7).

Le thème de la soif de Jésus a profondément marqué Thérèse. Elle y fera souvent référence [57]. Voyons de plus près comment elle l'a explicité.

Soulignons d'abord l'immédiateté du contact de Thérèse avec Jésus prononçant son "j'ai soif" dans l'Évangile : "Le cri de Jésus retentissait aussi continuellement dans mon cœur". Même immédiateté pour les paroles adressées à la Samaritaine : "Il me semblait entendre Jésus me dire comme à la samaritaine". Il n'y a aucun écran entre Thérèse et Jésus. Elle peut directement le rejoindre ou, plus exactement, c'est Jésus qui peut la rejoindre à travers l'Évangile. Son "j'ai soif" s'adresse directement à Thérèse. Cette parole qu'elle connaissait l'interpelle brusquement et opère en elle ce qu'elle signifie : "Ces paroles allumaient en moi une ardeur inconnue et très vive... je voulais donner à boire à mon Bien-Aimé et je me sentais moi-même dévorée de la soif des âmes". La parole de Jésus — en même temps que l'image — fait de Thérèse un "pêcheur d'âmes".

L'explicitation qu'elle fait dans ses écrits du "j'ai soif" et du "donne-moi à boire" est très riche. Elle lit les paroles dans un sens spirituel qu'elle voit inscrit dans le sens littéral, comme elle l'exprime dans le *Manuscrit B* :

Ce même Dieu qui déclare n'avoir pas besoin de nous dire s'il a faim, n'a pas craint de mendier un peu d'eau à la Samaritaine. Il avait soif... Mais en disant "donne-moi à boire", c'était l'amour de sa pauvre créature que le Créateur de l'univers réclamait. Il avait soif d'Amour... [58]

Pour Thérèse, la soif de Jésus est donc une soif d'amour ou en d'autres termes une soif des âmes, selon ce qu'elle écrit ailleurs [59]. Mais elle explicite encore davantage :

Ah ! je le sens plus que jamais Jésus est altéré (...) Il trouve hélas ! peu de cœurs qui se livrent à lui sans réserve, qui comprennent toute la tendresse de son Amour infini [60].

---

55. Ms A, 45v°.
56. Ms A, 46v°.
57. Cf. Ms B, 1v° ; LT 24 ; PN 24, 25 ; 31, 5 ; Pri 12.
58. Ms B, 1v°.
59. Cf. Ms A, 45v° et 46v°. Dans sa lettre à Céline du 25 avril 1893, Thérèse revient encore au même thème. Cette fois, Jésus est comparé à "la fleur des champs" qui n'a soif que de "gouttes de rosée" comme Céline (cf. LT 141).
60. Ms B, 1v°.

Ce qui revient à dire que Jésus désire ardemment que des cœurs l'aiment en se donnant à son Amour pour qu'il puisse y laisser déborder "les flots de tendresse infinie qui sont renfermés en [Lui]" [61]. Ainsi la soif de Jésus est d'abord une soif de pouvoir donner son amour, mais inséparablement aussi une soif d'être aimé [62].

Cette double soif, Thérèse va se l'approprier : "Je me sentais moi-même dévorée de la soif des âmes" [63] — c'est-à-dire qu'elle avait soif de sauver les âmes pour les donner à Jésus — et elle osera même dire dans sa Poésie 31 qui est une prière à Jésus :

> *Je veux redire à mon tour*
> *Ta tendre et divine prière :*
> *"Mon Bien-Aimé, mon Frère*
> *J'ai soif d'Amour !..."* [64]

Ce qui signifie qu'elle a soif en même temps de l'amour de Jésus ("augmente en moi, Seigneur, ton Divin Feu" [65]) et de l'amour pour Jésus ("Jésus, fais que j'expire d'Amour pour toi ! ! !..." [66]).

Cette appropriation existentielle que fait Thérèse des paroles de Jésus est très éclairante. Encore une fois pour elle, comprendre les paroles de Jésus dans l'Évangile, c'est les vivre, c'est entrer dans la communion la plus parfaite avec lui.

Notons enfin qu'en comprenant la soif de Jésus dans un sens spirituel, Thérèse hérite de la tradition de lecture de l'Église [67]. Mais elle souligne cependant davantage que la soif de Jésus de sauver les hommes est d'abord une soif de leur donner son amour, et indissociablement une soif d'être aimé. Elle dégage ainsi le sens profond du texte, sans contradiction avec la lecture exégétique contemporaine [68].

---

61. Acte d'offrande à l'Amour miséricordieux, Pri 6.
62. Le double aspect de cette soif apparaît notamment encore au folio 84r° du *Manuscrit A* : "J'ai reçu la grâce de comprendre plus que jamais combien Jésus désire être aimé (...). O mon Dieu !... votre Amour Miséricordieux... vous désirez le prodiguer...".
63. Ms A, 45v°.
64. PN 31, R.5.
65. PN 31, 6, 2.
66. PN 31, R.6, 4-5.
67. S. Augustin comprenait déjà ainsi l'épisode de la Samaritaine :"Celui qui, avant, demandait à boire avait soif de la foi de cette femme" (PL 35, 1514). Mais pour voir dans *Jn* 19, 28 le désir de sauver les hommes, il faudra attendre le Moyen Age avec Candidus de Fulda (PL 106, 97 A-B) et Bernard de Clairvaux (*Opera*, Rome, 1972, vol. VI, 2, 54).
68. Si en *Jn* 4, 7 le texte exprime d'abord la soif physique de Jésus et aussi la soif de l'humanité qu'il assume face à Dieu (cf. *Ex* 17, 2 ; *Nb* 21, 6), il oriente également très clairement vers la soif de Jésus de donner de l'eau vive à la Samaritaine (cf. *Jn* 4, 9) (voir par exemple X. LÉON-DUFOUR, *Lecture de l'Évangile selon saint Jean*, I, Seuil, Paris, 1987,p. 354). D'autre part, le fait de lier *Jn* 4, 7 avec *Jn* 19, 28 (on pourrait encore ajouter *Jn* 7, 37-39) correspond bien, semble-t-il, à l'intention de Jean. Enfin, *Jn* 19, 28 exprime bien la soif de Jésus de donner son amour, c'est-à-dire l'Esprit Saint, d'après I. de la POTTERIE, *La Passion de Jésus selon l'évangile de Jean* (Lire la Bible 73), Cerf, Paris, 1986, p. 171-179.

La figure du Serviteur souffrant

En 1890, après son entrée au Carmel, deux autres textes bibliques s'imposent à elle : *Is* 53, 1-5 et *Is* 63, 1-3, 5 présentant la figure du Serviteur souffrant. Cette découverte s'inscrit dans le cadre de la grave maladie de son père : le 12 février 1889, il a été hospitalisé au Bon Sauveur de Caen. Les premières manifestations de sa maladie avaient déjà fortement ébranlé Thérèse pendant son postulat : "que nous avons souffert !..." [69]. Mais cette fois, sa capacité de souffrance a atteint ses limites : "Ah ! ce jour-là je n'ai pas dit pouvoir souffrir encore davantage ! ! !..." [70].

Dès le début de sa vie au Carmel, Mère Agnès avait fait connaître à Thérèse la Sainte Face [71]. Cette dévotion a pris chez elle un relief tout particulier avec l'épreuve de son père. Le 10 janvier 1889, jour de sa prise d'habit, elle a signé pour la première fois : "sœur Thérèse de l'Enfant Jésus de la Sainte Face" [72].

C'est donc au cœur de la souffrance et à l'intérieur de sa dévotion croissante pour la Sainte Face que les textes du Serviteur souffrant s'illuminent pour elle et la marqueront jusqu'à la fin. Peu avant sa mort, elle dira :

> Ces paroles d'Isaïe : *"Qui a cru à votre parole... Il est sans éclat, sans beauté... etc."* ont fait tout le fond de ma dévotion à la Sainte Face, ou, pour mieux dire, le fond de toute ma piété. Moi aussi, je désirais être sans beauté, seule à fouler le vin dans le pressoir, inconnue de toute créature... [73]

La découverte d'Isaïe 53 et 63 dont Thérèse fait part à Céline dans sa lettre du 18 juillet 1890 est encore à situer en relation avec le mystère de la soif de Jésus qui, depuis 1887, occupe une grande place chez elle [74]. Ainsi elle lit ces textes d'Isaïe à l'intérieur d'une expérience personnelle (l'épreuve de son père) et d'une lecture ecclésiale (la dévotion à la Sainte Face), mais aussi en écho avec le Nouveau Testament (*Jn* 19, 28).

Thérèse les applique d'abord à Jésus en qui ils se réalisent (dans sa Passion et encore aujourd'hui) [75], ensuite à son père, Monsieur Martin, qui, dans sa maladie, en est la vivante image [76], enfin à elle-même [77] et à d'autres carmélites.

C'est vraiment dans l'amour de Jésus qu'elle lit ces textes pour en vivre, comme en témoigne encore sa consécration à la Sainte Face :

> ...Nos âmes comprennent votre langage d'amour, nous voulons essuyer votre doux Visage et vous consoler de l'oubli des méchants, à leurs yeux vous êtes encore

---

69. Ms A, 72r° ; cf. aussi LT 68.
70. Ms A, 73r°.
71. Cf. Ms A, 71r°.
72. LT 80.
73. CJ 5.8.9.
74. La Prière 12 montre bien comment Thérèse relie la soif de Jésus au mystère de son voilement.
75. Cf. LT 108 et Pri 12.
76. "Comme la Face Adorable de Jésus qui fut voilée pendant sa Passion, ainsi la face de son fidèle serviteur devait être voilée aux jours de ses douleurs..." (Ms A, 20v°).
77. "Ah ! comme celui de Jésus, je voulais que : 'Mon visage soit vraiment caché, que sur la terre personne ne me reconnaisse'". (Ms A, 71r° ; cf. aussi CJ 5.8.9).

comme caché, ils vous considèrent comme objet de mépris... (...) De votre Bouche Adorable nous avons entendu votre plainte amoureuse [78].

On peut remarquer ici de nouveau l'immédiateté de la relation de Thérèse à Jésus.

La "petite voie"

Après avoir vu comment Thérèse a été marquée par la prophétie du Serviteur souffrant, arrêtons-nous un peu aux versets scripturaires qui ont éclairé sa "petite voie" : *Pr* 9, 4 et *Is* 66, 13.12. D'après le *Manuscrit C*, le contexte en est le suivant : Thérèse désire être une sainte et constate qu'il y a entre les saints et elle la même différence qu'entre une haute montagne et un obscur grain de sable. Mais devant ce constat, elle réagit déjà dans l'esprit de sa petite voie :

Le Bon Dieu ne saurait inspirer des désirs irréalisables, je puis donc malgré ma petitesse aspirer à la sainteté ; (...) je veux chercher le moyen d'aller au Ciel par une petite voie bien droite, bien courte, une petite voie toute nouvelle. (...) Je voudrais trouver un ascenseur pour m'élever jusqu'à Jésus, car je suis trop petite pour monter le rude escalier de la perfection [79].

C'est alors qu'elle ouvre les Livres Saints pour y chercher l'indication de l'ascenseur :

J'ai lu ces mots sortis de la bouche de la Sagesse éternelle : Si quelqu'un est TOUT PETIT, qu'il vienne à moi [80]. *Alors, je suis venue, devinant que j'avais trouvé ce que je cherchais et voulant savoir, ô mon Dieu ! ce que vous feriez au tout petit qui répondrait à votre appel, j'ai continué mes recherches et voici ce que j'ai trouvé : —* Comme une mère caresse son enfant, ainsi je vous consolerai, je vous porterai sur mon sein et je vous balancerai sur mes genoux ! [81] *Ah ! jamais paroles plus tendres, plus mélodieuses, ne sont venues réjouir mon âme, l'ascenseur qui doit m'élever jusqu'au Ciel, ce sont vos bras, ô Jésus ! Pour cela je n'ai pas besoin de grandir, au contraire il faut que je reste petite, que je le devienne de plus en plus* [82].

C'est donc à partir de sa propre situation que Thérèse lit à nouveau la Bible. Cette fois, elle interroge l'Écriture pour trouver une solution à un problème existentiel. A l'intérieur de l'expérience de sa petitesse [83], un verset (*Pr* 9, 4) s'illumine pour elle et deux autres versets (*Is* 66, 13.12) qu'elle trouve en poursuivant sa recherche finissent de lui donner la réponse : ce sont les bras de Jésus qui l'élèveront au Ciel et, pour cette raison, il faut qu'elle devienne de plus en plus petite.

---

78. Cf. Pri 12.
79. Ms C, 2v°-3r°.
80. *Pr* 9, 4.
81. *Is* 66, 13, 12.
82. Ms C, 3r°.
83. Le mot "petit" revient 2 fois dans le récit, le mot "petite" 4 fois et le mot "petitesse" 1 fois (Ms C, 2v°-3r°).

Dans son *Manuscrit B*, Thérèse joindra aux deux textes qui l'ont éclairée *Sg* 6, 7 ("la miséricorde est accordée aux petits") et *Is* 40, 11 et elle explicitera :

> *Jésus se plaît à me montrer l'unique chemin qui conduit à cette fournaise Divine, ce chemin, c'est l'abandon du petit enfant qui s'endort sans crainte dans les bras de son Père (...) Jésus ne demande pas de grandes actions, mais seulement l'abandon et la reconnaissance* [84].

Notons divers aspects que la découverte de *Pr* 9, 4 et d'*Is* 66, 13.12 met en évidence par rapport à l'approche thérésienne de l'Écriture. Si sa lecture part encore une fois de sa situation existentielle pour y revenir ensuite (elle s'applique les versets trouvés), elle montre cependant ici, encore davantage, le caractère vivant des Livres Saints : Thérèse a la certitude que la lecture de la Bible s'inscrit dans une relation personnelle avec Dieu qui nous parle aujourd'hui même à travers les Écritures pour nous éclairer. Elle peut donc aborder l'Écriture dans un dialogue vivant avec Dieu : "... j'ai lu ces mots... (...) voulant savoir, ô mon Dieu ! ce que vous feriez au tout petit qui répondrait à votre appel, j'ai continué mes recherches et voici ce que j'ai trouvé..." [85]

A travers ces versets de l'Ancien Testament, la petite voie sur laquelle elle était déjà engagée apparaît dans toute sa clarté : c'est la petitesse et l'abandon qui en constituent les traits caractéristiques. L'enseignement de cette voie deviendra un élément essentiel de la "petite doctrine" de Thérèse, comme en témoigne notamment le fait que la plupart de ses citations bibliques expriment ce thème (petitesse, abandon, miséricorde) [86]. Par ce thème, l'enseignement de Thérèse rejoint le cœur de l'enseignement biblique et, en particulier, évangélique et paulinien : pour la Bible en effet, face au Dieu Créateur et Sauveur, l'homme doit entrer dans une dépendance totale, en reconnaissant sa situation de créature rachetée et en vivant dans l'obéissance de la foi [87]. C'est ce qu'ont vécu les Pauvres de Yahvé, c'est ce que Jésus demande dans l'Évangile à celui qui veut entrer dans le Royaume de Dieu, c'est encore ce que Paul enseigne dans ses lettres [88].

Si l'enseignement de Thérèse touche à l'essentiel du message scripturaire et, de plus, l'explicite assez remarquablement, il est cependant surprenant que ce soient des versets vétéro-testamentaires apparemment assez anodins, et même

---

84. Ms B, 1r°-v°.
85. Ms C, 3r°.
86. Céline écrit dans ses souvenirs : "Le fond de son enseignement était de nous apprendre à ne pas nous affliger en nous voyant la faiblesse même, mais plutôt à nous glorifier de nos infirmités... 'C'est si doux de se sentir faible et petite !', disait-elle" (CSG, p. 20).
87. Voir notamment P. BARBAGLI, *"Fondamenti biblici della dottrina dell'"Infanzia spirituale"*, *Eph. Carm.* 24-1 (1973), p. 3-43 (surtout p. 18-21 et 29-30).
88. Voir notamment *Mt* 6, 25-34 ; 11, 25-27 ; *Mc* 1, 15 ; 10, 1316 ; *Rm* 1, 5 ; *2 Co* 1, 1-10. Il faut noter que Thérèse vivra son abandon confiant à Dieu surtout par rapport à Jésus. Le caractère sponsal de sa relation à Jésus est plus souvent présent, chez elle, que le caractère filial à l'égard du Père, même si cette relation est bel et bien présente (voir par exemple CSG, p.81). Il ne faut cependant pas opposer ces deux relations : c'est dans le Fils, en s'unissant le plus parfaitement au Fils, que Thérèse vit son abandon filial. Ainsi Thérèse ne s'éloigne pas du tout de l'enseignement biblique sur la dépendance confiante de l'enfant à l'égard du Père. Au contraire, elle entre dans le christocentrisme néo-testamentaire qui est l'unique voie d'accès au Père. C'est l'Esprit du Fils qui crie en nous : "Abba, Père !".

mal traduits [89], qui l'ont éclairée en lui donnant la certitude sur la direction à prendre. Néanmoins, Thérèse connaît ou apprendra à connaître les grands textes bibliques sur l'enfance spirituelle (comme *Mt* 11, 25-27 ; *Mc* 10, 13-16 ; *2 Co* 12, 1-10), mais ce ne sont pas ces textes-là qui l'ont illuminée et qui vont directement fonder sa petite voie dans ses écrits [90]. On peut se demander alors pourquoi ce sont *Pr* 9, 4 et *Is* 66, 13.12, qu'elle lit, dans son *Manuscrit B*, en écho avec *Sg* 6, 7 et *Is* 40, 11, qui lui ont donné la lumière. Il semble que l'on touche ici à la liberté de l'initiative divine qui peut se servir de tout texte − même dans une traduction imparfaite ! − pour éclairer le lecteur. La lettre du texte n'est qu'un support − indispensable cependant − qui cache et dévoile en même temps la "substance" de la Parole : ainsi, il n'y a plus de texte biblique anodin ou insignifiant, chaque texte permet de rejoindre le roc de l'enseignement divin sur lequel le lecteur peut fonder sa certitude [91]. C'est ce qui se dégage de l'approche que fait Thérèse des textes cités.

Mais il faut encore ajouter qu'elle découvre le sens profond de ces textes et rejoint à travers eux le cœur de l'enseignement du message scripturaire parce qu'elle est imprégnée de l'Écriture. Sa relation avec la Parole de Dieu est au-delà d'une appropriation de tel ou tel verset. Par son amour de Jésus, Thérèse habite l'Écriture : c'est là que se trouve la raison ultime du caractère biblique de ses écrits, au-delà des citations explicites et implicites.

La découverte de sa vocation

Il nous faut en venir maintenant à la lecture qu'elle a faite de *1 Co* 12-13 et qui lui permit de trouver sa "vocation" [92]. Comme précédemment, elle aborde l'Écriture pour y "chercher quelque réponse" à une situation qui la préoccupe vivement. Elle a "des désirs plus grands que l'univers" [93] qui lui font souffrir "un véritable martyre". Ses désirs "touchent à l'infini" [94] :

Jésus, Jésus, si je voulais écrire tous mes désirs, il me faudrait emprunter ton livre de vie, là sont rapportées les actions de tous les Saints et ces actions, je voudrais les avoir accomplies pour toi... [95]

---

89. *Pr* 9, 4 doit être traduit à partir de l'hébreu : "Qui est simple ? qu'il passe ici !" Ce qui signifie : celui qui n'est pas sage, qu'il vienne recevoir la sagesse. Quant à *Is* 66, 13, 12, les versets sont inversés et le v. 13 doit être traduit : "comme un homme que sa mère console, moi aussi je vous consolerai".
90. Dans ses écrits, Thérèse ne se réfère jamais à *Mc* 10, 13-16, si ce n'est dans la lettre 226 et dans ses Poésies 24 et 44, où elle le fait d'ailleurs en passant. Elle connaît cependant bien ce texte (cf. Ima 5 et 6, et GSG, p. 37-38) et semble l'utiliser souvent dans ses enseignements oraux (*Notes préparatoires de sœur Geneviève au Procès de l'Ordinaire*, 1908).
91. Il est vrai cependant que le lecteur ne rejoint pas cette certitude sans lien avec l'Église.
92. Ms B, 3r°-v°.
93. Ms B, 3r°.
94. Ms B, 2v°.
95. Ms B, 3r°.

Thérèse lit alors les épîtres de saint Paul. Elle les lit à l'oraison, dans un amour brûlant de Jésus [96], et sa lecture témoigne d'une véritable recherche de la vérité du texte. Elle veut savoir ce que dit vraiment l'Apôtre :

> *Les chap. XII et XIII de la première épître aux Corinthiens me tombèrent sous les yeux... J'y lus, dans le premier, que... (...) La réponse était claire mais ne comblait pas mes désirs. (...) Sans me décourager je continuai ma lecture et cette phrase me soulagea : ... (...) Et l'Apôtre explique comment...* [97].

On voit comment Thérèse respecte le texte. Sa recherche passe par la lettre [98] et l'interprétation qu'elle en fait est irréprochable du point de vue exégétique.

Dans un premier temps, elle fait une synthèse de *1 Co* 12, 12-30 [99], une synthèse correcte, même si elle est orientée dans le sens de sa recherche. Elle identifie le corps avec l'Église — ce qui est fondé —, sans doute parce qu'elle connaît l'expression "corps mystique" [100]. Elle en vient alors à *1 Co* 12, 31 pour relier les "dons les plus parfaits" avec ceux énumérés en 13, 1-3 [101]. Elle résume ensuite 13, 1-13 en ces termes :

> *L'Apôtre explique comment tous les dons les plus parfaits ne sont rien sans l'Amour... Que la charité est la voie excellente qui conduit sûrement à Dieu.*

La première phrase condense 13, 1-3, et la deuxième vient de 12, 31b, mais Thérèse ajoute : "qui conduit sûrement à Dieu". Ce qui n'est pas explicitement dans le texte mais en exprime bien le contenu : la charité mesure la valeur de toute action (13, 1-3) et, à la différence des autres dons, elle seule est "sûre" en elle-même (13, 1-3) et demeure jusque dans la vie éternelle (13, 8).

Dans la suite, Thérèse superpose les chapitres 12 et 13. Elle peut le faire parce que le chapitre 13 n'est pas une pièce rapportée, une digression sans lien avec ce qui précède, mais se trouve bien incrustée entre 12, 31a et 14, 1 (le don des langues, des prophéties est en relation directe avec ce qui précède (12, 28-30)). Dans ce chapitre 13, Paul prend de la hauteur ou plutôt plonge en profondeur pour comprendre les vocations, les dons dans l'Église du point de vue le plus essentiel : celui de l'amour. "La charité me donna le clef de ma vocation",

---

96. Comme le soulignent notamment les mentions "pour toi", qui reviennent dans l'explicitation qu'elle fait de ses désirs : "accomplir *pour toi Jésus*", "verser mon sang *pour toi*", "ces actions, je voudrais les avoir accomplies *pour toi*" (Ms B, 2v°-3r°). Voir aussi les titres ou noms donnés à Jésus : "ô mon Bien-Aimé", "ô Jésus ! mon amour, ma vie", "ô mon Bien-aimé Sauveur"... (*ibid.*).

97. Ms B, 3r°-v°.

98. Ainsi, elle comparait les traductions de la Bible et s'affligeait de leur différence. Aussi confia-t-elle à sœur Geneviève : "Si j'avais été prêtre, j'aurais étudié à fond l'hébreu et le grec, afin de connaître la pensée divine, telle que Dieu daigna l'exprimer en notre langage humain" (PO, p. 275). Thérèse peut trouver la lumière dans une traduction imparfaite, mais elle ne méprise pas la lettre. C'est à travers la lettre, respectée, scrutée, étudiée avec tous les instruments adaptés, qu'elle découvre la pensée divine.

99. Où l'on retrouve intégrés successivement les versets 29, 12, 14, 17 et 21.

100. Cf. Ms B, 3v°.

101. *1 Co* 12, 31 est un verset difficile du point de vue exégétique. Il semble qu'il faille relier 12, 31a plutôt à 14, 1ss où les dons les plus parfaits sont ceux qui édifient. La lecture de Thérèse n'hypothèque cependant pas la conclusion qu'elle en tire, d'autant plus que la question n'est pas tranchée au niveau exégétique.

dit Thérèse [102]. Elle ne s'était reconnue dans aucun membre de l'Église, ou plutôt elle voulait se reconnaître en tous, à cause de ses désirs qui "touchent à l'infini". C'est alors qu'elle comprit que l'Église avait un cœur brûlant d'Amour, que l'Amour seul faisait agir tous ses membres, qu'il renfermait toutes les vocations, qu'il était tout ; "alors, dans l'excès de (sa) joie délirante", elle s'écrie :

> O Jésus, mon Amour... ma vocation, enfin je l'ai trouvée, ma vocation, c'est l'Amour !... Oui j'ai trouvé ma place dans l'Église et cette place, ô mon Dieu, c'est vous qui me l'avez donnée... dans le Cœur de l'Église, ma Mère, je serai l'Amour... ainsi je serai tout... ainsi mon rêve sera réalisé ! ! !... [103]

Il nous faut faire maintenant diverses remarques sur la démarche de Thérèse, Dans l'esprit du texte qui relie les vocations aux membres du corps, Thérèse cherche donc à s'identifier à un membre. Paul ne parle cependant pas explicitement du cœur de l'Église (Thérèse ne le dit d'ailleurs pas) et de plus, pour lui, la charité ne s'identifie pas à un membre déterminé parce qu'elle n'est pas un don parmi d'autres, mais se situe à un autre niveau : elle est le mode selon lequel les dons doivent être exercés [104]. En fait, Thérèse l'entend bien ainsi. Pour elle, le cœur de l'Église n'est pas un organe comme les autres, puisque c'est l'amour qui fait agir tous les membres, qui renferme toutes les vocations, qui est tout...De plus, Thérèse ne s'identifie pas au cœur de l'Église, mais dit être l'Amour dans le cœur de l'Église. Aussi elle ne se réserve pas le cœur mais désire s'y trouver pour être dans la partie la plus profonde de l'Église, celle qui lui permet d'être "tout". C'est ce qui explique d'ailleurs le choix du symbole du cœur [105].

En mettant ainsi en évidence le caractère essentiel de l'amour dans l'Église, Thérèse explicite admirablement le contenu du texte : comme nous l'avons vu, Paul souligne en effet dans les chapitres 12 et 13 que l'amour est le mode selon lequel tous les dons doivent être exercés ; aussi l'amour renferme bien toutes les vocations, embrasse tous les temps et tous les lieux, et c'est lui également qui fait agir les membres, c'est-à-dire, qui leur donne d'accomplir des actions ayant une valeur pour la construction de l'Église [106].

D'autre part, l'explicitation thérésienne met aussi en lumière l'essence de la communion des saints : l'amour. En aimant, on agit pour le bien de tous. Thérèse

---

102. Ms B, 3v°.
103. *Ibid.*
104. Cf. GORDON D. FEE, *The first Epistle to the Corinthians* (The New international commentary of the New testament), W.B. Eerdmans Publishing Company, Grand Rapids (Michigan), 1986, p. 628.
105. Dans l'anthropologie symbolique, le cœur est le siège de l'amour et le lieu le plus intime et le plus profond de l'homme. Le symbole thérésien pourrait provenir de sa lecture du livre de Mgr de Ségur (*Nos grandeurs en Jésus*, II, II, Paris, 1886, p. 63-64) qui affirme que les religieux sont le cœur de l'Église. Thérèse ne voit cependant pas le cœur comme une spécialité dans l'Église car il permet d'être tout. L'image du cœur pourrait aussi avoir été suggérée par sa fonction de diffusion du sang dans le corps humain, comme l'Amour qui fait agir les membres. Il semble toutefois qu'il faille chercher l'origine de l'image surtout dans le symbolisme du Cœur de Jésus qui avait une telle importance pour Thérèse (cf. notamment LT 122 et PN 23).
106. Cf. aussi *2 Co* 2, 4 ; 5, 14 qui montrent que, pour Paul, c'est bien l'amour qui fait agir.

dira qu'elle "aime pour ses frères qui combattent" [107]. Ce qui se trouve de manière implicite dans le texte paulinien : "Si un membre souffre, tous les membres partagent sa souffrance ; si un membre est à l'honneur, tous les membres partagent sa joie" (12, 26). Or dans l'Église l'honneur le plus important est bien celui de l'amour (cf. 13, 1-13).

Pour Thérèse, cet amour est essentiellement un amour pour Jésus [108], mais qui doit se manifester par des actes [109] et spécialement par la charité fraternelle, comme elle le comprendra avec force en 1897 [110]. Thérèse explicite ainsi le sens de *1 Co* 12-13 où la charité fraternelle dont il est question est bien l'épanouissement de l'amour divin comme dans tout l'enseignement paulinien (cf. *Rm* 5, 5).

Essayons maintenant de voir plus précisément quel est le sens que donne Thérèse à l'amour auquel elle veut s'identifier. Pour elle, cet Amour est, d'après le contexte, l'Amour de l'Église répondant à celui de son Époux. Cet Amour de l'Église est proprement divin, comme l'expriment ses attributs de totalité et d'immensité, d'éternité et d'infini : l'*Amour* est *tout*, il embrasse *tous* les temps et *tous* les lieux, il est *éternel* ; et de plus, en étant l'Amour, Thérèse dit qu'elle sera *tout* et qu'ainsi son rêve sera réalisé, or nous savons que ses désirs étaient "*plus grands que l'univers*". Il ne peut donc s'agir que de l'Esprit Saint, qui a été vraiment donné à l'Eglise et à chaque membre [111]. C'est lui qui permet une véritable réciprocité d'amour entre l'Église et Jésus. Thérèse peut ainsi appliquer la même expression "Cœur brûlant d'Amour" aussi bien à l'Église qu'à Jésus [112] : les désirs infinis du cœur de l'Église sont la réponse parfaite à la "tendresse infinie" [113] du cœur de Jésus.

Mais cet Amour qui nous est donné est cependant indissociable de la grâce créée qu'il diffuse, et dans son texte, d'ailleurs, Thérèse ne sépare pas les deux. Aussi dans l'interprétation, il ne faut pas choisir entre l'Esprit Saint et la charité créée, mais tenir les deux inséparablement [114]. Dans ce cas, l'expression "je serai l'Amour" signifie que Thérèse veut s'unir le plus parfaitement à l'Esprit Saint pour aimer sous sa motion, même si elle n'en a pas une conscience claire [115]. Par là, Thérèse réalise la ressemblance la plus parfaite avec Dieu.

---

107. Ms B, 4r°.
108. Cf. *ibid.*
109. Cf. *ibid.*
110. Ms C, 11v° ss.
111. Cf. F.M. LÉTHEL, *Connaître l'amour du Christ...*, p. 544-550 et 552-553 ; cf. *Rm* 5, 5.
112. Cf. Acte d'offrande à l'Amour miséricordieux et PN, 23, 4,4.
113. Acte d'offrande à l'Amour miséricordieux, Pri 6.
114. Pour avoir un aperçu des divers points de vue sur la question, on peut encore se reporter à A. COMBES dans "Thérèse de Lisieux, modèle de vie contemplative", *Eph. Carm.* 13 (1962), p. 114-115 et à P. DESCOUVEMONT dans "Sainte Thérèse de Lisieux dans le cœur de l'Église", *Spiritus* 21 (1964), p. 393-394.
115. La pneumatologie thérésienne est habituellement implicite. Notons cependant ce que dit Thérèse dans sa poésie *Vivre d'Amour* : "Ah ! tu le sais, Divin Jésus, je t'aime/ L'Esprit d'Amour m'embrase de son feu/ C'est en t'aimant que j'attire le Père" (PN, 17, 2). On peut retrouver la même dimension trinitaire dans l'*Acte d'offrande* : "O mon Dieu ! Trinité bienheureuse...(...) Puisque vous m'avez aimée, jusqu'à me donner votre Fils unique pour être mon Sauveur et mon Époux, les trésors infinis de ses mérites sont à moi, je vous les offre avec bonheur, vous suppliant de ne me regarder qu'à travers la Face de Jésus et dans son Cœur brûlant d'Amour". Dans la perspective trinitaire du texte, cet Amour qui est feu et qui est situé entre le Père et le Fils semble être ici également l'Esprit Saint.

Soulignons d'ailleurs que tout cela est très paulinien. En effet, en explicitant, comme elle le fait, le sens de l'Amour qui est dans le cœur de l'Église, Thérèse est fidèle à Paul pour qui l'Esprit Saint en personne a été donné à l'Église et à chacun pour y diffuser l'amour (cf. *Rm* 5, 5). De plus, qualifier cet Esprit par l'Amour correspond également à la pensée de l'Apôtre puisque c'est l'Esprit du Fils[116] dont toute la vie se résume en ces termes : "Il m'a aimé et s'est livré pour moi" (*Ga* 2, 20). On peut encore remarquer que l'union la plus parfaite à Dieu-Amour que veut vivre Thérèse est notamment un écho de cette exhortation de Paul : "Imitez Dieu, puisque vous êtes des enfants de Dieu ; vivez dans l'amour, comme le Christ nous a aimés et s'est livré lui-même à Dieu pour nous" (*Ep* 5, 1-2).

Si on veut faire un bilan de la lecture thérésienne, il faut cependant affirmer qu'elle dépasse l'enseignement explicite du texte. Cet enseignement montre bien que la charité est essentielle à l'Église et qu'elle est finalement la seule réalité qui demeurera. Néanmoins Thérèse n'en reste pas là. En voyant que l'Amour est éternel, qu'il renferme toutes les vocations et que le membre le plus important de l'Église est son cœur brûlant d'Amour, elle ne fait encore que reprendre le contenu explicite de *1 Co* 12-13, quoique d'une manière plus synthétique et, par le symbole du cœur, peut-être plus expressive et plus forte. Mais quand elle met en évidence la dimension infinie et divine de l'Amour ainsi que la communion des saints dans ce même Amour — en harmonie d'ailleurs avec la théologie paulinienne —, Thérèse dépasse cependant l'explicite pour découvrir la lumière la plus profonde qui était cachée dans la lettre du texte. Elle fait éclater ainsi la richesse insoupçonnée qui y était enfouie. Thérèse va-t-elle plus loin que Paul ? Non, il faudrait plutôt dire qu'elle approfondit "la perception des paroles transmises", selon l'expression du Concile[117].

Pour elle, cette perception est un don d'en-haut. C'est la dernière chose — et non la moindre — qu'il faudrait noter à partir du récit de la découverte de sa vocation qu'elle introduit par ces termes, immédiatement après avoir parlé de sa vision en rêve d'Anne de Jésus : "O mon Bien-Aimé ! cette grâce n'était que le prélude de grâces plus grandes dont tu voulais me combler ; laisse-moi, mon unique Amour, te les rappeler aujourd'hui..."[118] Plus loin, elle écrit : "Les chap. XII et XIII de la première épître aux Corinthiens me tombèrent sous les yeux..."[119] Et elle conclura son récit : "Oui, j'ai trouvé ma place dans l'Église et cette place, ô mon Dieu, c'est vous qui me l'avez donnée..."[120]

Il y a, de plus, les "je compris" qui reviennent quatre fois pour décrire le moment décisif de sa découverte. Ils constituent un saut qualitatif par rapport à ce qui précède : brusquement tout s'illumine et ses "compréhensions" s'enchaînent

---

116. Cf. *Ga* 4, 6.
117. "La perception des choses aussi bien que des paroles transmises s'accroît, soit par la contemplation et l'étude des croyants qui les méditent en leur cœur (cf. *Lc* 2, 19 et 51), soit par l'intelligence intérieure qu'ils éprouvent des choses spirituelles, soit par la prédication de ceux qui, avec la succession épiscopale, reçurent un charisme certain de vérité" (*Dei Verbum*, 8).
118. Ms B, 2vº.
119. Ms B, 3rº.
120. Ms B, 3vº.

alors assez logiquement. Dans les *Manuscrits*, le "je compris" a presque toujours un sens fort : il exprime dans ce cas une saisie par l'intelligence, sous l'influence divine, d'une réalité naturelle ou surnaturelle jusqu'ici cachée, sans que cette perception soit directement le résultat d'une réflexion discursive [121]. Il s'agit d'une connaissance tout intuitive, quasi expérimentale [122]. Il semble que l'on mette ici à nouveau le doigt sur la "science d'Amour".

La charité fraternelle

Pour terminer ce parcours des principaux textes bibliques qui ont marqué Thérèse pendant sa vie ou la relecture de sa vie, il faut encore s'arrêter brièvement à sa découverte de la charité fraternelle :

> *Cette année, ma Mère Chérie, le bon Dieu m'a fait la grâce de comprendre ce que c'est que la charité ; avant je le comprenais, il est vrai, mais d'une manière imparfaite, je n'avais pas approfondi cette parole de Jésus : "Le second commandement est SEMBLABLE au premier : Tu aimeras ton prochain comme toi-même"* [123].

Nous ne ferons pas ici une étude détaillée de la lecture que Thérèse a faite des textes bibliques qui ont éclairé sa découverte. Nous n'essayerons de dégager que les éléments essentiels de son approche. D'après le *Manuscrit C*, il s'agit d'une lecture en correspondance de plusieurs textes scripturaires. Cette lecture témoigne encore une fois d'une grande familiarité avec l'Écriture et d'un grand sens de l'unité de la Bible. Thérèse fait notamment correspondre *Mt* 22, 39 ; 7, 21 ; *Jn* 13, 34-35 et *Jn* 15, 13 [124], textes qui sont mis ensuite en relief par le Sermon sur la Montagne [125].

Dans sa lecture, Thérèse met en valeur la perspective fondamentale des préceptes du Sermon, c'est-à-dire la charité. Ceux-ci sont en effet autant de manières de vivre l'amour et culminent dans le précepte de l'amour des ennemis (*Mt* 5, 43-47). Ici encore, l'Écriture va éclairer l'existence de Thérèse : elle va appliquer l'enseignement de Jésus à sa vie quotidienne de manière très concrète. Le commentaire très pratique qu'elle fait par exemple de *Mt* 5, 4-42 [126] montre à quel point elle a compris et vécu les exigences de l'Évangile. Fidèle à l'esprit du Sermon du Seigneur qui invite à être parfait comme le Père céleste est parfait (*Mt* 5, 48), Thérèse va même plus loin que la lettre du texte. Ainsi, pour elle, il ne s'agit pas seulement d'"abandonner son manteau", il faut même "aller au-devant

---

121. Voir par exemple les parallèles : "En un instant, je compris ce qu'était la vie..." (Ms A, 25v°) ; "Jésus me fit comprendre que c'était par la croix..." (Ms A, 69v°) ; "J'ai reçu la grâce de comprendre combien Jésus désire être aimé" (Ms A, 84r°).
122. Cf. Ms A, 83v° : "je comprends et je sais par expérience que...". Voir aussi F. DE SAINTE-MARIE, "L'ineffable chez sainte Thérèse de l'Enfant-Jésus", *Carmel* 4 (1957), p. 253-265 (surtout p. 259).
123. Ms C, 11v°.
124. Ms C, 11v°-12r°.
125. Ms C, 12r° ; 15v°-18v° (*Mt* 5, 15 ; 40-44 et parallèles dans *Lc*).
126. Ms C, 16v°-17r°.

des désirs, avoir l'air très obligée et très honorée de rendre service et si l'on prend une chose à mon usage, je ne dois pas avoir l'air de la regretter, mais au contraire paraître heureuse d'en être débarrassée" [127]. C'est parce qu'elle a véritablement vécu l'enseignement du Sermon qu'elle a pu le comprendre en profondeur et en expliciter le contenu de manière si concrète.

Pour finir, il nous faut encore montrer comment Thérèse donne la clef pour pouvoir vivre la radicalité du Sermon. Au cours de l'histoire, certains ont pensé que ce texte enseignait une morale inaccessible, d'autres y voyaient une morale d'idéal, d'autres encore le réservaient pour un temps d'exception ou pour une élite. Mais dans l'esprit du Sermon, Thérèse a bien compris qu'il s'adressait à tous. Pourtant elle avait conscience que la charité que Jésus demande de vivre, en particulier dans le Sermon, est au-delà des capacités humaines :

> Ah ! que les enseignements de Jésus sont contraires aux sentiments de la nature ! Sans le secours de la grâce il serait impossible non seulement de les mettre en pratique mais encore de les comprendre [128].

En effet, Jésus ne demande pas moins que d'aimer le prochain "comme Lui, Jésus, l'a aimé" [129]. Comment alors accomplir ce commandement ? Voici la lumière que donne Thérèse :

> Ah ! Seigneur, je sais que vous ne commandez rien d'impossible, vous connaissez mieux que moi ma faiblesse, mon imperfection, vous savez bien que jamais je ne pourrais aimer mes sœurs comme vous les aimez, si vous-même, ô mon Jésus, ne les aimiez encore en moi. (...) Lorsque je suis charitable, c'est Jésus seul qui agit en moi ; plus je suis unie à Lui, plus aussi j'aime toutes mes sœurs [130].

Mais pour Thérèse, laisser Jésus agir en elle, s'unir de plus en plus à lui, c'est suivre la "petite voie" pour que, progressivement, Jésus prenne toute la place. Au fait, c'est tout simplement entrer dans la première béatitude. Au sommet de la vie spirituelle, Jésus avait établi son règne en Thérèse, si bien qu'elle pouvait "courir dans la voie de ses commandements" [131], témoignant ainsi de l'"efficacité" de la petite voie pour pouvoir vivre les exigences du Sermon sur la Montagne.

La méthode thérésienne

Pour donner une vue globale de la manière thérésienne d'approcher et d'utiliser l'Écriture, il nous faut maintenant tenter une synthèse. Nous réunirons les divers éléments que nous avons pu dégager en parcourant les grandes étapes du cheminement biblique de Thérèse, mais nous devrons tenir compte toutefois des aspects que nous n'avons pas encore mis en évidence dans notre lecture et qui se trouvent ailleurs dans ses écrits.

---

127. Ms C, 17r°.
128. Ms C, 18v°.
129. Ms C, 12v° (cf. *Jn* 15, 12).
130. *Ibid.*
131. Ms C, 16r°.

En les lisant, on découvre combien l'approche thérésienne de la Bible est en fait très diversifiée [132]. Thérèse lit l'Écriture en oraison, la médite, la recopie ; elle se tourne vers la Bible comme par réflexe, se remémore des passages, se les applique ; elle entre dans le texte ou se l'approprie avec audace [133] ; elle écoute la parole ou dialogue avec elle ; dans une situation importante ou problématique, elle ouvre l'Évangile pour l'écouter tel quel ou pour l'interroger selon un axe ; un verset s'illumine soudain ou s'éclaire après tout un cheminement [134] ; la Bible peut non seulement consoler ou éclairer l'existence mais aussi se réaliser aujourd'hui dans sa propre vie [135].

Dans ses écrits, la Bible surgit par des réminiscences, des allusions ou des citations explicites. Un verset peut apparaître tout seul ou dans un enchaînement de citations lues en correspondance. Thérèse peut incorporer tel texte dans le fil de son propos, l'utiliser assez librement [136] ou le commenter, l'expliquer. Habituellement, l'Écriture vient à son secours pour éclairer tel événement, pour être appliquée à telle situation, pour fonder telle certitude.

Voilà un tableau brossé rapidement sur l'utilisation concrète des Écritures chez Thérèse. Il confirme combien la Bible est vivante pour elle, combien elle est importante.

Si l'approche de Thérèse est effectivement très diversifiée, elle est cependant en même temps très unifiée. Tout en prenant des modalités très diverses, la perspective essentielle de la lecture thérésienne de la Bible est en effet l'*amour de Jésus* : Thérèse s'approche de l'Écriture − en particulier de l'Évangile −par amour de Jésus, elle la lit en oraison dans l'amour de Jésus, pour la vivre ensuite dans ce même amour. C'est tout le chemin de sa "science d'Amour" qui

---

132. Les *Derniers Entretiens* sont très éclairants pour voir comment Thérèse vit concrètement avec la Bible et l'aborde selon des modalités très variées : cf. par exemple CJ 13.7.8 ; 30.7.7. ; 7.8.4. ; 12.8.6 ; 20.8.3.
133. Spécialement à la fin de son *Manuscrit C* (34r°-35v°) où elle s'approprie les paroles très personnelles de Jésus prononcées à la dernière cène : *Jn* 17, 4 ss.
134. Comme par exemple pour *Ct* 7, 1 et *Ps* 136, 1-4. Les explicitations que Thérèse en fait dans ses Lettres montrent comment elle a pénétré progressivement dans le sens de ces textes. C'est leur lecture en écho qui lui a permis à l'intérieur de son expérience spirituelle d'en dévoiler un sens très profond. *Ct* 7, 1 affirme qu'il faut chanter au sein de l'épreuve ("que voyez-vous dans l'épouse sinon des chœurs de musique dans un camp d'armée") tandis que *Ps* 136, 1-4 suggère le contraire en disant qu'on ne peut chanter sur une terre étrangère. Dans la lettre 85 du 12 mars 1889, Thérèse affirme, en s'appuyant sur *Ps* 136, 1-4, qu'on chantera au Ciel. Mais dans la lettre 149 du 20 octobre 1893, elle pense que *Ct* 7, 1 a raison contre *Ps* 136, 1-4 : "il faut qu'elle chante maintenant". Dans la lettre 165 du 7 juillet 1894, elle tient enfin ensemble les deux textes antinomiques : Dieu veut nous voir chanter dans l'épreuve (*Ct* 7, 1) mais nous ne savons pas nous servir de nos harpes sur une terre étrangère (*Ps* 136, 1-4). Aussi c'est Dieu luimême qui vient en nous pour se charger du concert. C'est l'aboutissement de la lecture de Thérèse pour ces deux textes bibliques. Nous voyons ici encore le souci de respecter la vérité, en maintenant ensemble la vérité de deux textes apparemment contradictoires. Pour l'étude détaillée de la lecture thérésienne de ces textes, se reporter à P. AUFFRET, *Et comment pourrait-elle chanter?*, Regain, Monte Carlo, 1985.
135. Cf. par exemple Ms A, 3r°-v° : "Je vois qu'en moi se réalisent les paroles du Psaume XXII".
136. Comme elle le fait dans ses *Récréations pieuses*. Notons que celles-ci témoignent tout particulièrement combien Thérèse était imprégnée par les Écritures vers la fin de sa vie. Les huit *Récréations* écrites du 21 janvier 1894 au 8 février 1897 contiennent 264 citations bibliques soit près du quart de l'ensemble des citations scripturaires dans les écrits de Thérèse.

s'acquiert "en secret", dans la connaturalité avec Dieu. C'est l'amour qui cherche à connaître et apprend à connaître en aimant. La poésie *Pourquoi je t'aime, ô Marie!* illustre bien ce lien entre la connaissance et l'amour pour la lecture de l'Évangile [137]. Cette "science" n'est pas une conquête humaine mais un don qui vient d'en-haut, qui ne peut être reçu que par les tout-petits. On n'entre pas dans l'Écriture par effraction : la Parole de Dieu ne découvre son sens qu'à ceux qui sont prêts à l'accueillir comme une grâce.

L'amour de Jésus qui conduit la lecture thérésienne de la Bible est évidemment une recherche de la vérité. Cette recherche respecte la lettre du texte, parce que c'est dans cette lettre que "Dieu a daigné exprimer sa pensée en notre langage humain" [138]. A ce niveau, l'approche thérésienne peut intégrer les richesses de l'exégèse contemporaine. D'ailleurs, s'inscrivant dans une quête de vérité, l'interprétation des textes que fait Thérèse n'est pas en contradiction avec l'exégèse contemporaine, comme nous l'avons vu à propos de quelques exemples.

Dans sa démarche, Thérèse découvre non seulement des vérités sur Jésus, mais Jésus lui-même, avec qui elle peut avoir une relation vivante. Cette découverte est à situer à l'intérieur de sa foi en l'Écriture : tout en ayant "utilisé" des écrivains humains en pleine possession de leurs capacités, Dieu est l'Auteur de la Bible. Cela veut dire non seulement qu'il l'a inspirée jadis, mais aussi qu'il parle par elle aujourd'hui pour éclairer la vie humaine. La Bible n'est pas une parole morte, mais vivante. Aussi, c'est dans un dialogue personnel avec Dieu que Thérèse la lit, en l'interrogeant, en l'écoutant, en se l'appliquant. Cette relation à l'Écriture laisse toute la liberté à Dieu qui peut illuminer tel ou tel texte, même le plus banal en apparence. Chaque verset des Livres Saints est un écrin qui renferme le trésor de la Parole vivante de Dieu. A travers chaque verset, Thérèse peut rejoindre la "substance", la Lumière qui éclaire sa route, le roc de la Vérité sur lequel fonder sa certitude. L'Écriture n'est pas un écran : elle permet à Thérèse de rejoindre Jésus et surtout à Jésus de la rejoindre dans une immédiateté étonnante, en particulier quand sa parole opère en Thérèse ce qu'elle signifie.

Mais pour Thérèse, cette rencontre avec Jésus s'est faite dans l'Église, à l'intérieur d'une tradition spirituelle et ecclésiale de lecture. L'Écriture se lit en effet dans la communion vivante avec tout le Corps du Christ. Thérèse a vécu cette communion notamment à travers la liturgie, à travers ses lectures, à travers l'enseignement véhiculé par la vie carmélitaine.

Une autre conséquence de la foi de Thérèse dans la Bible est son grand sens de l'unité de l'Écriture. Puisque Dieu est l'Auteur des Livres Saints, c'est dans l'unité que jaillira la pleine lumière. Aussi, Thérèse n'hésite pas à lire les textes scripturaires en écho les uns avec les autres. Ce qu'elle fait avec aisance et

---

137. Dans cette poésie, Thérèse explicite comment c'est dans un "je t'aime" qu'elle comprend. Toutes ses découvertes ("je comprends...") sont ponctuées par des "je t'aime" (cf. PN 54, str. 4, 1 ; 8, 5 ;10, 5 ; 10, 7).
138. Cf. PO, p. 275.

beaucoup de fruits. Son sens de l'unité de la Bible l'autorise par ailleurs à faire une lecture résolument christocentrique [139] : Jésus, le Verbe de Dieu, est présent dans toute l'Écriture et donc lui parle déjà à travers tout l'Ancien Testament. L'amour de Thérèse peut ainsi le trouver à chaque page de l'Écriture.

D'autre part, comme c'est l'amour de Jésus qui oriente la lecture thérésienne, celle-ci engage toute la personne et toute la vie. Nous sommes loin d'une approche purement intellectuelle, coupée du reste. Thérèse lit la Bible à partir de ce qu'elle vit − souvent à partir d'une situation particulière − et c'est à l'intérieur de son expérience spirituelle et humaine que le texte biblique dévoile tout son sens : c'est en vivant l'Écriture que Thérèse la comprend. Sa lecture la pousse à communier le plus parfaitement possible avec Jésus qu'elle rencontre dans l'Évangile, et c'est uniquement à cause de cette communion que le texte biblique peut révéler toute sa signification.

Pendant la lecture elle-même, faite en oraison, l'amour de Thérèse s'implique tout entier, il entre dans le texte et la conduit à l'appliquer à sa propre vie, à se l'approprier très intimement − ce qui, par contre-coup, éclaire le texte lui-même −. L'entrée dans la Bible, l'application à la vie, l'appropriation très personnnelle sont des traits majeurs de la lecture thérésienne. C'est une approche qui part de la vie pour y revenir ensuite, sans pour autant l'avoir vraiment quittée en cours de route.

C'est pourquoi la relation de Thérèse à la Bible est au-delà des citations qu'elle peut en faire. Même si des textes déterminés ont orienté sa vie en constituant des étapes décisives de son cheminement spirituel − par eux, Jésus parlait à Thérèse et la guidait [140] −, sa relation à l'Écriture est cependant au-delà des textes explicites auxquels elle peut faire référence : cette relation est faite avant tout d'imprégnation, d'assimilation de la Parole, de transformation dans le Christ. Thérèse habite l'Évangile qu'elle lit, elle devient l'Évangile. C'est cette connaturalité qui est finalement la clef de son interprétation.

III − UN ENSEIGNEMENT BIBLIQUE

La troisième question que nous nous posions au début et qui portait sur le caractère biblique de l'enseignement de Thérèse a déjà trouvé une réponse jusqu'ici. En parcourant les principaux textes scripturaires qui ont jalonné son

---

139. Thérèse rejoint ainsi le christocentrisme de la lecture patristique de la Bible.
140. Le cardinal Garrone écrit : "Le plus important est de bien voir comment Dieu a usé de l'Écriture, c'est-à-dire du texte même des Saints Livres, pour parler à sainte Thérèse et pour la former. Car c'est Dieu qui se servait de l'Écriture au bénéfice de cette âme admirablement docile, beaucoup plus que sainte Thérèse s'en servait elle-même. (...) C'est un document de toute première valeur sur la méthode divine, sur le jeu de la grâce utilisant l'Écriture au bénéfice d'une âme de bonne volonté". (G.-M. GARRONE, "Sainte Thérèse de l'Enfant-Jésus et l'Écriture", *Carmel* 1 (1957), p. 7-8.

cheminement, nous avons pu constater combien ils avaient été déterminants pour sa vie et sa "petite doctrine" [141]. Cependant nous voudrions, avant de conclure, rassembler les divers éléments qui sont apparus en cours de route.

Nous avons pu remarquer que, malgré l'absence de formation biblique, Thérèse a acquis une connaissance riche et profonde des Écritures, comme en témoignent le nombre de citations scripturaires, leur grande variété, les correspondances fort heureuses qu'elle fait et surtout sa pénétration de la Bible en général et de tel texte en particulier. Il est pourtant vrai que Thérèse n'a pas redit tout l'enseignement biblique [142] et que les lacunes de sa formation se ressentent parfois [143]. Elle a cependant saisi des traits essentiels du message scripturaire, même mieux, elle est allée au cœur des Écritures et l'a particulièrement mis en valeur et explicité.

Rappelons d'abord comment, à l'aide de l'Écriture, elle situait toute sa vie dans la perspective de la miséricorde, donc dans le mouvement même de la révélation de Dieu dans l'Ancien comme dans le Nouveau Testament. C'est à l'intérieur de cette même perspective qu'il faut placer la "petite voie" de Thérèse qui fait partie de l'essentiel de son enseignement. Cette petite voie faite de petitesse et d'abandon à la Miséricorde est la conduite fondamentale de l'homme que la Bible enseigne et que Jésus met tout spécialement en évidence. En vivant et en enseignant sa petite voie, Thérèse a non seulement rejoint cette attitude mais l'a particulièrement explicitée et mise en relief. Pour elle, l'attitude filiale à l'égard du Père céleste est vécue dans le Fils, dans l'abandon au Fils, dans l'union la plus intime au Fils. Aussi l'amour pour Jésus prend une place centrale chez elle, cet amour qui est la réponse à la soif de Jésus d'aimer et d'être aimé.

Nous avons vu comment le thème de la soif de Jésus avait marqué Thérèse et comment elle l'avait fort bien explicité. Ce thème a trouvé chez elle un écho tout particulier à travers la figure du Serviteur souffrant qui est devenue le fond de sa piété. Par là, Thérèse assimilait et mettait en évidence un autre aspect capital de l'Évangile : le mystère de l'humiliation du Fils.

C'est par rapport à l'amour sans limite de Thérèse pour Jésus qu'il faut situer la "découverte" de sa vocation, cette découverte qui lui permit de faire jaillir la lumière cachée dans les chapitres 12 et 13 de la première aux Corinthiens. Cette lumière est notamment très intéressante pour l'ecclésiologie. Elle est également très précieuses pour éclairer la sainteté chrétienne [144].

---

141. Pour mettre en valeur toute la richesse de la lecture thérésienne de la Bible, il faudrait cependant prendre presque chaque texte de l'Écriture qu'elle cite et suivre, quand c'est possible, la progression de sa lecture à travers ses écrits.
142. Ainsi pour les Évangiles, elle cite essentiellement des paroles d'enseignement de Jésus, sans se référer aux miracles par exemple (cela témoigne en fait que Thérèse propose une sainteté dans la vie ordinaire). Thérèse a cependant assimilé l'enseignement des miracles (cf. Ms A, 67v°). Notons par ailleurs qu'elle ne se réfère que rarement aux paraboles.
143. Ainsi, par exemple, le livre des psaumes qui a une dimension communautaire n'est lu que dans la perspective de la relation de l'âme avec Dieu.
144. A l'aide de Paul, Thérèse nous rappelle que nous sommes faits pour l'infini et que c'est dans l'amour que nous pouvons le vivre.

C'est aussi en relation avec l'amour de Jésus qu'il faut placer la compréhension profonde qu'à la fin de sa vie, elle a eue de la charité fraternelle : nous devons aimer notre prochain comme Jésus nous aime. Thérèse a non seulement compris l'exigence du commandement nouveau — sommet de l'enseignement moral de la Bible —mais, par sa petite voie, elle a aussi donné la clef pour le vivre. Soulignons encore combien Thérèse a explicité de manière pratique le contenu du Sermon sur la Montagne qui développe le commandement nouveau.

A l'école de sainte Thérèse de l'Enfant-Jésus

"Nous voici devant un auteur spirituel qui rejoint la lignée des grands maîtres chrétiens", écrit le Père Joseph Courtès, au sujet de Thérèse [145]. C'est la conclusion qu'il tire de son étude des *Manuscrits A* et *C* à propos desquels il affirme : "L'Écriture structure ces autographes et du même coup leur confère une valeur qui n'est pas seulement d'ordre sentimental, anecdotique ou historique" [146]. Les écrits de Thérèse — et pas seulement les autographes A et C — sont en effet éminemment bibliques. Nous avons pu nous apercevoir qu'ils augmentent "la perception des paroles transmises" dans la Bible et qu'ils rejoignent le cœur du message scripturaire, le mettent en relief et l'explicitent tout particulièrement pour pouvoir le vivre. Aussi Thérèse mérite que l'on se mette à son école dans l'étude des Saintes Écritures.

Mais peut-être plus encore, elle le mérite à cause de sa "méthode" de lecture de la Bible. Cette méthode totalement animée par l'amour en quête de vérité — en quête de la Vérité qui est Jésus —, à l'intérieur d'une foi vécue en Église et exercée par l'oraison, dans un engagement de toute la personne. C'est la "science d'Amour", don d'en-haut accordé aux petits, que propose Thérèse. Par la connaturalité de la charité, cette science est rencontre immédiate avec la Parole de Dieu, avec Jésus qui s'adresse à nous — spécialement dans l'Évangile —. Pour Thérèse, la Bible est vraiment vivante et efficace.

La méthode thérésienne n'exclut nullement une approche exégétique du texte parce qu'elle n'est que recherche de la vérité, cette vérité qui est inséparablement littérale et spirituelle et qui n'est donc pas en dehors ni au-delà de la lettre, mais dans la lettre. Toutefois Thérèse indique quelle doit être l'âme de toute exégèse : l'amour, vécu dans la foi, qui situe l'étude à l'intérieur de toute une vie et qui fait aborder les Livres Saints en oraison ; c'est lui seul qui permet d'entrer dans le texte pour communier avec la Parole et se laisser assimiler par elle, tout en se l'appropriant. Tous peuvent donc se mettre à l'école de Thérèse, aussi bien les érudits qui consacrent leur vie entière à étudier les Écritures que les chrétiens qui n'ont pas reçu une véritable formation biblique. Thérèse a quelque chose à leur enseigner, à condition qu'ils deviennent tout petits.

---

145. J. COURTES, "Les citations bibliques dans les Manuscrits de Thérèse de Lisieux", RAM 44 (1968), p. 225.
146. *Ibid.*

DE PAUL DE TARSE
À
THÉRÈSE DE LISIEUX

François RETORÉ *

"De Paul de Tarse à Thérèse de Lisieux", ce titre veut-il signifier une parenté spirituelle entre "la plus grande sainte des temps modernes" et l'apôtre par excellence de la première génération chrétienne ; ou bien ne s'agit-il que d'une comparaison, sans filiation proprement dite, entre deux saints apparemment si différents ? Nous voudrions tenter une réponse à cette question. Après avoir prouvé qu'il existe une certaine filiation, nous montrerons qu'il s'agit surtout d'un mystérieux dessein de la Providence qui a voulu susciter pour notre monde moderne un nouveau saint Paul en la personne de sainte Thérèse de l'Enfant-Jésus.

Influence de saint Paul sur sainte Thérèse

Que sainte Thérèse doive beaucoup à saint Paul, cela est indéniable. Dès la première page de son manuscrit autobiographique, elle cite saint Paul dans le contexte suivant :

Ouvrant le Saint Évangile, mes yeux sont tombés sur ces mots : – "Jésus étant monté sur une montagne, il appela à Lui ceux qu'il lui plut ; et ils vinrent à Lui" (St Marc, chap. III, v. 13). Elle enchaîne aussitôt : *Voilà bien le mystère de ma vocation, de ma vie tout entière et surtout le mystère des privilèges de Jésus sur mon âme... Il n'appelle pas ceux qui en sont dignes, mais ceux qu'il lui plaît ou,* **comme le dit St Paul** : *"Dieu a pitié de qui Il veut et Il fait miséricorde à qui Il veut faire miséricorde. Ce n'est donc pas l'ouvrage de celui qui veut ni de celui qui court mais de Dieu qui fait miséricorde* (Ep. aux Rom., chap. IX, v. 15 et 16)[1].

Ainsi c'est ce texte de saint Paul sur la miséricorde qui éclaire la vie "tout entière" de sainte Thérèse. Si l'on hésite, malgré la force de ce texte initial, à parler de filiation, la parenté spirituelle est indéniable. Sainte Thérèse de

---

* Responsable des prêtres de Notre-Dame de Vie.
1. Ms A, 2r°. C'est nous qui soulignons.

l'Enfant-Jésus se reconnaît en saint Paul. Il éclaire sa vocation et toute sa vie. Elle devient comme lui un témoin de la miséricorde, cette miséricorde qui sera au cœur de sa doctrine parce que d'abord elle est au cœur de sa vie, comme elle l'écrit : "A moi Il a donné sa Miséricorde infinie et c'est à travers elle que je contemple et adore les autres perfections divines" [2]. C'est dans cette lumière que s'éclairent les premières lignes : "Je ne vais faire qu'une seule chose : Commencer à chanter ce que je dois redire éternellement — *Les Miséricordes du Seigneur ! ! !*" [3]

Sainte Thérèse de l'Enfant-Jésus aime "par dessus tout" l'Évangile. Elle affirme : "En lui je trouve tout ce qui est nécessaire à ma pauvre petite âme. J'y découvre toujours de nouvelles lumières, des sens cachés et mystérieux" [4]. Pourtant elle doit beaucoup à saint Paul qui lui était très familier, puisque, à l'exception de la deuxième aux Thessaloniciens, elle cite dans ses écrits toutes les autres épîtres, au moins de façon implicite. Pour notre propos il importe seulement de rappeler qu'elle a trouvé sa vocation dans la lecture d'un passage de la première épître aux Corinthiens. A son entrée au Carmel, en effet, Thérèse n'avait pas encore trouvé sa place dans l'Église. Comme au temps où, petite fille, elle avait dit : "Je choisis tout", elle voulait choisir toutes les vocations. Écoutons-la :

> *Être ton épouse, ô Jésus, être carmélite, être par mon union avec toi la mère des âmes, cela devrait me suffire... il n'en est pas ainsi... Sans doute, ces trois privilèges sont bien ma vocation, Carmélite, Épouse et Mère, cependant je sens en moi d'autres vocations, je me sens la vocation de GUERRIER, de PRÊTRE, d'APÔTRE, de DOCTEUR, de MARTYR* [5].

Nous connaissons la suite :

> *A l'oraison mes désirs me faisant souffrir un véritable martyre, j'ouvris les épîtres de St Paul afin de chercher quelque réponse. Les chap. XII et XIII de la première épître aux Corinthiens me tombèrent sous les yeux. J'y lus, dans le premier, que tous ne peuvent être apôtres, prophètes, docteurs, etc... que l'Église est composée de différents membres et que l'œil ne saurait être en même temps la main... La réponse était claire mais ne comblait pas mes désirs, elle ne me donnait pas la paix.*

Heureusement sainte Thérèse continue sa lecture :

> *Et l'Apôtre explique comment tous les dons les plus PARFAITS ne sont rien sans l'AMOUR... Que la CHARITÉ est la VOIE EXCELLENTE qui conduit sûrement à Dieu. Enfin j'avais trouvé le repos* [6].

Sous l'inspiration de l'Esprit Saint, elle tire la conclusion :

> *... Je compris que l'AMOUR RENFERMAIT TOUTES LES VOCATIONS, QUE L'AMOUR ÉTAIT TOUT, QU'IL EMBRASSAIT TOUS LES TEMPS ET TOUS*

---

2. Ms A, 83v°.
3. Ms A, 2r°.
4. Ms A, 83v°.
5. Ms B, 2v°.
6. Ms B, 3r°.

LES LIEUX... EN UN MOT, QU'IL EST ÉTERNEL !... Alors, dans l'excès de ma joie délirante, je me suis écriée : O Jésus, mon Amour... ma vocation, enfin je l'ai trouvée, MA VOCATION, C'EST L'AMOUR !... [7]

Il est évident que ce seul texte montre que saint Paul a exercé sur sainte Thérèse de l'Enfant-Jésus une influence décisive.

Deux conversions comparables

Nous voudrions, après ce préambule, établir quelques rapprochements entre sainte Thérèse et saint Paul. Le premier qui s'impose est leur conversion, même si on ne voit pas d'emblée de points communs entre cette petite "pleurnicharde" (qu'on nous pardonne cette expression) "Je pleurais d'avoir pleuré" [8], et Paul à la personnalité si forte, si virile, qui aime à étaler ses titres : "Circoncis dès le huitième jour, de la race d'Israël, de la tribu de Benjamin, Hébreu, fils d'Hébreux ; quant à la loi un pharisien ; quant au zèle un persécuteur de l'Église" [9]... Comme on le voit, parmi ses titres et pour témoigner de son zèle, il se déclare "persécuteur de l'Église".

Or, c'est ce Paul, "ne respirant toujours que menaces et carnage" [10], n'hésitant pas devant la torture pour faire "blasphémer" [11] les adeptes du Nazaréen, qui avait obtenu du grand-prêtre des lettres pour faire arrêter les chrétiens de Damas, s'il s'en trouvait, et les emmener enchaînés à Jérusalem [12]. Muni de tels pouvoirs, un peu avant d'arriver à la ville, en plein midi, Paul est terrassé par une lumière transcendante dont il ne peut supporter l'éclat, mais quand il entend, à sa question : "Qui es-tu Seigneur ?" la réponse du Ressuscité : "Je suis Jésus le Nazaréen que tu persécutes", il est immédiatement converti et sa première parole est alors la suivante : "Seigneur, que veux-tu que je fasse ?" [13] De persécuteur effréné, il devient serviteur inconditionnel. C'est le don absolu et indéterminé, indéterminé pour être absolu.

Cette conversion immédiate de Paul de Tarse est comparable à celle de Thérèse de Lisieux, même si les circonstances sont totalement différentes : ce n'est pas le Christ ressuscité dans sa gloire qui se manifeste à Thérèse, mais Jésus nouveau-né. Ecoutons le récit de Thérèse elle-même :

*... Il fallut que le Bon Dieu fasse un petit miracle pour me faire grandir **en un moment** et ce miracle il le fit au jour inoubliable de Noël ; en cette nuit lumineuse qui éclaire les délices de la Trinité Sainte, Jésus, le doux petit Enfant d'une heure, changea la nuit de mon âme en torrents de lumière... En cette nuit où Il se fit faible et souffrant pour mon amour, Il me rendit forte et courageuse, Il me revêtit de ses*

---

7. Ms B, 3v°.
8. Ms A, 44v°.
9. *Ph* 3, 5.
10. *Ac* 9, 1.
11. *Ac* 26, 11.
12. *Ac* 9, 2.
13. *Ac* 22, 8-10.

armes et depuis cette nuit bénie, je ne fus vaincue en aucun combat, mais au contraire je marchai de victoires en victoires et commençai pour ainsi dire "une course de géant !..." [14]

La conversion est la même, bien que les effets soient différents et à première vue opposés. Paul, l'athlète du Christ, devient en un instant un enfant docile qui se fera "tout petit" [15] avec les Thessaloniciens et avec tous les autres ; Thérèse devient en un instant un guerrier vaillant qui veut "mourir les armes à la main" [16]. Quel contraste de détails secondaires sur une ressemblance de fond !

Après avoir montré les similitudes entre les conversions de Paul et de Thérèse, nous voudrions souligner que l'interprétation que chacun en fait est identique.

Jésus avait dit à Paul : "Voici pourquoi je te suis apparu. Pour t'établir serviteur et témoin de la vision dans laquelle tu viens de me voir et de celles où je me montrerai encore à toi" [17]. Paul témoignera donc de sa vision et de l'interprétation qu'il en fera tout au long de sa vie. Il n'entre pas dans notre propos de faire un inventaire de la proclamation de la miséricorde dans ses épîtres. Il faut signaler toutefois que, dans la deuxième à Timothée, il écrit :

*Elle est sûre cette Parole et digne de créance : le Christ Jésus est venu dans le monde pour sauver les pécheurs dont je suis moi le premier. Et s'il m'a été fait miséricorde, c'est pour qu'en moi, le premier, le Christ Jésus manifestât tout son amour, **faisant de moi un exemple** pour ceux qui croiront en vue de la vie éternelle* [18].

Paul a conscience d'être un exemple de miséricorde. Il est un modèle pour tous les croyants, le modèle achevé.

Toute sa vie, Paul réfléchira sur le sens profond de sa conversion, et ce n'est qu'après de nombreuses années qu'il trouvera sous l'inspiration de l'Esprit Saint la formule définitive :

Il n'est donc pas question de l'homme qui veut et qui court mais de Dieu qui fait miséricorde [19].

C'est la raison pour laquelle, après avoir énuméré ses titres de noblesse déjà signalés, dans l'épître aux Philippiens, Paul poursuit :

Mais tous ces avantages dont j'étais pourvu, je les ai tenus pour un désavantage, à cause du Christ. Bien plus, je tiens tout désormais pour désavantageux au prix du gain suréminent qu'est la connaissance du Christ Jésus mon Seigneur. Pour lui j'ai accepté de tout perdre, je regarde tout comme déchets, afin de gagner le Christ et d'être trouvé en Lui, n'ayant plus ma justice à moi, celle qui vient de la loi, mais la justice par la foi au Christ, celle qui vient de Dieu et s'appuie sur la foi [20].

---

14. Ms A, 44v°. C'est nous qui soulignons.
15. *1 Th* 2, 7.
16. CJ 9.8.1.
17. *Ac* 26, 16.
18. *1 Tm* 1, 15-16.
19. *Rm* 9, 16.
20. *Ph* 3, 7-10.

Ce texte admirable est le fruit d'une expérience personnelle de Paul qui a tout fait, en bon pharisien, pour être justifié par la pratique de la Loi, qui a couru pendant de nombreuses années sans résultat. Or, en un instant, il s'est trouvé justifié par la foi au Christ. C'est dans l'épître aux Romains que la conclusion contenue dans l'épître aux Philippiens trouve sa formulation parfaite. Mais comment ne pas être amené à vérifier que l'expérience de Thérèse est fondamentalement la même quand elle continue le récit de sa conversion la nuit de Noël :

> En un instant l'ouvrage que je n'avais pu faire en dix ans, Jésus le fit se contentant de ma bonne volonté qui jamais ne me fit défaut. Comme ses apôtres, je pouvais Lui dire : "Seigneur j'ai pêché toute la nuit sans rien prendre". Plus miséricordieux encore pour moi qu'Il ne le fut pour ses disciples, Jésus prit Lui-même le filet, le jeta et le retira plein de poissons... Il fit de moi un pêcheur d'âmes, je sentis un grand désir de travailler à la conversion des pécheurs, désir que je n'avais pas senti aussi vivement... Je sentis en un mot la charité entrer dans mon cœur [21].

Etablissons brièvement les points de concordance : "En un instant", écrit Thérèse. Pour Paul aussi ce fut instantané. "L'ouvrage que je n'avais pu faire en dix ans", poursuit Thérèse. Nous constatons donc que, pendant dix ans, Thérèse a cherché sa justification, comme Paul, dans ses efforts... mais vainement. "Plus miséricordieux encore pour moi qu'il ne le fut pour ses disciples". Thérèse trouve que la miséricorde est encore plus grande pour elle. Il ne s'agit pas d'un concours ni d'une performance dans la miséricorde, mais la suite nous éclaire et lui donne raison : "Jésus prit Lui-même le filet, le jeta et le retira plein de poissons". Comment ne pas remarquer que les disciples avaient obéi à l'ordre de leur Maître : ils avaient jeté le filet et ils l'avaient retiré. Pour Thérèse, le miracle du filet plein de poissons est identique, mais elle n'a eu ni à jeter le filet ni à le retirer. Elle n'a strictement rien fait. La gratuité est totale, et par conséquent la miséricorde encore plus éclatante. Elle s'est contentée de sentir la charité "entrer dans son cœur". Elle y est entrée passivement dirait saint Jean de la Croix. On comprend dès lors l'affirmation de Thérèse qui n'a plus rien de surprenant :

> A moi Il a donné sa Miséricorde infinie et c'est à travers elle que je contemple et adore les autres perfections Divines !... [22]

La science de sainte Thérèse est comparable à celle de saint Paul

Il nous reste à comparer la science de Thérèse à celle de Paul ; mais qui peut être comparé à Paul ? N'est-il pas insurpassable parce qu'il est unique ? De toute façon, ce n'est pas une petite fille qui peut l'égaler. Réservons notre jugement pour le cas où Thérèse de Lisieux serait le Paul de Tarse des temps modernes.

---

21. Ms A, 45v°.
22. Ms A, 83v°.

Paul est le premier et le plus grand théologien du Christ et de l'Église, c'est-à-dire du cœur de la Révélation. Lui-même est le premier à en avoir conscience et à le dire en de nombreuses occasions. Voici d'abord ce qu'il écrit aux Éphésiens :

> *Vous avez appris, je pense, comment Dieu m'a dispensé la grâce qu'il m'a confiée pour vous, m'accordant par révélation la connaissance du Mystère, tel que je viens de l'exposer en peu de mots : à me lire vous pouvez vous rendre compte de l'intelligence que j'ai du mystère du Christ*[23].

Les Corinthiens se moquent de lui en disant : "Les lettres, dit-on, sont énergiques, sévères, mais quand il est là, c'est un corps chétif et sa parole est nulle"[24]. En ce qui concerne le caractère "nul" de sa parole, il faudrait faire des réserves, car "cet ignorant dans l'art de bien dire", comme a pu le définir Bossuet, possédait certainement la forme d'éloquence qui se moque de l'éloquence. Paul est un passionné du Christ et sa parole devait ressembler à son style qui a conservé toute sa force et sa chaleur, telles de la lave en fusion qui nous brûle encore. Ce n'est qu'un aspect secondaire de sa personnalité mais qui a pu faire écrire à Georges Duhamel : "Je tiens Paul pour l'un des plus grands écrivains du monde".

C'est le seul point sur lequel sainte Thérèse ne peut lui être comparée, mais si saint Paul se moque de l'éloquence et sourit que d'autres s'en moquent, il ne veut pas qu'on mette en doute sa science. C'est pourquoi dans sa réponse aux Corinthiens il précise :"Si je ne suis qu'un profane en fait d'éloquence, pour la science, c'est autre chose ; en tout et devant tous, nous vous l'avons montré"[25].

Ce qui caractérise la science de Paul, c'est qu'elle lui vient directement de Dieu. Il insiste sur le fait qu'elle lui a été révélée. Il écrit aux Galates :

> *L'Evangile que je vous annonce n'est pas à mesure humaine ; ce n'est pas non plus d'un homme que je l'ai reçu ou appris, mais par une révélation de JésusChrist*[26].

Le texte le plus important pour notre comparaison se trouve encore dans l'épître aux Éphésiens dans laquelle, après avoir écrit que Dieu lui a accordé par révélation la connaissance du mystère, il insiste un peu plus loin :

> *A moi le moindre de tous les saints, a été confiée cette grâce-là, d'annoncer aux païens l'insondable richesse du Christ et de mettre en pleine lumière la dispensation du mystère tenu caché depuis les siècles*[27].

Ce dernier texte peut nous servir de transition pour comparer la science de Thérèse à celle de Paul : "A moi le moindre de tous les saints", a écrit le grand apôtre. Ce rapprochement n'est-il pas intentionnel ? Il semble bien que si, et que Paul aurait pu écrire : "parce que j'étais le moindre". La Sagesse n'est-elle pas

---

23. *Ép* 3, 2-4.
24. *2 Co* 10, 10.
25. *2 Co* 11, 6.
26. *Ga* 1, 11-12.
27. *Ép* 3, 8.

réservée aux petits ? Sainte Thérèse de l'Enfant-Jésus, elle, n'hésite pas à expliquer sa science par sa petitesse. Elle écrit :

Parce que j'étais petite et faible il s'abaissait vers moi, il m'instruisait en secret des choses de son amour[28].

Telle est l'affirmation initiale de Thérèse qui exprime deux points communs avec Paul. Premièrement, c'est par une révélation de Jésus-Christ que Paul a la connaissance du mystère. De même pour Thérèse : c'est Jésus qui l'instruit en secret. Nous montrerons plus loin qu'il s'agit d'une authentique "révélation" au sens paulinien du mot. D'autre part, elle acquiert une connaissance tout à fait étonnante, comme l'indique la suite :

Ah ! si des savants ayant passé leur vie dans l'étude étaient venus m'interroger, sans doute auraient-ils été étonnés de voir une enfant de quatorze ans comprendre les secrets de la perfection, secrets que toute leur science ne leur peut découvrir, **puisque** *pour les posséder il faut être pauvre d'esprit !...*[29]

ce qui renforce et confirme : "**parce que** j'étais petite et faible". La science de Thérèse est de nature à étonner "des savants ayant passé leur vie dans l'étude". Pourquoi cet étonnement ? Parce que la science des savants n'est qu'une connaissance intellectuelle, tandis que la science de Thérèse est une connaissance de connaturalité infiniment supérieure.

Fondement de l'enfance spirituelle dans la deuxième Épître aux Corinthiens

C'est ce dernier point que nous voudrions mettre en lumière, après avoir montré que l'"enfance spirituelle", enseignée par la petite Thérèse, est en conformité avec l'enseignement de saint Paul et que nous en trouvons les fondements dans la deuxième épître aux Corinthiens, même si Thérèse ne fait qu'une fois référence à cette lettre, du moins explicitement.

Les deux pôles qui définissent le mieux sa "petite voie" sont la pauvreté et la confiance. Sa sœur, Marie du Sacré-Cœur, s'était trompée en identifiant l'immensité de ses désirs avec la perfection. Sainte Thérèse rétablit la vérité en lui écrivant :

Ah ! je sais bien que ce n'est pas cela du tout qui plaît au bon Dieu dans ma petite âme. Ce qui lui plaît c'est de me voir aimer ma petitesse et ma pauvreté, c'est l'espérance aveugle que j'ai en sa miséricorde...[30]

"Pauvreté" et "espérance", voilà ce qui plaît à Dieu dans l'âme de Thérèse. Ce sont là les deux pôles de l'"enfance spirituelle", la pauvreté engendrant l'espérance. Or, le fondement de cette relation est remarquablement exprimé par saint Paul qui dit son expérience en écrivant aux Corinthiens :

---

28. Ms A, 49r°.
29. *Ibid.*
30. LT 197.

Nous ne voulons pas, frères, vous le laisser ignorer : la tribulation qui nous est survenue en Asie nous a accablés à l'extrême, au-delà de nos forces, à tel point que nous désespérions même de conserver la vie. Vraiment nous avons porté en nous-mêmes notre arrêt de mort.

Voici l'épreuve affirmée avec son caractère "extrême" ; mais la suite nous dit la finalité de cette "faiblesse" ou "pauvreté" :

afin d'apprendre *à ne pas mettre notre confiance en nous-mêmes mais en Dieu qui ressuscite les morts.*

Il est clair que, pour Paul, la raison d'être de cette épreuve est de l'obliger à ne pas compter sur sa force personnelle, mais à se tourner vers Dieu dans la confiance (nous retrouvons le même mot que chez Thérèse), et pour Paul il s'agit aussi d'une confiance "aveugle", puisqu'il parle de confiance en Dieu **qui ressuscite les morts.** Ajoutons que cette confiance n'est rien d'autre que l'espérance théologale, comme le prouve la suite :

C'est lui qui nous a tirés d'une pareille mort et nous en tirera. Oui, nous avons en lui cette **espérance** [31].

La correspondance entre la doctrine de Thérèse et celle de Paul est évidente, même si Thérèse ne cite pas explicitement ce passage. Par contre, elle en cite un autre de la même épître qui va dans le même sens, et qui montre une influence certaine du grand apôtre sur la petite fille. C'est dans le chapitre douzième : "Je me vanterai surtout de mes faiblesses afin que repose sur moi la puissance du Christ" [32]. La faiblesse acceptée et aimée attire la force. C'est l'attitude de Thérèse dont nous avons déjà dit qu'elle plaît à Dieu : "Ce qui plaît au bon Dieu... c'est de me voir aimer ma faiblesse..." Dans une lettre adressée à Marie Guérin, Thérèse fait explicitement référence à ce texte :

Tu te trompes (...) si tu crois que ta petite Thérèse marche toujours avec ardeur dans le chemin de la vertu, elle est faible et bien faible, tous les jours elle en fait une nouvelle expérience, mais, Marie, Jésus se plaît à lui enseigner, comme à St Paul la science de se glorifier dans ses infirmités, c'est une grande grâce que celle-là et je prie Jésus de te l'enseigner, car là seulement se trouve la paix et le repos du cœur [33].

Même si ce n'est pas saint Paul qui a fait découvrir l'enfance spirituelle à sainte Thérèse, du moins lui a-t-il donné une confirmation de la valeur de ce qu'elle appellera sa "petite voie". Remarquons d'ailleurs que, dans cette lettre, c'est "Jésus qui se plaît à enseigner" à Thérèse comme à saint Paul cette science paradoxale.

Le vrai maître en science de sainte Thérèse est Jésus lui-même

Nous touchons ici à un point de la plus haute importance, le vrai maître en science spirituelle de Thérèse, c'est Jésus. Ne l'a-t-elle pas affirmé ?

---

31. *2 Co* 1, 8-10.
32. *2 Co* 12, 9.
33. LT 109.

Jésus n'a point besoin de livres ni de docteurs pour instruire les âmes ; Lui, le Docteur des docteurs, il enseigne sans bruit de paroles... Jamais je ne l'ai entendu parler [34].

Nous pouvons déduire de cette affirmation que Jésus a été le Docteur (avec un grand D) du docteur qu'est Thérèse (avec un petit d). Quant à sa science si haute, elle l'a acquise, comme saint Paul, "par une révélation de Jésus Christ".

Mais peut-on parler de révélation dans le cas de Thérèse ? Celle-ci n'est-elle pas close depuis la mort du dernier Apôtre ? La Révélation au sens strict assurément ; mais Jésus a déclaré : "Le Paraclet, l'Esprit Saint que le Père enverra en mon nom, vous enseignera tout et vous rappellera tout ce que je vous ai dit" [35]. Il ne s'agit pas dans ce texte d'un enseignement nouveau, mais seulement d'un rappel de l'enseignement de Jésus qui a précisé : "Quand il viendra, Lui, l'Esprit de vérité, il vous conduira vers la vérité tout entière" [36].

Une action de l'Esprit Saint qui n'a rien d'extraordinaire

En quoi consiste cette vérité "tout entière" ? C'est celle que l'Esprit Saint nous rappelle de l'intérieur, par mode de révélation selon l'expression de saint Paul dans l'épître aux Éphésiens :

Daigne le Dieu de Notre Seigneur Jésus-Christ vous donner un esprit de sagesse et de révélation qui vous le fasse vraiment connaître [37].

Pour Paul, la vraie connaissance suppose une révélation, c'est-à-dire une action personnelle de l'Esprit Saint qui n'a rien d'extraordinaire puisque l'Apôtre veut ce mode de connaissance pour tous, et qu'en dehors de cette intervention de l'Esprit, on en reste à une connaissance intellectuelle ; alors qu'avec l'Esprit Saint, elle se transforme en connaissance de connaturalité qui jaillit de l'amour. Telle est la connaissance des saints ; telle est la connaissance possible et souhaitable pour tous les chrétiens. Il suffit de posséder les dons du Saint-Esprit qui font partie de notre organisme surnaturel reçu au baptême pour que l'Esprit Saint au-dedans de nous, en agissant normalement, nous procure cette science. On a trop souvent identifié intervention de l'Esprit Saint et "phénomènes étranges réservés à des privilégiés" [38], alors que cette intervention est normale bien que surnaturelle et qu'elle demeure le seul moyen de parvenir à la vérité tout entière.

Comment parvient-on à cette vraie connaissance ? C'est un mystère et le secret de la Sagesse d'amour, mais c'est en particulier le fruit de l'oraison et de la

---

34. Ms A, 83v°.
35. *Jn* 14, 26.
36. *Jn* 16, 13.
37. *Ép* 1, 17.
38. Cf. P. MARIE-EUGÈNE DE L'E.J., *Je veux voir Dieu*, Éditions du Carmel, Venasque, 1988 [7] (1957), p. 429.

contemplation, "regard simple sur la vérité" qui pénètre dans l' "or de la substance". C'est par ce moyen que sainte Thérèse nous a donné sa voie d' "enfance spirituelle" qui n'est nouvelle que parce qu'elle était tombée dans l'oubli.

Oraison et science divine

Que l'oraison soit le mode de connaissance préconisé par Thérèse, cela ressort de ce qu'elle écrit à la fin de son autobiographie :

> N'est-ce point dans l'oraison que les Sts Paul, Augustin, Jean de la Croix, Thomas d'Aquin, François, Dominique et tant d'autres illustres Amis de Dieu ont puisé cette science Divine qui ravit les plus grands génies ? [39]

Il ne s'agit que d'une interrogation oratoire, car pour elle la "science divine", comme elle l'appelle, est puisée effectivement dans l'oraison, et il n'est pas sans intérêt pour nous qu'elle nous donne ici, comme premier exemple, saint Paul. Sainte Thérèse comme saint Paul a puisé sa science dans l'oraison.

Sainte Thérèse n'a-t-elle pas vécu dans une sécheresse continuelle ? Il faut l'avouer en effet, mais c'est pour souligner le paradoxe qui existe entre cet état de sécheresse et les lumières contemplatives qui en jaillissent. A lire ses manuscrits, on peut glaner des descriptions déroutantes pour ceux qui pensent que les contemplatifs baignent dans la lumière, alors qu'ils connaissent une nuit d'autant plus profonde qu'ils pénètrent plus profondément en Dieu, dont la transcendance produit l'obscurité dans les facultés naturelles, inadaptées à ce transcendant tant qu'elles n'ont pas été purifiées.

Relevons quelques affirmations de sainte Thérèse : "La sécheresse était mon pain quotidien", écrit-elle au début de sa vie de carmélite se disant "privée de consolations" [40]. Au moment de sa retraite de 1890, elle insiste : "L'aridité la plus absolue et presque l'abandon furent mon partage. Jésus dormait comme toujours dans ma petite nacelle" [41]. L'expression "comme toujours" montre qu'il s'agit d'un état habituel. Heureusement, Thérèse était moins déroutée que d'autres parce qu'elle avait lu saint Jean de la Croix, le docteur de l'amour mais également de la nuit ! C'est pourquoi la parabole du "petit oiseau", dans le Manuscrit B est tellement importante pour caractériser l'oraison de Thérèse : elle "fixe l'invisible lumière qui se dérobe à sa foi" [42]. Malgré le caractère douloureux de cette sécheresse qui la plonge parfois "dans une nuit telle que je ne savais plus si j'étais aimée du Bon Dieu" [43], elle ne craint pas de conclure :

> Aussi longtemps que tu le voudras, ô mon Bien-Aimé, ton petit oiseau restera sans forces et sans ailes, toujours il demeurera les yeux fixés sur toi [44].

---

39. Ms C, 36r°.
40. Ms A, 73v°.
41. Ms A, 75v°.
42. Ms B, 5r°.
43. Ms A, 78r°.
44. Ms B, 5v°.

Cette volonté de demeurer les yeux fixés sur Jésus montre à quel point Thérèse est contemplative, puisque la contemplation est définie par saint Thomas : "un regard simple sur Dieu". Chez cette enfant, il n'y a plus que ce regard dans la nuit.

Cette digression valait la peine d'être faite pour éclairer ceux qui ignorent la nature de la contemplation ; et pour ceux qui la connaissent, afin de les encourager à persévérer dans la nuit, car c'est du sein de la nuit que jaillit la lumière. C'est donc dans l'oraison, fût-elle de sécheresse, que Thérèse a puisé sa science divine de la confiance aveugle en la Miséricorde.

Comment cette science lui est-elle donnée ? C'est un mystère, avons-nous dit, d'autant plus que ce n'est pas toujours pendant l'exercice proprement dit de l'oraison que la lumière lui est donnée ; mais écoutons-la une fois encore :

> Lui le Docteur des docteurs, il enseigne sans bruit de paroles...Jamais je ne l'ai entendu parler, mais je sens qu'Il est en moi, à chaque instant, Il me guide et m'inspire ce que je dois dire ou faire. Je découvre juste au moment où j'en ai besoin des lumières que je n'avais pas encore vues, ce n'est pas le plus souvent pendant mes oraisons qu'elles sont le plus abondantes, c'est plutôt au milieu des occupations de la journée [45].

Ce dernier texte semble contredire celui où elle affirme que c'est "dans" l'oraison que les saints ont puisé leur science. Or ici elle écrit que le plus souvent ce n'est pas "pendant" ses oraisons mais dans le reste de la journée. Pour éclairer cette apparente contradiction, il suffira de lire dans Je veux voir Dieu le chapitre intitulé "Sécheresse contemplative". Un extrait va nous aider à comprendre :

> **Pendant la contemplation et par elle**, la lumière et l'amour descendent sur l'âme ; c'est l'abondance de la lumière ainsi que l'inadaptation des facultés qui produisent la sécheresse et la non-perception. Les effets surnaturels semblent ne pas dépasser la région de l'esprit, et ainsi les facultés inférieures sont paralysées ou agitées [46].

D'autre part, le Père Marie-Eugène explicite :

> Il y a un instant, l'âme s'épuisait dans la recherche d'un Dieu qui ne se livrait pas et paraissait insaisissable. Voici maintenant qu'à cette âme que la sécheresse a altérée de divin, toutes choses apparaissent pleines et débordantes de ce Dieu caché, découvrent en leurs profondeurs leurs secrets divins. **Les textes sacrés brillent de clartés nouvelles**... [47]

Arrêtons ici la citation dont vous aurez intérêt à reprendre et à poursuivre la lecture. Retenons la clé : la sécheresse a altéré l'âme de divin. Les lumières que Thérèse découvre "au milieu des occupations de la journée" ont donc bien leur origine dans la sécheresse de ses oraisons.

---

45. Ms A, 83v°.
46. *Je veux voir Dieu*, p. 590. C'est nous qui soulignons.
47. *Ibid.*

Comme vient de le dire le Père Marie-Eugène, c'est à la suite de la sécheresse de l'oraison que "les textes sacrés brillent de clartés nouvelles". Rappelons-nous que c'est après une oraison où elle a souffert "un véritable martyre", qu'elle a trouvé sa vocation en ouvrant les épîtres de saint Paul. D'abord insatisfaite à cause de l'immensité de ses désirs parce qu'aucune vocation ne lui suffisait et qu'elle les voulait toutes, elle poursuit sa lecture, et c'est alors que la lumière jaillit du texte sacré :

Je compris que l'AMOUR RENFERMAIT TOUTES LES VOCATIONS, QUE L'AMOUR ÉTAIT TOUT, QU'IL EMBRASSAIT TOUS LES TEMPS ET TOUS LES LIEUX... EN UN MOT, QU'IL EST ÉTERNEL !... MA VOCATION C'EST L'AMOUR ! [48]...

Il ne tient qu'à nous de vérifier ces antinomies en acceptant, dans nos oraisons, d'être comme la bûche qui sèche et évacue toutes ses impuretés avant de se transformer en feu et en flamme qui donne sa lumière et sa chaleur : "L'oraison embrase d'un feu d'amour" [49] écrit sainte Thérèse.

"De Paul de Tarse à Thérèse de Lisieux", nous passons de la Révélation proprement dite à l'inspiration mystique, ce qui a permis au pape Pie XI d'appeler Thérèse : "parole de Dieu". Parole de Dieu ? A-t-elle donc quelque chose à nous dire venant du Ciel ? Notre petite sainte, du moins, en était convaincue :

Je sens, dit-elle, que ma mission va commencer, ma mission de faire aimer le bon Dieu comme je l'aime, de donner ma petite voie aux âmes [50].

Thérèse ne peut être plus explicite sur son heure et sa mission posthume. Ce que saint Paul désigne par "adoption filiale", Thérèse l'appelle sa "petite voie", qui correspond à l' "enfance spirituelle".

Sainte Thérèse est-elle une grande théologienne ?

A ce sujet, avec le Père Marie-Eugène de l'EnfantJésus, que Monseigneur Guy Gaucher met "parmi les disciples les plus importants de sainte Thérèse de Lisieux au XXᵉ siècle... et pour les temps à venir" [51], nous voudrions poser une question et y répondre :

Serait-elle donc une grande théologienne ? Non pas certes, au sens habituel du mot qui éveille l'idée d'explications de la vérité divine où s'applique la raison éclairée par la foi ; mais si nous pouvons définir la théologie spirituelle : cette science qui met toutes choses en leur place sous la lumière de Dieu et de son Christ

---

48. Ms B, 3vº.
49. Ms C, 36vº.
50. CJ 17.7.
51. Préface de l'ouvrage du P. MARIE-EUGÈNE DE L'E.J., *Ton amour a grandi avec moi, Un génie spirituel, Thérèse de Lisieux*, p. 11-12.

et organise avec sagesse la marche de l'homme vers sa fin dernière, à n'en pas douter la petite Thérèse est une très grande théologienne spirituelle, car son regard a pénétré en Dieu en de telles profondeurs, a vu en une si pure clarté le chemin qui y conduit qu'elle a pu exprimer ses découvertes en un langage d'une simplicité d'enfant. Elle a possédé à un haut degré la science du salut et l'a donnée avec une rare perfection [52].

"Simplicité et profondeur" sont les qualités qui font les grands maîtres spirituels. Dès lors, comment nous étonner que le langage de Thérèse soit si proche de l'Évangile ? Un jour, pour instruire ses disciples en quête de savoir qui était le plus grand, Jésus "appela un petit enfant, le plaça au milieu d'eux et dit : en vérité je vous le dis, si vous ne retournez à l'état des enfants, vous ne pourrez entrer dans le Royaume des Cieux" [53].

Dans les évangiles de l'enfance, nous voyons Jésus, à l'âge de douze ans, dans le Temple, "assis au milieu des docteurs, les écoutant et les interrogeant ; et tous ceux qui l'entendaient étaient stupéfaits de son intelligence et de ses réponses" [54]. Puissent un jour les savants de l'âge atomique et les gens simples des temps à venir faire cercle autour de cette enfant qui, à quatorze ans, précisément parce qu'elle était petite, comprenait les secrets de la perfection et aurait frappé d'étonnement "des savants ayant passé toute leur vie dans l'étude". Il n'y a aucun anti-intellectualisme dans cette constatation, mais une hiérarchie de valeurs à reconnaître : la connaissance intellectuelle est de beaucoup inférieure à la connaissance de connaturalité qui jaillit de l'amour, et que saint Paul appelle la "vraie connaissance" parce qu'elle a son origine dans l'Esprit Saint lui-même.

C'est ainsi que Thérèse de Lisieux est bien le Paul de Tarse des temps modernes. En nous efforçant d'être fidèles à l'oraison quotidienne, fût-elle de sécheresse contemplative, l'Esprit Saint nous fera parvenir à la découverte expérimentale de "Dieu Amour", "Dieu riche en miséricorde".

---

52. *Ton amour a grandi avec moi...*, p. 121-122.
53. *Mt* 18, 2.
54. *Lc* 2, 46-47.

"LA VOCATION ULTIME DE L'HOMME EST UNIQUE, À SAVOIR DIVINE".
THÉRÈSE DE L'ENFANT-JÉSUS AU CŒUR DE VATICAN II

Étienne MICHELIN *

SITUATION

1 – Le cadre [1]

Thérèse Martin est née le 2 janvier 1873, trois ans après l'interruption du Concile Vatican I, qui avait été lui-même convoqué le 29 juin 1868. Un demi-siècle plus tard, le Pape Pie XI envisagea de reprendre le Concile : c'était en avril 1923, mois de la béatification de Thérèse de l'Enfant-Jésus [2]. Il y eut même consultation sur l'opportunité d'une telle décision ; le résultat en fut nettement favorable, mais les temps n'étaient pas encore venus [3]. Le 17 mai 1925, Thérèse de l'Enfant-Jésus était canonisée.

En 1948 [4] le pape Pie XII envisagea un nouveau projet de Concile œcuménique. Il s'agissait cette fois, non pas de reprendre le Concile Vatican I, mais d'en célébrer un autre.

Cette idée fut retenue et réalisée par Jean XXIII. Dans une assemblée sans équivalent dans l'histoire de l'humanité, l'Église a tiré de son trésor du neuf et de l'ancien, pour continuer à remplir la mission que lui a laissée son fondateur. Durant les années 1962-1965, le Concile n'a jamais cessé son travail. Ponctué par les quatre périodes durant lesquelles l'épiscopat universel était à Rome, profondément marqué par le décès de Jean XXIII et l'élection de Paul VI, parfois secoué, toujours à l'écoute de l'Esprit Saint, il a produit seize documents, tous

---

* Prêtre de Notre-Dame de Vie.
1. Pour la liste des abréviations utilisées dans cet article, voir en fin de texte, p. 110.
2. Le 29 avril.
3. Cf. CAPRILE G., DC 1966, 2175-2188.
4. G. CAPRILE, *Pie XII et un nouveau projet de Concile œcuménique*, DC 1967, 49-68. Sur les préparations au second Concile du Vatican, on pourra consulter : François-Charles UGINET, "Les projets de Concile général sous Pie XI et Pie XII", in *Le deuxième Concile du Vatican (1959-1965)*, actes du colloque organisé par l'École française de Rome (...), École française de Rome, 1989, p. 65-78.

votés à la majorité quasi-unanime, et promulgués en des sessions célébrées publiquement.

Vint le temps de la séparation et de la mise en œuvre, le temps de l'après-Concile. On est toujours après un Concile. Ce temps n'est pas achevé, il durera jusqu'au prochain Concile. Ce qui est en train de s'achever, c'est la première période de ce temps, période difficile, et cela pas seulement pour des raisons internes.

Thérèse de l'Enfant-Jésus n'est pas citée par le second Concile du Vatican. Et cependant cela a failli se produire.

Selon l'Index officiel, elle est mentionnée 15 fois dans l'ensemble des *Acta Synodalia*[5]. Comme elle, Cyrille et Méthode sont cités 15 fois, ainsi que Épiphane, alors que Pierre Canisius, qui fut canonisé en même temps qu'elle et qui est devenu depuis docteur de l'Église, est mentionné 9 fois.

Thérèse d'Avila est citée 14 fois, Jean de la Croix 8, Catherine de Sienne 5, François d'Assise 28, François de Sales 21, Ignace de Loyola 25, Benoît de Nurcie 23, Charles Borromée 24, Bernard de Clairvaux 34[6]. Le nom de Thérèse apparaît 1 fois pour la première période[7], 6 lors de la deuxième[8], 2 pour la troisième[9], et 5 pour la quatrième[10]. Elle n'est donc pas absente des références des pères conciliaires et représente pour certains d'entre eux un point de passage obligé en ce qui concerne la question missionnaire, ou l'amour de l'Église, ou encore la théologie mariale.

Mais venons-en directement à l'objet de notre étude. Cet objet est double. Il s'agit de mettre en lumière et le titre et le sous-titre qui ont été retenus pour cet exposé. Thérèse de l'Enfant-Jésus est au cœur de Vatican II ; le cœur de Vatican II est dans l'affirmation reprise par notre titre, et qui est tirée de *Gaudium et Spes* 22 : la vocation ultime de l'homme est unique, à savoir divine[11]. Il convient de préciser notre méthode.

2 – Cœur de l'Église et cœur du Concile

Situer Thérèse de l'Enfant-Jésus au cœur de Vatican II, qu'est-ce que cela signifie ? Lorsqu'en effet on se remémore sa découverte, "Dans le Cœur de

---

5. Ce sont l'ensemble des documents ayant trait au déroulement du Concile et qui concernent l'élaboration des textes. L'index tient compte actuellement des quatre premiers volumes. Le premier tome du 5°, qui vient d'être publié, donne les documents internes aux commissions. Certaines de ces mentions sont le fait de plusieurs pères, parfois plus de cent.
6. Nous ne mentionnons pas ici les grands docteurs, les Pères de l'Église ou les papes.
7. A.S. I-III, 306, Mgr Boillon, de Verdun.
8. A.S. II-II, 79 (patronne des missions) ; 98-99 (dans le cœur de l'Église) ; A.S. II-III, 565 (missions) ; 819 (Marie plus Mère que Reine) ; A.S. II-IV, 61, 177 (mission).
9. A.S. III-II, 428 (mission) ; A.S. III-VI, 929 (mission).
10. A.S. IV-III, 749. Demande qu'on ajoute son nom dans AG, pour souligner l'importance de la contemplation dans la mission. A.S. IV-III, 867. Meouchi. A.S. IV-IV, 492 (de Provenchères). A.A. IV-IV, 605, (Riobé). A.S. IV-V, 304, (Del Pino Gomez).
11. Les spécialistes auront reconnu dans ces mots une affirmation de GS 22, reprise par GS 92.

l'Église, ma Mère, je serai l'Amour"[12], il semble qu'il n'y ait rien à ajouter. Précisons donc notre intention.

L'Église est un mystère de communion[13] de l'homme avec son Dieu, dans le Christ, sous l'action de l'Esprit Saint. Cette communion est de soi mission[14]. Le Concile quant à lui est un acte de l'Église enseignante. Voir Thérèse de l'Enfant-Jésus dans le cœur de l'Église, c'est reconnaître la vérité et la plénitude de sa sainteté, ce que sa canonisation a entériné. Considérer Thérèse de l'Enfant-Jésus comme au cœur du Concile, c'est préciser la position de sa "doctrine"[15] dans l'ensemble des documents conciliaires. C'est aussi dégager les raisons qui font que lorsqu'on touche le cœur[16] de Vatican II, nécessairement on rencontre Thérèse de l'Enfant-Jésus. C'est également mettre en lumière que lorsqu'on touche Thérèse de l'Enfant-Jésus, on entre au cœur de l'enseignement de Vatican II, dont l'importance nous est rappelée par Jean-Paul II en ces termes :

> *Nous pouvons dire que, dans la richesse de son magistère, le Concile Vatican II contient à proprement parler tout ce "que l'Esprit dit aux Églises" en fonction de la période actuelle de l'histoire du salut*[17].

Ici se pose un difficile problème de méthode. Il faut en effet fonder la justesse de la lecture que nous proposons. Comment faire en sorte que notre compréhension de ces seize documents, dont la structure, les thèmes et les destinataires sont notablement différents, soit authentique et corresponde à la vérité de ce que l'Esprit Saint dit à l'Église ? Pour nous prémunir d'erreurs de perspective, deux aspects doivent être considérés impérativement, tous deux de grande — bien qu'inégale — importance : la technique de lecture et la pensée du Magistère. Expliquons brièvement les conditions d'une lecture authentique de Vatican II avant de recueillir, dans notre première partie, les points forts de la pensée du magistère.

Le Cardinal Ratzinger indique les conditions qui, à ses yeux, rendent possible une lecture authentique du Concile.

> *Que le Concile Vatican II devienne ou non une force positive dans l'histoire de l'Église, cela ne dépend qu'indirectement des textes et des organismes.*

---

12. Ms B, 3v°.
13. Ce thème de la communion a été étudié chez Thérèse par M. GRISON, VT 109 (1988), 20-32, avec quelques références à Vatican II. Nous ne le reprendrons pas dans ce texte en raison de la méthode retenue qui nous conduit au centre par d'autres chemins.
14. Voir à ce sujet le beau texte de l'exhortation *Christifideles Laici*, n° 32 ; "La communion engendre la communion et se présente essentiellement comme communion missionnaire. (...) La communion et la mission sont profondément unies entre elles, elles se compénètrent et s'impliquent mutuellement, au point que la communion représente la source et tout à la fois le fruit de la mission : la communion est missionnaire et la mission est pour la communion".
15. Elle-même parle de sa "petite doctrine" (cf. Ms B, 1v°).
16. Cf. *Redemptor hominis*, 8 : Jean-Paul II y dit que "Vatican II (...) a atteint le point le plus important du monde visible, à savoir l'homme, en descendant, comme le Christ, (...) jusqu'en son mystère intérieur, qui s'exprime (...) par le mot cœur", et ceci indissolublement en prenant la route de l'homme et celle du Christ (cf. RH, 13).
17. *Dominum et vivificantem*, n° 26.

> *Ce qui est décisif, c'est qu'il y ait des hommes — des saints — qui par un enga-*
> *gement de leur personne que nul ne peut leur imposer, créent quelque chose de*
> *vivant et de neuf* [18].

Plus loin il ajoute :

> *Si l'inventaire critique des dix dernières années* (et ce texte est publié, en
> français, en 1985) *conduit à cette perspective, si elle fait comprendre qu'on doit*
> *lire Vatican II en orientant le regard dans le sens des textes théologiques centraux,*
> *et non l'inverse, alors une pareille réflexion pourrait être fructueuse pour l'Église*
> *entière, et aider à la stabilisation dans une réforme saine.*
>
> *Ce n'est pas la Constitution pastorale qui mesure la Constitution sur l'Église,*
> *encore moins l'intention de l'avant-propos prise isolément, mais c'est l'inverse :*
> **seul l'ensemble pris autour de son centre réel est véritablement l'esprit du**
> **Concile** [19].

Retenons ces deux points. Seule la sainteté constitue l'authentique interprétation du Concile. Cela est en consonance avec la place centrale qu'occupe le
chapitre V de *Lumen Gentium* dans l'ensemble des documents conciliaires, nous
le constaterons.

De plus "seul l'ensemble, pris autour de son centre réel, est véritablement
l'esprit du Concile". Il importe donc de déterminer le centre réel, si l'on veut
recueillir l'esprit. Le magistère ecclésial nous donnera les indications
indispensables pour effectuer cette détermination. Paul VI, au cours du Concile,
puis Jean-Paul II, dans cinq de ses encycliques majeures, vont nous mettre sur la
voie et nous permettront de déterminer le centre réel de Vatican II, son cœur ; ce
sera, nous l'avons dit, l'objet de notre première partie. Dans la seconde, nous
suggèrerons quelques-uns des rapprochements qui s'imposent comme particulièrement importants, entre Vatican II et Thérèse de l'Enfant-Jésus.

I - RECHERCHE DU CŒUR

Faire une analyse complète de l'herméneutique conciliaire réalisée par
l'ensemble du Magistère dépasse notre propos et exigerait que l'on consulte le
Code de Droit Canonique, dont Jean-Paul II dit que "non seulement de par son
contenu mais déjà dès sa naissance, (il) a mis en acte l'esprit du Concile dont les
documents présentent l'Église comme 'sacrement universel de salut' [20]..." [21].

---

18. *Principes de la théologie catholique*, p. 422. Traduction de l'original allemand : *Theologische*
    Prinzipienlehre, Erich Wewel Verlag, München, 1982, p. 392.
19. *Ibid.*, p. 436, (édition allemande, p. 408). C'est nous qui soulignons.
20. LG 1 ; 9 ; 48. LG 48 est d'ailleurs cité comme ouverture de l'exhortation *Christifideles Laici*,
    n° 2.
21. CIC, p. X-XI ; voir aussi p. XIV. Les points importants du Concile sont ainsi soulignés :
    l'Église est peuple de Dieu ; l'autorité hiérarchique est service ; l'Église est une communion,
    d'où découlent les relations entre Églises particulières et Église universelle, collégialité et
    primauté ; tout membre de l'Église participe aux *tria munera Christi*, d'où les droits / devoirs
    des fidèles, la place des laïcs, l'œcuménisme.

1 – Paul VI : Primat de l'amour

Avant d'entendre Jean-Paul II, écoutons brièvement Paul VI. Le texte peut-être le plus fort est celui du discours d'ouverture de la quatrième session :

> *Toutes ces pensées, toutes ces actions deviennent alors **amour et charité**, et l'amour qui vient de Dieu se transforme en amour qui remonte vers Dieu, et de l'homme retourne à Dieu*[22].

> *C'est cet échange d'amour qui devrait caractériser la fin de ce Concile œcuménique*[23].

Plus loin le Pape précise et développe le contenu de cette "charité conciliaire" selon trois mouvements : amour de Dieu, amour de l'Église, amour de l'homme.

Amour de Dieu :

> *Le Concile s'inscrit dans la réalité du monde contemporain comme l'affirmation la plus haute, la plus claire et la plus humaine d'une religion sublime, que l'homme n'a pas inventée mais que Dieu a révélée. Et cette religion, c'est la relation élevante d'amour que Lui, le Père ineffable, établit avec l'humanité par la médiation de Jésus Christ son Fils et notre Frère, dans l'Esprit vivificateur*[24].

Amour de l'Église :

> *Le Concile nous fait plus clairement comprendre que notre Église est une société fondée sur l'unité de la foi et sur l'universalité de l'amour. La recherche d'une forme parfaite et supérieure de vie en société — qui constitue le problème capital et qui semble insoluble — a déjà trouvé pour nous une solution de principe, encore que celle-ci ne soit acquise que d'une manière virtuelle. Et nous savons que la solution que nous possédons, la communion qui nous unit et qui fait l'objet de notre prédication, ne peut être démentie : en effet elle n'est pas fondée sur des critères d'idolâtrie individuelle ou collective, mais sur un principe religieux indiscutable : l'amour porté aux hommes, non en raison de leurs mérites ou de nos intérêts, mais en raison de l'amour de Dieu*[25].

> *Ce Concile le dit : l'Église est une société fondée sur l'amour et gouvernée par l'amour. Elle aimait, l'Église de notre Concile, dira-t-on encore, elle aimait avec un cœur missionnaire. (...)*
> ***Et elle aimait, l'Église du IIe Concile œcuménique du Vatican**, avec un cœur œcuménique, c'est-à-dire avec un cœur largement, humblement, affectueusement ouvert à tous les frères chrétiens (...)*[26].

---

22. L'expression de Thérèse : "L'ascenseur (...), ce sont vos bras, ô Jésus" (Ms C, 3r°), indique exactement la même dynamique : Dieu a tellement aimé le monde, qu'il a donné son Fils. Et c'est en son Fils que l'amour de Dieu pour l'homme retourne de l'homme à son Dieu.
23. Doc. Conc. 6, p. 200. Il faudrait avoir présent à l'esprit la totalité de ce discours, dont la traduction est parfois approximative et incomplète. Voir le texte original, A.S. IV-I, p. 125-135.
24. *Ibid.*, p. 202.
25. *Ibid.*
26. *Ibid.*, p. 204. C'est nous qui soulignons.

Amour de l'homme :

> *L'amour en effet, en qui notre communion est enracinée [27], ne nous sépare pas des hommes ; il ne nous rend pas exclusifs ni égoïstes. Bien au contraire, car l'amour en tant qu'il vient de Dieu nous enseigne le sens de l'universalité ; notre vérité nous pousse à la charité [28].*

> *L'Église, en ce monde, ne se regarde pas elle-même seulement comme une fin [29] ; elle est au service de tous les peuples ; elle doit rendre le Christ présent à tous, individus et nations, le plus largement possible et le plus généreusement possible ; c'est là sa mission propre. Elle est annonciatrice de l'amour, créatrice de vraie paix... [30]*

> *Le Concile est un acte solennel d'amour pour l'humanité. Daigne le Christ nous venir en aide, pour qu'il en soit vraiment ainsi [31].*

Dans son discours à la séance publique du 7 décembre 1965, Paul VI revient sur le primat de l'amour, dont le fruit est tout à la fois gloire rendue à Dieu et service de l'homme [32].

Si nous rassemblons en les soulignant les résultats de cette lecture trop partielle et cependant très significative, nous devons noter les points suivants :

Paul VI insiste sur le primat de l'Amour, d'une part comme origine, puis comme terme, et enfin comme chemin qui conduit l'homme au terme qui est Dieu. Pour lui, le problème capital auquel le Concile se trouve affronté est celui de la recherche d'une forme parfaite et supérieure de vie en société. On retrouve la même préoccupation dans le discours de clôture. Enfin le Pape caractérise la mission de l'Église en deux temps : elle est annonciatrice de l'amour, elle est créatrice de la vraie paix. Or, ces orientations de Paul VI trouvent un écho en quelque manière amplifié dans les textes de Jean-Paul II.

2 – Jean-Paul II

Nous avons limité l'enquête à cinq encycliques majeures [33]. Mais le cadre restreint de cet exposé nous conduit à ne retenir ici que quelques-unes des affirmations du Pape concernant le contenu et les éléments principaux du Concile.

---

27. Le texte latin dit : *Amor enim, quo communio nostra roboratur.*
28. *Ibid.*, p. 205. Avec la citation de *2 Co* 5, 14 : *Caritas Christi urget nos*, citée par Thérèse de l'Enfant-Jésus en PN 17, 8 : "Pilote Aimé, la Charité me presse / car je te vois dans les âmes mes sœurs".
29. *Ecclesia, in hoc mundo, non se ipsam tantum, quasi finem, spectat, sed cunctis hominibus inservit.*
30. *Ibid.*, p. 205.
31. *Ibid.*, p. 206.
32. Doc. conc. 6, p. 250-252. Mais tout le discours est important. Il noue de la façon la plus radicale théocentrisme et anthropocentrisme, ce que nous développons avec Jean-Paul II.
33. *Redemptor Hominis ; Dives in Misericordia ; Dominum et vivificantem ; Laborem exercens ; Redemptoris Mater.*

Dans l'encyclique *Redemptor Hominis*, Jean-Paul II situe la vision de Paul VI sur l'Église et le Concile.

A travers les multiples composantes, souvent tourmentées, de son pontificat, il (Paul VI) nous a enseigné un amour intrépide envers l'Église, qui est, comme le dit le Concile, "le sacrement, c'est-à-dire à la fois le signe et le moyen de l'union intime avec Dieu et de l'unité de tout le genre humain" [34].

Cet amour enseigné par Paul VI a été proposé par lui comme une véritable clé herméneutique du Concile, nous venons de le voir. L'Église objet de cet amour intrépide est celle que décrit le prologue de *Lumen Gentium* [35].

Que l'Église soit dans le Christ, "en quelque sorte le sacrement, c'est-à-dire en même temps le signe et le moyen de l'union intime avec Dieu et de l'unité de tout le genre humain", cela revêt selon Jean-Paul II une importance considérable, dont il s'explique particulièrement dans l'encyclique *Dominum et vivificantem*, aux numéros 63 et 64 [36].

Nous ne saurions perdre de vue cette perspective générale en nous laissant maintenant guider par les textes des différentes encycliques, et particulièrement par *Dives in Misericordia* dont nous recueillons les affirmations principales.

A - Manifester l'homme en révélant le mystère du Père et de son Amour

Parmi ces affirmations, il en est une dont l'importance est décisive pour une juste lecture de Vatican II.

Une exigence aussi importante, dans ces temps critiques et difficiles, me pousse à découvrir encore une fois dans le Christ lui-même le visage du Père qui est "le Père des miséricordes et le Dieu de toute consolation" [37]. *On lit en effet, dans la Constitution* Gaudium et Spes : *"Nouvel Adam, le Christ... manifeste pleinement l'homme à lui-même et lui découvre sa très haute vocation" : il le fait précisément "dans la révélation même du mystère du Père et de son amour"* [38].

---

34. RH n°3.
35. La mouture précédente faisait passer l'unité de tout le genre humain avant son union intime avec Dieu. Il a fallu cinq interventions importantes pour que l'ordre soit rétabli. Cf. A.S. III-I, 158, cf. p. 170.
36. Voir spécialement le n° 64 : "Vatican II ajoute que l'Église est 'le sacrement (...) de l'unité de tout le genre humain'. Il s'agit évidemment, pour le genre humain — lui-même différencié de multiples façons —, de l'unité qu'il tient de Dieu et qu'il a en Dieu. Elle s'enracine dans le mystère de la Création et elle acquiert une dimension nouvelle dans le mystère de la Rédemption, en vue du salut universel. (...)
L'Église est 'le sacrement, c'est-à-dire le signe et l'instrument' du rapprochement des deux pôles de la création et de la Rédemption, Dieu et l'homme. Elle œuvre pour rétablir et renforcer l'unité du genre humain à ses racines mêmes, dans le rapport de communion entre l'homme et Dieu, son Créateur, son Seigneur, son Rédempteur. Il y a là une vérité, fondée sur l'enseignement du Concile, que nous pouvons méditer, expliquer et appliquer dans toute l'ampleur de son sens..." Voir également *Christifideles Laici*, n° 1819.
37. *2 Co* 1, 3.
38. DIM 1, citant GS 22.

En Jésus-Christ, marcher vers l'homme de la manière assignée une fois pour toutes à l'Église dans le cours changeant des temps, est en même temps s'avancer vers le Père et vers son amour. Le Concile Vatican II a confirmé cette vérité pour notre temps [39].

Soulignons : c'est en révélant le mystère du Père et de son amour que Jésus manifeste pleinement l'homme à lui-même et lui découvre sa très haute vocation, et ceci "dans le cours changeant des temps", c'est-à-dire dans l'histoire.

On retrouve cette affirmation au terme de la Constitution *Gaudium et Spes*, au n° 93 qui fixe comme but, selon la volonté du Père, que

dans tous les hommes nous reconnaissions le Christ notre frère et que nous l'aimions en parole et en acte, rendant ainsi témoignage à la Vérité, et que nous partagions avec les autres le mystère de l'amour du Père céleste.

Et le texte ajoute que par cette route, [*qua via*]

les hommes sur toute la terre seront incités à une vivante espérance, qui est un don de l'Esprit Saint, pour qu'enfin un jour ils soient reçus dans la paix et la béatitude, dans la patrie qui rayonne de la gloire du Seigneur [40].

Il faut lire en écho cet autre texte de *Dives in Misericordia* :

Plus la mission de l'Église est centrée sur l'homme, plus elle est, pour ainsi dire, **anthropocentrique**, *plus aussi elle doit s'affirmer et se réaliser de manière* **théocentrique**, *c'est-à-dire* **s'orienter en Jésus Christ vers le Père** [41].
Tandis que les divers courants de pensée, anciens et contemporains, étaient et continuent à être enclins à séparer et même à opposer théocentrisme et anthropocentrisme, l'Église au contraire, à la suite du Christ, cherche à assurer leur conjonction organique et profonde dans l'histoire de l'homme. C'est là **un des principes fondamentaux, et peut-être même le plus important, de l'enseignement du dernier Concile.** *Si nous nous proposons donc comme tâche principale, dans la phase actuelle de l'histoire de l'Église, de mettre en œuvre l'enseignement de ce grand Concile, nous devons nous référer à ce principe avec foi, ouverture d'esprit et de tout cœur.* (...)
Aujourd'hui, je désire dire que l'ouverture au Christ qui, comme Rédempteur du monde, révèle pleinement l'homme à l'homme, ne peut s'accomplir autrement qu'à travers une référence toujours plus profonde au Père et à son amour [42].

Pour Jean-Paul II, si nous le comprenons bien, le principe le plus important de l'enseignement de Vatican II est donc d'assurer dans l'histoire de l'homme la conjonction organique et profonde du théocentrisme et de l'anthropocentrisme. Et cela ne peut se réaliser que parce que l'Église s'oriente en Jésus Christ vers le Père. La conjonction de l'humain et du divin nous renvoie encore au mystère de

---

39. DIM 1.
40. C'est la finale de toute cette Constitution.
41. On relèvera ici la consonance avec la pensée de Paul VI, dans le discours du 7.12.65. Il s'agit de connaître Dieu pour connaître l'homme, mais il s'agit aussi de connaître l'homme pour que Dieu soit connu. A.S. IV-VII, 661-662.
42. DIM 1. C'est nous qui soulignons.

l'Église, qui s'éclaire, selon *Lumen Gentium* 8, dans celui de l'Incarnation. Il faut remarquer que la solution de ce problème contemporain et central pour la mission de l'Église et son auto-conscience, réside dans une "référence toujours plus profonde au Père et à son amour". En d'autres termes, si l'Église veut assurer la pertinence de son dialogue avec le monde, il lui faut pénétrer toujours plus, en Jésus Christ, dans le mystère du Père. C'est pourquoi Jean-Paul II peut conclure que

> *la raison d'être de l'Église, c'est en effet de révéler Dieu, c'est-à-dire le Père qui nous permet de le "voir" dans le Christ* [43].

Le christocentrisme du Concile, réel et si précieux, est théocentrique. Il est mouvement en Jésus vers le mystère du Père. Voilà la raison d'être de l'Église : communiquer aux hommes ce mouvement, qui n'est autre que la filiation adoptive.

B – Rendre plus humain le monde des hommes

Un autre point fort de l'interprétation du Concile, dont le magistère pontifical nous demande de tenir le plus grand compte, est formulé par Jean-Paul II dans *Dives in Misericordia*, au numéro 14, en écho à ce que Paul VI disait du "problème capital et qui semble insoluble" [44].

> *Il est certain que c'est aussi dans cette direction* [45] *que nous conduit le Concile Vatican II, lorsque, parlant d'une manière répétée de la* nécessité de rendre le monde plus humain [46], *il présente la mission de l'Église dans le monde comme la réalisation de cette tâche.*

Et le Pape ajoute :

> *Le monde des hommes ne pourra devenir toujours plus humain que si nous introduisons dans le cadre multiforme des rapports interpersonnels et sociaux, en même temps que la justice, cet "amour miséricordieux" qui constitue le message messianique de l'Évangile* [47].

Deux thèmes se dégagent ici, qu'il nous faut élaborer pour nous laisser conduire par eux au cœur de Vatican II : d'abord la miséricorde, puis le concept de "plus humain, *humanior*".

---

43. DIM 15.
44. Nous avons noté qu'il s'agit de trouver une forme parfaite et supérieure de vie en société.
45. Mettre en œuvre la miséricorde, "cet amour miséricordieux qui est par essence un amour créateur".
46. GS 40. Sur ce thème, voir aussi GS 38.
47. DIM 14. Voir le développement de cette affirmation dans *Laborem exercens, n° 3*. "Et si la solution, ou plutôt la solution progressive, de la question sociale, qui continue sans cesse à se présenter et qui se fait toujours plus complexe, doit être cherchée dans un effort pour 'rendre la vie humaine plus humaine', alors précisément la clé qu'est le travail humain acquiert une importance fondamentale et décisive". Référence à un autre texte, GS 38.

1 – Miséricorde

La miséricorde n'est pas un thème abondant de Vatican II[48]. Sans être abondant, ce thème est important, surtout en raison de deux textes, l'un de *Dei Verbum* qui, parlant de l'Ancien Testament, lie en Dieu justice et miséricorde d'une part, et de l'autre connaissance de l'homme et connaissance de Dieu[49] ; l'autre de *Ad Gentes*, qu'il nous faut citer car il représente un approfondissement de *Lumen Gentium* 1[50].

> *L'Église pérégrinante, de sa nature, est missionnaire, car elle tire son origine et de la mission du Fils et de celle de l'Esprit Saint, selon le dessein de Dieu le Père (cf. Lumen Gentium 1).*
> *Mais ce dessein jaillit* (ex) *de "l'amour-source"*[51] *c'est-à-dire de la charité de Dieu le Père, qui, alors qu'il est le principe sans principe de qui le Fils est engendré, de qui l'Esprit Saint procède par le Fils, créant librement à partir* (ex) *de sa trop grande et miséricordieuse bonté et de plus nous appelant gratuitement* (gratiose) *à communier dans la*[52] *vie et la gloire, a répandu largement la bonté divine et ne cesse de la répandre, en sorte que Lui, le créateur de tout, soit enfin "tout en tous" (1 Co 15, 28), procurant simultanément sa gloire et notre béatitude*[53].

De ce texte si dense il faut souligner d'abord l'unité du dessein divin, qui trouve son origine dans l'Amour-source. La création et le salut trouvent en la miséricorde gratuite le principe de leur unité. Nous développerons dans notre

---

48. Il y a 14 emplois du mot lui-même ;
   LG. 11. Pénitence.
   LG. 58. Marie à Cana, mue par la miséricorde.
   LG. 40. Citation de *Col* 3, 12.
   LG. 40. Prier le Dieu de miséricorde.
   LG. 56. Père des miséricordes. La miséricorde veut que l'Incarnation soit précédée de l'acceptation de Marie. Cela touche donc les rapports entre Dieu et l'homme.
   CD. 16. L'évêque entoure d'une miséricorde active les prêtres en difficulté.
   CD. 11. Ceux qui ignorent l'Évangile de la Miséricorde salvatrice en Christ.
   PO. 18. Conversion du cœur à l'amour du Père des miséricordes.
   SC. 105. Œuvres de pénitence et de miséricorde.
   GS. 42. Œuvres de miséricorde.
   AA. 8. Miséricorde envers les pauvres et les faibles.
   AA. 19. Œuvres de miséricorde et de charité.
   AA. 31. Œuvres de miséricorde et de charité.
   NA. 4. Par ce peuple avec lequel Dieu, dans sa miséricorde indicible, a daigné conclure l'antique alliance.
   Il faut leur adjoindre 5 emplois de *misericors* : LG, 16 ; 29. DV, 15 ; NA, 3 ; AG 2.
49. DV 15 : "*Veteris autem Testamenti libri, pro condicione humani generis ante tempora instauratæ a Christo salutis, Dei et hominis cognitionem ac modos quibus Deus iustus et misericors cum hominibus agit, omnibus manifestant*".
50. Au-delà même de tel ou tel texte, c'est vraiment l'optique générale de tout le Concile : partir de Dieu. DV 1, NA 1, GE, prologue, DH 1, UR 2, AA 2. L'exemple typique est la solution du "problème de l'histoire", traité en GS 40 : Dieu étant créateur et sauveur, est Seigneur et de l'histoire humaine et de l'histoire du salut. Les questions d'inclusions, ou de soumission de l'une à l'autre sont abandonnées. Voir à ce sujet A.S. IV-I, 469, puis A.S. IV-VI, 465, et enfin les *modi*, A.S. IV-VII, 451, n° 45-46.51. Voir UR 2.
51. Voir UR 2.
52. Et non pas "sa vie et sa gloire", comme traduit l'édition du Centurion. Voir en effet, A.S. III-VI, 79, qui corrige dans le même sens LG 2. On parlait du Père et de sa vie divine. Les *modi* suppriment *sa* : pour éviter des difficultés de doctrine trinitaire.
53. AG 2, traduction littérale.

deuxième partie une des conséquences majeures de cette affirmation, en abordant les thèmes de l'autonomie et de la dépendance. Dans notre texte, le regard sur l'Amour-source[54], principe sans principe, qu'est Dieu le Père engage, en même temps qu'il le fonde radicalement, le dialogue avec tout homme "objet de la bienveillance surabondante de Dieu". Soulignons également le lien existant entre la gloire de Dieu et la béatitude de l'homme[55].

Sans prétendre épuiser le sujet, il faut encore, avec un autre texte de *Ad Gentes*, mettre en relief un élément important pour la vie de l'Église.

> *La charité chrétienne s'étend véritablement à tous les hommes, sans aucune distinction de race, de condition sociale ou de religion ; elle n'attend aucun bénéfice ni aucune récompense. De même que Dieu nous a aimés* (dilexit) *d'un amour gratuit*[56]*, que les fidèles soient sollicités par leur charité à aimer* (diligendo) *l'homme lui-même du même mouvement que celui par lequel Dieu nous a cherchés*[57].

On voit ici à quel point l'amour gratuit, origine de tout, devient pour le baptisé la loi[58] de son comportement envers l'homme lui-même.

C'est cela que Jean-Paul II met en lumière en affirmant la nécessité de faire entrer la miséricorde dans les rapports humains, afin de rendre plus humain (*humanior*) le monde des hommes. C'est ce que nous devons examiner maintenant.

2 – "Plus humain"

Nous l'avons noté plus haut, Jean-Paul II signale que le Concile rappelle plusieurs fois la nécessité de rendre le monde plus humain. Il vaut donc la peine de repérer les dix emplois[59] de ce mot *humanior*, "plus humain".

---

54. L'essai du cardinal VON BALTHASAR, *L'engagement de Dieu*, paru en 1972, (réédition Paris 1990), contient des pages très fortes sur cette question de la conscience chrétienne de l'Origine, voir p. 135-138.
55. On pourrait ici donner de nombreuses harmoniques patristiques, dont le mot célèbre de saint Irénée. Mais il sera bon de dire à quel point Thérèse de l'Enfant-Jésus a intégré cette perspective, dans son vocabulaire. "Faire plaisir à Jésus", "pour sa seule gloire" etc. sont des thèmes importants de sa doctrine ; ils trouvent dans le Concile un fondement solide. "Rien que de voir le bon Dieu heureux, cela suffira pleinement à mon bonheur" (CJ 15.5.2). "Moi aussi, je vous assure, j'éprouve le sentiment dont vous me parlez ; mais je ne suis jamais attrapée, car je n'attends sur la terre aucune rétribution ; je fais tout pour le bon Dieu, comme cela je ne peux rien perdre et je suis toujours très bien payée du mal que je me donne à servir le prochain" (CJ 9.5.2.).
56. Mot rare dans le Concile : deux emplois.
57. AG 12. Écho de ce que Paul VI exprimait à l'ouverture de la 4° session, et que nous avons déjà cité.
58. Voir à ce sujet LG 9 : *habet pro lege mandatum novum diligendi sicut ipse Christus dilexit nos* (Cf. *Jn* 13, 34).
59. 7 fois en GS : 15 (il faut une sagesse pour que les découvertes deviennent plus humaines), 29 (condition de vie plus humaine), 35 (*humaniorem ordinationem in socialibus necessitudinibus*), 38 (*vitam humaniorem reddere*), 40 (*ad hominum familiam eiusque historiam humaniorem reddendam*), 53 (ce n° définit la culture) (tout ce par quoi l'homme (...) *progressu morum institutorumque humaniorem reddit*), 77 (il s'agit de l'unité du genre humain), 1 en LG (LG 40, promouvoir un mode de vie plus humain, 1 en AG (conditions plus humaines), 1 en UR (conditions plus humaines). Signalons que l'édition du Centurion, n'hésite pas à traduire "*humaniorem reddere*" par "humaniser" et cela à trois reprises. Ce qui est très dommageable. Humaniser, en effet, ressort du Créateur, et de la création. Rendre plus humain ce qui l'est déjà, voilà l'œuvre du Sauveur, et aussi de celui qui accueille le salut.

Lumen Gentium l'emploie une seule fois, au numéro 40, en une phrase qui est comme la conclusion [60] de tout ce numéro sur l'appel universel à la sainteté.

> *Il est donc bien clair pour tous que tous les fidèles du Christ, quel que soit leur état ou leur ordre, sont appelés à la plénitude de la vie chrétienne et à la perfection de la charité, sainteté par laquelle, dans la société terrestre aussi, est promu un mode de vie plus humain.*

La Commission précise [61] que cette promotion d'un mode de vie plus humain est réalisée par la sainteté, de soi. Ce n'est pas un plus, aléatoire, c'est un fruit *sui generis* de la sainteté. On voit dès lors comment le problème de l'appel à la sainteté est tout à fait central dans la systématique théologique de Vatican II et touche les conditions de réalisation de la mission de l'Église [62].

Un autre emploi remarquable se trouve en *Gaudium et Spes* 77, numéro qui ouvre le chapitre V de la 2ᵉ partie, chapitre intitulé "Favoriser la paix et promouvoir la communauté des peuples" :

> *En ces années qui sont les nôtres, où les douleurs et les angoisses de guerres tantôt dévastatrices et tantôt menaçantes pèsent encore si lourdement sur nous, toute la famille humaine est parvenue à une heure de discernement maximum dans le processus de sa maturité.*

Et voici maintenant le passage important :

> *Peu à peu unifiée et partout déjà plus consciente de son unité, l'œuvre qui lui incombe* [à la famille humaine] *est d'édifier un monde vraiment plus humain pour tous les hommes et sur toute la terre, ce qui ne peut se faire si tous ne sont pas convertis par un esprit renouvelé à la vérité de la paix* [63].

Que le monde devienne de plus en plus humain, cela dépend de la conversion de tous les hommes, et d'abord de l'Église, à la vérité de la paix. De quoi s'agit-il ?

3 – Paix et sainteté

Nous pourrions élaborer ici en détail le concept de paix, qui tient une place très importante dans le Concile [64]. Contentons-nous de signaler les points essentiels.

---

60. Voir la *relatio*, A.S. III-I, 303. *In hac periodo, quæ est velut conclusio totius numeri, affirmetur categorice, quod omnes christiani non tantum ad sanctitatem, ut dicamus substantialem, sed etiam ad perfectionem, seu ad ipsam sanctitatem heroicam, sicut apparet in pluribus sanctis historiæ Ecclesiæ, vocantur.*
61. *Additum est a Commissio quod sanctitas insuper de se promovet humaniorem modum vivendi in terrestribus.* A.S. IIII, 303.
62. On pourrait montrer que la sainteté est la réponse proposée par le Concile à tous les grands débats que sont : nature/surnaturel, histoire/eschatologie, autonomie/dépendance, etc.
63. GS 77. *In unum paulatim congregata atque ubivis suæ unitatis melius iam conscia, opus quod ei incumbit, mumdum scilicet pro omnibus hominibus ubique terrarum vere humaniorem ædificandi, peragere nequit nisi cuncti ad veritatem pacis renovato animo convertantur.*
64. 76 emplois.

La paix, c'est la communion avec Dieu [65] ; pour l'affermir, Dieu entre dans l'histoire *novo et definitivo modo*, par l'envoi du Fils [66]. Ainsi est rendue possible une société humaine fraternelle [67].

Le Christ est en même temps auteur du salut et principe d'unité et de paix [68]. Tous ceux qui regardent vers lui en croyant, forment l'Église qui, elle aussi, entre dans l'histoire, comme sacrement visible de cette unité porteuse de salut [69]. La paix est le terme de la mission de l'Église, à la gloire de la Trinité [70]. La paix est surnaturelle [71], et nous avons déjà vu que *Gaudium et Spes* se clôt aussi sur l'espérance de la paix [72]. La paix provient de la fidélité des hommes envers Dieu et sa sainte volonté [73].

En conséquence, on doit dire que si la mission de l'Église est de rendre la vie humaine, les conditions de vie, le monde, plus humains, cette mission se réalise par la conversion à la vérité de la paix, qui n'est rien moins que la communion avec Dieu, communion surnaturelle, par la foi au Christ auteur du salut, principe d'unité et de paix.

Or, cette union avec le Christ, lorsqu'elle est parfaite, voilà ce que *Lumen Gentium* 50 appelle la sainteté [74].

Rendre la vie humaine plus humaine n'est donc rien d'autre que faire en sorte que tout homme puisse parvenir à la parfaite communion avec Dieu qui est la sainteté. De cette communion avec Dieu, le Concile indique le chemin pour tout homme ; ce chemin, c'est le don de soi. Jean-Paul II l'a fortement souligné.

C – Au centre de l'anthropologie, le don de soi

Jean-Paul II le dit clairement, et nous l'avons déjà noté : il s'agit d'assurer le lien organique de l'anthropocentrisme et du théocentrisme. Ici un texte de Vatican II est source : il s'agit de *Gaudium et Spes* 24.

---

65. AG 3.
66. AG 3. Cf. LG 3, DV 4, etc.
67. AG 3.
68. LG 9.
69. *Ibid.*
70. LG 69/ "...que tous, (croyants et non encore croyants) soient rassemblés avec paix et concorde, dans la joie, en un peuple de Dieu, à la gloire de la Très Sainte Trinité".
    Voir l'élaboration du texte en A.S. III-VI, 21 ; commentaire p. 34. E/2822 (+30 P), (Mgr Silva Henriquez, III-I, 452), demande qu'on rajoute ces mots. Suggestion acceptée, d'autant qu'on supprime la finale prévue, A.S. III-I, 363-364, en forme de commentaire litanique marial. Ainsi la mention de la Trinité se trouve en conclusion de tout le développement.
71. On se reportera à l'étude de GS 92. A.S. IV-VI, 557, voir, la note I p. 559 : "*vera pace* veut rendre compte de l'élément surnaturel" ; puis voir A.S. IV-VII, 313.
72. Ce texte, GS 93, a déjà été cité plus haut, pour manifester l'importance de la révélation du mystère du Père et de son Amour, *supra*, p. 80. Ici, c'est le dernier paragraphe qui nous intéresse. "Par cette route, les hommes sur toute la terre seront incités à une vivante espérance, qui est un don de l'Esprit Saint, pour qu'enfin un jour ils soient reçus dans la paix et la béatitude, dans la patrie qui rayonne de la gloire du Seigneur".
73. DH 6 citant Léon XIII, *Immortale Dei* ASS 18 (1885), p. 161.
74. *Dum enim illorum conspicimus vitam qui Christum fideliter sunt secuti, nova ratione ad futuram Civitatem inquirendam* (cf. *Hb* 13, 14 et 11, 10), *incitamur simulque tutissimam edocemur viam qua inter mundanas varietates, secundum statum ac condicionem unicuique propriam, ad perfectam cum Christo unionem seu sanctitatem pervenire poterimus.*

... l'homme seule créature sur terre que Dieu ait voulue pour elle-même, ne peut pleinement se trouver que par le don sincère de lui-même[75].

Pour Jean-Paul II,

> *on peut dire que dans ces paroles de la constitution pastorale du Concile est résumée toute l'anthropologie chrétienne, la théorie et la pratique fondées sur l'Évangile, où l'homme découvre en lui-même son appartenance au Christ et, en lui, son élévation à la dignité de fils de Dieu*[76].

Ce texte très important, qui lie dans l'acte même du don de soi la théorie et la pratique évangélique, représente pour l'anthropologie conciliaire un point de passage obligé. Il nous faudra dès lors caractériser l'homme selon Vatican II, et montrer comment Thérèse se situe en plénitude au cœur du Concile et se trouve de ce fait, en profonde harmonie avec la science de l'homme que celui-ci propose.

D - *Le cœur du Concile*

Cette enquête sur l'interprétation de Vatican II par le magistère ecclésial, si elle nous a conduits par des chemins peut-être moins fréquentés[77], nous permet de rassembler quelques propositions qui constituent le centre réel du Concile, centre à partir duquel pourront être considérés tous les autres développements conciliaires.

Le Concile tranche pour notre temps la question de savoir si l'homme peut être pleinement homme sans être saint. Non, ce n'est pas possible puisque la "plus-humanité" est fruit de la sainteté. En vérité, la vocation ultime de l'homme n'est pas double. Elle est unique, à savoir divine, comme l'affirme *Gaudium et Spes* 22. Qu'elle soit ultime ne veut pas dire qu'elle soit pour demain. Elle commence aujourd'hui. Et, nous le verrons clairement plus loin, c'est même seule l'attente de la réalisation complète de cette vocation qui peut donner à l'homme d'aujourd'hui le courage d'œuvrer à l'avènement d'une vie humaine plus humaine, c'est-à-dire sainte. L'appel de pleine humanité[78] est soif de

---

75. L'histoire de ce texte de GS 24 est riche d'enseignements, cf. A.S. IV-VI, 446-447 ; IV-VII, 409, modus 7. Le débat portait sur la question de savoir si c'est par la dimension sociale de sa nature que l'homme est image de Dieu, ou par son intériorité spirituelle. Le texte final a voulu éviter absolument que l'on puisse faire de la personne humaine une relation pure, un pur *"esse ad"*, comme certaines contributions le souhaitaient explicitement.

76. DEV n° 59. Sans lui donner la même importance qu'à GS 22 pour une interprétation correcte de Vatican II, Jean-Paul II revient fréquemment sur GS 24, particulièrement dans l'encyclique *Dominum et vivificantem*. On pourrait appuyer cette analyse pénétrante du Pape en mettant GS 24 en parallèle avec DV 5, sur l'obéissance de la foi qui réalise la perfection du don de soi à Dieu qui se révèle, parce que, dans le Christ, l'homme est pleinement manifesté à lui-même et, se découvrant totalement, peut se donner totalement.

77. Nous avons en effet laissé de côté les grands thèmes habituellement développés sur l'Église comme communion, le sacerdoce commun, la collégialité, etc.

78. L'expression est de Maurice Blondel. "La lecture de saint Bernard et la pratique du Nouveau Testament, particulièrement de saint Paul, m'ont aidé, dès le début et constamment, à me trouver dépaysé dans notre monde intellectuel ; et plus je voulais être de mon temps, plus je

sainteté, que l'homme de ce temps en soit conscient ou qu'il l'ignore[79]. A cet appel de pleine humanité l'homme trouvera la réponse s'il entre dans la dynamique du don sincère[80] de lui-même, selon *Gaudium et Spes* 24, pour rejoindre l'amour-source, le mystère du Père, en son Fils incarné qui manifeste l'homme à lui-même. Il est donc légitime de synthétiser le cœur du Concile dans cette phrase : "la vocation ultime de l'homme est unique, à savoir divine"[81].

Ainsi le Concile fait faire à la théologie en même temps qu'à la doctrine de la sanctification un pas décisif vers leur unité dans l'amour de l'Église. Avec Vatican II, la vie spirituelle entre en théologie comme la réponse de l'Esprit Saint aux problèmes fondamentaux que l'homme se pose concernant son propre devenir. La raison d'être de l'Église est vraiment de manifester l'homme à lui-même et de lui découvrir sa très haute vocation. Selon Vatican II cela ne peut se faire qu'en révélant, dans le Christ, le mystère du Père et de son amour. Pour cela, l'Église se tient à l'écoute de la Parole de Dieu[82] qui se révèle, et elle reçoit cette révélation, le Christ lui-même, dans l'obéissance de la foi, par laquelle l'homme s'en remet tout entier librement à Dieu[83], et qui conduit à l'Eucharistie. L'Église vient de la Trinité sainte ; elle est communion de foi d'espérance et de charité[84] ; elle est dans le Christ[85], elle est dans le monde[86] ; elle est sacrement de l'union intime avec Dieu et de l'unité de tout le genre humain[87].

---

cherchais à m'environner, pour de telles études, d'une atmosphère qui ne date pas : philosophie de plein air et de pleine humanité, qui puisse être aussi respirable au 25ᵉ siècle qu'elle l'eût été au second ou au douzième et qui n'espère trouver *l'actuel* le plus actuel qu'en cherchant d'abord *l'éternel* toujours opportun, même et surtout quand il semble inactuel". *Itinéraire philosophique*, Paris, Aubier 1966, p. 20.

79. Cette affirmation n'enlève rien à l'absolue gratuité du don de la grâce. Elle rend compte de la position adoptée par le Concile, qui, remontant à la source, Dieu lui-même, saisit l'unique *consilium Dei*.

80. *Sinceritas* (8 emplois), *sincerus* (25) et *sincere* (10) sont trois mots importants du Concile. La traduction par "désintéressé" que propose l'édition du Centurion pour GS 24, ne semble pas convenir. La sincérité apparaît comme une des qualités fondamentales de l'attitude de l'homme dans ses relations avec Dieu, avec les autres. A l'intérieur de l'Église, *ad intra*, la sincérité est nécessaire dans l'adhésion au Christ (AG 13), la piété (SC 29), la conversion (UR 7) et le regard sur l'Église (UR 4), la prière (PO 5 etc.), la formation des séminaristes (OT 11), le mariage (GS 51). A l'extérieur de l'Église, *ad extra*, elle entre dans le dialogue entre chrétiens (GS 43),avec les non-croyants (AG 11), les athées (GS 21), et elle est condition de dialogue qui tend à la fraternité universelle (GS 92). Enfin elle est à la base de la coopération de l'Église et du genre humain (GS 3. 89). En d'autres termes, elle doit conduire toute attitude chrétienne.

81. C'est une affirmation de GS 22, dont voici le contexte : "*Cum enim pro omnibus mortuus sit Christus, cumque vocatio hominis ultima revera una sit, scilicet divina, tenere debemus Spiritum Sanctum cunctis possibilitatem offerre ut, modo Deo cognito, huic paschali mysterio consocientur*". Cette expression n'a pas été discutée au Concile. Dans ce texte, elle est l'un des piliers sur lesquels repose la doctrine du salut proposé à tous, et elle apparaît au niveau du *textus recognitus* (A.S. IV-VI, 441). L'expression revient en GS 92, et fonde cette fois la collaboration entre les hommes.

82. C'est le prologue de DV, et cette constitution dogmatique est conçue et fut votée comme "la première de toutes les Constitutions de ce Concile, de sorte que son prologue introduit en quelque manière à toutes". A.S. IV-I, p. 341.

83. DV 5. A mettre en parallèle avec GS 24.

84. LG 8.

85. LG 1.

86. GS 3.

87. LG 1.

3 - Et Thérèse de l'Enfant-Jésus ?

A peine est-il besoin de souligner à quel point Thérèse de l'Enfant-Jésus se situe profondément au cœur du Concile.

A - *Mystère du Père et de son Amour*

Une anecdote nous suffira.

Elle cousait avec activité et cependant semblait perdue dans une contemplation profonde :
"A quoi pensez-vous, lui demandai-je ?
– Je médite le Pater*, me répondit-elle. C'est si doux d'appeler le bon Dieu* notre Père !..."
Et des larmes brillèrent dans ses yeux [88].

En pleine activité, Thérèse de l'Enfant-Jésus vit de la révélation du mystère du Père et de son amour. Cette révélation la manifeste à elle-même, tout en lui découvrant sa très haute vocation.

Ce réflexe surnaturel, saisi ici dans les conditions ordinaires de la vie de la carmélite, est comme un fil conducteur de toute l'existence de Thérèse [89]. C'est dans cette lumière qu'il faut comprendre sa volonté de rester petite, de le devenir de plus en plus [90].

B - *Miséricorde et paix*

De cette expérience de la miséricorde, par ailleurs bien connue, nous voudrions souligner un point, qui nous paraît fondamental et en quelque manière source de toute la doctrine de Thérèse. Il s'agit du lien très fort entre l'expérience de la miséricorde et celle de l'origine.

Cela se vérifie dans le regard sur Dieu.

A moi Il a donné sa Miséricorde infinie et c'est à travers elle que je contemple et adore les autres perfections Divines [91].

Cela se vérifie aussi dans l'interprétation de sa propre histoire.

Comment s'achèvera-t-elle, cette "histoire d'une petite fleur blanche" ? (...) Je l'ignore, mais ce dont je suis certaine, c'est que la Miséricorde du Bon Dieu l'accompagnera toujours [92].

---

88. CSG, p. 81.
89. On pourra lire la contribution du P. F. GIRARD, dans ce volume.
90. Cf. Ms C, 3r°.
91. Ms A, 83v°.
92. Ms A, 84v°.

Cela se vérifie surtout dans sa compréhension du monde : l'expérience de la miséricorde lui fera découvrir, comme au Concile mais avant lui, que tout vient de Dieu. Et elle fera de cette découverte non seulement une affirmation de la foi mais une vérité pratique ayant valeur absolue de guide.

Je lui parlais du manuscrit de sa vie, du bien qu'il ferait aux âmes.
"Mais comme on verra bien que tout vient du bon Dieu ; et ce que j'en aurai de gloire, ce sera un don gratuit qui ne m'appartiendra pas ; tout le monde le verra bien..." [93].

Mais n'est-ce pas tirer le texte et lui faire dire plus qu'il ne contient ? L'objection vaut d'être examinée.

Au premier niveau, le texte se réfère en effet à la gloire que le lecteur des manuscrits attribuera spontanément à Thérèse. Elle ne la refuse d'ailleurs pas ; elle en souligne simplement la gratuité. D'autres textes nous permettent, croyons-nous, de légitimer une interprétation plus globale.

Thérèse remarque :

Nous pouvons bien dire, sans nous vanter, que nous avons reçu des grâces et des lumières bien particulières. Nous sommes dans la vérité ; nous voyons les choses sous leur vrai jour [94].

Elle dit aussi :

Le Bon Dieu me montre la vérité ; je sens si bien que tout vient de Lui [95].

Être dans la vérité, voir les choses sous leur vrai jour, c'est "sentir" [96] que tout vient de Dieu, que son Amour est source et terme de tout. Il est source de tout dans l'Église [97] ; il est source de tout le créé [98] ; il est providence de tout [99]. C'est la raison pour laquelle la tentation de Thérèse à la fin de sa vie, tentation qui porte sur la possibilité de la possession éternelle du Créateur [100], revêt pour elle un caractère tellement dramatique : elle semble faire éclater le cœur même de son expérience de la Miséricorde comme amour-source.

A l'époque où Thérèse rédige le *Manuscrit B* [101], en septembre 1896, elle est déjà dans la nuit de la foi. Cependant, sous le choc de la grâce reçue, elle exprime ce qui fait le cœur de toute sa vie, et simultanément de sa doctrine. La découverte de l'amour-origine fait entrevoir tout à la fois l'amour-terme, et l'amour-chemin. Et la paix jaillit.

---

93. CJ 11.7.3.
94. CJ 9.5.1.
95. CJ 4.8.3.
96. Le "sentir" thérésien est tout autre chose qu'un simple sentiment. C'est l'expérience d'une conviction capable d'engager toute sa vie.
97. L'amour seul fait agir les membres de l'Église : cf. Ms B, 3v°.
98. Cf. Ms A, 2v°, etc.
99. Cf. Ms A, 3r°, etc.
100. Cf. Ms C, 6v°.
101. Qui n'est pas, comme les deux autres, une rétrospective, mais un témoignage au présent.

Ma vocation c'est l'Amour !... (...) Pourquoi parler d'une joie délirante ? non, cette expression n'est pas juste, c'est plutôt la paix calme et sereine du navigateur apercevant le phare qui doit le conduire au port... Ô Phare lumineux de l'amour, je sais comment arriver jusqu'à toi, j'ai trouvé le secret de m'approprier ta flamme [102].

Pour Thérèse, si la paix demeure *"opus justitiæ"*, elle est avant tout le fruit de l'amour qui unit à Jésus. Et nous devons souligner ici à quel point le Concile est proche de Thérèse. Au n° 78, *Gaudium et Spes* affirme :

C'est en toute vérité qu'on la définit (la paix) *"opus justitiæ"* (*Is* 32, 17).
(...) Ainsi la paix est aussi le fruit de l'amour, qui va beaucoup plus loin que ce que la justice peut apporter.
La paix terrestre, qui naît de l'amour du prochain, est la figure et l'effet de la paix du Christ, découlant de Dieu le Père.

Jésus, je ne te demande que la paix, et aussi l'amour, l'amour infini sans limite autre que toi... l'amour qui ne soit plus moi mais toi mon Jésus [103].

Cela n'empêche d'ailleurs pas Thérèse d'envisager la question de la paix avec beaucoup de réalisme et dans toute son épaisseur humaine.

J'avoue que ce mot de paix me semblait un peu fort, mais l'autre jour, en y réfléchissant, j'ai trouvé le secret de souffrir en paix... Qui dit paix ne dit pas joie, ou du moins joie sentie... Pour souffrir en paix, il suffit de bien vouloir tout ce que Jésus veut [104].

C - *Don de soi*

Il nous apparaît que le "je choisis tout", déclenché par l'offre de sa sœur Léonie et interprété ensuite par Thérèse comme un mouvement fondamental de toute sa vie [105], correspond à cette sincérité du don de soi, décrit par le Concile comme la seule voie possible pour se trouver pleinement soi-même. Thérèse ne va pas cesser de creuser cette réalité, en un enseignement indissolublement théorique et pratique. Recueillons quelques affirmations.

Dès sa première communion, Thérèse se situe comme d'instinct dans ce mouvement de don de soi.

Je me sentais aimée, et je disais aussi : "Je vous aime, je me donne à vous pour toujours" [106].

---

102. Ms B, 3v°. On pourra suivre ce thème de la paix dans l'ensemble des *Manuscrits*, et jusqu'aux *Derniers Entretiens*.
103. Pri 2. Billet de profession, du 8.9.1890. Texte tendu. La paix demeurera, dit-elle, Ms A, 69v°. La maladie, l'épreuve de la foi, l'approche de la mort, vécues dans cette expérience très haute que "tout vient du bon Dieu", n'altèreront pas cette paix de fond.
104. LT 87.
105. Cf. Ms A, 10v°.
106. Ms A, 35r°.

Par son éducation, elle est dès son enfance pourvue des moyens du don absolu d'elle-même, que seule l'obéissance de la foi [107] permet de réaliser. Mais cette attitude, le jour de sa première communion, la place d'un seul mouvement au cœur de la pensée du Concile et sur la révélation et sur la réponse de l'homme, à la fois sur la théologie et sur l'anthropologie.

Après la grâce de Noël 1886, c'est encore par le don d'elle-même que Thérèse trouve le bonheur :

> Je sentis en un mot la charité *entrer dans mon cœur, le besoin de m'oublier pour faire plaisir et depuis lors je fus heureuse* [108].

Tout au long de sa vie de carmélite, on pourra retrouver cette conviction.

> *Aimer c'est tout donner et se donner soi-même* [109].
> *Vivre d'Amour, c'est donner sans mesure*
> *Sans réclamer de salaire ici-bas*
> *Ah ! sans compter je donne étant bien sûre*
> *Que lorsqu'on aime on ne calcule pas !* [110]

Enfin cette attitude n'est pas d'un moment ; elle ne cessera de se déployer dans toute sa vie, jusqu'aux derniers instants :

> *Et je ne me repens pas de m'être livrée à l'Amour. Oh ! non, je ne m'en repens pas, au contraire !* [111]

4 – La paternité de Dieu

S'il est un message que sainte Thérèse de l'Enfant-Jésus a voulu partager avec tous ses frères les hommes, c'est bien ce sens du mystère de la paternité de Dieu. Elle l'a fait ici-bas autant qu'elle le pouvait. Et c'est en vivant cela qu'elle a pu conquérir sa pleine humanité personnelle, dans un contexte de très grande fragilité [112] et dans un milieu qui n'était pas *a priori* porteur de développement pour elle.

On ne s'étonnera pas, étant donnée cette première vérification de la place de Thérèse de l'Enfant-Jésus dans ce que nous reconnaissons être le cœur de l'enseignement conciliaire, de découvrir nombre d'harmoniques très importantes, fondamentales, dans les rapprochements que nous esquisserons dans notre deuxième partie.

---

107. Nous verrons cependant, en comparant aux textes de Vatican II son expérience de l'athéisme, comment elle dut jusqu'au bout en assumer toutes les conséquences.
108. Ms A, 45vº.
109. PN 54, 22.
110. PN 17, 5.
111. CJ 30.9.
112. Fragilité personnelle qui, par bien des aspects, rejoint notre propre fragilité (peu de vigueur physique, affectivité souvent blessée), et qui cependant s'en distingue sur un point ; Thérèse a vécu dans un milieu très protégé, tandis que la génération contemporaine est au contraire soumise à une sur-information dans tous les domaines. On peut se demander d'ailleurs si les conséquences sur le processus de maturation intérieure ne sont pas assez proches.

Nous les regrouperons — mais il y a là une part de reconstruction due aux nécessités de l'exposé — en considérant tout d'abord l'Église en son origine, la Trinité, puis l'Église dans le Christ, et enfin l'Église dans le monde. Cette tripartition nous semble en effet correspondre en profondeur au message conciliaire. Mais il est clair que ce sont trois regards sur la même réalité. Il importe par conséquent d'en mettre en relief l'unité avant d'en souligner la complémentarité.

II - RAYONNEMENTS

1 - Tout vient de Dieu

La vocation ultime de l'homme est unique, c'est-à-dire divine. Cela découle du fait que tout vient de Dieu. Cette affirmation, fruit de l'expérience de l'amour en sa source, est omniprésente dans le Concile. On la retrouve dans tous les textes centraux [113]. Thérèse en avait senti l'importance ; elle sait que telle est la vérité [114] ; elle veut en témoigner.

Cette affirmation que tout vient de Dieu se déploie dans les textes conciliaires à plusieurs niveaux : la création et le salut, l'histoire et l'éternité en sont les principaux. Dans cette deuxième partie nous les reprendrons pour eux-mêmes, en considérant l'Église selon deux regards complémentaires, enracinés dans la réalité source et terme, le mystère de la Trinité : ce sera l'Église dans le Christ, puis l'Église dans le monde. Et nous n'aborderons que quelques aspects, les plus significatifs à nos yeux, des liens qui unissent Thérèse de l'Enfant-Jésus et Vatican II.

2 - L'Église vient de la Trinité

L'Église vient de la Trinité. Elle tire "son unité de l'unité du Père, du Fils et du Saint Esprit", selon cette phrase de saint Cyprien [115] reprise par *Lumen Gentium*.

Le mystère de la Trinité n'est pas neutre à l'égard du monde. Et si un jour l'unité doit être réalisée entre les hommes, ce sera à la ressemblance de ce qui se

---

113. Penser à DV 2, AG, LG 2, SC 5, position clé de GS, DH 1 etc.
114. Cf. CJ 4.8.3.
115. LG 4. Cette affirmation est développée en GS 40 : "Procédant de l'amour du Père éternel, fondée dans le temps par le Christ Rédempteur, unifiée dans l'Esprit Saint, l'Église a une fin salvifique et eschatologique, qui ne peut être pleinement atteinte que dans le siècle à venir". Le terme *procedens* fut refusé en AG 2, pour dire l'origine de l'Église. Il reparaît ici, cf. IV-VI, 269. "Le terme *procéder*, qui était appliqué à l'origine de l'Église à partir des missions du Fils et de l'Esprit Saint, est réservé, selon le vocabulaire classique, aux processions divines". Cette importance de l'enracinement trinitaire de la communion est soulignée par Jean-Paul II dans *Christifideles Laici* n° 18.

passe en Dieu [116]. Le principe du genre humain, dont l'Église est le signe et le moyen parce qu'elle invite chaque homme à l'union intime avec Dieu, ce principe n'est autre que l'amour trinitaire à l'œuvre en chaque homme dans le cœur de qui, invisiblement, agit la grâce [117].

Thérèse de l'Enfant-Jésus n'a pas reçu un tel enseignement sur l'Église. La théologie du XIXᵉ siècle, la catéchèse également, font de l'Église une société surnaturelle hiérarchique parfaite [118], à qui toutes les autres sociétés doivent respect et soumission. Son expérience personnelle lui fait dépasser une expression étroite du mystère, pour rejoindre la réalité divine et humaine de l'Église, son origine trinitaire.

Le plus impressionnant dans ce domaine, c'est son Offrande à l'Amour, le 9 juin 1895, date phare de sa vie. Cet acte place Thérèse au cœur de la pensée conciliaire.

> Ô mon Dieu ! Trinité Bienheureuse, je désire vous Aimer et vous faire Aimer, travailler à la glorification de la Sainte Église en sauvant les âmes qui sont sur la terre et délivrant celles qui souffrent dans le purgatoire [119].

Tout part de la Trinité, et tout y revient [120]. Pour arriver à l'accomplissement de son désir, Thérèse demande à Dieu l'amour, qui seul permet de travailler pour l'Église. Travailler pour l'Église, c'est sauver les hommes. Mais seule la sainteté sauve. C'est pourquoi Thérèse demande la sainteté, et affirme que celle-ci est œuvre de Dieu Trinité [121]. De là jaillit la connaissance vraie de l'Église.

> Je compris que l'Église avait un Cœur, et que ce Cœur était brûlant d'amour [122].

La Trinité Sainte comme source et terme de l'Église n'éloigne pas Thérèse de Jésus, au contraire. Thérèse s'adresse ainsi au Père Roulland :

> "Le plus petit mouvement de pur amour est plus utile à l'Église que toutes les œuvres réunies". S'il en est ainsi, combien vos peines et vos épreuves doivent être profitables à l'Église, puisque c'est pour le seul amour de Jésus que vous les souffrez avec joie [123].

L'amour est premier : mais l'amour de l'Église, c'est l'amour de Jésus. On ne doit ni ne peut les additionner, ou les séparer. L'Église est véritablement dans le Christ.

---

116. GS 24.
117. GS 22, faisant référence à LG 16.
118. Rappelons que le *Syllabus* condamne (proposition 20) toute critique de cette notion de *societas perfecta*, qui n'apparaît pas dans le Concile Vatican II, et qui était familière à Léon XIII (*Immortale Dei, Satis cognitum*).
119. Acte d'offrande, Pri 6, 1° paragraphe.
120. Mais au cours du texte il devient de plus en plus difficile de distinguer l'amour de Dieu Trinité de l'amour de Jésus.
121. "Je vous demande, ô mon Dieu ! d'être vous-même ma Sainteté" (Pri 6).
122. Ms B, 3v°.
123. LT 221, au P. Roulland.

3 - L'Église est dans le Christ

C'est en quelque manière le porche d'entrée de *Lumen Gentium*. Nous sommes invités à prendre très au sérieux cette affirmation : l'Église est dans le Christ [124]. C'est Lui qui est *Lumen Gentium* [125], et l'Église l'est en Lui. L'Église est dans le Christ d'abord par l'obéissance de la foi [126], c'est-à-dire par la foi, l'espérance et la charité [127] menées à leur perfection par l'Esprit Saint [128]. Elle est sans cesse à l'écoute de la Parole de Dieu, et la transmet pour que le monde entier, "entendant la parole, y croie, en croyant espère, en espérant aime", comme le dit le Prologue de *Dei Verbum* [129]. On voit, dans ce prologue à tout le Concile, comment union à Dieu et mission sont indissolublement liées.

Thérèse de l'Enfant-Jésus, dans un contexte qui s'y prêtait peu, s'est elle aussi mise à l'écoute de la Parole de Dieu [130].

C'est par-dessus tout l'Évangile qui m'entretient pendant mes oraisons (...) J'y découvre toujours de nouvelles lumières, des sens cachés et mystérieux [131].

Sa connaissance de l'Écriture est remarquable [132] et elle sait que le chrétien doit habiter la Bible, pour y découvrir "le caractère du Bon Dieu" [133]. Ce qui est, nous semble-t-il, remarquable, dans la relation de Thérèse à l'Écriture, particulièrement le Nouveau Testament, c'est qu'elle apporte une réponse très pertinente au débat, décisif au plan œcuménique, entre la lettre et l'esprit [134], entre la subjectivité intérieure qui rend vivant le texte et l'aspect normatif de la parole révélée.

Comment l'Église est-elle dans le Christ ? Par l'union de chacun de ses membres avec Lui. Cette union se réalise par l'accueil de la révélation, par les sacrements, par la prière et le travail (*Lumen Gentium* 17). Il y aurait, sur chacun

---

124. C'est d'ailleurs une manière pour le Concile d'exprimer la vocation de l'homme. Cf. LG 3 (*Omnes homines ad hanc vocantur unionem cum Christo, qui est lux mundi, a quo procedimus, per quem vivimus, ad quem tendimus*). Et, en écho LG 13 : (*Ad hanc catholicam populi Dei unitatem, quæ pacem universalem præsignat et promovet, omnes vocantur homines, ad eamque variis modis pertinent vel ordinantur, sive fideles catholici, sive alii credentes in Christo, sive denique omnes universaliter homines, gratia Dei ad salutem vocati*).
125. LG 1, 13.
126. *Rm* 1, 5 ; cité par DV 5.
127. LG 8, qui s'enracine dans DV 1 et rayonne dans AA 4 qui précise "qu'une telle vie exige un continuel exercice de la foi, de l'espérance et de la charité".
128. DV 5.
129. Cette Constitution dogmatique est conçue et a été votée comme la "première de toutes les Constitutions de ce Concile, de sorte que son prologue introduit en quelque manière à toutes" cf. A.S. IV-I, p. 341.
130. Voir dans ce volume l'article de P.-M. JERUMANIS.
131. Ms A, 83vº. Voir à ce sujet l'article de G. GAUCHER : "Par-dessus tout l'Évangile", in *L'Évangile de Jésus*, Éditions du Carmel, coll. Centre Notre-Dame de Vie, série Spiritualité, 6, 1990, p. 257-278.
132. On consultera sur ce thème l'introduction de G. Gaucher au volume *La Bible avec Thérèse de Lisieux*, Cerf/DDB, 1979.
133. Cf. PO, p. 275.
134. Une des preuves bouleversantes en est l'appropriation que Thérèse fait de la prière sacerdotale de Jésus (*Jn* 17, 4), voir Ms C, 34rº. Voir sur ce thème le contribution du P. PAISSAC, dans ce volume. Le principe herméneutique fondamental est énoncé par Thérèse : "tout est à moi".

de ces thèmes, particulièrement sur l'Eucharistie, une étude à mener, qui n'a pas sa place ici.

Le développement conciliaire sur l'Église comme Corps mystique du Christ (*Lumen Gentium* 7), en écho à l'encyclique *Mystici Corporis*, est relativement sobre, quoique très complet, par rapport aux souhaits exprimés lors de la période antépréparatoire [135]. Ce qui est important et qui doit retenir notre attention, c'est le fait, tout simple, que l'Église est dans le Christ. Elle ne lui est pas extérieure, elle est en Lui.

Les conséquences s'imposent : s'approcher de l'Église, c'est s'approcher du Christ. S'approcher du Christ, c'est s'approcher de l'Église dont le mouvement intérieur le plus profond est un mouvement, dans le Christ, vers le Père.

Ainsi, lorsque Thérèse de l'Enfant-Jésus, en son *Manuscrit C*, ayant reçu de sa prieure, donc de l'Église, une mission à remplir, dit :

> *J'ai senti que l'unique chose nécessaire était de m'unir de plus en plus à Jésus et que* Le reste me serait donné par surcroît [136]

elle met en œuvre un sens ecclésial très profond qui la situe encore une fois au cœur de Vatican II. "Le reste", c'est, dans le cas précis, l'accomplissement de sa mission d'Église, la réalisation de ce que l'Église lui confie ; c'est son mandat. Cette attitude se déploie magnifiquement dans la perspective missionnaire [137].

Avec ce sens ecclésial, le cri de fond est celui de l'amour, qui ne fait pas nombre avec l'amour de Dieu-Trinité, avec l'amour du Christ.

> *Ô mon Jésus ! je t'aime, j'aime l'Église ma mère* [138].

Dans cette perspective, et seulement en elle, on peut affronter la réalité ecclésiale en sa vérité, "dans le Christ", et assumer de façon constructive la tension entre Église et Royaume [139], entre Mystère et Institution [140]. Thérèse de l'Enfant-Jésus le fait avec son sens aigu de la vérité [141].

---

135. Voir le *Conspectus Analyticus* I. On sait que Vatican I n'eut pas le loisir de développer ce thème, et que se manifestèrent même quelques réticences pour définir l'Église comme Corps mystique du Christ, réticences dues à l'influence peut-être exagérée d'une ecclésiologie sociétaire/hiérarchique, encore très marquée par les réactions anti-réforme.
136. Ms C, 22v°.
137. "Attirez-moi, nous courrons à l'odeur de vos parfums", Ms C, 34r°.
138. Ms B, 4v°. On ne peut s'empêcher de penser ici à Paul VI, qui répond à la question : "De quoi l'Église a-t-elle besoin aujourd'hui ?" par un cri : "l'Église a besoin d'être aimée !" (6 novembre 1974).
139. Voir à ce sujet LG 5, et le commentaire autorisé qu'en donne la Commission théologique internationale : *L'unique Église du Christ* ; voir aussi l'affirmation très forte de AA 2, qui interdit de considérer l'Église comme un sacrement du Royaume. Cf. *L'unique Église du Christ*, chapitre X, p. 65. On pourrait aussi relire les extraits des discours de Jean XXIII (message au monde entier, in Documents du Concile VI, p. 42) et Paul VI (discours de clôture du Concile, le 7.12.1965, *ibid.* p. 243).
140. Ce que le Concile énonce si fréquemment, à savoir le primat de la dimension mystérique de l'Église sur sa dimension institutionnelle en même temps que leur interpénétration, Thérèse l'a découvert, mais cela ne lui fut pas enseigné.
141. CJ 18.4.3 : "Moi je dis la vérité tout entière, qu'on ne vienne pas me trouver, si l'on ne veut pas la savoir". En CJ 21.7.4, Thérèse de l'Enfant-Jésus oppose son attitude à celle de Pilate.

Durant son voyage à Rome, elle découvre la réalité du clergé [142]. Elle est sans illusions, mais aussi sans agressivité. Elle ne juge pas, elle aime et donc elle se donne. Sa rencontre avec le pape Léon XIII [143], replacée dans son contexte, manifeste chez elle un "sens surnaturel de la foi" très profond. Au Carmel de Lisieux, elle est prise dans une ambiance complexe, marquée par la personnalité de Mère Marie de Gonzague. Là encore elle est sans illusions [144] et fera preuve d'une charité véritablement héroïque. Au cours de sa vie de carmélite, elle est mêlée à un scandale retentissant [145] ; elle offre sa dernière communion pour Hyacinthe Loyson [146]. Tout cela, c'est l'Église, *sancta simul et semper purificanda* [147], "dans le Christ".

4 – Dans le Christ, l'Église est une

Dans le Christ, l'Église est une. C'est encore *Lumen Gentium*, au numéro 8. Dire qu'une partie d'elle-même est dans le Christ, tandis que l'autre serait dans le monde [148] constitue une erreur de point de vue. Ce serait par exemple l'Église militante (le Concile dit l'Église pérégrinante) et l'Église du Ciel, ou l'Église visible et l'Église invisible, ou encore l'Église enseignante et l'Église enseignée. Cette vérité que l'Église est une se trouve développée particulièrement dans *Lumen Gentium*, et spécialement aux chapitres I, VII (qui traite de l'union de l'Église de la terre avec l'Église du Ciel et de son caractère eschatologique), et VIII (sur la Bienheureuse Vierge Marie dans le mystère du Christ et de l'Église) [149]. Deux conséquences semblent particulièrement importantes à souligner : d'une part l'unité de l'Église dans la communion et le service, et de l'autre le fait que c'est l'Église tout entière qui est missionnaire.

A – Unité dans la communion et le service

Cette formule est empruntée à *Lumen Gentium* 4, qui évoque la mission de l'Esprit Saint dans l'Église.

---

142. "La seconde expérience que j'ai faite regarde les prêtres". Ms A, 56r°.
143. LT 36 : "Le bon Pape est si vieux qu'on dirait qu'il est mort, je ne me le serais jamais figuré comme cela, il ne peut dire presque rien, c'est M. Révérony qui parle".
144. Cf. Ms A, 69v°.
145. C'est la mystification organisée par Léo Taxil et dont Thérèse fut malgré elle partie prenante (cf. *Le triomphe de l'humilité*, Paris, Cerf/DDB, 1975).
146. Cf. DE I, p. 531, qui donne des références.
147. LG 8.
148. Nous parlons ici de l'Église elle-même, et non pas des membres de l'Église, qui eux, sont comptés comme membres par miséricorde, alors qu'en lui-même, le péché est étranger à l'Église. Thérèse de l'Enfant-Jésus cependant, et ce sera sa force, montrera que le péché même, en tant qu'il manifeste et parfois creuse une pauvreté en l'homme, conduit à une possibilité nouvelle, dans le Christ, d'union à Dieu, et provoque la miséricorde. Mais Thérèse ne fera jamais du péché une chance pour l'homme. Sa contemplation de Marie, tout autant que son expérience du "prix" du salut, lui interdisent de faire du mal un bien.
149. Dire à quel point la mariologie conciliaire est symphonique de celle que déploie Thérèse, particulièrement dans son poème *Pourquoi je t'aime, ô Marie,* demanderait un exposé complet.

L'Église, qu'Il introduit dans la vérité tout entière (cf. *Jn* 16, 13), *et qu'Il unifie dans la communion et le service, Il l'instruit et la dirige par les divers dons hiérarchiques et charismatiques, et l'orne de ses fruits* (cf. *Ep* 4, 11-12, *1 Co* 12, 4 ; *Ga* 5, 22).

La construction de l'Église comme œuvre de l'Esprit Saint est un point central du Concile.

Thérèse de l'Enfant-Jésus a très profondément saisi l'articulation nécessaire et féconde de la communion et du service pour la croissance du Corps mystique du Christ. Il suffit pour s'en convaincre de relire le *Manuscrit B*. Ses lettres à ses frères (prêtre ou futur prêtre) en sont un témoignage concret des plus éloquents. Elle y manifeste, en même temps qu'un profond respect pour le ministère sacerdotal, une vraie liberté de dialogue et un sens aigu de la nécessité en même temps que de la fécondité de sa propre coopération.

Ses conseils à ses frères sont orientés vers une découverte de cette réalité fondamentale que c'est l'Esprit qui construit l'Église et que celle-ci est communion, dans la sainteté réalisée ou à venir.

B – Communion des saints et mission

L'Église du Ciel n'est pas simplement le poteau d'arrivée qui marque le temps du repos après l'exil de cette vie, dans la ligne de certaines sentences du Carmel de Lisieux [150]. Non, le Concile est clair sur ce point. Tant que le retour du Christ n'est pas advenu, au Ciel, comme sur la terre, on s'active, selon un mode d'action différent, mais réel. Un seul texte conciliaire suffira à ancrer notre conviction.

Tous, à des degrés divers, et sous des formes diverses, nous communions dans la même charité envers Dieu et envers le prochain, chantant à notre Dieu le même hymne de gloire [151].

Si la prière d'intercession n'est évidemment pas sous-estimée ici, l'insistance est mise sur le fait que le double commandement de l'amour est valable pour tous, toujours ; son accomplissement rend gloire à Dieu et assure la béatitude de l'homme [152].

Et le texte de *Lumen Gentium* conclut :

En conséquence notre faiblesse [153] *est grandement soutenue par leur* (celle des saints) *sollicitude fraternelle* [154].

---

150. "Aujourd'hui un peu de travail, demain beaucoup de repos". Sentence peinte dans l'escalier du Carmel.
151. LG 49.
152. Selon AG 12.
153. 12 emplois de *miseria* dans tout le Concile ; un mot typique de GS. (11 emplois sur 12). Le texte fort est GS 13, que nous retrouverons lorsque nous parlerons de la vocation de l'homme. Un des pôles de l'anthropologie du Concile.
154. LG 49.

Il faut ici entendre la prière magnifique du *Manuscrit B*. S'adressant aux saints, et s'appuyant justement sur sa faiblesse et sa misère, connues d'elle, Thérèse de l'Enfant-Jésus s'écrie :

J'ose vous demander de m'obtenir : VOTRE DOUBLE AMOUR [155].

On le voit : Thérèse se situe dans le droit fil du Concile. En demandant aux saints leur "double amour", celui de Dieu et des hommes, elle fait la prière qui est toujours exaucée. Et spontanément, elle déploie une conséquence incluse dans le texte de *Lumen Gentium* : "tant qu'il y aura des âmes à sauver..." [156], elle "passera son Ciel à faire du bien sur la terre" [157].

Son réalisme se déploie évidemment dans le domaine de la mission. Toute l'Église est missionnaire, et jusqu'à ce que l'ange dise : "le temps n'est plus" [158].

Les saints m'encouragent moi aussi dans ma prison. Ils me disent : Tant que tu es dans les fers, tu ne peux remplir ta mission ; mais plus tard, après ta mort, ce sera le temps de tes travaux et de tes conquêtes [159].

Je compte bien ne pas rester inactive au Ciel [160].

Sous cet aspect Thérèse de l'Enfant-Jésus nous enseigne Vatican II comme par osmose. De cette unité de l'Église, elle a fait l'expérience doulou-reusement [161] et joyeusement [162]. Voici parmi beaucoup d'autres, un texte signi-ficatif, qui nous introduira à l'aspect que nous devons également souligner. Thérèse s'adresse à Léonie :

Chère petite Sœur, ne trouves-tu pas comme moi que le départ de notre Père chéri nous a rapprochées des Cieux ? Plus de la moitié de la famille jouit maintenant de la vue de Dieu et les cinq exilées de la terre ne tarderont pas à s'envoler vers leur Patrie. Cette pensée de la brièveté de la vie me donne du courage, elle m'aide à supporter les fatigues du chemin. Qu'importe (dit l'Imitation) un peu de travail sur la terre... nous passons et n'avons point ici de demeure permanente ! Jésus est allé devant afin de nous préparer une place en la maison de son Père et puis Il viendra et Il nous prendra avec Lui afin que là où Il est nous y soyons aussi... Attendons, souffrons en paix, l'heure du repos approche, les légères tribulations de cette vie d'un moment produisent en nous un poids éternel de gloire... [163]

Cette expérience impressionne par sa vérité humaine et sa simplicité. Le thème de l'unité de l'Église du Ciel et de celle de la terre se mêle comme de soi

---

155. Ms B, 4r°.
156. CJ 17.7.
157. Remarquons la justesse parfaite de sa conception de la vie après la mort ; il n'est pas question pour elle, pas plus que pour la théologie catholique, en cela pleinement respectueuse de l'homme, de "télescoper" entrée dans la vision de Dieu et résurrection finale, lors du retour du Christ, eschatologie personnelle et eschatologie communautaire.
158. "Alors je pourrai jouir", CJ 17.7. "Je sens que je vais entrer dans le repos" etc. C'est une espérance vraiment théologale.
159. CJ 10.8.4.
160. LT 254.
161. Avec le décès de ses deux frères et de deux de ses sœurs.
162. Avec l'expérience de leur présence agissante. Pensons aussi au rêve qu'elle fit, dans lequel elle rencontra Anne de Jésus (cf. Ms B, 2r°).
163. LT 173. Texte très synthétique, comme ceux qui jaillissent d'une expérience.

aux thèmes du retour de Jésus, du temps et de l'éternité. L'unité de l'Église est exprimée ici par l'unité de la famille de Thérèse, cette *"ecclesia domestica"* [164].

Mais ne pensons pas que ce mouvement induise en Thérèse de l'Enfant-Jésus une quelconque fuite du monde au sens où on l'entend : un désintérêt. C'est exactement le contraire qui est vrai. Et c'est ce que nous devons considérer maintenant, après avoir rappelé que si l'Église est dans le Christ, elle est aussi dans le monde.

5 – L'Église est dans le monde

A – Combat et voie de l'amour

Le monde que l'Église a en vue, c'est celui dont l'origine se trouve dans la trop grande bonté / miséricorde de l'amour-source, le principe sans principe (*Ad Gentes* 2), qui, dans le Verbe, crée et conserve toutes choses (*Dei Verbum* 2) ; le monde qu'elle a en vue, c'est le monde créé, en prise ontologique directe avec son Créateur, car "sans Créateur, la créature s'évanouit" [165].

Le monde qu'elle a en vue, c'est celui des hommes, avec joie, espoir, tristesse, angoisse... Le monde qu'elle a en vue c'est le monde de l'homme dans l'histoire, histoire humaine qui, mise en perspective divine, est histoire du salut [166], car les réalités profanes comme celles de la foi trouvent leur origine dans le même Dieu [167]. C'est le monde où l'homme, créé libre, est appelé par Dieu à adhérer à Lui de toute sa nature, pour parvenir à sa fin ultime, et accomplir ainsi sa vocation unique, qui est divine. C'est aussi le monde tombé sous l'esclavage du péché [168], le monde de l'homme qu'il faut sauver [169], celui où se déroule le combat de la Lumière et des ténèbres [170], qui durera jusqu'au retour du Christ.

Thérèse de l'Enfant-Jésus n'a pas craint le combat :

C'est la volonté du bon Dieu que je lutte jusqu'à la mort. Oh ! ma petite Mère, priez pour moi [171].

Et jusqu'au bout, elle a connu le risque de la défaite. Elle ne pense pas qu'il soit possible de faire en sorte que tout aille bien, ne serait-ce que dans un Carmel. Elle n'attend que de la charité théologale le perfectionnement des relations humaines [172]. Ainsi fait le Concile [173].

---

164. LG 11.
165. GS 36 ; "et même l'oubli de Dieu rend opaque la créature elle-même". Lier cela à la manifestation de la vocation, de GS 22.
166. GS 41.
167. GS 36.
168. GS 2.
169. GS 3.
170. GS 37.
171. CJ 18.4.1.
172. Voir à ce sujet ce qu'elle dit sur la charité fraternelle dans le Ms C.
173. GS 37, paragraphe 4.

A ceux qui croient à la divine charité, il (le Verbe de Dieu) *apporte ainsi la certitude que la voie de l'amour est ouverte à tous les hommes et que l'effort qui tend à instaurer une fraternité universelle n'est pas vain* [174].

En écho prophétique, Thérèse de l'Enfant-Jésus affirme :

Qu'elle est douce la voie de l'amour [175].

Pour parcourir cette voie de l'amour, il faut connaître l'homme et lui donner les moyens de se mettre en marche. C'est ce qu'il faut considérer maintenant.

B - *Science de l'homme*

C'est peu dire que le Concile a élaboré une anthropologie. Il suffit presque d'ouvrir au hasard les documents pour repérer ce qui fait le cœur du problème.

1 - *Fondements : désir et faiblesse*

Ce sont déjà les premiers mots de *Gaudium et Spes*, joie, espoir, douleur, angoisse. Ce que tout homme expérimente, c'est d'une part sa sublime vocation, et de l'autre sa profonde misère. Souvent, le Concile développe ce thème [176].

(Les choses étant ainsi), *le monde d'aujourd'hui se manifeste simultanément puissant et faible, capable d'accomplir les choses les meilleures ou les pires...* [177]

Dans l'homme lui-même de nombreux éléments se combattent. D'une part, comme créature, il fait l'expérience de ses multiples limites ; d'autre part il se sent illimité en ses désirs et appelé à une vie supérieure [178].

Notons ce lien entre l'état de créature et les limites.

Gaudium et Spes 13 donne la raison :

Dans la lumière de la révélation, la vocation sublime en même temps que la profonde misère, que les hommes expérimentent, trouvent leur ultime raison.

Or la révélation est en vue du salut. En clair, la misère devient, par la révélation, un moyen d'obtenir le salut. C'est tel qu'il est que l'homme est en désir de sa très haute vocation, et cela dès maintenant. Il lui faut donc un moyen d'atteindre celle-ci. Si en effet sa vocation ultime est unique, à savoir divine, on ne peut entretenir en l'homme l'illusion d'un épanouissement qui serait historique et terrestre seulement. On ne peut pas davantage lui offrir un bonheur d'épanouissement naturel puisque justement sa nature se découvre elle-même

---

174. GS 38.
175. Ms A, 83r°.
176. Voir par exemple GS 12, paragraphe 2, "mettre au clair les faiblesses, reconnaître en même temps sa dignité et sa vocation".
177. GS 9.
178. GS 10.

dans l'adhésion au Créateur. Illimité en ses désirs autant qu'en sa faiblesse, pécheur qui plus est, l'homme dans l'histoire peut-il oui ou non prétendre au bonheur, à la joie et à l'espérance, à la paix véritable, qui doit marquer la famille humaine et que seule la sainteté produit ?

Thérèse de l'Enfant-Jésus, de ce point de vue, est un véritable modèle de l'homme contemporain, et déjà au plan de sa constitution même. Faible [179], elle le fut, elle l'est restée. Etre de désirs [180], elle le fut, elle l'est devenue de plus en plus. Mais son expérience de l'amour en sa source, son expérience du "Père de toutes consolations", alliée à une connaissance aussi profonde d'elle-même, lui donne la science du bonheur. Ses désirs, plus grands que l'univers, seront comblés grâce à l'offrande de sa faiblesse.

2 – Liberté et dépendance, autonomie et enfance

Le drame de la période contemporaine, du point de vue de l'homme, réside dans le fait qu'il est devenu sinon impossible, du moins très difficile, de concevoir que la liberté totale puisse être autre chose qu'une indépendance radicale de tout et de tous.

Ce débat n'a pas manqué de préoccuper le Concile, qui d'abord en des affirmations christologiques [181], puis en des considérations qui touchent l'activité humaine [182], l'histoire [183], la culture [184], ouvre la voie à une conception autre de la liberté humaine. C'est ce que nous allons montrer brièvement.

Le mot liberté, en son sens plénier, caractérise le mouvement de l'obéissance de la foi, cette "remise complète de soi, librement" [185]. Cet acte est source de sanctification, qui n'est rien d'autre que l'identification parfaite avec le Christ [186] ; il est en même temps source de la découverte de plus en plus profonde que l'homme acquiert de lui-même [187]. De cette remise complète de soi découle la véritable liberté, celle des enfants de Dieu [188].

La liberté de l'homme, signe privilégié de l'image divine [189], est pour tout homme, croyant ou non, le chemin de la découverte de lui-même, par le don sincère de soi [190]. Ce don de soi ne peut être vécu en plénitude que dans l'accueil

---

179. "Elle se sentait si faible, si fragile" (Ms A, 35r°). "Moi, faible et imparfaite créature" (Ms B, 3v°).
180. Il serait trop long d'élaborer la problématique du désir chez Thérèse de l'Enfant-Jésus. C'est un thème majeur. "Comment réaliser les désirs de ma pauvre petite âme ?" (Ms B, 3r°). Le plus étonnant est peut-être ce fait que Dieu se contente de ses désirs (cf. Ms B, 2v°).
181. GS 22.
182. GS 33-39.
183. GS 40.
184. GS 56.
185. DV 5.
186. LG 50.
187. GS 24.
188. Voir LG 9 et aussi GS 17.
189. GS 17.
190. GS 24. Texte souvent repris par Jean-Paul II comme une des clés de l'enseignement conciliaire. Voir par exemple DEV n° 59.Ce n'est d'ailleurs pas un hasard si ce texte est repris dans l'encyclique sur l'Esprit Saint, Personne-Amour et Personne-Don, voir DEV 62.

de la Révélation ; il est à la portée de tout homme, comme une route pour qu'il puisse se trouver lui-même comme image de Dieu.

C'est ainsi que se trouve fondée en sa racine la nécessité de la liberté religieuse, que le Concile ne disjoint jamais de l'exigence de la recherche de la vérité [191].

Thérèse de l'Enfant-Jésus a eu peur de sa liberté [192]. Elle a senti le danger de l'autonomie revendiquée, jusqu'au bout de sa vie.

Si je commettais seulement la moindre infidélité (...)
De quelle infidélité voulez-vous parler ?
D'une pensée d'orgueil entretenue volontairement. Si je me disais, par exemple : J'ai acquis telle vertu, je suis certaine de pouvoir la pratiquer. Car alors ce serait s'appuyer sur ses propres forces, et quand on en est là, on risque de tomber dans l'abîme [193].

N'est-ce pas toute notre culture [194] qui risque aujourd'hui de tomber dans cet abîme, dont la caractéristique semble être la revendication d'une autonomie absolue par rapport à ce qui fait son fondement, la nature humaine ?

En regardant Jésus, qui manifeste l'homme à lui-même, Thérèse a compris que la véritable liberté est dans la filiation réalisée, radicale dépendance. Ainsi vécut Jésus, l'homme parfait ; son humanité, unie hypostatiquement à la divinité en la personne du Verbe, se nourrissait de la volonté de son Père [195]. Y eut-il liberté humaine plus parfaitement humaine que celle du Fils de l'Homme ? Pour Thérèse, cette dépendance fut le moyen de sa liberté vraie, par rapport à ses propres activités [196], par rapport à son histoire [197], et par rapport à son milieu [198], disons à sa culture ; tout cela pour un plus grand amour.

3 – Espérance et engagement

Si l'Église est une dans le Christ, l'appartenance à l'Église inaugure pour le croyant une situation particulière par rapport au temps de sa vie : l'attente des "cieux nouveaux et de la terre nouvelle" [199] devient une attitude fondamentale de la foi [200].

---

191. DH 3.
192. Ms A, 35r°. "Thérèse ne lui avait-elle pas demandé de lui ôter sa liberté, car sa liberté lui faisait peur, elle se sentait si faible, si fragile que pour jamais elle voulait s'unir à la Force Divine".
193. CJ 7.8.4.
194. Toutes les activités de l'homme, déviées quotidiennement par son orgueil (GS 37, paragraphe 4) voir aussi GS 56, paragraphe 6. Vivre la légitime autonomie de la culture sans faire un humanisme purement terrestre, etc.
195. "Ma nourriture est de faire la volonté de mon Père et d'accomplir son œuvre" Jn 4, 34.
196. "C'est ce qu'Il fait que j'aime" (CJ 27.5.4).
197. "Comment s'achèvera-t-elle, cette 'histoire d'une petite fleur blanche ?' (...) Je l'ignore, mais ce dont je suis certaine, c'est que la Miséricorde du bon Dieu l'accompagnera toujours", Ms A,84v°.
198. Ici il faut rappeler les conditions particulièrement difficiles, dues en partie au tempérament de Mère Marie de Gonzague, dans lesquelles Thérèse de l'Enfant-Jésus vécut les premiers temps de sa vie au Carmel. Les Procès font état de la grande délicatesse en même temps que de l'habileté de Thérèse pour vivre elle-même et aider ses sœurs à vivre dans la paix de la vérité.
199. GS 39.
200. On pense à LG 17, GS 40, AG 9, etc.

Cette attitude fondamentale, confrontée à l'insertion dans l'épaisseur quotidienne de ce qui fait la vie humaine [201], est un des problèmes majeurs dont le Concile s'est préoccupé.

Ce sont les questions de la densité historique, de la valeur des réalités de la terre, du sens de la vie, c'est-à-dire de sa direction, qui sont posées ici.

Comment comprendre et surtout vivre cette réalité mystérieuse et salvatrice que, dans le Christ, ici et maintenant, à la fois nous n'avons pas de demeure permanente, que la vie éternelle est déjà commencée, et que cependant la vie quotidienne revêt une importance si grande qu'elle en devient déconcertante.

a) Le Concile

L'attente n'éloigne pas l'Église de la vie quotidienne. Le Concile affirme explicitement le contraire :

Nous savons bien qu'il ne sert à rien à l'homme de gagner l'univers s'il vient à se perdre lui-même (cf. Lc 9, 25). Cependant, l'attente de la terre nouvelle, loin d'affaiblir en nous le souci de cultiver cette terre, doit plutôt le réveiller : le corps de la nouvelle famille humaine y grandit, qui offre déjà quelque ébauche du siècle à venir. C'est pourquoi, s'il faut soigneusement distinguer le progrès terrestre de la croissance du règne du Christ, ce progrès a cependant beaucoup d'importance pour le Royaume de Dieu [202].

Un peu plus haut, le Concile souligne la même vérité.

Le Christ (...) agit désormais dans le cœur des hommes par la puissance de son Esprit, non seulement y suscitant le désir du siècle à venir, mais animant, purifiant et fortifiant par là même les désirs généreux par lesquels la famille humaine s'attache à rendre sa vie plus humaine et à soumettre toute la terre à cette fin [203].

L'attente du Ciel est condition de l'énergie pour transformer la terre. Et c'est pourquoi le Concile aura des paroles sévères envers ceux (c'est-à-dire envers nous tous) qui ne respectent pas cette dynamique d'espérance et d'engagement.

Ils s'éloignent de la vérité ceux qui, sachant que nous n'avons pas ici-bas de demeure permanente et que nous attendons la cité future, pensent qu'ils peuvent négliger leurs tâches terrestres [204] (officia terrestria), *ne faisant pas attention qu'ils sont tenus par la foi elle-même à les accomplir d'autant plus, en raison de la vocation à laquelle chacun a été appelé.*

Voilà pour le mépris éventuel des *officia terrestria*. Mais le texte est équilibré, et il enchaîne :

---

201. Joie, espoir, détresse, angoisse, vie personnelle, sociale, économique, culturelle.
202. GS 39, cité par *Laborem exercens* n° 27. Voir aussi GS 57.
203. GS 38.
204. Et non pas "tâches humaines", comme traduit l'édition du Centurion.

Mais ils ne se trompent pas moins, ceux qui, à l'inverse, considèrent qu'ils peuvent s'immerger dans les affaires terrestres comme si elles étaient tout à fait étrangères à la vie religieuse, et ceci parce qu'ils considèreraient que celle-ci consiste en l'accomplissement de quelques actes du culte et de quelques devoirs moraux[205].

Vient le constat douloureux :

Cette séparation[206] *entre la foi qu'ils professent et la vie quotidienne de beaucoup est à compter parmi les plus graves erreurs de notre temps.*

Mais le Concile ne s'en étonne pas :

Cette compénétration de la cité terrestre et de la cité céleste ne peut être perçue que par la foi ; bien plus, elle demeure le mystère de l'histoire humaine qui, jusqu'à la pleine révélation de la gloire des fils de Dieu, est perturbée par le péché[207].

b) Thérèse de l'Enfant-Jésus

Thérèse de l'Enfant-Jésus vit tout cela. Le fait que nous n'avons pas ici de demeure permanente fait sa force, représente la source de son dynamisme.

Ne perdons pas notre temps, bientôt l'éternité luira pour nous !... Céline si tu veux, convertissons les âmes[208].

Et ce texte typique, qui remonte à la source, instinctivement :

Profitons de notre unique moment de souffrance !... ne voyons que chaque instant !... un instant c'est un trésor... Un seul acte d'amour nous fera mieux connaître Jésus... Il nous rapprochera de Lui pendant toute l'éternité[209].

Il faudrait encore citer la lettre 94 et tant d'autres textes[210] pour voir à quel point cette espérance est pour Thérèse source d'engagement, dans le Christ. On atteint là un des points sources de l'enseignement du Concile sur la vie des catholiques, point fréquemment développé, nous venons de le voir avec *Gaudium et Spes* 43[211].

Thérèse traduira dans son langage cette liaison de l'espérance et de l'engagement avec cette expression symbolique très forte : "jeter des fleurs"[212].

---

205. GS 43.
206. Et non pas "divorce", puisque le mot a été changé expressément par la Commission, A.S. IV-VI, p. 471. La traduction de l'édition du Centurion remet "divorce".
207. GS 40.
208. LT 101.
209. LT 89. Thérèse est encore très imprégnée par l'enseignement du P. Pichon.
210. Par exemple LT 114 : "Il me semble que l'amour peut suppléer à une longue vie. Jésus ne regarde pas au temps puisqu'il n'y en a plus au Ciel, Il ne doit regarder qu'à l'amour".
211. Cf. AA 4, qui traite de la difficulté de ne jamais séparer l'union au Christ des multiples activités quotidiennes, que ce soit par excès d'engagement dans les *officia terrestria*, ou par mépris de celles-ci.
212. Voir Ms B, 4r°-v° ; PN 34 et surtout PN 51. La fleur que Thérèse jette, c'est elle-même ; et ceci nous montre à quel point le don de soi dans les banales réalités conduit à l'identification à Jésus.

Cette attitude, enracinée dans le primat de l'amour et dans le fait que tout vient de Dieu [213], est la réponse radicale à ce que le Concile qualifie "d'une des plus graves erreurs de notre temps". On pourrait croire qu'il s'agit pour Thérèse d'un instinct quasi-culturel, propre au romantisme petit-bourgeois finissant, qui prospère en serre chaude. Il n'en est rien.

Ce qui fut pour elle pendant un temps une évidence, à savoir cette proximité et cette compénétration du Ciel et de la terre, elle expérimentera, dans la dernière partie de sa vie, que ce n'est perceptible que par la foi [214], et que cette perception est en fait un fruit de la charité.

Son épreuve de la foi, on le sait, porte non pas sur l'existence de Dieu, mais sur celle du Ciel. Autrement dit, ce qui est mis en cause, c'est la pertinence, la valeur, la signification de son activité quotidienne [215]. Quand on sait la puissance de ses désirs [216], on ne peut qu'être impressionné, et l'on comprend que cela aille jusqu'à la tentation de suicide [217].

Sa réponse à une question sur le contenu de sa tentation est significative : "c'est sur le Ciel que tout porte" [218]. Elle indique la profondeur de son angoisse et aide à comprendre la portée de la question que, dans son rêve, elle pose à Anne de Jésus :

Ma Mère, dites-moi encore si le Bon Dieu ne me demande pas quelque chose de plus que mes pauvres petites actions et mes désirs. Est-Il content de moi ? [219]

Ce que je fais, la manière dont je vis, tout cela a-t-il oui ou non un sens ? Comment Thérèse de l'Enfant-Jésus va-t-elle triompher de cet obstacle en soi insurmontable ? [220]

Tout en n'ayant pas la jouissance de la Foi, je tâche au moins d'en faire les œuvres [221].

---

213. "Je sens si bien que tout vient de Lui" (CJ 4.8.8.). "Ô Seigneur, vous me comblez de joie par tout ce que vous faites" (Ms C, 7r°).
214. "Je crois avoir fait plus d'actes de foi depuis un an que pendant toute ma vie", Ms C, 7r°. Mais cette foi est typique de Vatican II : engagement de toute la personne, don de soi en réponse à Dieu, qui brise en quelque manière l'obscurité pour l'intelligence par la force donnée de l'union de volonté. Et la force de ce don de soi est fondée sur l'amour, Ms C, 7r°. Par conséquent elle est missionnaire, selon AG 2-4. Et c'est ce que Thérèse dit : "afin qu'il l'ouvre pour l'éternité aux pauvres incrédules", Ms C, 7r°.
215. En effet, si le Ciel n'existe pas, il devient impossible de trouver la force de travailler ici-bas.
216. Des "désirs plus grands que l'univers" (Ms B, 3r°).
217. CJ 22.9.6. "Quelle grâce d'avoir la foi ! Si je n'avais pas eu la foi je me serais donné la mort sans hésiter un seul instant". Et ce cri admirable : "ma petite vie, c'est de souffrir et puis ça y est" CJ 4.8.8.
218. "Comment se fait-il que vous désiriez mourir avec votre épreuve de la foi qui ne cesse pas ? — Ah ! mais je crois bien au Voleur ! C'est sur le Ciel que tout porte. Comme c'est étrange et incohérent !" CJ 3.7.3.
"Je me demande comment le bon Dieu peut se retenir si longtemps de me prendre... Et puis on dirait qu'il veut me faire 'accroire' qu'il n'y a pas de Ciel !..." CJ 15.8.7.
219. Ms B, 2r°-v°.
220. Obstacle qui en fait n'est autre que le problème quasi éternel des rapports de la nature et de la grâce, de la foi et des œuvres. Ce problème se repose à chaque époque de l'histoire de l'Église, lorsque celle-ci se trouve confrontée à devoir repenser en profondeur son rapport au "monde".
221. Ms C, 7r°.

Ces œuvres de la foi : multiplication des actes de foi, investissement dans la charité quotidienne, Thérèse les vit d'instinct dans la ligne de *Dei Verbum* 5 : sans renoncer à la soumission de l'intelligence, elle affirme le primat de l'obéissance de la foi sur la connaissance sentie de la foi. Il faut souligner en effet que l'engagement dans la charité ne relativise absolument pas l'adhésion de l'intelligence à la vérité telle que l'Église la donne à croire.

Je Lui dis être prête à verser jusqu'à la dernière goutte de mon sang pour confesser qu'il y a un Ciel... [222]

Instinct magnifique, sincérité authentique qui combat en sa racine le péché contemporain, quasi culturel, du monde auquel Thérèse appartient par anticipation mais si profondément, l'ère technique qui fait de la volonté de puissance la norme de toute quête de vérité.

Mais il est un autre point, qui pour nous sera le dernier [223], et dont l'importance est évidente. Thérèse de l'Enfant-Jésus et Vatican II parlent d'une seule voix de l'athéisme.

4 – Athéisme

Voulez-vous une preuve de l'existence de Dieu ? *L'abrégé du catéchisme de persévérance*, de Monseigneur Gaume [224], en 1859, vous en fournit trois :

La nécessité d'une cause première ;
le témoignage de tous les peuples ;
l'absurdité de l'athéisme ; car nier l'existence de Dieu, c'est admettre des effets sans cause, l'égalité entre le bien et le mal, etc.

Il faut donc partir du postulat que l'athéisme est absurde. Thérèse de l'Enfant-Jésus changera d'avis sur ce point ; et si son style nous la fait parfois trouver romantique, son expérience spirituelle est propre à l'ère scientifique, pour ne pas dire scientiste qui est la nôtre.

Or le Concile analyse le phénomène de l'athéisme en des termes sensiblement différents [225]. Il note d'abord que c'est la raison la plus haute de la dignité humaine [226] qui est atteinte par ce phénomène, et que l'invitation faite par Dieu à l'homme commence avec l'existence de celui-ci. Il indique que c'est la quête désordonnée de l'autonomie, reposant sur une caricature de la liberté humaine et un refus de reconnaître un Dieu auteur et fin de toutes choses, qui est souvent présentée comme la raison de l'athéisme. Il précise aussi que la

---

222. Ms C, 7r°.
223. Pour rester dans les limites de ce texte, nous renonçons à mettre en relief les multiples harmoniques secondes (et non secondaires) qui existent entre Vatican II et Thérèse.
224. Paris, Gaume et Duprey, 1859, 16° édition, p. 26.
225. Cf. GS 19-21.
226. Qui consiste dans la vocation de l'homme à la communion avec Dieu, GS 19.

culpabilité n'est pas toujours absente du phénomène de l'athéisme[227], et souligne que parfois, les croyants eux-mêmes ne sont pas sans porter une part de responsabilité[228].

Thérèse vit ce drame très profondément :

C'est le raisonnement des pires matérialistes qui s'impose à mon esprit : plus tard, en faisant sans cesse des progrès nouveaux, la science expliquera tout naturellement, on aura la raison absolue de tout ce qui existe et qui reste encore un problème[229].

Elle expérimente la lutte et découvre la vérité :

Je sens si bien que tout vient de Lui[230] (Dieu).

En même temps, elle perçoit la culpabilité possible des victimes de l'athéisme[231]. Mais elle ne refuse pas la responsabilité des croyants, et s'asseoit délibérément à la table des pécheurs.

Mais Seigneur, votre enfant l'a comprise votre divine lumière, elle vous demande pardon pour ses frères[232].
Mais aussi ne peut-elle pas dire en son nom, au nom de ses frères : Ayez pitié de nous Seigneur, car nous sommes de pauvres pécheurs ! Oh ! Seigneur, *renvoyez-nous justifiés...*[233]

Cette expérience de Thérèse de l'Enfant-Jésus, vécue avec une acuité exceptionnelle, la rend particulièrement proche de nous.

C - Dans le monde, mais non du monde

L'Église est dans le monde, mais elle n'est pas du monde. Comment va-t-elle donc réaliser sa mission propre, que le Concile définit en lui assignant comme tâche de rendre plus humain le monde des hommes ? Il s'agit, puisque la

---

227. GS 19, paragraphe 3. "Certes, ceux qui délibérément s'efforcent d'éliminer Dieu de leur cœur et d'écarter les problèmes religieux en ne suivant pas le '*dictamen*' de leur conscience, ne sont pas exempts de faute".
228. GS 19 : "C'est pourquoi, dans cette genèse de l'athéisme, les croyants peuvent avoir une part de responsabilité qui n'est pas mince".
229. DE II, p. 471-472 et JEV, p. 223. La suite de la confidence porte sur l'impossibilité plus tard de faire du bien, seule espérance qui lui permet de tenir ; nous sommes à quelques semaines de sa mort, cf. CJ 10.8.7. Voir sur ce thème chez Thérèse : G. GAUCHER, "La foi à l'épreuve", VT 76 (1979), p. 245-255, qui rassemble les textes principaux et indique la réponse de Thérèse. Voir aussi, du même, *Histoire d'une vie*, Paris, Cerf 1982, p.170-172.
230. CJ 4.8.3.
231. "Au jour si joyeux du temps pascal, Jésus m'a fait sentir qu'il y a véritablement des âmes qui n'ont pas la foi, qui par l'abus des grâces perdent ce précieux trésor..." Ms C, 5v°.
232. Ms C, 6r°.
233. Ms C, 6r°. Il faut rappeler ici que, si l'athéisme militant et systématique est en train de faire la preuve de son inhumanité radicale, il n'en est malheureusement pas encore de même de cet athéisme pratique, hédoniste et souvent justifié intellectuellement, en quelque sorte un prométhéisme dont les excès sont bridés par Épicure et le Portique stoïcien. Thérèse devance cette tentation contemporaine par son sens de l'éternité.

vocation unique de l'homme est divine, d'ordonner toutes choses selon Dieu [234]. Le Concile n'a qu'une seule réponse :

Une telle vie exige un continuel exercice de la foi et de la charité [235].

La compénétration de l'histoire humaine et de l'histoire du salut [236], la juste compréhension de l'autonomie de la création [237], de la science [238], de la culture [239], la transformation du monde de l'intérieur, comme à la manière d'un ferment [240], la libération complète de la liberté humaine qui devient ainsi liberté des enfants de Dieu [241], la capacité de porter la souffrance sans désespérer [242], tout cela est le fruit de ce continuel exercice de la foi, de l'espérance, et de la charité, qui donne Dieu, et dont le Concile nous dit qu'il est exigé pour que "les baptisés (le texte dit les laïcs mais c'est *a fortiori* vrai pour les ministres ordonnés) ne séparent pas l'union au Christ et leur vie" [243].

Nous sommes ici au centre même de notre sujet : Thérèse est au cœur de Vatican II. En effet, son expérience, d'une intensité exceptionnelle c'est vrai, en même temps que tout ordinaire, nous montre que cette vie théologale peut parvenir à sa plénitude, non pas malgré notre faiblesse, ou même les blessures produites par notre péché personnel ou par le péché de notre société, mais à cause de cette faiblesse et de ces blessures. Cette "voie de l'amour" [244], qui n'est pas vaine, qui seule peut conduire à la fraternité universelle, terme de la mission de l'Église, Thérèse nous en donne le code, elle y marche avec nous, elle nous en décrit les étapes. Tout cela, elle le fait en docteur selon Vatican II. Car le Concile inaugure une manière renouvelée d'être docteur. Ce sera notre conclusion.

III – UNE NOUVELLE MANIÈRE D'ENSEIGNER : THÉRÈSE DOCTEUR DE VATICAN II

L'Église a reçu charge et mission d'assurer la transmission de la révélation dans le Christ, du mystère du Père et de son Amour. Cette transmission, nous dit *Dei Verbum* 8, se poursuit

et par la contemplation et l'étude des croyants qui méditent en leur cœur (cf. Lc 2, 19 ; 51), et par l'intelligence intérieure qu'ils ont des choses spirituelles, et par la

---

234. LG 31.
235. AA 4. Cf. LG 31 : "un témoignage rayonnant de foi, d'espérance et de charité".
236. GS 41.
237. GS 36.
238. GS 59.
239. GS 57. "Le mystère de la foi chrétienne fournit aux chrétiens des stimulants et des soutiens inappréciables pour s'adonner avec plus d'élan à cette tâche (travailler avec tous les hommes à la construction d'un monde plus humain) et surtout découvrir l'entière signification des activités capables de donner à la culture sa place éminente dans la vocation intégrale de l'homme".
240. LG 31.
241. LG 9.
242. GS 9 et 10.
243. AA 4.
244. Cf. GS 38.

prédication de ceux qui, avec la succession apostolique, ont reçu le charisma veritatis certum [245].

Si le troisième élément est propre au ministère épiscopal, les deux premiers appartiennent au développement de la grâce du baptême. Ils appartiennent à Thérèse. Mais est-il possible de décrire le *munus docendi* tel que l'envisage Vatican II ? L'emploi du mot *doctor* dans les textes conciliaires n'apporte pas de grands renseignements [246]. En son numéro 2, la constitution dogmatique *Dei Verbum*, énonce une clé de l'enseignement ecclésial en son jaillissement premier. En décrivant l'économie de la révélation, le texte insiste sur le fait que celle-ci se réalise *gestis verbisque intrinsece inter se connexis*. Nous sommes là en présence d'une affirmation de grande importance [247].

Si un enseignement doit être donné dans l'Église aujourd'hui, et demain plus encore, il le sera dans une interaction continuelle de l'action et de la parole. On ne conçoit pas que l'enseignement soit séparé de la manière de vivre, la doctrine du témoignage. Dans un monde où les fondements du langage sont souvent multiples et ambigus, il est important de le dire : l'enseignement se fera *non loquendo sed vivendo*.

C'est ce que Thérèse de l'Enfant-Jésus voit très nettement, lorsqu'elle considère Jésus enseignant :

> *Lui, le Docteur des docteurs, il enseigne sans bruit de paroles. (...) Il me guide et m'inspire ce que je dois dire ou faire* [248].

Dire et faire, paroles et gestes, intrinsèquement reliés entre eux : voilà le critère de l'enseignement dans l'Église de Vatican II. Mieux encore, *Gaudium et Spes* 32 impose une ligne nouvelle en remarquant que

> *Il (le Christ) a révélé l'amour du Père et la très haute vocation des hommes en évoquant les réalités sociales les plus communes et en utilisant les paroles et les figures de la vie tout à fait quotidiennes* [249].

Les réalités quotidiennes sont, pour qui est véritablement uni au Christ, chemin de révélation de l'amour du Père et donc de la vocation éminente de l'homme. On ne peut s'empêcher de voir dans cette affirmation une description de ce que Thérèse de l'Enfant-Jésus a fait, vécu, transmis.

Sainte Thérèse de l'Enfant-Jésus de la Sainte-Face nous apparaît donc non seulement au cœur de Vatican II, mais comme docteur du cœur de Vatican II. Que cela soit affirmé par l'Église sera une lumière pour le monde de ce temps,

---

245. DV 8.
246. Il est utilisé 13 fois. Noter cependant que l'enseignement est enraciné dans la grâce baptismale, et que seule la sainteté réalisée lui assure sa fécondité en même temps que sa pertinence.
247. GS surtout (93), ainsi que AA (4) insistent beaucoup pour que l'unité soit aussi parfaite que possible entre parole et actions, vie religieuse et vie professionnelle, etc.
248. Ms A, 83v°.
249. *Patris amorem hominumque eximiam vocationem, communissimas res sociales commemorando et locutiones figurasque vitæ plane cotidianæ adhibendo, revelavit.*

pour l'homme de demain, et, dès aujourd'hui, pour tous ceux qui, tiraillés entre leur désir de pleine humanité et l'expérience de leur faiblesse, aspirent à la paix et attendent la manifestation de leur unique vocation divine, par la révélation, en Jésus, du mystère du Père et de son Amour.

Abréviations :

A.S :   *Acta Synodalia Sacrosancti Concilii Vaticani II. Rome, Typis Polyglottis Vaticanis,* 1962 ss. A.S. IV-I, 439 signifie : page 439 du tome premier du volume quatre.

AA :   *Apostolicam Actuositatem :* Décret sur l'apostolat des laïcs.

AG :   *Ad Gentes :* Décret sur l'activité missionnaire de l'Église.

ASS :   *Acta Sanctæ Sedis.*

CD :   *Christus Dominus :* Décret sur la charge pastorale des évêques.

CIC :   *Codex Iuris Canonici,* ed. 1983. Cité d'après l'édition bilingue publiée au Centurion-Cerf-Tardy.

DC :   Documentation catholique.

DEV :   *Dominum et vivificantem.*

DH :   *Dignitatis Humanæ :* Déclaration sur la liberté religieuse.

DIM :   *Dives in Misericordia.*

Doc. Conc : *Documents conciliaires,* Paris, Centurion, 1966.

DV :   *Dei Verbum :* Constitution dogmatique sur la révélation.

GS :   *Gaudium et Spes :* Constitution pastorale sur l'Église dans le monde de ce temps.

LG :   *Lumen Gentium :* Constitution dogmatique sur l'Église.

NA :   *Nostra Ætate :* Déclaration sur les relations de l'Église avec les religions non-chrétiennes.

PO :   *Presbyterorum Ordinis :* Décret sur le ministère et la vie des prêtres.

RH :   *Redemptor Hominis.*

SC :   *Sacrosanctum Concilium :* Constitution sur la Liturgie.

UR :   *Unitatis Redintegratio :* Décret sur l'œcuménisme.

CONNAÎTRE ET RÉVÉLER L'AMOUR :

THÉOLOGIE DE LA VOIE D'ENFANCE

L'AMOUR DE JÉSUS

François-Marie LÉTHEL ocd *

"Dieu est Amour" [1]. Telle est l'affirmation centrale de la Révélation de Dieu en Jésus. Thérèse en a donné sa traduction, son interprétation la plus personnelle, en gravant sur la cloison de sa cellule ces simples mots : "Jésus est mon unique amour" [2]. Cette inscription est le symbole de tout ce que l'Esprit Saint "doigt de Dieu" a écrit dans son cœur pendant toute sa vie. C'est en parlant à Jésus, en regardant le crucifix qu'elle serrait dans ses mains, que Thérèse est morte en disant : "Mon Dieu, je vous aime" [3]. L'Amour de Jésus comme amour de Dieu en Jésus, est la grande réalité dont témoigne Thérèse, l'unique réalité qui contient toutes les autres, tout le mystère de Dieu et de l'homme. Thérèse a défini sa mission, sur la terre comme au Ciel, par ces mots : "Aimer Jésus et le faire aimer" [4]. Ainsi, dans l'Église, la sainte de Lisieux apparaît comme étant par excellence le *Docteur de l'Amour de Jésus* [5], inséparablement en l'aimant et en le faisant aimer, en rappelant à l'homme de notre temps sa plus haute vocation : la sainteté qui consiste à "Vivre d'Amour" dans la vérité, dans la plénitude. Par avance, Thérèse a ainsi illustré le plus important de tous les enseignements du Concile Vatican II : l'appel universel à la sainteté [6]. Cet homme, créé à l'image et à la ressemblance de Dieu, blessé par le péché et sauvé par Jésus, c'est tout homme ; car "le Christ s'est uni à tout homme".

Jésus lui-même avait annoncé toute la puissance salvifique de sa mort et de sa résurrection en déclarant : "Lorsque je serai élevé de terre, j'attirerai à moi tous les hommes" [7]. Cette attraction que Jésus exerce sur tous les hommes par son Esprit qui remplit tous les temps et tous les lieux, Thérèse la comprend comme étant l'attraction de l'Amour. Elle en parle avec splendeur à la fin de son dernier *Manuscrit* en s'appropriant les paroles que l'Épouse du Cantique des Cantiques

---

* Professeur de théologie au Teresianum (Rome).

1. *1 Jn* 4, 8-16.
2. Cf. G. GAUCHER, *Histoire d'une vie*, Cerf, 1984, p. 185.
3. CJ 30.9.
4. LT 220.
5. L'attribution de ce titre à Thérèse a marqué l'aboutissement de toute ma recherche sur la théologie des saints comme théologie de l'Amour de Jésus, recherche publiée sous le titre *Connaître l'amour du Christ qui surpasse toute connaissance. La théologie des saints*, Éd. du Carmel, Venasque, 1989, p. 475.
6. *Lumen Gentium*, ch. V.
7. *Jn* 12, 33.

adresse à son Époux : "Attirez-moi, nous courrons" [8]. Ces paroles "épousent" en effet la promesse de Jésus : "J'attirerai à moi tous les hommes".

Pour décrire cette attraction de l'Amour de Jésus, Thérèse retrouve spontanément un des grands symboles de la divinisation cher aux Pères de l'Église : l'humanité divinisée est comme le fer rendu incandescent par le feu. Ce feu, c'est l'Esprit Saint donné à la Pentecôte, Amour éternel du Père et du Fils, Amour de Jésus, Fils incarné, donné à toute l'Église et à chacun dans l'Église. Comme les premiers disciples réunis au Cénacle "avec Marie, Mère de Jésus" [9], c'est dans la prière que Thérèse demande et reçoit ce Feu qui "la pénètre et l'imbibe de sa brûlante substance" :

Voici ma prière, je demande à Jésus de m'attirer dans les flammes de son amour, de m'unir si étroitement à Lui, qu'Il vive et agisse en moi. Je sens que plus le feu de l'amour embrasera mon cœur, plus je dirai : Attirez-moi, *plus aussi les âmes qui s'approcheront de moi (pauvre petit débris de fer inutile, si je m'éloignais du brasier divin), plus ces âmes* courront avec vitesse à l'odeur des parfums de leur Bien-Aimé, *car une âme embrasée d'amour ne peut rester inactive* [10].

Ces paroles de Thérèse jettent la plus vive lumière sur toute sa vie et expliquent son extraordinaire rayonnement. C'est en étant elle-même si totalement attirée dans les flammes de l'Amour de Jésus — au point d'en être incandescente — que Thérèse est devenue si attirante. C'est ainsi qu'elle attire toujours vers Jésus tant d'hommes et de femmes dans le monde entier, au-delà de toutes les frontières. C'est simplement en l'aimant qu'elle le fait aimer, en manifestant à travers sa vie, comme à travers un pur miroir, toute la beauté fascinante et attirante de l'Amour de Jésus. Car, en définitive, le cœur humain ne peut être attiré librement et irrésistiblement que par l'Amour, comme le dit si bien sainte Catherine de Sienne [11], montrant en particulier comment le cœur endurci de l'homme pécheur ne peut être touché et sauvé que par cet Amour infini que Dieu nous a révélé et donné en son Fils. Créé par cet amour et pour cet amour, le cœur humain en a toujours soif, il a infiniment soif d'aimer et d'être aimé. Et parce que le message de Thérèse vient de cette profondeur essentielle du cœur humain, il le rejoint à la même profondeur. C'est un message qui va droit au cœur, qui parle à ce cœur profond qui est toujours le même à travers les époques et les cultures les plus différentes.

I - THÉRÈSE, THÉOLOGIENNE DE L'AMOUR DE JÉSUS

A - Théologie d'une sainte

Cette incandescence lumineuse et rayonnante de l'Amour de Jésus, Thérèse a clairement conscience de la partager avec tous les saints les plus différents, comme elle le déclare aussitôt :

8. *Ct* 1, 4.
9. *Ac* 1, 14.
10. Ms C, 36r°.
11. Cf. *Dialogue*, ch. 26.

Tous les saints l'ont compris et plus particulièrement peut-être ceux qui remplirent l'univers de l'illumination de la doctrine évangélique. N'est-ce point dans l'oraison que les Sts Paul, Augustin, Jean de la Croix, Thomas d'Aquin, François, Dominique et tant d'autres illustres Amis de Dieu ont puisé cette science Divine qui ravit les plus grands génies ? Un Savant a dit : "Donnez-moi un levier, un point d'appui, et je soulèverai le monde". *Ce qu'Archimède n'a pu obtenir, parce que sa demande ne s'adressait point à Dieu et qu'elle n'était faite qu'au point de vue matériel, les Saints l'ont obtenu dans toute sa plénitude. Le Tout-Puissant leur a donné pour* point d'appui : LUI-MÊME et LUI SEUL ; *pour* levier : L'oraison, *qui embrase d'un feu d'amour, et c'est ainsi qu'ils ont* soulevé *le monde ; c'est ainsi que les Saints encore militants le soulèvent et que, jusqu'à la fin du monde, les Saints à venir le soulèveront aussi* [12].

Parce qu'elle est une sainte, Thérèse est capable de saisir de l'intérieur l'unité de la "science" de tous les saints, cette "science divine", plus que géniale, qui est proprement "connaissance de Dieu", théologie. C'est la même et unique "science" que tous ces "connaisseurs de Dieu" ont puisé à la même source de la prière, la seule science qui soit capable de "soulever le monde" parce que seule elle est "science d'amour", parce qu'elle est la lumière de l'Amour de Jésus.

La liste des saints donnée par Thérèse est remarquable : après l'Apôtre Paul, théologien inspiré, elle réunit un *Père de l'Église*, Augustin, un *Docteur médiéval*, Thomas d'Aquin, et ces *mystiques* que sont François d'Assise, Dominique et Jean de la Croix. Après la clôture de la Révélation, en effet, c'est-à-dire après l'époque apostolique, dans l'histoire de l'Église depuis les origines jusqu'à nos jours, la lumière la plus complète de cette commune théologie des saints se manifeste à travers les *Pères*, les *Docteurs* et les *mystiques* comme à travers les trois faces inséparables d'un prisme. Entre les uns et les autres, il y a certes la plus grande diversité, mais ce pluralisme est la plus merveilleuse complémentarité. C'est ainsi que les autres saints éclairent Thérèse, et qu'elle les éclaire en retour. Parmi tous ceux qu'elle cite ici, seuls saint Paul et saint Jean de la Croix sont à proprement parler ses sources. Toutefois, la mention des autres saints n'est pas moins significative, en particulier celle de saint François et de saint Thomas.

Thérèse réunit spontanément François le "poverello" d'Assise et Thomas, le grand Docteur, fils de saint Dominique, comme représentants de cette même science divine. Déjà Dante, dans son *Paradis* [13], avait opéré le même paradoxal rapprochement, en faisant prononcer l'éloge de saint François par saint Thomas, et cela afin de montrer non seulement leur accord, mais plus profondément encore l'hommage de la science de saint Thomas s'inclinant devant la science encore plus haute de saint François. La même vérité avait déjà été exprimée par saint Bonaventure, le grand Docteur franciscain, contemporain de saint Thomas et avec lui représentant éminent de la théologie univer-sitaire. Bonaventure, en effet, n'hésitait pas à parler de la "science" et de la

---

12. Ms C, 36r°-v°.
13. Chant XI.

"théologie" de François comme étant bien au-dessus de la "science" et de la "théologie" des Maîtres de l'université [14].

Tout ceci montre comment François, le plus grand saint du Moyen Âge a été aussi reconnu comme le plus grand théologien du Moyen Âge. Il en va exactement de même pour Thérèse : celle que saint Pie X avait appelée "la plus grande sainte des temps modernes" sera sûrement reconnue comme étant aussi la plus grande théologienne des temps modernes. Comme saint François, la petite Thérèse est "une théologienne transcendante" [15].

Le rapprochement entre François et Thérèse est très éclairant, entre la pauvreté de François et la petitesse de Thérèse qui sont le plus pur miroir de Jésus et de son Amour, la pure transparence de l'Évangile. Le "petit pauvre" et la "petite sainte" sont les témoins de la plus haute "réflexion théologique" qui n'est pas d'abord réflexion sur le mystère, mais réflexion du Mystère. C'est ainsi que François et Thérèse "réfléchissent" le mystère de Jésus par le pur miroir de leur vie. A travers François comme à travers Thérèse, on ne voit rien d'autre que Jésus, l'Évangile de Jésus, l'Amour de Jésus. Telle est la même caractéristique fondamentale de leur sainteté, de leur incomparable rayonnement dans le monde entier, au delà de toute frontière culturelle et même religieuse.

François et Thérèse illustrent ensemble le grand paradoxe de l'Évangile selon lequel les plus petits sont les plus grands dans le Royaume des Cieux [16]. Leur suprême grandeur est à la mesure de leur extrême petitesse et pauvreté. François et Thérèse ont fondamentalement la même manière d'interpréter l'Évangile, en le vivant pleinement dans la plus intime communion avec Jésus, dans une parfaite imitation de Jésus. Bien loin d'être naïve, une telle interprétation de l'Évangile dans l'Amour de Jésus représente le maximum de l'herméneutique ecclésiale ; elle ne s'oppose nullement à l'étude scientifique du texte sacré, puisque Thérèse elle-même aurait voulu connaître le grec et l'hébreu pour mieux pénétrer l'Écriture Sainte [17]. En interprétant ainsi l'Évangile dans son "plein", c'est-à-dire inséparablement dans l'Esprit et dans la lettre, François et Thérèse donnent comme une "représentation" vivante de Jésus, non pas de l'extérieur comme pourraient le faire des acteurs, mais de l'intérieur, dans l'Esprit même de Jésus. C'est ainsi qu'en lisant l'Évangile, Thérèse "respire les parfums de la vie de Jésus" [18].

Ainsi pour Thérèse comme pour François, c'est toute la vie qui devient théologie, en s'inscrivant dans l'Évangile, de telle sorte que leurs écrits sont un pur reflet du texte de l'Évangile, dont ils prennent même la forme narrative. C'est vrai pour les brefs écrits de François et ses premières biographies ; c'est vrai aussi pour les écrits plus abondants de Thérèse qui, rayonnant autour des trois *Manuscrits*, ont un caractère essentiellement autobiographique. A ce niveau, il n'y

---

14. S. BONAVENTURE, *Vie de saint François*, (*Legenda Major*), ch. XI, n° 2.
15. P. MARIE-EUGÈNE DE L'E.J., texte inédit.
16. Cf. *Mt* 18, 4.
17. CSG, p. 80.
18. Ms C, 36v°.

a plus aucune opposition entre objectivité et subjectivité. On pourrait même dire que Thérèse est d'autant plus objective qu'elle est plus subjective. Elle est tellement en Jésus et Jésus est tellement en elle, qu'elle ne peut pas parler de Jésus sans parler d'elle-même, ni parler d'elle-même sans parler de Jésus.

Ce paradoxe évangélique de la petitesse qui est la vraie grandeur, de la pauvreté qui est la vraie richesse, se reflète particulièrement dans la forme littéraire des écrits de Thérèse. La forme littéraire de ces écrits est pauvre, toutefois cette pauvreté littéraire ne doit pas être considérée comme un défaut, mais comme une qualité, comme la manifestation de la pauvreté spirituelle, de la pauvreté évangélique de Thérèse. Il faut accepter pleinement la pauvreté littéraire de Thérèse et alors, au cœur de cette pauvreté, on peut découvrir l'infinie richesse de son amour, de l'amour de Jésus qui remplit sa vie. Selon l'expression si juste du Père Marie-Eugène de l'Enfant-Jésus, les écrits de Thérèse sont "sursaturés de divin" [19] ; en cela, ils s'approchent des Évangiles : dans leur extrême simplicité et pauvreté, ce sont de grands textes, et même de très grands textes, et il faut les lire comme on doit toujours lire les grands textes, "dans leur plein" [20]. D'ailleurs, plus on lit les écrits de Thérèse, plus on est frappé par la profondeur et la cohérence qu'ils expriment. La langue est simple mais elle est extrêmement précise.

Ainsi, malgré les apparences, dans les écrits de Thérèse, il n'y a pas de décalage entre la forme et le fond. Une très grande sainteté, vécue dans la plus grande pauvreté et la plus extrême petitesse, s'exprime dans une forme pauvre. Si l'on accepte les écrits de Thérèse tels qu'ils sont, on doit reconnaître que Thérèse a trouvé exactement l'expression qui lui convenait, elle a trouvé le langage le plus adéquat pour dire tout son amour, avec la plus grande fraîcheur, de façon vivante, simple et spontanée. L'extraordinaire succès de l'*Histoire d'une Âme* (dont le texte authentique paraîtra, plus tard, sous le titre de *Manuscrits autobiographiques*) a été la meilleure de toutes les approbations, celle de l'Église représentée par tout le Peuple de Dieu.

Dans ses écrits, Thérèse s'exprime souvent de façon symbolique ; cette symbolique, marquée, elle aussi, par la pauvreté, d'autant plus riche qu'elle est plus pauvre, est inspirée par l'Écriture Sainte dont Thérèse est nourrie. Ainsi Thérèse exprime fondamentalement l'amour de Jésus en utilisant la symbolique de l'amour sponsal ; de même, pour parler de cet amour, elle utilise souvent les grands symboles du feu et de l'eau, symboles qui évoquent l'Esprit Saint. Pour exprimer la petitesse, Thérèse utilise spécialement les symboles de la fleur et de l'enfant. Ajoutons enfin que, dans ses écrits, Thérèse utilise fréquemment la forme de la prière, en s'adressant le plus souvent à Jésus.

B – Théologie d'une baptisée

Pour exprimer la même dynamique de l'Amour de Jésus dans sa vie comme dynamique d'attraction universelle, Thérèse utilise non seulement le symbole du

---

19. Cf. *Ton amour a grandi avec moi. Un génie spirituel, Thérèse de Lisieux*, p. 67.
20. Cf. Ch. PÉGUY, *Véronique, Œuvres en prose*, tome 2, Paris, Gallimard, 1961, *Bibliothèque de la Pléiade*, p. 461,462.

feu, mais encore l'autre grand symbole de l'Esprit Saint, celui de l'eau. Elle utilise ce symbole d'une façon puissante, et dans un sens profondément baptismal :

> *De même qu'un torrent, se jetant avec impétuosité dans l'océan, entraîne après lui tout ce qu'il a rencontré sur son passage, de même, ô mon Jésus, l'âme qui se plonge dans l'océan sans rivage de votre amour attire avec elle tous les trésors qu'elle possède... Seigneur, vous le savez, je n'ai point d'autres trésors que les âmes qu'il vous a plu d'unir à la mienne* [21].

Ainsi, parvenue à la plus haute sainteté, Thérèse vit simplement la réalité de son baptême, par laquelle elle a été "plongée" une fois pour toutes dans le Christ, dans les fleuves d'Eau vive qui jaillissent de son cœur transpercé [22]. Par le baptême, cette même eau vive qu'elle a reçue de Jésus est devenue dans son propre cœur "une source d'eau jaillissant en vie éternelle" [23]. Mais le jaillissement de cette source baptismale est finalement devenu comme ce fleuve infranchissable contemplé par le prophète Ézéchiel [24], comme "ce torrent qui se jette avec impétuosité dans l'océan" et qui "entraîne après lui tout ce qu'il a rencontré sur son passage". L'Eau vive de l'Esprit Saint qui vient de Jésus avec une puissance infinie, retourne à Lui avec la même puissance, dans ce mouvement de retour par lequel le Sauveur du monde attire à Lui tous les hommes.

Cette puissante théologie baptismale de Thérèse est théologie populaire dans le sens le plus profond, car dans ce même mouvement d'attraction, elle entraîne tout le Peuple de Dieu. Ce peuple, c'est toute l'humanité que le Christ rédempteur attire à Lui, mais c'est, au cœur de l'humanité, le peuple de tous ceux qui en Lui sont baptisés. C'est dans cette perspective que le Concile Vatican II présente fondamentalement l'Église comme Peuple de Dieu, peuple de baptisés tous appelés à la sainteté [25]. Dans cette dimension baptismale et populaire, Thérèse est particulièrement proche d'un autre grand docteur du Peuple de Dieu, saint Louis-Marie Grignion de Montfort. Convaincus l'un et l'autre de l'appel universel à la sainteté, ils montrent comment le chemin qui y conduit est accessible à tous, et particulièrement aux plus pauvres et aux plus petits [26]. Ils sont comme les deux "phares" qui éclairent le chemin de la sainteté pour tout le Peuple de Dieu.

Pour expliciter le contenu de cette théologie baptismale de Thérèse, il suffit de considérer le grand texte baptismal que les Pères de l'Église appelaient la "Règle de la foi", c'est-à-dire le Symbole que professent tous les baptisés, soit en la forme plus brève du Symbole des Apôtres, soit en la forme plus longue du Symbole de Nicée-Constantinople. La théologie de Thérèse illustre d'une part les affirmations concernant Jésus et l'Esprit Saint, qui sont "les deux mains du Père", selon l'expression de saint Irénée [27], et d'autre part les affirmations concernant

---

21. Ms C, 34v°.
22. Cf. *Jn* 7, 38 et 19, 34.
23. *Jn* 4, 14.
24. Cf. *Ez* 47, 5.
25. Cf. *Lumen Gentium*, ch. II et V.
26. Cf. S. L.M. GRIGNION de MONTFORT, *Le secret de Marie*, n° 3.
27. *Contre les hérésies*, IV, Pr 4.

Marie et l'Église qui représentent ensemble la plénitude de la communion avec Jésus dans l'Esprit Saint, Marie comme Mère de Jésus, et l'Église comme Épouse de Jésus.

Dans le Symbole, Jésus est contemplé au centre de la Trinité, entre le Père et l'Esprit Saint, dans les mystères de sa divinité et de son humanité. Jésus est vraiment "le Fils de Dieu né d'une femme"[28], Fils éternel du Père, "vrai Dieu né du vrai Dieu", devenu vrai homme en naissant de Marie par l'action de l'Esprit Saint[29]. Il en va exactement de même dans la théologie de Thérèse. Pour elle comme pour le Symbole, le Nom de Jésus recouvre tous les mystères de sa divinité et de son humanité. Et même, sous sa plume, le Nom de Dieu et le Nom de Jésus sont souvent utilisés de façon équivalente, réversible, comme des synonymes. On le remarque en particulier dans l'alternance et le parallélisme des exclamations qui ponctuent souvent ses écrits : "Ô mon Dieu / ô mon Jésus !". De même, lorsque Thérèse écrit "Dieu" ou "le Bon Dieu", le contexte montre qu'il s'agit le plus souvent de Jésus ; plus rarement il s'agit du Père, de l'Esprit Saint ou de toute la Trinité[30].

Alors que Jésus est constamment nommé dans les écrits de Thérèse, les mentions explicites de l'Esprit Saint sont rares. Pourtant, elles sont très significatives et suffisent pour montrer qu'en réalité l'Esprit Saint est toujours présent pour Thérèse comme étant "l'Esprit d'Amour". Par l'intermédiaire de saint Jean de la Croix, Thérèse a hérité du grand thème augustinien de l'Esprit Saint comme Amour. Mais alors que saint Jean de la Croix, à la suite de saint Augustin et de saint Thomas, contemple principalement cet Amour dans le mystère de sa procession, comme Amour mutuel du Père et du Fils, Thérèse le contemple principalement dans le mystère de sa mission comme amour mutuel de Jésus, Fils incarné, et de l'Église. Toutefois, avant de "venir sur" l'Église[31] à la Pentecôte, le même "Esprit d'Amour" était d'abord "venu sur Marie"[32] pour opérer en elle l'incarnation du Fils de Dieu. Ainsi le Symbole parle d'abord de l'action de l'Esprit Saint dans l'Incarnation : Jésus est "conçu de l'Esprit Saint, né de la Vierge Marie". Ensuite, l'article sur l'Esprit Saint prend place entre celui sur Jésus et celui sur l'Église, ce qui a une profonde signification puisque, selon saint Irénée, "dans l'Église a été déposée la communion avec le Christ, c'est-à-dire l'Esprit Saint"[33], l'Esprit étant en personne la communion avec le Christ. Telle est exactement pour Thérèse l'action de "l'Esprit d'Amour", d'abord en Marie Mère de Jésus, puis en l'Église Épouse de Jésus, avec laquelle Thérèse va s'identifier. En effet, de même que Thérèse dit à Marie :

> Alors l'Esprit d'Amour te couvrant de son ombre,
> Le Fils égal au Père en toi s'est incarné[34].

---

28. Cf. *Ga* 4, 4.
29. Cf. *Connaître l'amour du Christ...*, *op. cit.*, p. 8-19.
30. *Ibid.*, p. 479-481.
31. Cf. *Ac* 1, 8.
32. Cf. *Lc* 1, 35.
33. *Contre les hérésies*, III, 24, 1.
34. PN 54, 4.

de même elle dit à Jésus :

> *Ah ! tu le sais, Divin Jésus, je t'aime*
> *L'Esprit d'Amour m'embrase de son feu*
> *C'est en t'aimant que j'attire le Père* [35].

C'est l'Esprit d'Amour qui donne accès à toute la communion trinitaire, mais c'est toujours par Jésus, "par Lui, avec Lui et en Lui", pour Thérèse comme pour Marie. La communion de l'Esprit Saint est toujours la communion avec Jésus, communion d'amour : communion entre le Fils et sa Mère d'abord, communion entre l'Époux et son Épouse ensuite. C'est en effet par l'action du même Esprit d'Amour que le Fils de Dieu est né de Marie dans le mystère de l'Incarnation et que l'Église est née de Jésus dans le mystère pascal de la Rédemption comme son Épouse formée à partir de son côté ouvert (ou de sa côte) [36]. Le "Cœur brûlant d'Amour" dont parle Thérèse [37], c'est d'abord le cœur de Jésus, rempli de l'Esprit Saint et source de l'Esprit, mais dans la plus intime union avec le cœur de Jésus, "le cœur brûlant d'Amour", c'est d'une part le cœur de Marie, sa Mère, dans lequel Thérèse contemple "des abîmes d'amour" [38] et c'est d'autre part le cœur de l'Église, son Épouse dans lequel Thérèse trouvera toute sa place [39].

Thérèse a défini sa vie au Carmel comme une vie "cachée à l'ombre du manteau virginal" [40] de Marie, c'est-à-dire une vie toute simple comme celle de Marie à Nazareth, une vie vécue dans la plus profonde intimité avec Jésus. Pour Thérèse comme pour Marie, le plus grand amour de Jésus est alors vécu dans la pauvreté spirituelle d'une foi toute pure (c'est-à-dire obscure), dans l'ordinaire, dépouillée de tout extraordinaire. Thérèse dit cela très clairement en parlant à Marie.

> *Je sais qu'à Nazareth, Mère pleine de grâces*
> *Tu vis très pauvrement, ne voulant rien de plus*
> Point de ravissements, de miracles, d'extases
> N'embellissent ta vie, ô Reine des Élus !...
> *Le nombre des petits est bien grand sur la terre*
> *Ils peuvent sans trembler vers toi lever les yeux*
> *C'est par* la voie commune, *incomparable Mère*
> *Qu'il te plaît de marcher pour les guider aux Cieux* [41].

C'est dans cette ombre de la vie cachée, ombre féconde de l'Esprit Saint, ombre du manteau virginal de Marie, que Thérèse devient elle-même épouse de

---

35. PN 17, 2.
36. Le mot grec *pleura* signifie à la fois la côte et le côté. C'est précisément ce mot qui est employé en *Jn* 19, 34 et en *Gn* 2, 21-22 (LXX). Ce mystère du côté de Jésus a été surtout approfondi par S. Catherine de Sienne. Cf. mon article : "L'ouverture du côté et du cœur de Jésus selon sainte Catherine de Sienne", *Carmel*, 1990, 2, p. 40-55.
37. Pri 6.
38. PN 54, 18.
39. Cf. Ms B, 3v°.
40. Ms A, 57r°.
41. PN 54, 17.

Jésus et mère des âmes en une communion virginale dont elle a clairement conscience :

> *Je suis vierge, ô Jésus ! cependant quel mystère*
> *En m'unissant à toi, des âmes je suis mère*[42].

C - Théologie d'une femme

Ici apparaît un des aspects essentiels de la théologie de Thérèse : c'est une théologie féminine, qui manifeste avec splendeur ce qu'on pourrait appeler "le privilège de la féminité" dans l'amour de Jésus, privilège qui a été illustré par tant d'autres saintes[43]. Car en relation avec le cœur masculin de Jésus qui est toujours cœur du Fils et de l'Époux, le cœur féminin est dans une situation privilégiée pour recevoir cet Amour et y correspondre avec tout l'amour de la mère pour son Fils et de l'épouse pour son Époux. Les saintes partagent ainsi le privilège du cœur qui a le plus aimé Jésus, le cœur maternel de Marie, de même qu'elles représentent de façon privilégiée l'Église, symbolisée au féminin comme Épouse de Jésus. Sans doute, des hommes tels que François d'Assise[44] et Jean de la Croix ont été capables d'exprimer eux aussi ces deux grandes harmoniques, maternelle et sponsale, de la communion avec Jésus. Mais il est évident que des femmes telles que Claire d'Assise[45] et Thérèse de Lisieux le font d'une façon incomparablement supérieure, avec une indépassable plénitude, montrant comment toute la beauté du cœur féminin se révèle dans l'amour de Jésus.

D'ailleurs, l'homme qui désire recueillir toute la lumière de l'Amour de Jésus a particulièrement besoin de ce miroir du cœur féminin. Le cardinal de Bérulle[46] montre cela de façon exemplaire en contemplant longuement les deux femmes qui sont au sommet de la hiérarchie de l'amour de Jésus : d'abord Marie, la Vierge immaculée, aussitôt suivie par Marie-Madeleine, la pécheresse pardonnée. Thérèse avait elle aussi conscience de cette "autre hiérarchie" où les femmes précèdent les hommes[47], même les hommes d'Église, depuis que les saintes femmes de l'Évangile ont été plus proches de Jésus que les Apôtres dans sa Passion et sa Résurrection. Cette communion d'amour a un caractère essentiellement virginal, aussi bien dans sa dimension maternelle que dans sa dimension sponsale. A la virginité perpétuelle de Jésus correspond la virginité perpétuelle de Marie sa Mère et de l'Église son Épouse.

Cette communion virginale est inséparablement "spirituelle", c'est-à-dire dans l'Esprit Saint, et "charnelle", c'est-à-dire en relation avec la chair que Jésus a reçue de Marie et qu'il donne à l'Église dans l'Eucharistie. Ainsi, bien loin d'être

---

42. PN 24, 22.
43. Cf. *Connaître l'amour du Christ...*, op. cit., p. 49-52.
44. Cf. S. FRANÇOIS D'ASSISE, *Lettre aux fidèles* I, *Écrits*, Cerf, 1981, p. 221-223.
45. Cf. S. CLAIRE, *Lettres à sainte Agnès de Prague*, *Écrits*, Cerf, 1985, p. 82-120.
46. Cf. BÉRULLE, *Vie de Jésus* et *Élévation sur sainte Madeleine*, Coll. "Foi vivante", n° 224 et 236.
47. Cf. Ms A, 66v°.

stérile et désincarnée, la virginité chrétienne est au contraire féconde et incarnée, "dans le plein de l'Incarnation", comme le disait si justement Péguy contemplant inséparablement Marie "charnelle et pure" et Jeanne d'Arc elle-même si pure et si radicalement engagée "dans un combat charnel". Mais cette extraordinaire fécondité de Jeanne d'Arc dans l'action politique pour la libération de son pays — véritable "théologie de la libération" —, était simplement la fécondité de l'amour de Jésus auquel elle avait consacré toute sa personne en gardant "sa virginité de corps et d'âme", selon sa propre expression [48]. Paradoxalement, Thérèse se sentait toute proche de Jeanne d'Arc [49]. Apparemment si retirée du monde comme carmélite cloîtrée, elle était en réalité tout autant engagée au cœur du monde. Jeanne et Thérèse montrent ensemble l'inépuisable fécondité de l'Amour de Jésus, du même amour infini vécu par Jeanne dans de grandes actions et par Thérèse dans de petites actions.

Tel est donc "l'ineffable trésor de la virginité" [50] que Thérèse contemple en Marie Mère de Jésus, un trésor qu'elle-même reçoit de Jésus son Époux.

Dans la même lumière, sainte Claire d'Assise écrivait à sainte Agnès de Bohème : "Aime totalement Celui qui pour ton amour s'est donné lui-même tout entier" [51], en insistant sur le caractère virginal de cet amour total, inséparablement maternel et sponsal. Quelques années plus tard, saint Thomas d'Aquin utilisait toutes les ressources de sa sainteté et de sa science pour démontrer qu'en vérité il nous est déjà possible d'aimer "totalement", "immédiatement" et "démesurément" [52] Celui que nous ne connaîtrons pleinement qu'au Ciel, lorsque la foi aura disparu pour laisser place à la vision face à face. Seul l'amour, qui est le plus grand don de l'Esprit Saint, ne passera jamais [53]. Il est essentiellement le même sur la terre comme au ciel. Alors que le "savoir absolu" est réservé au ciel, "l'amour absolu" appartient déjà à cette terre, grâce au feu de l'Esprit Saint que Jésus y a pour toujours allumé [54].

De cela, tous les saints sont les témoins : autant ils insistent sur toutes les limites de l'homme, autant ils font resplendir cet "ordre de la charité" dans lequel l'homme est absolument illimité. Ainsi, selon saint Thomas, il n'y a aucune limite à la croissance de la charité mais elle peut grandir "à l'infini" [55]. Telle est exactement la mesure, ou plutôt la démesure, de l'amour que Thérèse demande à Jésus au jour de sa Profession : "L'amour, l'amour infini sans limite autre que toi... l'amour qui ne soit plus moi mais toi mon Jésus" [56]. La plus grande caractéristique de la sainteté de Thérèse tient sans doute dans ce paradoxe : c'est

---

48. Cf. les deux chapitres de mon livre concernant respectivement Jeanne d'Arc et Péguy, *op. cit.*, p. 301-471.
49. Cf. RP 1 et 3 ; PN 50 ; Ms A, 32r° ; Ms B, 3r°.
50. PN 54, 3 ; cf. PN 26, 6 et PN 53, 4.
51. *Troisième Lettre à sainte Agnès de Prague, Écrits*, p.105.
52. *Somme théologique*, II ª II ᵉ, q. 27, a. 4, 5, 6. S. Thomas est par excellence le Docteur de la Charité, cf. *Connaître l'amour du Christ..., op. cit.*, p. 250-253.
53. Cf. *1 Co* 13, 8.
54. Cf. *Lc* 12, 49 et *Ac* 2, 3.
55. *Somme théologique*, II ª II ᵉ, q. 24, a. 7.
56. Pri 2.

dans l'existence la plus limitée, dans un extrême de petitesse et de pauvreté, qu'elle vit le plus grand amour, un amour dont elle montre toujours qu'il est totalité et infini.

En particulier, Thérèse illustre dans sa vie ce que saint Pierre disait aux chrétiens en parlant de Jésus : "Sans l'avoir vu, vous l'aimez, sans le voir encore, mais en croyant, vous exultez d'une joie indicible et pleine de gloire" [57]. C'est dans la pauvreté spirituelle de la foi pure que Thérèse vit son amour ; et plus sa foi deviendra obscure et douloureuse, plus en même temps son amour grandira en devenant toujours plus incandescent, plus lumineux. Et, de façon paradoxale, c'est alors que Thérèse donnera le suprême témoignage de cette "joie indicible et pleine de gloire" en écrivant : "Jésus, ma joie, c'est de t'aimer" [58]. Pour Thérèse comme pour Marie près de la Croix, le plus grand amour, amour de Jésus et de tous les hommes, sera alors vécu dans ce que Jean-Paul II a appelé la "kénose de la foi" [59], c'est-à-dire dans la foi la plus éprouvée et la plus héroïquement fidèle.

D – "Un véritable échange d'amour"

Cet amour total de Jésus, communion d'amour entre Jésus et Thérèse, est une réalité dynamique ; c'est un "admirable échange", "un véritable échange d'amour" [60], selon sa propre expression. Cet échange correspond exactement à la formule de sainte Claire citée précédemment : "Aime totalement Celui qui, pour ton amour, s'est donné lui-même tout entier". L'amour dont Jésus nous aime est toujours premier, mais cet amour appelle la réciprocité, ou plutôt, c'est lui-même qui crée la réciprocité en tout cœur qui veut bien le recevoir. Thérèse découvre "combien Jésus désire être aimé" [61]. Lui qui nous donne à boire l'eau vive de son amour, est en même temps celui qui a soif de notre amour, de ce même amour que lui-même répand dans nos cœurs par l'Esprit Saint. En demandant à boire à la Samaritaine, puis en criant sa soif sur la croix, et enfin en la criant toujours à travers le frère souffrant, Jésus révèle toujours la même soif qu'il a de notre amour. "Il avait soif d'amour" [62]. Il désire qu'on lui rende "amour pour amour" [63] écrit Thérèse, retrouvant spontanément les mêmes expressions que sainte Catherine de Sienne [64].

Dans ce continuel "échange d'amour" entre Jésus et Thérèse se vérifie l'admirable définition de l'amour qu'elle donne dans sa prière à Marie : "Aimer c'est tout donner et se donner soi-même" [65]. Car, cet amour, Thérèse le découvre dans le cœur de Marie et l'apprend à son école. En effet, Marie la première a reçu

---

57. *1 P* 1, 8.
58. PN 45, 7.
59. Encyclique *Redemptoris Mater*, n° 18.
60. Ms A, 46v°.
61. Ms A, 84r°.
62. LT 196.
63. Ms B, 4r°.
64. S. CATHERINE DE SIENNE, Lettre 8.
65. PN 54, 22.

l'amour de Jésus se donnant lui-même tout entier et pour toujours à notre humanité ; elle l'a reçu comme son Fils en se donnant toute à lui comme sa Mère, corps et âme, pour toujours. Dans la liberté de son "oui", elle l'a reçu tout entier en se donnant tout entière à lui. L'amour virginal est ce continuel "échange d'amour", dans la communion de l'Esprit Saint, d'abord entre Jésus et Marie sa Mère et ensuite entre Jésus et l'Église son Épouse. C'est surtout dans la dimension sponsale que Thérèse vit cet admirable échange. On en trouve déjà un beau témoignage dans le récit de sa première communion :

> *Ah ! qu'il fut doux le premier baiser de Jésus à mon âme !... Ce fut un baiser* d'amour, *je me sentais aimée, et je disais aussi : "Je vous aime, je me donne à vous pour toujours"* [66].

Aimer, c'est se donner. A Jésus qui, dans son amour, se donne tout à elle dans l'Eucharistie, et qu'elle désigne comme "Celui qui se donnait si amoureusement à moi" [67], elle répond déjà en se donnant amoureusement à Lui.

Devenue la "fiancée" [68] de Jésus par sa première communion, Thérèse devient son "épouse" par la profession religieuse. Elle décrit alors symbolique-ment l'échange d'amour comme un complet échange des cœurs :

> *Je pense que le cœur de mon époux est à moi seule comme le mien est à Lui seul et je lui parle alors dans la solitude de ce délicieux cœur à cœur en attendant de le contempler un jour face à face* [69].

Ce beau texte montre comment dans cette expérience de l'amour de Jésus, il n'y a plus aucune opposition entre amour oblatif et amour possessif. Au contraire, le maximum de l'oblation coïncide avec le maximum de la possession. La pleine réciprocité du don de soi-même à l'être aimé ("inter-oblation") a pour consé-quence nécessaire la pleine réciprocité de la possession de l'aimé ("inter-possession"). Telle est la *mutua inhœsio amantium* dont parle saint Thomas [70].

Il faut remarquer que ce cœur à cœur avec Jésus n'est pas une première étape intimiste et individualiste de la vie de Thérèse, dont elle serait sortie ensuite pour s'ouvrir aux autres, à l'Église, au monde... Non, ce cœur à cœur avec Jésus, c'est toute sa vie ; elle n'en est jamais sortie et elle le redira à toutes les étapes de sa vie. Par exemple, dans sa poésie *Jésus mon Bien-Aimé, rappelle-toi*, elle dit à Jésus :

> *Mon cœur, il est à Toi...*
> *Ton Cœur, Il est à moi* [71].

Mais alors, ce cœur à cœur avec Jésus se révèle riche de connaissance proprement christologique, en particulier lorsque contemplant Jésus Enfant dans les bras de sa Mère, Thérèse lui dit : "Tu pensais à moi" ; et contemplant Jésus

---

66. Ms A, 35r°.
67. Ms A, 35v°.
68. Cf. PN 18, 10.
69. LT 122.
70. *Somme théologique*, I ª II ᵉ, q. 28, a. 2.
71. PN 24, 8 et 20.

dans son agonie : "Jésus tu me vis" [72]. De même, dans une autre poésie, elle dit à Jésus : "Tu me suis d'un regard d'amour, toujours" [73].

Il ne s'agit pas de pieuses exagérations. Ici encore saint Thomas donne raison à Thérèse lorsqu'il affirme constamment que "Jésus n'avait pas la foi, mais avait la vision" [74]. De même qu'il voyait son Père, il voyait chacun d'entre nous, il aimait chacun d'entre nous. Thérèse ne peut communier à l'enfance de Jésus, à tous les mystères de sa vie terrestre que parce que le premier, Jésus l'a aimée personnellement, dans tous ses mystères.

De même, dans sa poésie *Au Sacré-Cœur*, Thérèse va jusqu'à dire que c'est pour elle, personnellement, que le Fils de Dieu s'est incarné, a donné sa vie et reste présent dans l'Eucharistie [75]. C'est son *Cur Deus Homo*, "Pourquoi Dieu s'est fait homme". Thérèse dit la même chose que saint Anselme, mais elle précise, pour moi, pour mon salut, "pour mon seul amour" [76]. Thérèse a expérimenté une telle grandeur du cœur humain dans l'amour, de son besoin infini d'aimer et d'être aimé, qu'il n'y a que l'amour de Jésus qui puisse le contenter.

Enfin, au soir de sa vie, parlant toujours de son cœur à cœur avec Jésus, Thérèse écrira : "Je vois avec bonheur qu'en l'aimant le cœur s'agrandit" [77]. Ainsi, bien loin d'être une fermeture individualiste et égoïste, ce cœur à cœur avec Jésus, c'est-à-dire cette ouverture de son cœur au cœur de Jésus, est l'ouverture la plus grande, l'ouverture à l'infini, puisque seul ce cœur est infiniment ouvert à Dieu et à tous les hommes. La meilleure manière d'aimer nos frères, nous apprend Thérèse, c'est d'aimer Jésus seul. C'est le paradoxe de l'amour virginal, si bien exprimé par Thérèse. D'ailleurs tous les saints, et en particulier ceux du Carmel, nous montrent ce mystère du cœur humain qui, en s'ouvrant très personnellement à Jésus dans l'oraison, dans cette relation si intime avec lui, s'ouvre toujours plus, jusqu'à l'infini.

Dans le *Cantique spirituel* de saint Jean de la Croix, l'âme épouse s'identifie à l'Église, elle devient grande comme l'Église, Épouse du Christ, elle devient comme le microcosme de l'Église. On trouve la même chose dans le *Château intérieur* de sainte Thérèse d'Avila : l'eau vive de l'Esprit Saint, en jaillissant dans les profondeurs de l'âme, dilate cette âme à l'infini. Et c'est bien ainsi que la petite Thérèse comprend l'oraison lorsqu'elle écrit :

La prière, (...) c'est quelque chose de grand, de surnaturel, qui me dilate l'âme et m'unit à Jésus [78].

Mais déjà dans les premiers mois de sa vie religieuse, elle exprimait avec une étonnante rigueur tout ce mystère du cœur humain dont la soif infinie d'amour ne peut être comblée que dans l'amour de Jésus :

---

72. *Ibid.*, 6 et 21.
73. PN 18, 50.
74. *Somme théologique*, III[a], q. 7, a. 3.
75. Cf. PN 23, 4, 5.
76. Première rédaction du texte, cf. *Poésies* I, p. 129.
77. Ms C, 22r°.
78. Ms C, 25v°.

C'est incroyable comme mon cœur me paraît grand quand je considère tous les trésors de la terre, puisque je vois que tous réunis ne pourraient le contenter, mais quand je considère Jésus, comme il me paraît petit !... Je voudrais tant l'aimer !... L'aimer plus qu'il n'a jamais été aimé !... [79]

Il n'y a dans ces lignes de la jeune carmélite aucune exagération pieuse et romantique (malgré les apparences, les saints n'exagèrent jamais), mais simplement l'expression de la plus profonde vérité sur le cœur humain *"capax Dei"*, capable de Dieu, ayant la capacité de Dieu. Sur ce point, Thérèse rejoint particulièrement saint Augustin écrivant dans les premières lignes de ses *Confessions* : "Tu nous as faits pour toi Seigneur, et notre cœur est sans repos jusqu'à ce qu'il repose en Toi" [80].

En aimant Jésus, le cœur s'agrandit ; cela veut dire qu'en se donnant tout entier à Lui, notre cœur devient capable de recevoir tout son amour pour nous, l'amour dans lequel lui-même se donne tout entier à nous et pour nous. Ce don de soi à Jésus comme don total est nécessaire, indispensable, pour recevoir le Don de Dieu, de ce Dieu Père qui le premier nous a aimés en se donnant tout entier à nous par son Fils Jésus dans l'Esprit Saint.

Le témoignage des saints est unanime sur ce point. Par exemple, les saints du Carmel insistent sur l'absolue nécessité du don total de soi pour recevoir le don de Dieu dans la contemplation. "Quand une âme est complètement donnée, elle devient contemplative", disait le Père Marie-Eugène de l'Enfant-Jésus [81]. De même, dans l'École française, saint Louis-Marie Grignion de Montfort, à la suite du cardinal de Bérulle, invite fondamentalement chaque baptisé à vivre pleinement la réalité de son baptême en se donnant tout entier à Jésus, par les mains de Marie. C'est le sens de l'expression *Totus tuus*, je suis tout à toi, reprise par le Pape Jean-Paul II, qui implique nécessairement la réciproque : *Totus meus*, tu es tout à moi. Telle est aussi la "prière de l'âme embrasée d'amour", selon le témoignage de saint Jean de la Croix, c'est-à-dire de l'âme qui, parce qu'elle est toute donnée, ose s'écrier : "Dieu lui-même est à moi et pour moi parce que le Christ est à moi et tout entier pour moi" [82].

Ce grand théorème de la vie spirituelle et de la sainteté − *Totus tuus / Totus meus* −, Thérèse le formule avec une rigueur quasi mathématique lorsqu'elle écrit que Jésus "parmi ses disciples trouve hélas ! peu de cœurs qui se livrent à lui sans réserve, qui comprennent toute la tendresse de son Amour infini" [83]. On ne saurait exprimer de façon plus exacte le rapport essentiel entre l'amour et la connaissance. La vraie connaissance dont parle saint Paul, celle qui consiste à "connaître l'amour du Christ qui surpasse toute connaissance" [84], suppose l'amour, dépend de lui, est mesurée par lui. Seul en effet le cœur qui aime Jésus,

---

79. LT 74.
80. S. AUGUSTIN, *Confessions*, I, 1.
81. Texte inédit.
82. S. JEAN DE LA CROIX, *Prière de l'âme embrasée d'amour*.
83. Ms B, 1v°.
84. *Ép* 3, 19.

c'est-à-dire qui se livre à lui sans réserve (car "aimer c'est tout donner et se donner soi-même") est capable de le connaître vraiment, de "comprendre toute la tendresse de son amour infini".

Telle est sans doute une des plus grandes caractéristiques de la théologie des saints comme "science d'amour". Telle est déjà, selon Thérèse, la connaissance que Marie-Madeleine reçoit à l'instant même de sa conversion, dans sa première rencontre avec Jésus : "Je sens que son cœur a compris les abîmes d'amour et de miséricorde du Cœur de Jésus" [85]. Et Thérèse ajoute aussitôt : "Il m'a été donné de comprendre aussi l'amour du Cœur de Jésus". Cette "connaissance de l'amour du Christ qui surpasse toute connaissance" est l'essence de la contemplation chrétienne que Thérèse représente de façon éminente.

Enfin, au soir de sa vie Thérèse dira à Jésus : "Vous le savez, ô mon Dieu, je n'ai jamais désiré que vous aimer" [86]. Et c'est simplement en l'aimant, en se donnant tout à lui, qu'elle a reçu son amour avec une plénitude telle qu'elle lui donne le vertige :

Votre amour m'a prévenue dès mon enfance, il a grandi avec moi, et maintenant c'est un abîme dont je ne puis sonder la profondeur (...) Ô mon Jésus... il me semble que vous ne pouvez combler une âme de plus d'amour que vous n'en avez comblé la mienne (...) Je ne puis concevoir une plus grande immensité d'amour que celle qu'il vous a plu de me prodiguer gratuitement, sans aucun mérite de ma part [87].

Dans l'intimité de sa communion avec Jésus, dans la solitude de ce continuel cœur à cœur de l'amour virginal et sponsal — car "à des amants, il faut la solitude / un cœur à cœur qui dure nuit et jour" [88] —, Thérèse reçoit la plus haute connaissance de Dieu qui est Amour, et c'est cette connaissance qu'elle va rayonner sur l'Église et sur le monde entier, pour toujours.

Tout cœur humain, même s'il est aussi blessé par le péché que celui de Madeleine, est appelé au salut, à la sainteté, c'est-à-dire inséparablement à se livrer à Jésus sans réserve et à comprendre toute la tendresse de son amour infini. En même temps qu'elle nous enseigne à "vivre d'amour", Thérèse nous apprend à retrouver dans l'amour de Jésus toutes les vérités de la foi en Jésus. Ces vérités apparaissent alors non plus comme des affirmations abstraites, mais comme des vérités de vie, des vérités d'amour, contenues dans l'amour, impliquées par l'amour. A l'école de Thérèse, c'est dans l'amour de Jésus que l'homme d'aujourd'hui peut retrouver ou approfondir toute la vérité de la foi qui est vérité sur Dieu, vérité sur l'homme, vérité sur le monde.

---

85. LT 247.
86. Ms C, 34v°.
87. Ms C, 35r°.
88. PN 17, 3.

II – JÉSUS TOUT ENTIER EN THÉRÈSE, ET THÉRÈSE TOUT ENTIÈRE EN JÉSUS

Grâce à cette pleine communion de l'Esprit Saint comme réciprocité d'amour, comme échange d'amour, Thérèse est tout entière en Jésus et Jésus est tout entier en elle. L'Esprit Saint "Doigt de Dieu", inscrit en Thérèse tout le mystère de Jésus, et cela de façon dynamique, selon la progression de la vie de Jésus. Dans l'amour, la vie de Jésus s'imprime dans la vie de Thérèse et en retour, la vie de Thérèse s'inscrit dans la vie de Jésus. De cette manière, seuls les saints réussissent à écrire en vérité la vie de Jésus. Saint Augustin écrivait : "Quand tu vois la charité, tu vois la Trinité" [89]. Dans le cas de Thérèse, on pourrait dire de façon équivalente : quand tu vois sa charité, tu vois Jésus, Jésus dans la Trinité, Jésus dans tous les mystères de son humanité, Jésus dans l'Église et dans le monde, Jésus Rédempteur de l'homme, uni à tout homme. Chez Thérèse, comme chez François d'Assise, la charité est le plus lumineux miroir de Jésus dans toute la dynamique et dans toutes les dimensions de son mystère.

La dynamique, c'est le rapport si paradoxal entre l'abaissement et l'exaltation. La parole de Jésus "qui s'abaisse sera élevé" [90] se vérifie avant tout dans son propre mystère. Lui qui est plus haut que tout, "étant de condition divine", possédant "l'égalité avec Dieu", "il s'est abaissé" plus bas que tout en son anéantissement (ou "kénose"), depuis l'Incarnation jusqu'à la Croix ; et "c'est pourquoi Dieu l'a élevé au-dessus de tout" [91]. L'indépassable élévation de Jésus ressuscité est à la mesure même de son indépassable abaissement dans tous les mystères de sa vie terrestre. Et même, suprême paradoxe, la Croix qui marque le point extrême de son abaissement, est déjà le mystère de son "élévation" [92]. La Croix de Jésus est inséparablement ignominieuse et glorieuse, sa Passion si douloureuse étant en même temps bienheureuse.

"Qui s'abaisse sera élevé". Ainsi Marie, qui a été la plus proche de Jésus en son abaissement est aussi la plus proche de lui en son élévation : c'est le sens de son Assomption par laquelle elle communie de façon totale et indépassable, corps et âme, à la gloire de son Fils ressuscité.

Sur les traces de Marie, François et Thérèse sont entrés dans cette dynamique du mystère de Jésus. Leur extrême élévation dans l'amour de Jésus, qui constitue pour toujours leur gloire dans l'Église du ciel — gloire dont l'Église de la terre perçoit le reflet —, est à la mesure de leur extrême abaissement, de leur si parfaite communion à l'abaissement de Jésus.

Dans sa dernière volonté à sainte Claire, saint François a exprimé le sens de toute sa vie : "Moi Frère François, le tout petit, je veux suivre la vie et la pauvreté de notre Très-Haut Seigneur Jésus-Christ et de sa très sainte Mère, et persévérer

---

89. *De Trinitate*, VIII, 12.
90. *Lc* 18, 14.
91. Cf. *Ph* 2, 6-11.
92. Cf. *Jn* 12, 32-33.

en cela jusqu'à la fin"[93]. De son côté, sainte Claire avait merveilleusement compris comment "le privilège de la pauvreté", qui a été le plus grand privilège de la vie terrestre de Jésus et de Marie, était aussi le plus grand privilège de notre vie terrestre, une vie tout entière vécue

> *pour l'amour de ce Dieu*
> *qui, pauvre, a été déposé dans une crèche,*
> *pauvre a vécu en ce monde,*
> *et nu est resté sur la croix*[94].

Cette dynamique de l'amour comme dynamique d'abaissement, Thérèse l'exprime en des formules puissantes et synthétiques : "Pour que l'Amour soit pleinement satisfait, il faut qu'Il s'abaisse, qu'il s'abaisse jusqu'au néant et qu'il transforme en feu ce néant"[95], "Le propre de l'amour étant de s'abaisser"[96]. Comme François, elle contemple cet abaissement de l'amour tout particulièrement dans les mystères de l'Incarnation, de la Croix et de l'Eucharistie[97].

Les deux grands mystères de l'Incarnation et de la Rédemption représentés visiblement par la crèche et la croix, ont la même importance fondamentale pour Thérèse et pour François. C'est le sens du double nom de la carmélite : Thérèse de l'Enfant-Jésus de la Sainte-Face ; la Sainte-Face étant pour elle la face de Jésus en sa passion. En cheminant avec Marie, Thérèse va suivre Jésus dans tout le mouvement de son abaissement, depuis l'extrême pauvreté de la crèche jusqu'au dépouillement absolu de la Croix ; elle deviendra l'épouse de Jésus, d'abord dans le mystère de l'Incarnation, puis dans le mystère pascal de la Rédemption.

Ainsi, Thérèse va progressivement communier aux aspects les plus profonds et les plus extrêmes du mystère de Jésus, à ces quatre dimensions dont parle saint Paul[98], à ces quatre points cardinaux que l'on pourrait représenter symboliquement aux quatre extrémités de la Croix : en haut la grandeur et en bas la petitesse, à droite la lumière et à gauche les ténèbres.

La ligne verticale, qui unit la grandeur infinie et la petitesse extrême correspond au mystère de l'Incarnation ; c'est l'union sans confusion entre la divinité et l'humanité dans la Personne de Jésus (dogme du concile de Chalcédoine en 451).

La ligne horizontale qui unit la lumière de l'amour et les ténèbres du péché, correspond au mystère pascal de la Rédemption. C'est la rencontre définitive entre la lumière et la ténèbre dans la Passion de Jésus, c'est le triomphe de la lumière dans sa Résurrection.

Dans le mystère de l'Incarnation, le Très-Haut Fils de Dieu a épousé la petitesse extrême de notre humanité puis, dans le mystère de la Rédemption, il

---

93. S. FRANÇOIS D'ASSISE, *op. cit.*, p. 215.
94. Testament de sainte Claire, *op. cit.*, p. 171.
95. Ms B, 3v°.
96. Ms A, 2v°.
97. Cf. en particulier S. FRANÇOIS D'ASSISE, *op. cit.*, *Admonition* I, p. 93 et *Lettre à tout l'Ordre*, p. 251 ; S. THÉRÈSE DE L'E.J., Pri 20.
98. Cf. *Ép* 3, 18.

s'est abaissé plus encore en épousant la plus grande misère de notre humanité, c'est-à-dire en se chargeant de notre péché dans la souffrance et dans sa mort.

C'est en réponse à cet amour de Jésus Époux que Thérèse a épousé successivement les deux mystères de l'Incarnation et de la Rédemption. Comme la pauvreté épousée par saint François, la petitesse épousée par Thérèse est la petitesse de Jésus, c'est-à-dire la petitesse la plus extrême unie à la grandeur infinie de la Divinité. De même, il faudra toujours voir que les plus épaisses ténèbres qui caractérisent la Passion de Jésus, et de Thérèse en Jésus, sont rencontrées, traversées et finalement vaincues par la plus merveilleuse lumière, la lumière de l'amour.

Il faut tenir ensemble ces quatre points cardinaux du mystère : la grandeur infinie et la petitesse extrême, selon la ligne verticale de l'Incarnation ; la lumière de l'amour et les ténèbres du péché, selon la ligne horizontale de la Rédemption. Il faut tenir ces points jusqu'à l'extrême, sans "arrondir les angles" ; c'est-à-dire que, d'une part, il ne faut jamais oublier l'absolue différence entre la petitesse extrême de l'humanité et la grandeur infinie de la Divinité ; et que, d'autre part, il ne faut jamais oublier l'opposition radicale, la "contradiction" entre la lumière de l'amour et les ténèbres du péché. Et paradoxalement, le mystère de Jésus unit tout cela de la façon la plus intime.

De même, il faut se garder de tout déséquilibre : on fausse tout le mystère de Jésus si on minimise un de ces points ; on fausse complètement le sens de la petitesse thérésienne si on oublie sa relation intime avec la grandeur infinie. Pareillement, on ne peut bien comprendre l'extrême de ses ténèbres qu'en relation intime avec l'extrême de la lumière de l'amour.

A – Grandeur infinie et petitesse extrême : le mystère de l'Incarnation

Le mystère de l'Incarnation est celui de l'union la plus intime entre la grandeur infinie de la Divinité et la petitesse extrême de l'humanité dans la même et unique Personne de Jésus, le Fils de Dieu (union personnelle ou hypostatique). Pour Thérèse, c'est un mystère d'Amour qui, en la touchant personnellement, fonde sa confiance et appelle son amour, ainsi qu'elle le dit dans l'un de ses tout derniers écrits :

Je ne puis craindre un Dieu qui s'est fait pour moi si petit... je l'aime !... car Il n'est qu'amour et miséricorde ! [99].

Ce Dieu qui s'est fait si petit est le Verbe qui s'est fait chair. C'est Jésus qui, alors qu'il était riche, pour nous s'est fait pauvre afin de nous enrichir par sa pauvreté [100]. Il s'est abaissé jusqu'à nous pour nous élever jusqu'à lui. Il a pris notre humanité pour nous rendre participants de sa Divinité. Tel est l'admirable

---

99. LT 266.
100. Cf. *2 Co* 8, 9.

échange de l'Incarnation dont parlait inlassablement les Pères de l'Église : Dieu est devenu homme pour que l'homme devienne Dieu. Ce que sainte Catherine de Sienne disait à Jésus "en te faisant petit, tu as fait l'homme grand" [101], Thérèse l'a expérimenté de la façon la plus profonde en la nuit de Noël 1886.

1) Thérèse près de la crèche : la grâce de Noël (1886)

Le récit qu'elle nous a laissé de cette fondamentale et fondatrice "grâce de Noël" est comme la vérification personnelle de cet admirable échange :

Je ne sais comment je me berçais de la douce pensée d'entrer au Carmel, étant encore dans les langes de l'enfance !... Il fallut que le Bon Dieu fasse un petit miracle pour me faire grandir en un moment et ce miracle il le fit au jour inoubliable de Noël ; en cette nuit lumineuse qui éclaire les délices de la Trinité Sainte, Jésus, le doux petit Enfant d'une heure, changea la nuit de mon âme en torrents de lumière... En cette nuit où Il se fit faible et souffrant pour mon amour, Il me rendit forte et courageuse. (...) Ce fut le 25 décembre 1886 que je reçus la grâce de sortir de l'enfance, en un mot la grâce de ma complète conversion. Nous revenions de la messe de minuit où j'avais eu le bonheur de recevoir le Dieu fort et puissant [102].

Dans le mystère de Noël, "le Dieu fort et puissant" est devenu faible et petit. Il est devenu cet enfant si pauvre, "enveloppé de langes et couché dans une crèche" [103]. Or, c'est précisément en se faisant petit qu'il fait grandir Thérèse. C'est en se faisant faible qu'il la rend forte. C'est en étant lui-même enveloppé de langes qu'il la fait sortir de ces "langes de l'enfance" qui l'emprisonnaient. C'est en naissant dans la nuit qu'il lui donne sa lumière. "L'enfance spirituelle" que Thérèse explicitera par la suite, ne comporte donc aucune forme d'infantilisme. Paradoxalement, Thérèse est devenue spirituellement adulte, à l'âge de quatorze ans, en communiant si profondément au mystère de l'Enfance de Dieu.

Il est remarquable que cette très grande grâce se concrétise dans une toute petite chose, dans un fait banal et apparemment insignifiant. Thérèse surmonte sa sensibilité à l'occasion d'un petit incident concernant le cadeau de Noël que lui offre son père. Ceci est caractéristique de la vie de Thérèse, où le plus grand amour et toutes les plus grandes réalités surnaturelles s'incarnent dans les plus petites choses de la vie ordinaire.

2) Grandeur et petitesse de Jésus et de Marie

Dans la dernière poésie de Thérèse, *Pourquoi je t'aime, ô Marie,* on retrouve la même contemplation du mystère de Noël comme paradoxe de grandeur et de

---

101. *Prière* XII.
102. Ms A, 44v°-45r°.
103. *Lc* 2, 7.

petitesse. L'infinie grandeur de Dieu se donne dans la plus extrême petitesse et pauvreté. Comme saint François, ce que Thérèse contemple en la crèche, c'est toujours "la pauvreté du Très-Haut Fils de Dieu et de sa Sainte Mère" :

> *Nul ne veut recevoir en son hôtellerie*
> *De pauvres étrangers, la place est pour les grands...*
> *La place est pour les grands et c'est dans une étable*
> *Que la Reine des Cieux doit enfanter un Dieu.*
> *Ô ma Mère chérie, que je te trouve aimable*
> *Que je te trouve grande en un si pauvre lieu !...*
>
> *Quand je vois l'Éternel enveloppé de langes*
> *Quand du Verbe Divin j'entends le faible cri*
> *Ô ma Mère chérie, je n'envie plus les anges*
> *Car leur Puissant Seigneur est mon Frère chéri !...*
> *Que je t'aime, Marie, toi qui sur nos rivages*
> *As fait épanouir cette Divine Fleur !...* [104]

Les expressions si paradoxales de Thérèse, voyant "l'Éternel enveloppé de langes", entendant "le faible cri" "du Verbe divin", sont d'une admirable exactitude théologique. Elles rappellent particulièrement celles de saint Léon le Grand, le Pape du Concile de Chalcédoine, célébrant dans l'Incarnation "l'humilité assumée par la Majesté, la faiblesse par la Toute-Puissance, la mortalité par l'Éternité" [105]. Comme lui et les autres Pères de l'Église, Thérèse contemple inséparablement la Theotokos, "Celle qui a enfanté Dieu", la Vierge Marie, si grande en ce mystère de petitesse et de pauvreté. Marie est la plus proche de Jésus inséparablement dans la grandeur et dans la petitesse [106]. A ce propos, Thérèse se plaindra des prédicateurs de son temps qui ne parlent que de la "grandeur suprême" de Marie, en oubliant que le plus grand "privilège" de toute sa vie terrestre a été la petitesse et la pauvreté. Comme sainte Claire, mais d'une autre manière, Thérèse défendra énergiquement, face aux hommes d'Église, ce "privilège de la pauvreté" et de la petitesse, comme étant inséparablement le plus grand privilège de toute la vie terrestre de Jésus et de Marie, et de notre vie terrestre en communion avec celle de Jésus et de Marie.

Charles Péguy retrouvera les mêmes accents dans sa grande prière à Marie :

> *A celle qui est infiniment riche*
> *parce qu'aussi elle est infiniment pauvre...*
> *A celle qui est infiniment grande,*
> *parce qu'aussi elle est infiniment petite...*
> *A celle qui est infiniment jeune*
> *parce qu'aussi elle est infiniment Mère...* [107]

---

104. PN 54, 9-10.
105. *Lettre à Flavien.*
106. Cf. PN 54,1 et CJ, 21 et 23 août.
107. *Le Porche du Mystère de la Deuxième Vertu.*

Pour Péguy, comme pour Thérèse, "le christianisme a mis l'infini partout" [108], depuis que l'Incarnation a mis l'infini au cœur du fini, la richesse dans la pauvreté, la grandeur dans la petitesse. Comme créature, Marie est finie : elle est même "la plus humble des créatures... Une pauvre femme... une pauvre juive de Judée", et en même temps, par sa maternité, elle touche à l'infini, elle est vraiment dans la dimension de l'infini, Mère de Dieu, elle est "infiniment Mère".

Elle est la Terre Vierge, la Terre Immaculée, (selon l'expression de saint Irénée et des autres Pères de l'Église) qui a donné naissance au Fils de Dieu, qui "a fait épanouir cette Divine Fleur".

3) Jésus, "cette Divine Fleur"

Avec cette expression, nous sommes au cœur de toute la symbolique thérésienne par l'application à Jésus lui-même du plus important de tous les symboles utilisés par Thérèse, celui de la fleur. Comme ce symbole a été en grande partie affadi et dévalorisé, il est indispensable d'en retrouver toute la force et avant tout la profonde signification biblique qu'il garde dans les écrits thérésiens. A partir de l'Écriture Sainte, en effet, Thérèse utilise ce symbole et spécialement celui de "la fleur des champs" ou "petite fleur" pour caractériser toute la condition terrestre de notre humanité dans sa petitesse, sa fragilité et la brièveté de la vie, mais aussi dans la grâce et la beauté dont elle est revêtue par la tendresse de Dieu. Ainsi s'exprime le psalmiste :

> L'homme, ses jours sont comme l'herbe,
> comme la fleur des champs, il fleurit,
> sur lui qu'un souffle passe il n'est plus,
> jamais plus ne le connaîtra sa place.
> Mais l'Amour du Seigneur pour qui le craint
> est de toujours à toujours [109].

Dans le Livre d'Isaïe, le même symbole de la fragilité et de la brièveté de la vie humaine apparaît surtout en contraste avec l'éternité de la Parole de Dieu :

> Toute chair est comme l'herbe,
> Et sa gloire est comme la Fleur des champs...
> L'herbe sèche, la fleur se fane,
> mais la Parole de notre Dieu demeure à jamais [110].

Ce contraste, cette "antinomie", culmine dans le mystère de l'Incarnation, puisque "la Parole est devenue chair" [111]. Comme le dit saint François, c'est dans le sein maternel de Marie que "La Parole du Père, si digne, si sainte et si glorieuse... a reçu la vraie chair de notre humanité et fragilité" [112]. Telle est la

---

108. *Véronique, op. cit.*, p. 422.
109. *Ps* 103, v. 15-16.
110. *Is* 40, 6-8.
111. *Jn* 1, 14.
112. *Lettre aux fidèles* II.

"Divine Fleur" que contemple Thérèse : le Verbe fait chair, devenu lui-même petit, faible et fragile comme la fleur des champs.

Enfin, dans l'Évangile, lorsque Jésus lui-même invitera ses disciples à "observer les lys des champs", il reprendra le thème de la fragilité et de la brièveté de la vie humaine en parlant de "cette herbe des champs qui est aujourd'hui et qui demain sera jetée au four", mais il insistera de façon nouvelle sur la splendeur sans pareille donnée gratuitement par Dieu puisque "Salomon lui-même dans toute sa gloire, n'a pas été vêtu comme l'un d'eux" [113].

A la lumière de la Parole de Dieu, il est donc indispensable de redécouvrir et de réhabiliter cette symbolique des fleurs absolument centrale dans la théologie de Thérèse, clé de sa christologie et de son anthropologie. Dans l'admirable prologue du premier *Manuscrit*, Thérèse l'utilise pour se situer elle-même avec tous ses frères humains, sous le soleil de l'Amour de Jésus, récapitulant ainsi les mystères de la Création et du Salut [114]. Si la symbolique des fleurs est la plus étendue, la plus universelle, elle est aussi la plus constante et la plus personnelle chez Thérèse, présente à toutes les époques de sa vie.

Dans ce sens, un des faits les plus significatifs est sans doute la double "action symbolique" (selon sa propre expression) accomplie avec une même "petite fleur blanche", telle qu'elle est racontée dans le premier *Manuscrit* : d'abord, lorsqu'à l'âge de quatorze ans, Thérèse annonce à son père son désir d'entrer au Carmel, il cueille cette petite fleur et la lui donne ; ensuite Thérèse, qui voit en cette fleur le symbole d'elle-même et de toute sa vie, la place dans son livre le plus cher après l'Écriture Sainte, l'*Imitation de Jésus-Christ* : "au chapitre intitulé 'Qu'il faut aimer Jésus par-dessus toute chose'". Et Thérèse ajoute aussitôt "c'est là qu'elle est encore" [115], montrant ainsi comment cette "action symbolique" est vraiment la prophétie de toute sa vie, donnée entièrement à l'Amour de Jésus. Enfin, Thérèse reprendra ce même symbole au début de son dernier manuscrit [116].

4) Thérèse épouse la petitesse de Jésus : la parabole de la Fleur des Champs et de la goutte de rosée (1893)

Tout ceci permet de mieux comprendre l'enseignement le plus profond de Thérèse sur la petitesse, lorsqu'en 1893 elle applique à Jésus ce symbole de la Fleur des Champs. Dans trois lettres successives à sa sœur Céline, Thérèse développe une parabole qui lui a été inspirée par deux textes de l'Écriture Sainte. Le premier vient de l'Ancien Testament, c'est la parole de l'Époux dans le Cantique des Cantiques : "Je suis la Fleur des Champs et le Lys des Vallons" [117]. Le second vient de l'Évangile, c'est la parole de Jésus à la Samaritaine : "Donne-

---

113. *Mt* 6, 29-30.
114. Cf. Ms A, 2v°-3r°.
115. Ms A, 50v°.
116. Cf. Ms C, 1r°-v°.
117. *Ct* 2, 1.

moi à boire" [118]. Dans la lecture contemplative de Thérèse, les deux textes entrent en résonance et se superposent, puisque l'Époux c'est évidemment Jésus. Ainsi, à partir des deux symboles, celui de la Fleur des Champs, et celui de l'eau qui étanche la soif, Thérèse invente sa parabole de la Fleur des Champs et de la goutte de rosée, de la Fleur des Champs qui a soif de la goutte de rosée. Avec sa lumineuse simplicité, cette parabole est un pur chef-d'œuvre de théologie symbolique. Elle manifeste la cohérence propre, la beauté et aussi la logique rigoureuse de cette théologie symbolique supérieure à la logique de la théologie spéculative qui enchaîne les concepts.

La Fleur des Champs, c'est Jésus, dans la petitesse extrême de son humanité en tous les mystères de sa vie terrestre. La goutte de rosée, c'est l'épouse de Jésus en cette même condition terrestre. Avec cette parabole, on voit comment Thérèse a "épousé" la petitesse de Jésus exactement comme François avait épousé sa pauvreté, car il s'agit de la même réalité. Ce qui est premier dans la parabole, c'est la petitesse de Jésus, de Jésus qui s'est fait la Fleur de Champs et qui appelle son épouse à devenir petite comme une goutte de rosée pour répondre à sa soif, pour être toute à lui et en lui, et pour être à lui seul. Tel est l'amour virginal de l'épouse pour son Époux et que Thérèse exprime admirablement dans le première de ses lettres.

> *Pendant la nuit de la vie sa mission à elle est de se cacher dans le cœur de la fleur des champs, nul regard humain ne doit l'y découvrir, le seul calice qui possède la petite gouttelette connaîtra sa fraîcheur. Heureuse petite goutte de rosée qui n'est connue que de Jésus !... ne t'arrête pas à considérer le cours des fleuves retentissants qui font l'admiration des créatures. N'envie pas même le clair ruisseau qui serpente dans la prairie. Sans doute son murmure est bien doux... Mais les créatures peuvent l'entendre... et puis le calice de la fleur de champs ne saurait le contenir. Il ne peut être pour Jésus seul. Pour être à Lui il faut être petit, petit comme une goutte de rosée !... Oh ! qu'il y a peu d'âmes qui aspirent à rester ainsi petites !... Mais, disent-elles, le fleuve et le ruisseau ne sont-ils pas plus utiles que la goutte de rosée, que fait-elle ? elle n'est bonne à rien sinon à rafraîchir pour quelques instants une fleur des champs qui est aujourd'hui et qui demain aura disparu... Sans doute ces personnes ont raison, la goutte de rosée n'est bonne qu'à cela mais elles ne connaissent pas la fleur champêtre qui a voulu habiter sur notre terre d'exil et y rester pendant la courte nuit de la vie* [119].

Ce texte si simple ouvre d'inépuisables perspectives théologiques et spirituelles sur le mystère de la vie terrestre, celle de Jésus et la nôtre dans la plus intime communion avec lui (désignées par Thérèse avec la même expression : "la nuit de la vie"). Ici, la théologie symbolique de Thérèse traduit exactement ce que la théologie spéculative de saint Thomas exprimait à travers le concept de "mérite", qui est la valeur unique, "une fois pour toutes", le privilège de toute la vie terrestre de Jésus et de la nôtre en communion avec lui.

---

118. *Jn* 4, 7.
119. LT 141.

Il faut remarquer encore que, pour signifier la petitesse de Jésus, ce symbole de la Fleur des Champs est beaucoup plus étendu que celui de l'enfance, car Jésus Fleur des Champs, ce n'est pas seulement Jésus en son enfance, mais également dans tous les mystères de sa vie terrestre, "aux jours de sa chair" [120]. De même, pour exprimer la petitesse de l'épouse, le symbole de la goutte de rosée est supérieure à un autre symbole que Thérèse emploiera plus tard, celui du petit enfant dans les bras de Jésus, car le symbole de la goutte de rosée montre de la façon la plus claire comment la petitesse thérésienne est avant tout communion intérieure et intime à la petitesse de Jésus, appelée, exigée par la petitesse extrême de Jésus. Comme Fleur des Champs, en effet, Jésus s'est fait si petit qu'il ne peut contenir ni le fleuve, ni même le ruisseau, mais seulement la goutte de rosée. C'est seulement en devenant petite comme une goutte de rosée que Thérèse a pu devenir pleinement l'épouse de Jésus, donnée toute à lui et à lui seul, au point d'être entièrement en lui. Les expressions de Thérèse montrent comment la petitesse extrême est le "lieu" fondamental où elle vit ce "mariage spirituel" dont parlait saint Jean de la Croix. Dans la petitesse extrême, en effet, il y a une communion totale, une véritable adéquation d'amour entre la goutte de rosée et la Fleur des Champs.

Dans la lettre suivante [121], Thérèse exprime cette adéquation d'amour avec un merveilleux paradoxe : la goutte de rosée est "l'océan de Jésus, l'océan du Lys des Vallées", c'est-à-dire toute l'eau qu'il peut contenir en sa petitesse extrême. L'épouse qui est ainsi toute donnée à son Époux découvre avec émerveillement qu'elle le comble, qu'elle lui suffit. "Jésus est tout à moi, et moi, je suffis à Jésus" [122] s'exclame une autre jeune sainte, la "Pauvre" Gemma Galgani, quasiment contemporaine de la "Petite" Thérèse. Mais avec cette image de l'océan, qui chez les Pères de l'Église, est par excellence l'image de la grandeur infinie de la Divinité, la même symbolique de l'eau commence à se renverser. De la façon la plus paradoxale, elle associe déjà la petitesse extrême de la goutte de rosée à la grandeur infinie de l'océan. La goutte de rosée est "l'océan de Jésus", parce que cette Divine Fleur est elle-même l'Océan de la Divinité : "Jésus est et sera notre océan" [123].

Enfin, dans la troisième lettre, Thérèse ajoute une dernière touche à sa parabole : "Je m'abandonne dans les bras de Jésus. La petite goutte de rosée s'enfonce plus avant dans le calice de la Fleur des champs" [124]. L'association des symboles est remarquable : s'enfoncer dans le calice de la Fleur des Champs, s'abandonner dans les bras de Jésus comme une épouse, et aussi comme un petit enfant. L'image du petit enfant qui va par la suite prendre de plus en plus de place chez Thérèse, ne va pas remplacer celle de l'épouse, mais les deux images vont se superposer. On voit déjà cela dans la lettre suivante où Thérèse révèle à Céline

120. *He* 5, 7.
121. LT 142.
122. Prière 7.
123. LT 142.
124. LT 143.

quel cœur Jésus recherche : "C'est un cœur d'enfant, un cœur d'épouse" [125]. En devenant un cœur d'enfant, le cœur de Thérèse devient toujours plus un cœur d'épouse.

5) *Thérèse épouse la grandeur infinie de Jésus :* *Offrande à l'Amour miséricordieux (1895)*

C'est en s'enfonçant dans la petitesse extrême de Jésus que Thérèse va entrer en communion avec son infinie grandeur, avec la grandeur de sa Divinité, car "en Lui habite corporellement toute la plénitude de la Divinité" [126]. La Divinité qui est unie si intimement à notre humanité dans la Personne de Jésus est l'unique Divinité qu'il a en commun avec le Père et le Saint-Esprit, qu'éternellement il reçoit du Père et communique au Saint-Esprit. Cette communion, Thérèse va toujours la vivre dans cet admirable échange, cet "échange d'amour" entre Jésus et elle [127], en approfondissant les mêmes expressions symboliques. Symbolique du corps : "Se jeter dans vos bras et accepter votre Amour infini" [128]. Symbolique de l'eau : à celle qui se donne tout entière à Lui dans la petitesse extrême en se faisant petite comme une goutte de rosée, Jésus se donne tout entier dans la grandeur infinie de sa Divinité, symbolisée par l'océan.

Telle est la merveilleuse expérience de Thérèse deux ans plus tard, en 1895, dans son Offrande à l'Amour Miséricordieux. Après avoir épousé si parfaitement la petitesse extrême de Jésus, à travers la petitesse et en s'enfonçant toujours plus dans la petitesse, Thérèse épouse alors la grandeur de Jésus en sa Divinité, de Jésus dans la Trinité. L'acte d'Offrande, avec son commentaire à la fin du premier *Manuscrit*, contient le plus profond enseignement de Thérèse concernant la divinisation. Cette expérience mystique de Dieu Trinité, Thérèse la vit toujours de manière christocentrique, dans l'amour de Jésus, "par Lui, avec Lui et en Lui". C'est ainsi que pour raconter son Offrande, elle affirme d'emblée : "Cette année, le 9 juin, fête de la Sainte Trinité, j'ai reçu la grâce de comprendre plus que jamais combien Jésus désire être aimé" [129].

a) Jésus dans la Trinité, *avec le Père et l'Esprit Saint*

Sans jamais sortir de l'Amour de Jésus, Thérèse en découvre alors toute la réalité trinitaire. C'est toujours simplement en aimant Jésus que Thérèse vit la plus profonde communion avec les deux autres Personnes Divines, le Père et l'Esprit Saint, comme elle l'avait écrit peu de temps auparavant :

---

125. LT 144.
126. *Col* 2, 8.
127. Cf. Ms A, 46v°.
128. Ms A, 84r°.
129. *Ibid.*

Ah tu le sais, Divin Jésus, je t'aime
L'Esprit d'Amour m'embrase de son feu
C'est en t'aimant que j'attire le Père... [130]

Alors, dans l'amour de Jésus, Thérèse fait resplendir la théologie du Symbole baptismal qui présente d'une part Jésus au centre de la Trinité entre le Père et l'Esprit Saint, et qui présente d'autre part l'Esprit Saint entre Jésus et l'Église, l'Esprit Saint étant en Personne la communion entre Jésus et son Église [131]. Les deux principaux symboles que Thérèse emploie alors, celui de l'eau et celui du feu s'appliquent à la Divinité des trois Personnes, mais d'une manière spéciale à la Personne de l'Esprit Saint, puisque l'Esprit est donné comme ces fleuves d'eau vive qui jaillissent du côté ouvert de Jésus, comme ce feu qui brûlait depuis toujours dans son cœur et qu'il communique à son Église le jour de la Pentecôte. Thérèse retrouve alors toute la dynamique trinitaire du Symbole, ce "rythme" de la divinisation dont témoignent les plus anciens Pères de l'Église : comment dans l'Esprit Saint nous avons accès au Père, mais toujours "par le Christ, Notre-Seigneur", et cela parce que, d'abord, c'est "par le Christ, Notre-Seigneur" que le Père nous donne l'Esprit Saint. C'est seulement dans l'Esprit Saint que nous pouvons appeler Jésus "Seigneur" [132] et que par Jésus, nous pouvons prier le Père en l'appelant "Abba". Ainsi, dans l'Esprit Saint, il nous est donné d'accéder au Père, source éternelle de la Divinité pour le Fils et l'Esprit Saint, source des missions du Fils et de l'Esprit Saint, car "Dieu a envoyé son Fils..." et "il a envoyé l'Esprit de son Fils" [133].

Ainsi dans son Acte d'Offrande, après avoir invoqué toute la Trinité, Thérèse s'adresse d'abord à la Personne du Père en lui disant :

*Puisque vous m'avez aimée, jusqu'à me donner votre Fils unique pour être mon Sauveur et mon Époux, les trésors infinis de ses mérites sont à moi, je vous les offre avec bonheur, vous suppliant de ne me regarder qu'à travers la Face de Jésus et dans son Cœur brûlant d'*Amour [134].

Dans ce texte, Thérèse parle explicitement du Fils Jésus envoyé par le Père, et implicitement de l'Esprit Saint, feu d'amour qui brûle dans le cœur du Fils et que le Père nous donne par son Fils. On voit ici comment le langage de la prière "épouse" de la façon la plus parfaite le langage de la Révélation, de Jésus, Parole du Père déclarant : "Dieu a tant aimé le monde qu'il a donné son Fils unique" [135]. La prière de Thérèse "épouse" merveilleusement cette parole de Jésus en se l'appropriant dans la dimension personnelle du "pour moi". Si, en effet, "le Fils de Dieu m'a aimé et s'est livré pour moi" [136], c'est parce que, à la source, le Père m'a aimé et me l'a donné. Tout ceci est admirablement synthétisé dans la succession ordonnée des trois titres que Thérèse donne à Jésus : "Votre Fils Unique... Mon

---

130. PN 17, 2.
131. Cf. S. IRÉNÉE, *Contre les hérésies*, III, 24, 1.
132. Cf. *1 Co* 12, 3.
133. Cf. *Ga* 4, 4-6.
134. Pri 6.
135. *Jn* 3, 15.
136. *Ga* 2, 20.

Sauveur et mon Époux". Toute la plus grande christologie de l'Église est ici résumée : Jésus est le Fils Unique du Père, le Sauveur de tous les hommes et l'Époux de l'Église. Thérèse qui parle ici au nom de l'Église, sait que pour devenir l'épouse de Jésus, il a d'abord fallu qu'elle soit sauvée par lui, comme tous les hommes.

Tout l'amour dont Thérèse est l'objet vient donc du Père qui lui a donné son Fils et qui l'aime toujours par son Fils, dans l'Esprit Saint, "à travers la Face de Jésus et dans son Cœur brûlant d'Amour". L'Offrande de Thérèse est la réponse à l'amour du Père, toujours selon la même définition de l'amour : "aimer c'est tout donner et se donner soi-même". Au don total que le Père fait en donnant son Fils et l'Esprit de son Fils, Thérèse répond en s'offrant tout entière au feu de l'amour comme "holocauste", c'est-à-dire pour être brûlée tout entière : "L'amour a tout brûlé" [137]. Dans l'Esprit Saint qui est lui-même ce Feu d'Amour, Thérèse se donne à Jésus, à "son Cœur brûlant d'Amour", et par Jésus, c'est au Père, source du même amour qu'elle se donne. L'Offrande à l'Amour Miséricordieux est donc offrande à toute la Trinité, mais le centre de cette offrande est toujours Jésus. C'est de Jésus qu'il s'agit ensuite, dans la partie la plus longue de l'Acte d'Offrande, de même que dans le Symbole baptismal, après l'article sur le Père, l'article le plus long concerne Jésus. Alors Thérèse fait successivement allusion à l'Eucharistie, à la Croix et au Cœur de Jésus. Cette concentration sur la Personne de Jésus apparaît encore plus explicitement dans le texte du premier *Manuscrit*, lorsque, commentant son offrande, Thérèse dit à Jésus :

> *...Ô mon Dieu ! votre Amour méprisé va-t-il rester en votre Cœur ? Il me semble que si vous trouviez des âmes s'offrant en Victimes d'holocaustes à votre Amour, vous les consumeriez rapidement, il me semble que vous seriez heureux de ne point comprimer les flots d'infinies tendresses qui sont en vous... Ô mon Jésus ! que ce soit* moi *cette heureuse victime, consumez votre holocauste par le feu de votre Divin Amour !...* [138]

Cette prière adressée à Jésus a en même temps pour objet l'Esprit Saint, car l'Esprit est l'Amour infini qui brûle dans son cœur comme le feu, et qui en jaillit comme les fleuves d'eau vive "flots d'infinies tendresses". Thérèse utilise exactement la même double symbolique du feu et de l'eau à la fin de l'Acte d'Offrande (qui correspond au troisième article du Symbole baptismal, sur l'Esprit Saint) :

> *Afin de vivre dans un acte de parfait Amour, JE M'OFFRE COMME VICTIME D'HOLOCAUSTE À VOTRE AMOUR MISÉRICORDIEUX, vous suppliant de me consumer sans cesse, laissant déborder en mon âme les flots de* tendresse infinie *qui sont renfermés en vous et qu'ainsi je devienne* Martyre *de votre Amour, ô mon Dieu !...* [139]

Et de fait, ce "débordement" de l'Esprit, débordement de l'Amour infini, est le merveilleux effet de cette offrande, ainsi que Thérèse, dans son commentaire, le révèle à sa Prieure :

---

137. PN 17, 6.
138. Ms A, 84r°.
139. Pri 6.

*Vous savez les fleuves ou plutôt les océans de grâces qui sont venus inonder mon âme... Ah ! depuis cet heureux jour, il me semble que l'*Amour *me pénètre et m'environne*[140].

Ainsi, comme la Vierge Marie, et en profonde communion avec elle, Thérèse elle aussi "peut contenir Jésus l'Océan de l'Amour". Pour elle, comme pour saint Louis-Marie Grignion de Montfort, le don total de soi-même à Jésus dans la Trinité − à tout l'amour que le Père nous donne par Jésus dans l'Esprit Saint − passe par Marie. C'est à Marie que Thérèse "abandonne son offrande".

En se donnant tout entière à Dieu, par l'action de l'Esprit Saint, Marie a pu contenir en son âme et en son corps "Celui que les Cieux ne peuvent contenir"[141], le Fils éternel du Père devenu son enfant. Or, comme saint François et sainte Claire, Thérèse sait qu'en vivant avec Marie, il nous est possible de devenir à notre tour la demeure de Jésus, et cela en tout notre être : en notre âme par la charité, en notre corps par l'Eucharistie. Thérèse dit cela très clairement en s'adressant à Marie :

> *Ô Mère bien-aimée, malgré ma petitesse*
> *Comme toi je possède en moi le Tout-Puissant*
> *Mais je ne tremble pas en voyant ma faiblesse :*
> *Le trésor de la mère appartient à l'enfant*
> *Et je suis ton enfant, ô ma Mère chérie*
> *Tes vertus, ton amour, ne sont-ils pas à moi ?*
> *Aussi lorsqu'en mon cœur descend la blanche Hostie*
> *Jésus, ton Doux Agneau, croit reposer en toi !...*[142]

Dans la même poésie, Thérèse désigne encore Marie portant Jésus en son sein comme "le Tabernacle qui voile du Sauveur la divine beauté"[143]. C'est dans cette lumière mariale qu'on peut comprendre dans toute sa profondeur un des passages les plus mystérieux et les plus audacieux de l'Acte d'Offrande, lorsque Thérèse dit à Jésus :

> *Je sens en mon cœur des désirs immenses et c'est avec confiance que je vous demande de venir prendre possession de mon âme. Ah ! je ne puis recevoir la sainte Communion aussi souvent que je le désire, mais, Seigneur, n'êtes-vous pas Tout-Puissant ?... Restez en moi, comme au tabernacle, ne vous éloignez jamais de votre petite hostie...*[144]

Thérèse avait d'abord écrit "des désirs infinis", mais le mot "infinis" a malheureusement été censuré par un "théologien" consulté par la Prieure. Il a jugé cette expression "théologiquement inexacte"[145]. En fait, cette expression,

---

140. Ms A, 84r°.
141. S. FRANÇOIS, *Lettre aux fidèles*, *op. cit.*, p. 221 ; S. CLAIRE, *Troisième Lettre à sainte Agnès de Prague*, *op. cit.*, p. 105-107.
142. PN 54, 5.
143. *Ibid*, 8.
144. Pri 6.
145. Procès de canonisation, témoignage de Mère Agnès de Jésus, PO, p. 158.

fréquente chez sainte Catherine de Sienne, trouve sa justification la plus rigoureuse dans la théologie de saint Thomas [146].

En vérité, l'expression spontanée de Thérèse "je sens en mon cœur des désirs infinis", correspond exactement au désir infini qu'elle a découvert dans le cœur de Jésus : "J'ai reçu la grâce de comprendre plus que jamais combien Jésus désire être aimé". Comme Catherine, Thérèse découvre que Jésus a infiniment soif d'amour, lui qui donne à boire infiniment en se donnant lui-même, en donnant l'eau vive sans mesure. Au cœur qui se donne à lui sans réserve, Jésus donne infiniment soif de son amour. On ne peut boire qu'à la mesure de sa soif, de sorte que pour recevoir en nos cœurs "ces flots d'infinies tendresses qui sont en lui", "les fleuves ou plutôt les océans" de son amour, il est indispensable d'en avoir infiniment soif, de sentir en soi-même "des désirs infinis". Ainsi, comme l'écrivait saint Athanase, "le Père étant Source et le Fils étant appelé Fleuve, on dit que nous buvons l'Esprit" [147].

b) Jésus en sa Divinité,
qui est la "Miséricorde infinie"

Si l'Offrande à l'Amour Miséricordieux exprime si clairement la distinction des trois Personnes Divines, il faut dire qu'elle manifeste de façon également lumineuse le mystère de leur unique Nature, de leur unique et adorable Divinité. Chez Thérèse comme chez tous les saints, l'expérience mystique de la divinisation est toujours vécue en Jésus "Par Lui, avec Lui et en Lui". La communion sponsale avec Jésus est inséparablement communion filiale avec le Père dans l'Esprit Saint et communion avec la nature divine que Jésus possède éternellement avec le Père et l'Esprit Saint, l'unique Divinité qui dans la Personne de Jésus est unie si intimement à notre humanité. La même grâce qui, dans le don de l'Esprit Saint, fait de nous les fils adoptifs du Père par son Fils Unique, nous rend en même temps "participants de la nature divine" [148]. A travers le témoignage des saints, il apparaît que la mystique chrétienne est inséparablement mystique sponsale, mystique trinitaire et aussi "mystique de l'Essence" (ou nature divine).

Chez Thérèse, ce dernier aspect apparaît de façon très lumineuse lorsque, à la fin du premier *Manuscrit*, juste avant de raconter son Offrande, elle écrit :

"Que le Seigneur est BON, que sa MISÉRICORDE *est éternelle". Il me semble que si toutes les créatures avaient les mêmes grâces que moi, le Bon Dieu ne serait craint de personne, mais aimé jusqu'à la folie, et que par amour, et non pas en tremblant, jamais aucune âme ne consentirait à Lui faire de la peine... Je comprends cependant que toutes les âmes ne peuvent pas se ressembler, il faut qu'il y en ait de différentes familles afin d'honorer spécialement chacune des*

146. Cf. *Somme théologique*, II ª II ᵃᵉ, q. 24, a.7.
147. *Lettre à Sérapion.*
148. Cf. *2 P* 1, 4.

perfections du Bon Dieu. A moi Il a donné sa Miséricorde infinie *et c'est à* travers elle *que je contemple et adore les autres perfections Divines !... Alors toutes m'apparaissent rayonnantes d'*amour, *la Justice même (et peut-être encore plus que toute autre) me semble revêtue d'*amour... [149]

Ainsi, à partir de l'Écriture Sainte, Thérèse manifeste la profonde connaissance mystique de la Divinité qui lui a été donnée dans la lumière de la "Miséricorde infinie", désignée ici comme l'une des "perfections divines" ou attributs divins. Dans la *Vive Flamme d'Amour* [150], saint Jean de la Croix a expliqué comment Dieu fait connaître sa Divinité comme à travers les innombrables "lampes de feu" de ses attributs révélés dans l'Ecriture : l'Être, la Bonté, la Beauté, la Miséricorde, la Justice, la Sagesse, la Vérité, la Toute-Puissance, etc... Ces attributs sont absolument inséparables parce qu'en réalité, ils sont absolument identiques, n'étant réellement rien d'autre que l'unique et simple Divinité. Toutefois, ils apparaissent à nos yeux comme les "couleurs" distinctes de la même inépuisable Lumière. A travers différents jeux de lumière et de couleurs, Dieu se communique lui-même de façon infiniment variée comme le montre le témoignage des saints.

A travers la première lampe de feu qui lui a été donnée, chaque saint contemple les autres, sans jamais les exclure. Ainsi, à travers la Bonté, Denys (le Pseudo-Aréopagite) contemple l'Être, tandis que saint Thomas à travers l'Être, contemple la Bonté. De même, à travers la Justice, saint Anselme contemple la Miséricorde, tandis qu'à travers la Miséricorde, Thérèse contemple la Justice [151]. En tout cela, il n'y a aucune contradiction, mais un pluralisme symphonique, une merveilleuse complémentarité dans laquelle Thérèse trouve toute sa place.

Cette "lampe de feu" de la Miséricorde caractérise donc la lumière de la Divinité telle qu'elle rayonne dans toute la théologie de Thérèse. Elle lui donne un climat, une "couleur" qui est celle de la confiance. La fondamentale espérance en la Miséricorde dont témoignent les autres saints, devient chez elle la plus étonnante confiance. Telle est sa propre "confiance audacieuse de devenir une grande Sainte" [152] qu'elle désire communiquer aux autres : "Ah ! si toutes les âmes faibles et imparfaites sentaient ce que sent la plus petite de toutes les âmes (elle-même), pas une seule ne désespérerait d'arriver au sommet de la montagne de l'amour" [153], la confiance étant pour elle le plus grand moyen pour parvenir à la sainteté : "C'est la confiance et rien que la confiance qui doit nous conduire à l'Amour" [154]. Bien loin d'être présomption ou quiétisme, une telle confiance est au contraire le plus puissant moyen de conversion ; aussi est-ce en évoquant la conversion de Madeleine et le retour de l'enfant prodigue que Thérèse met le point final à son dernier *Manuscrit* :

---

149. Ms A, 83v°.
150. Commentaire de la strophe 3.
151. Cf. *Connaître l'amour du Christ..., op. cit.*, p. 134-136 et 505-507.
152. Ms A, 32r°.
153. Ms B, 1v°.
154. LT 197.

J'imite la conduite de Madeleine, son étonnante ou plutôt son amoureuse audace qui charme le Cœur de Jésus, séduit le mien. Oui je le sens, quand même j'aurais sur la conscience tous les péchés qui se peuvent commettre, j'irais, le cœur brisé de repentir, me jeter dans les bras de Jésus, car je sais combien Il chérit l'enfant prodigue qui revient à Lui. Ce n'est pas parce que le bon Dieu, dans sa prévenante *miséricorde, a préservé mon âme du péché mortel que je m'élève à Lui par la confiance et l'amour* [155].

Et comme pour souligner encore les deux derniers mots "la confiance et l'amour", Thérèse déclarera peu après à Mère Agnès :

Dites bien, ma Mère, que si j'avais commis tous les crimes possibles, j'aurais toujours la même confiance, je sens que toute cette multitude d'offenses serait comme une goutte d'eau jetée dans un brasier ardent. Vous raconterez ensuite l'histoire de la pécheresse convertie qui est morte d'amour [156].

Or, c'est dans la Pâque de Jésus que la Miséricorde divine s'est pleinement révélée en accomplissant une fois pour toute sa plus grande œuvre, celle du salut de l'homme pécheur, c'est là qu'elle est venue rencontrer toute la misère de l'homme, c'est là qu'elle a brûlé pour toujours son péché, tout péché, le péché du monde. C'est ce qu'il nous reste à voir, pour terminer.

B – Lumière de l'amour et ténèbres du péché : le mystère de la Rédemption

Dans le premier *Manuscrit*, le récit de la grâce de Noël, qui exprime la communion de Thérèse au mystère de l'Incarnation comme admirable échange entre la grandeur et la petitesse, est immédiatement suivi par le récit d'une autre grâce également importante, qui exprime la communion de Thérèse au mystère pascal de la Rédemption comme échange non moins admirable entre le Sauveur et les pécheurs, entre la lumière de son amour et les ténèbres du péché. Dans le mystère de sa mort et de sa Résurrection, Jésus donne la vie à ceux qui lui ont donné la mort. L'Incarnation et la Rédemption sont deux mystères distincts mais inséparables : l'amour de Jésus auquel Thérèse a communié si profondément en la nuit de Noël, "nuit de Lumière" est le même amour qui a opéré le salut de tous les pécheurs dans les ténèbres du Vendredi-Saint. Par la première grâce, Thérèse se tenait près de la crèche, par la seconde reçue dans les mois suivants, elle se tient près de la Croix, et c'est de là qu'elle va obtenir le salut éternel de Pranzini, ce grand criminel condamné à mort et guillotiné qu'elle appelle "mon premier enfant".

1) Thérèse près de la Croix : le criminel Pranzini, son *"premier enfant"* (1887)

Le récit de cette nouvelle grâce [157], "grâce unique", est une des plus belles pages écrites par Thérèse. Il s'enchaîne immédiatement sur le récit de la grâce de

---

155. Ms C 36v°.
156. CJ 11.7.6.
157. L'épisode est raconté par Thérèse en Ms A, 45v°-46v°.

Noël. "Je sentis en un mot la *charité* entrer dans mon cœur" note Thérèse. Mais cette même croissance dans l'amour de Jésus que Thérèse a vécue près de la crèche dans sa relation la plus personnelle avec Jésus, se manifeste à présent dans la dimension de l'amour du prochain, dans la relation toujours personnelle entre Jésus et l'homme pécheur. Et alors dans le cœur de Thérèse, l'amour de Jésus Crucifié devient explicitement maternité spirituelle, avec cette caractéristique si bien mise en lumière par Jean-Paul II : l'amour maternel se rapporte toujours à la personne, même quand il s'étend à de nombreux enfants [158]. Près de la Croix, Marie est devenue Mère de l'homme sauvé par son Fils, c'est-à-dire de tous les hommes, mais cette maternité nouvelle commence concrètement lorsque Jésus lui confie son premier enfant par adoption, en la personne de l'Apôtre Jean.

"Près de la Croix de Jésus se tenait sa Mère" [159]. C'est là que déjà Thérèse la rejoint quand elle affirme : "Je résolus de me tenir en esprit au pied de la Croix". Thérèse apparaît déjà dans ce récit comme l'une de ces saintes femmes de l'Évangile qui, en suivant Marie sur le Calvaire, participent mystérieusement à sa maternité. Ici, Thérèse est proche de tant de saintes qui ont vécu ce mystère, et spécialement de sainte Catherine de Sienne qui parle toujours "au nom de Jésus Crucifié et de la Douce Marie", devenant elle-même avec Marie, une "*dolce Mamma*" pour d'innombrables enfants. Car c'est dans l'obscurité et la douleur du Calvaire que se dévoile toute la douceur de cette maternité spirituelle : "La lumière de la Vierge ne brille jamais plus douce que dans les ténèbres" [160] écrivait le P. Marie-Eugène de l'Enfant-Jésus.

Dans cette lumière si douce, le récit de Thérèse est en harmonie profonde avec l'une des plus belles pages de sainte Catherine de Sienne concernant également le salut éternel d'un condamné à mort [161]. Dans les deux textes, qui sont deux joyaux de la littérature chrétienne, et plus particulièrement de la théologie féminine, on trouve la même très belle expression de la maternité spirituelle d'une sainte à l'égard d'un homme perdu et révolté dont le salut éternel semble désespéré : pour Catherine comme pour Thérèse, le salut ne peut venir que de Jésus seul ; pour dire cette vérité, elles utilisent l'une et l'autre la symbolique du sang. Seul en effet le sang de Jésus purifie l'homme de son péché, et la mission maternelle de la femme qui se tient près de la Croix est de recueillir et de communiquer ce sang, de mettre l'homme pécheur en contact avec le sang qui le sauve. C'est le Sauveur lui-même qui confie cet homme pécheur à l'amour maternel en disant : "Femme, voici ton fils" [162]. Cette parole de Jésus qui a touché Marie la première, touche Thérèse comme elle avait touché Catherine. C'est Jésus Crucifié qui lui confie cet homme pour lequel il a versé son sang afin qu'il devienne "son premier enfant".

Cette grâce est donc fondamentale, fondatrice, puisqu'elle est le commencement de l'inépuisable maternité spirituelle de Thérèse dans l'Église.

---

158. Cf. *Redemptoris Mater*, n° 45.
159. *Jn* 19, 25.
160. *Je veux voir Dieu*, p. 893.
161. Lettre 273.
162. *Jn* 19, 26.

Ici encore, comme pour la grâce de Noël, les plus grandes réalités spirituelles sont vécues par Thérèse dans de toutes petites choses qui pour d'autres auraient été insignifiantes : d'une part une image pieuse représentant Jésus Crucifié, d'autre part un fait divers, banal et horrible, dont parlent les journaux : la condamnation et l'exécution de ce criminel. Or, devant cette pauvre image mais qui prend alors toute sa valeur d'icône, Thérèse vit une profonde expérience spirituelle :

> ...*Un Dimanche en regardant une photographie de Notre-Seigneur en Croix, je fus frappée par le sang qui tombait d'une de ses mains Divines, j'éprouvai une grande peine en pensant que ce sang tombait à terre sans que personne ne s'empresse de le recueillir, et je résolus de me tenir en esprit au pied de [la] Croix pour recevoir la Divine rosée qui en découlait, comprenant qu'il me faudrait ensuite la répandre sur les âmes* [163].

Le grand désir de Thérèse est que le sang de Jésus ne soit pas "perdu", mais qu'il puisse rejoindre tout homme pour qui il a été versé. En cela elle partage le "grand désir" que Jésus a du salut de tous les hommes, son "désir infini" de les attirer tous à lui, symbolisé par sa soif ardente sur la Croix. Thérèse parle ainsi de sa "soif des âmes" comme étant "son désir de sauver les âmes". Et il s'agit d'abord de ceux qui sont le plus en danger de se perdre, de ces grands pécheurs à propos desquels elle affirme : "Je brûlais de les arracher aux flammes éternelles" [164]. Par la foi, Thérèse sait "de quel poids est le péché" (saint Anselme) [165], puisque sa principale conséquence est de priver l'homme de la gloire de Dieu et cela pour toujours : c'est la mort éternelle, l'enfer, la damnation, symbolisés par les "flammes éternelles". De cela, l'homme pécheur ne peut être sauvé que par le sang de Jésus, l'Agneau de Dieu qui a enlevé le péché du monde en portant lui-même ce poids effrayant dans sa souffrance et dans sa mort.

2) L'espérance pour tous

Or, la charité de Thérèse, comme la charité que son contemporain Péguy contemplait alors en Jeanne d'Arc, ne peut jamais se résigner à la mort éternelle d'un seul de ces frères "pour qui le Christ est mort" [166], fût-il le plus grand criminel. Dans la prière qu'elle écrira au jour de sa profession, Thérèse osera même faire explicitement cette demande : "Jésus fais que je sauve beaucoup d'âmes, qu'aujourd'hui il n'y en ait pas une seule de damnée" [167]. Comme elle portait continuellement cette prière sur son cœur, on peut croire que cette demande était sans cesse renouvelée, chaque jour, chaque journée étant pour elle cet "aujourd'hui", "rien que pour aujourd'hui" [168].

---

163. Ms A, 45v°.
164. *Ibid.*
165. *Cur Deus Homo*, I, 21.
166. Cf. *1 Co* 8, 11.
167. Pri 2.
168. Cf. PN 5.

Ainsi Thérèse vit intensément cette tension dramatique entre la foi qui affirme l'enfer et la charité qui le refuse, entre la foi qui rappelle toujours ce réel danger de la mort éternelle pour le pécheur, et la charité qui ne peut jamais accepter qu'un frère humain sombre dans cet abîme.

Cette tension entre la foi et la charité n'est surmontée que par l'espérance, espérance du salut éternel pour soi-même et pour tous les hommes. Thérèse est un des plus grands témoins de cette espérance sans limite, qui consiste à "espérer pour tous", sans n'être jamais limitée par aucune forme de désespoir, ni pour soi-même, ni pour personne. Telle est l'espérance que Péguy découvrira un peu plus tard : à travers Marie "Toute Espérance", comme à travers un pur miroir, il pourra contempler l'espérance même de Jésus, Sauveur de tous les hommes [169]. Enfin, dans la théologie contemporaine, cette espérance pour tous, espérance sans limite, est un des grands thèmes que le Cardinal Hans Urs von Balthasar a illustré et défendu [170].

Pour fonder une telle espérance, Jésus a donc confié à Thérèse comme "son premier enfant", le cas apparemment le plus désespéré :

J'entendis parler d'un grand criminel qui venait d'être condamné à mort pour des crimes horribles, tout portait à croire qu'il mourrait dans l'impénitence. Je voulus à tout prix l'empêcher de tomber en enfer... [171]

Cette dernière expression vient préciser celle que Thérèse avait employée précédemment. Il s'agit "d'arracher aux flammes éternelles" ce grand pécheur en "l'empêchant de tomber en enfer". Elle va espérer son salut éternel avec cette certitude propre que donne l'espérance :

Je sentais au fond de mon cœur la certitude *que nos désirs seraient satisfaits (...) Je dis au bon Dieu que j'étais bien sûre qu'il pardonnerait au pauvre malheureux Pranzini, que je le croirais même s'il ne se* confessait pas *et ne donnait* aucune marque de repentir *tant j'avais de confiance en la miséricorde infinie de Jésus* [172].

Telle est l'espérance vraie, accordée avec la foi et animée par la charité qui "espère tout" [173] et qui, dans le cœur de Thérèse, prend déjà explicitement la forme de l'amour maternel.

Dans sa Miséricorde, Jésus donne à Thérèse un "signe". Au moment de son exécution, le criminel qui ne s'est pas confessé, a simplement embrassé le crucifix que lui présentait l'aumônier. Le "signe" si humble et si ténu, Thérèse le comprend dans toute sa profondeur :

Ce signe était la reproduction fidèle de grâces que Jésus m'avait faites pour m'attirer à prier pour les pécheurs. N'était-ce pas devant les plaies [de] Jésus, en

---

169. Cf. *Le Porche du Mystère de la Deuxième Vertu.*
170. Cf. H.U. VON BALTHASAR, *Espérer pour tous*, Paris, Desclée de Brouwer, 1987.
171. Ms A, 45v°.
172. Ms A, 46r°.
173. Cf. *1 Co* 13, 7.

voyant couler son sang *Divin que la soif des âmes était entrée dans mon cœur ? Je voulais leur donner à boire ce* sang immaculé *qui devait les purifier de leurs souillures, et les lèvres de "mon* premier enfant" *allèrent se coller sur les plaies sacrées ! ! !...* [174]

Ainsi, la jeune fille de quatorze ans qui "a résolu de se tenir en esprit au pied de la Croix" devient déjà avec Marie mère de l'homme sauvé par le sang de Jésus, de cet homme que Jésus lui-même a confié à son amour maternel, à son espérance maternelle.

3) *Thérèse et Marie-Madeleine*

Dans sa communion au mystère de la Rédemption, Thérèse nous apparaît d'abord toute proche de Marie, la Vierge Mère qui se tient à la première place près de la Croix de Jésus. Mais si Marie est la première dans la hiérarchie de l'amour de Jésus, elle est aussitôt suivie par une autre femme qui se tient avec elle près de la Croix : Marie-Madeleine, que Thérèse suivant l'usage tradition-nel, identifie avec la pécheresse pardonnée [175] et avec Marie, sœur de Marthe et de Lazare.

On pourrait ainsi définir la situation évangélique de Thérèse en rapport avec la Vierge Marie et Marie-Madeleine, entre la Vierge immaculée et la pécheresse pardonnée.

Comme Marie-Madeleine, Thérèse sait bien qu'elle est, elle aussi, sauvée du péché par la Miséricorde de Jésus, mais avec cette différence dont elle a clairement conscience :

Je le sais : "celui à qui on remet moins, aime moins", mais je sais aussi que Jésus m'a plus remis qu'à Ste Madeleine, puisqu'il m'a remis d'avance, m'empêchant de tomber (...) Il veut que je l'aime parce qu'il m'a remis non pas beaucoup, mais TOUT (...) Il a voulu que je sache qu'il m'avait aimée d'un amour d'ineffable prévoyance, afin que maintenant je l'aime à la folie !... [176]

On rencontre ici un des aspects les plus originaux de la sainteté de Thérèse : sa certitude de n'avoir jamais perdu son innocence baptismale, c'est-à-dire de n'avoir jamais perdu la vie de la grâce par le péché mortel [177]. Telle est la "virginité de l'âme" dont parlait sainte Jeanne d'Arc. La certitude de Thérèse sur ce point atteint un degré de force et de clarté rare chez les saints, même chez ceux qui, en réalité, avaient toujours vécu dans la même innocence. Par exemple, sainte Gemma Galgani est convaincue d'être une grande pécheresse. Mais Thérèse vit cette certitude de façon parfaitement juste, sans aucun pharisaïsme, dans la lumière de l'Amour Miséricordieux et Rédempteur de Jésus.

---

174. Ms A, 46v°.
175. *Lc*, ch. 7.
176. Ms A, 38v°-39r°.
177. Cf. Ms A, 70r°.

L'Amour Miséricordieux s'exerce envers tous les hommes. Jésus est le Sauveur de tous les hommes. Par sa mort, tous sont rachetés, sauvés du péché. Seule la Vierge Marie a été rachetée de telle manière que le péché n'a jamais été présent dans sa vie. Sa conception est immaculée, Marie est sainte dès le premier instant de son existence. Pour elle, l'amour du Rédempteur, son Fils, a été absolument prévenant. Tout ce que Thérèse dit à propos de l'amour prévenant qui "remet d'avance" en protégeant du péché ne vaut que relativement pour elle-même car elle a eu besoin du baptême pour être purifiée du péché originel, et elle a toujours besoin du sacrement de pénitence pour être purifiée des péchés véniels. Mais cela vaut absolument pour Marie. Marie est par excellence "une âme pure aimant davantage qu'une âme repentante" [178]. Thérèse réfléchit de façon étonnante ce mystère de l'innocence de Jésus qui est sans péché comme l'unique Sauveur et de Marie qui est sans péché comme la première des sauvés. Paradoxalement, une telle innocence est la suprême proximité par rapport aux pécheurs. Jésus a pris sur lui le péché du monde et Marie est devenue pour toujours refuge des pécheurs.

Dans le rayonnement de Marie dont l'innocence absolue donne une telle confiance aux plus grands pécheurs en les appelant à la conversion, l'innocence de Thérèse qui la rendait déjà si proche du criminel Pranzini, la rendra toujours proche de tous ceux qui en notre temps sont le plus blessés par le péché.

4) La passion de Thérèse (de Pâques 1896 jusqu'à sa mort)

Toujours fidèle à sa résolution "de se tenir en esprit au pied de la Croix", rejoignant ainsi la Vierge Marie et Marie-Madeleine et devenant elle-même l'une des saintes femmes de l'Évangile, Thérèse va entrer toujours plus profondément dans la communion avec Jésus crucifié, jusqu'à la parfaite ressemblance qui lui sera donnée pendant la dernière période de sa vie.

Tel est le sens de la longue passion de Thérèse qui commence lors des fêtes pascales de 1896 et qui va durer un an et demi, jusqu'au jour de sa mort, le 30 septembre 1897. Dix ans après la "grâce de Noël", c'est par cette "grâce de Pâques" que Thérèse va entrer dans la dernière grande étape de son cheminement terrestre, à la fois la plus belle et la plus douloureuse.

Comme la passion de Jeanne d'Arc, la passion de Thérèse est un des plus purs miroirs de la Passion de Jésus. Avec Marie, ces deux femmes de l'Évangile ont eu le privilège d'être extraordinairement proches du Crucifié. En jouant le rôle de Jeanne dans la pièce qu'elle avait elle-même composée [179], et surtout de Jeanne dans sa passion, Thérèse a encore accompli une action symbolique, prophétie de sa propre passion.

Alors se vérifie ce que Péguy appellera "la représentation mystique d'un saint en un saint, d'un saint en Jésus" [180]. Le rapprochement des deux saintes est plus

---

178. Ms A, 39r°.
179. Cf. RP 3.
180. Cf. *Un Nouveau Théologien*, par. 112.

que jamais paradoxal. La passion de Jeanne est caractérisée par une étonnante visibilité, cette visibilité propre de la vie publique : comme Jésus, Jeanne est condamnée dans un procès religieux et politique, et son supplice, comme celui de Jésus, comporte toute l'horreur de l'exécution publique. Au contraire, la passion de Thérèse se déroule toujours dans la vie la plus cachée, sans rien d'extra-ordinaire, dans l'apparente banalité de sa maladie. Ici encore, c'est dans la réalité la plus simple, la plus ordinaire que Thérèse va donner une des plus extra-ordinaire représentation de la Passion de Jésus. Ce que Thérèse va représenter, c'est surtout la "Passion intérieure", telle qu'elle est révélée dans les récits évangéliques de l'Agonie de Jésus.

Toutefois, comme la Passion de Jésus, la passion de Thérèse est passion du corps et de l'âme. La passion du corps commence dans la nuit du Jeudi Saint au Vendredi Saint [181], avec la première manifestation de la maladie qui va peu à peu la conduire à la mort à travers de très grandes souffrances. La passion de son âme commence quelques jours plus tard, "aux jours si joyeux du temps pascal" [182], avec ses terribles souffrances spirituelles de "l'épreuve contre la foi" [183], cette épreuve des ténèbres qui elle aussi va durer jusqu'à la mort de Thérèse, et qui même atteindra son maximum le jour de sa mort.

a) L'épouse de Jésus crucifié

Thérèse "épouse" alors complètement le mystère de la Rédemption, cette relation bouleversante qui relie toute l'histoire de l'humanité à la Passion de Jésus. Cette relation fondamentale de la Rédemption entre l'amour de Jésus et le péché du monde transperce toujours la vie des saints, c'est elle qui transperce le cœur de Thérèse.

Selon la symbolique de saint Jean reprise par Thérèse [184], c'est la relation entre la lumière et les ténèbres, entre la lumière de l'amour infini et l'immensité des ténèbres du péché du monde. Là où le péché a abondé, la grâce a surabondé [185]. La Passion de Jésus est le lieu unique où la surabondance de l'amour a rencontré toute l'abondance du péché ; c'est le lieu unique où la lumière est entrée jusqu'au fond des ténèbres et les a vaincues, mais à quel prix !... Au prix de la souffrance infinie, plus grande que toute autre souffrance humaine, contenant toute souffrance humaine. La Passion de Jésus est à la fois la plus grande œuvre et la plus grande preuve de son amour : "Il n'y a pas de plus grand amour que de donner sa vie pour ceux qu'on aime" [186]. "La preuve que Dieu nous aime, c'est que le Christ, alors que nous étions pécheurs, est mort pour nous" [187].

---

181. Cf. Ms C, 4v°.
182. Ms C, 5v°.
183. Ms C, 31r°.
184. Cf. *Jn* 1, 5.
185. Cf. *Rm* 5, 20.
186. *Jn* 15, 13.
187. *Rm* 5, 8.

En épousant si parfaitement la Passion de Jésus, Thérèse va expérimenter jusqu'à l'extrême la lumière de l'amour et les ténèbres du péché. Elle va expérimenter un amour encore plus lumineux qu'auparavant et, en même temps, elle va expérimenter des ténèbres plus obscures que toutes les obscurités qu'elle avait pu connaître jusque-là. Elle va communier aux deux extrêmes du mystère de la Rédemption et, surtout, elle va communier à l'admirable et terrible échange de la Rédemption, échange entre ces extrêmes évoqué par saint Paul[188] : Jésus qui est sans péché est pour nous devenu péché afin qu'en lui nous devenions justice de Dieu. C'est ainsi que l'Agneau de Dieu s'est chargé lui-même du péché du monde entier pour décharger le monde de son péché, pour sauver le monde, toute l'humanité, chacun d'entre nous[189].

b) Bienheureuse et douloureuse passion

A Gethsémani, en acceptant de boire la coupe, Jésus a laissé entrer dans la profondeur de son cœur, de son âme, la totalité des ténèbres du péché du monde, et en même temps, ces ténèbres n'ont pas éteint la lumière de l'amour infini, cette lumière qu'il est lui-même et qui brûlait toujours dans son cœur. Au contraire, c'est d'abord dans son cœur, dans le secret de sa prière à Gethsémani, que la lumière de l'amour a triomphé des ténèbres du péché. C'est à ce mystère intérieur de Gethsémani que Thérèse communie le plus profondément. Voici comment elle en parle à sa sœur, Mère Agnès de Jésus, dans les *Derniers Entretiens* :

> *Notre Seigneur au Jardin des Oliviers jouissait de toutes les délices de la Trinité, et pourtant son agonie n'en était pas moins cruelle. C'est un mystère, mais je vous assure que j'en comprends quelque chose par ce que j'éprouve moi-même*[190].

Cette affirmation de Thérèse est très importante car elle montre comment elle retrouve de l'intérieur, par expérience, une grande vérité enseignée par tous les saints, spécialement depuis le Moyen Âge : dans la Passion de Jésus, le maximum de la souffrance a coïncidé avec le maximum de la lumière, la gloire est présente dans la Croix (selon saint Jean). Ainsi, pour saint Anselme, qui est le plus grand théologien de la Rédemption, le Christ souffrant n'est pas malheureux[191], car n'est vraiment malheureux que le pécheur, celui qui n'aime pas. Saint Thomas d'Aquin approfondit ce mystère en mettant l'accent sur les deux extrêmes[192] : d'une part la gloire, la vision bienheureuse toujours présente dans l'âme de Jésus et, d'autre part, l'immensité de sa souffrance, plus grande que toute autre souffrance parce qu'il portait en même temps, en lui, la totalité du péché. Apparemment contradictoires, ces deux affirmations antinomiques sont en réalité inséparables, car seule la vision, la pleine lumière de Dieu, pouvait montrer à Jésus toute la réalité du péché dans son étendue et sa profondeur, dans

---

188. Cf. *2 Co* 5, 21.
189. Cf. *Jn* 1, 29.
190. CJ 6.7.4.
191. *Cur Deus Homo*, II, 12.
192. *Somme théologique*, III[a], q. 46, a. 6-8.

le cœur de chaque homme. En résumé, sainte Catherine de Sienne dit que le Christ souffrant était "bienheureux et douloureux" [193], et que l'âme qui communie à ce mystère devient aussi d'une certaine manière "bienheureuse et douloureuse".

c) Avec Marie :
la splendeur de l'amour
dans la "kénose de la foi"

Tel est donc l'horizon de la passion de Thérèse : la bienheureuse et douloureuse Passion de Jésus. La bienheureuse et douloureuse Thérèse dans sa passion s'approche de ces deux extrêmes de la Passion de Jésus : en même temps qu'elle est envahie par les plus épaisses ténèbres, elle est rendue tout incandescente de l'amour de Jésus. La splendeur de son amour s'approche toujours plus de la gloire de l'amour, de cet amour glorieux qui était présent dans le cœur de Jésus et que Thérèse recevra au moment de sa mort. C'est cela, la mort d'amour qu'elle a tant désirée, la mort d'amour qui déchire le voile de la foi.

Mais, en attendant, pour Thérèse, ce "voile de la foi" est devenu comme un "mur qui s'élève jusqu'aux cieux" [194]. La même passion de Thérèse est à la fois terriblement obscure et douloureuse du point de vue de la foi, et merveilleusement lumineuse, presque bienheureuse, du point de vue de l'amour. Ce qu'elle vit, c'est la splendeur de l'amour dans la "kénose de la foi" et, en cela, elle est singulièrement proche de Marie, elle ressemble à Marie près de la Croix. En employant cette expression si forte, si audacieuse, de "kénose de la foi" à propos de Marie près de la Croix [195], Jean-Paul II nous permet de mieux comprendre la souffrance de Thérèse vécue principalement à ce plan de la foi. Et, en retour, la passion de Thérèse nous permet de mieux nous approcher de Marie près de la Croix.

Dans les textes de Thérèse écrits pendant cette période de sa passion, comme dans ses paroles rapportées par les *Derniers Entretiens*, les deux aspects antinomiques que sont la splendeur de l'amour et la kénose de la foi apparaissent, mais de façon inégale. Alors que la splendeur de l'amour apparaît partout dans les deux derniers *Manuscrits*, dans les *Poésies*, dans les *Lettres*, la kénose de la foi apparaît moins. Le plus souvent, ce sont de discrètes allusions à "l'épreuve de la foi" ou à la "nuit de la foi". Alors que Thérèse cherche toujours à communiquer la splendeur de l'amour, elle ne veut pas communiquer à ses sœurs ses terribles tentations contre la foi.

L'expression la plus forte de la kénose de la foi se trouve dans les premières pages du troisième *Manuscrit autobiographique* écrit pour sa Prieure, Mère Marie de Gonzague. L'expression la plus forte de la splendeur de l'amour se trouve dans la grande prière à Jésus que Thérèse écrit spontanément le 8 septembre 1896 et

---

193. *Dialogue*, ch. 78.
194. Ms C, 7v°.
195. *Redemptoris Mater*, n° 18.

qui constitue l'essentiel du second *Manuscrit autobiographique* que Thérèse dédie à sa sœur Marie du Sacré-Cœur. C'est comme un éclair qui jaillit dans la nuit.

En écrivant ces deux textes, Thérèse s'était rendue compte que ces deux expressions extrêmes de son épreuve et de son amour semblaient exagérées [196]. Aussi a-t-elle pris soin de préciser qu'il n'y avait aucune exagération, ni dans le récit de son épreuve ni dans l'affirmation de son amour. Car les saints n'exagèrent jamais.

"Kénose de la foi"

Alors que le péché de Pranzini "son premier enfant" ne touchait pas directement la vie de Thérèse, le péché qu'elle rencontre à présent non seulement la touche mais la transperce : le péché contre la foi. Et pourtant, là encore, Thérèse affirme clairement que ce péché, qui a pénétré en elle, reste toujours le péché des autres et en aucune manière le sien. C'est pendant cette période de sa passion que Thérèse écrit cette phrase étonnante : "Je n'ai pas choisi une vie austère pour expier mes fautes, mais celles des autres" [197]. De cette manière encore, Thérèse ressemble à Jésus qui, tout en étant parfaitement sans péché, est pour nous devenu péché en s'appropriant notre péché, en laissant entrer dans son âme toutes les ténèbres de nos péchés, et cela pour nous donner en échange la lumière de son amour.

Thérèse participe à ce mystère et on pourrait dire que, sans jamais faire aucun péché contre la foi, elle s'approprie le péché des incroyants de la façon la plus intime, la plus intérieure, pour qu'ils reçoivent la lumière et soient sauvés. Pour eux, elle devient péché contre la foi afin qu'ils deviennent justice de Dieu par la foi en Jésus [198]. Il faut préciser qu'il ne s'agit pas tellement de ceux qui, en fait, sont incroyants sans faute de leur part, mais de ceux qui, en péchant contre la foi, passent de la foi à l'incroyance. Thérèse est au cœur du drame de son temps, celui de la déchristianisation en acte :

> *Aux jours si joyeux du temps pascal, Jésus m'a fait sentir qu'il y a véritablement des âmes qui n'ont pas la foi, qui par l'abus des grâces perdent ce précieux trésor, source des seules joies pures et véritables. Il permit que mon âme fût envahie par les plus épaisses ténèbres et que la pensée du Ciel si douce pour moi ne soit plus qu'un sujet de combat et de tourment...* [199]

L'expression-clé de Thérèse, "les ténèbres", est beaucoup plus forte que celle de la nuit. Dans l'Évangile, elle symbolise la puissance du péché. Un peu plus loin, Thérèse nous donne la description la plus complète des ténèbres :

> *Les brouillards qui m'environnent deviennent plus épais, ils pénètrent dans mon âme et l'enveloppent de telle sorte qu'il ne m'est plus possible de retrouver en elle*

---

196. Cf. Ms C, 7v° et Ms B, 1v°.
197. LT 247.
198. Cf. *2 Co* 5, 21.
199. Ms C, 5v°.

l'image si douce de ma Patrie, tout a disparu ! Lorsque je veux reposer mon cœur
fatigué des ténèbres qui l'entourent, par le souvenir du pays lumineux vers lequel
j'aspire, mon tourment redouble ; il me semble que les ténèbres, empruntant la
voix des pécheurs, me disent en se moquant de moi : "Tu rêves la lumière, une
patrie embaumée des plus suaves parfums, tu rêves la possession éternelle du
Créateur de toutes ces merveilles, tu crois sortir un jour des brouillards qui
t'environnent ! Avance, avance, réjouis-toi de la mort qui te donnera, non ce que tu
espères, mais une nuit plus profonde encore, la nuit du néant".

Mère bien-aimée, l'image que j'ai voulu vous donner des ténèbres qui obscur-
cissent mon âme est aussi imparfaite qu'une ébauche comparée au modèle ;
cependant je ne veux pas en écrire plus long, je craindrais de blasphémer... j'ai
peur même d'en avoir trop dit... [200]

Thérèse nous fait entrevoir l'abîme de sa souffrance. Ces ténèbres du péché
contre la foi touchent sa vie de façon tellement intime qu'elle emploie le même
vocabulaire qu'à propos de l'Amour miséricordieux : "l'Amour me pénètre et
m'environne" [201]. A présent, ce sont les ténèbres qui "environnent" Thérèse et
"pénètrent" dans son âme.

Mais comme Jésus, Thérèse est assise à la table des pécheurs non pas pour se
souiller mais pour purifier cette table souillée par leur péché. Pour elle comme
pour Marie près de la Croix, la kénose de la foi signifie la foi la plus éprouvée et la
plus héroïquement fidèle. Ce n'est en aucune manière l'effondrement de la foi :
Marie se tient debout près de la Croix, elle dont la foi n'a pas chancelé.Mais
surtout, cette foi qui est celle de Marie et de Thérèse, est soutenue par le plus
grand amour envers Jésus et envers les pauvres pécheurs. Thérèse le dit de façon
très belle, et c'est alors que la réalité de son bonheur et de sa joie réapparaît ; c'est
le bonheur et la joie de l'amour, de l'amour de Jésus :

Je cours vers mon Jésus, je Lui dis être prête à verser jusqu'à la dernière goutte de
mon sang pour confesser qu'il y a un Ciel. Je Lui dis que je suis heureuse de ne pas
jouir de ce beau Ciel sur la terre afin qu'Il l'ouvre pour l'éternité aux pauvres
incrédules. Aussi malgré cette épreuve qui m'enlève toute jouissance, je puis
cependant m'écrier : "Seigneur, vous me comblez de JOIE par TOUT ce que vous
faites" (Ps. XCI). Car est-il une joie plus grande que celle de souffrir pour votre
amour ?... Plus la souffrance est intime, moins elle paraît aux yeux des créatures,
plus elle vous réjouit, ô mon Dieu ! Mais si par impossible vous-même deviez
ignorer ma souffrance, je serais encore heureuse de la posséder si par elle je
pouvais empêcher ou réparer une seule faute commise contre la Foi... [202]

Au comble de sa souffrance, Jésus n'était pas malheureux, disait saint
Anselme et Thérèse, alors même qu'elle décrit la profondeur de sa passion
déclare qu'elle est heureuse, qu'elle est comblée de joie. Le mystère de la
souffrance du Christ et de la souffrance chrétienne, c'est le mystère de la plus

---

200. Ms C, 6v°-7r°.
201. Ms A, 84r°.
202. Ms C, 7r°.

grande souffrance habitée par l'amour, transfigurée par le plus grand amour, ce qui exclut tout dolorisme. Il n'y a jamais de dolorisme chez les saints. C'est le même amour qui illumine de joie tous les mystères de Jésus, douloureux ou glorieux. Thérèse dit cela de façon très belle à la fin d'une poésie composée pendant cette même période :

> *L'amour, ce feu de la Patrie*
> *Ne cesse de me consumer*
> *Que me font la mort ou la vie ?*
> *Jésus, ma joie, c'est de t'aimer !* [203]

Splendeur de l'amour

Le texte du *Manuscrit C* sur les ténèbres du péché vient déjà lui-même de nous conduire à l'autre extrémité : la lumière de l'amour. Cette lumière qui atteint son maximum dans la passion de Thérèse apparaît dans tous les écrits de cette période, mais elle trouve son expression la plus parfaite, la plus extrême, dans le *Manuscrit B* ou plus exactement dans cette grande prière à Jésus, écrite par Thérèse le 8 septembre 1896, qui constitue l'essentiel du *Manuscrit B*. Cette prière à Jésus est le chef-d'œuvre de Thérèse, c'est un des plus beaux joyaux de la littérature chrétienne. Ce texte l'emporte sur tous les autres écrits de Thérèse aussi bien par sa forme littéraire que par sa densité, sa profondeur, son incandescence et surtout sa luminosité.

D'un bout à l'autre, cette prière n'est rien d'autre qu'un acte d'amour, c'est un pur "je t'aime" que l'épouse redit sans cesse à Jésus "Mon Bien-Aimé", "Mon unique amour". "Toi que j'aime uniquement". C'est un "je t'aime" extraordinairement intense et intime mais surtout c'est un "je t'aime" dilaté à l'infini. C'est un amour qui embrasse toute la réalité du Ciel et de la terre, un amour qui contient la plus haute connaissance.

Thérèse elle-même avait défini sa vie comme un cœur à cœur avec Jésus ; elle n'est jamais sortie de l'intimité sponsale et virginale de ce cœur à cœur avec Jésus. Mais c'est dans la profondeur de cette intimité, de ce cœur à cœur, qu'elle a vécu "l'ouverture au monde" la plus inouïe qui soit.

La grande prière à Jésus du *Manuscrit B* nous montre précisément cet extraordinaire agrandissement du cœur de Thérèse qui devient grand comme le cœur de l'Église, et cela uniquement grâce à l'amour de Jésus : "en l'aimant, le cœur s'agrandit" [204].

Dans ce texte, Thérèse continue à tenir tous les extrêmes dont nous avons parlé ; elle qui a "choisi tout" [205], elle tient tout. Elle tient la grandeur infinie et la petitesse extrême dans un équilibre parfait. L'expression de la grandeur infinie culmine dans la première partie où Thérèse parle de ses "espérances qui touchent

---

203. PN 45, 7.
204. Ms C, 22r°.
205. Ms A, 10r°-v°.

à l'infini", de ses "désirs plus grands que l'univers" [206]. Quant à la petitesse extrême, elle est surtout exprimée dans la deuxième partie avec deux paraboles, la parabole du petit enfant qui chante et jette des fleurs, et la parabole du petit oiseau [207]. Enfin, les ténèbres sont discrètement évoquées lorsque Thérèse parle "du plus sombre orage" et des "sombres nuages" [208].

Toutefois, la tonalité dominante de ce texte est celle de la lumière de l'amour. C'est la lumière qui brille dans les ténèbres, la lumière qui a vaincu les ténèbres dans la Passion, la lumière qui éclate dans la Résurrection. Alors que le *Manuscrit C* montre surtout le mouvement d'appropriation du péché, c'est-à-dire des ténèbres qui ont pénétré dans le cœur de Jésus et qui pénètrent dans le cœur de Thérèse, le *Manuscrit B* montre surtout le mouvement inverse, celui de la diffusion de la lumière, de cette lumière de l'amour qui, après avoir rempli le cœur de Jésus, remplit le cœur de Thérèse. C'est le même feu d'amour, le feu de l'Esprit Saint, qui brûlait depuis toujours dans le cœur de Jésus et que Jésus, à travers sa Passion et sa Résurrection, a allumé dans le cœur de l'Église son Épouse. C'est le feu que Jésus a allumé sur la terre au jour de la Pentecôte.

Le cadre théologique du *Manuscrit B* est à la fois simple et grandiose. D'une part ce cadre est simple car c'est tout simplement la communion entre Jésus et son Église dans l'Esprit Saint, dans l'embrassement et l'embrasement de l'Esprit Saint ; d'autre part, ce cadre est grandiose, car en expérimentant les dimensions infinies de cette flamme de l'Esprit Saint, Thérèse découvre toutes les dimensions de l'Église, dans tous les temps et tous les lieux, à travers toutes les vocations, de l'Église qui est présente au Ciel, sur la terre et aux enfers (c'est-à-dire dans le purgatoire) [209]. C'est le même feu de l'Esprit Saint, en effet, qui illumine l'Église du Ciel dans le plein jour de la vision, qui éclaire l'Église de la terre dans la foi et qui purifie l'Église souffrante du purgatoire. Mais dans tous ces états, c'est toujours le même amour de Jésus, la même charité que répand l'Esprit Saint dans le cœur de l'Église.

Le climat de la passion que vit Thérèse ne disparaît pas dans le *Manuscrit B* mais déjà apparaît comme l'aurore de la Résurrection, le climat de Pâques et de la Pentecôte, le climat de la gloire du Ciel qui sera pour Thérèse la plénitude de l'amour de Jésus. Et c'est pour cela qu'elle désire si profondément le Ciel, alors que la pensée du Ciel lui est devenue si douloureuse :

> *Ce qui m'attire vers la Patrie des Cieux, c'est l'appel du Seigneur, c'est l'espoir de l'aimer enfin comme je l'ai tant désiré et la pensée que je pourrai le faire aimer d'une multitude d'âmes qui le béniront éternellement* [210].

Aimer Jésus et le faire aimer, c'est là toute la vocation de Thérèse, d'abord sur la terre puis au Ciel dans la vie éternelle. Aimer Jésus et le faire aimer, c'est aussi la vocation de tout homme, appelé à la sainteté, selon le Concile Vatican II, appelé à devenir incandescence et transparence de l'amour de Jésus.

---

206. Ms B, 2v°-3r°.
207. Ms B, 4v°-5r°.
208. Cf. Ms B, 2r° et 5r°.
209. Ms B, 3v° et 4v°.
210. LT 254.

LES PROFONDEURS DE DIEU :
L'AMOUR QUI VEUT SE DONNER

François GIRARD *

Nous pourrions mettre en exergue une parole du Père Marie-Eugène dans *Je veux voir Dieu* à propos de Thérèse :

> *Elle n'est qu'un petit docteur aux conceptualisations si simples qu'elles semblent pauvres ; mais elle nous conquiert par la lumière si haute et si simple dont ses mots sont remplis, par sa vie et son amour qui débordent, par son enseignement qui (...) atteint toutes les petites âmes...* [1]

Et en écho, laissons parler Thérèse elle-même, citant Jésus en prière dans l'Évangile :

> *Lui qui s'écriait aux jours de sa vie mortelle dans un transport de joie : "Mon Père, je vous bénis de ce que vous avez caché ces choses aux sages et aux prudents et que vous les avez révélées aux plus petits" voulait faire éclater en moi sa miséricorde ; parce que j'étais petite et faible, il s'abaissait vers moi, il m'instruisait en secret des* choses *de son* amour [2].

Thérèse de l'Enfant-Jésus, Docteur de l'Amour...

Les Profondeurs de Dieu, l'Amour qui veut se donner.

En tournant notre regard de ce côté, nous allons d'emblée au fondement essentiel de son expérience spirituelle ainsi que de la mission qu'elle continue de déployer au cœur de l'Église : elle a connu Dieu ; et sa "petite doctrine", sa mission, sera de faire connaître et aimer ce Dieu qui s'est révélé à elle dans sa Miséricorde, d'enseigner la voie simple et courte qui conduit à lui et lui permet de se donner selon tous ses désirs.

Ecoutons Thérèse elle-même parler de cette révélation fondamentale qui caractérise si profondément sa grâce personnelle :

> *A moi, Il a donné sa* Miséricorde infinie, *et c'est à* travers elle *que je contemple et adore les autres perfections Divines !... Alors toutes m'apparaissent rayonnantes d'amour...* [3]

---

* Prêtre de Notre-Dame de Vie.
1. *Je veux voir Dieu*, p. 833.
2. Ms A, 49r°.
3. Ms A, 83v°.

I - EXPÉRIENCE PROFONDE DE L'AMOUR

Cet aveu se situe dans les dernières pages de son premier manuscrit et donc vers la fin de l'année 1895, alors que Thérèse termine la relecture de sa vie : pour elle, ce ne fut qu'un chant des Miséricordes que le Seigneur lui a faites [4] et l'on peut dire que cette lumière est comme inscrite dans la trame de son existence, au point qu'il est malaisé d'en fixer les étapes précises, tant elle ne fait qu'un avec elle.

Sa vie, un développement de la connaissance de l'amour

Évoquons cependant quelques-unes des grâces racontées par Thérèse pour y discerner quelques caractéristiques de cet amour qui l'a prévenue dès son enfance et a grandi avec elle jusqu'à devenir un abîme insondable [5].

Pour Thérèse, en effet, les premiers dons de Dieu remontent aussi loin que ses souvenirs, et coïncident même avec les qualités naturelles qu'elle reconnaît avoir reçues dès le principe :

*Toute ma vie le Bon Dieu s'est plu à m'entourer d'*amour, *mes premiers souvenirs sont empreints des sourires et des caresses les plus tendres !... mais s'Il avait placé près de moi beaucoup d'*amour, *Il en avait mis aussi dans mon petit cœur, le créant aimant et sensible...* [6]

Ce trait important souligne les préparations providentielles de Dieu qui ne répugne pas à agir très tôt pour poser les bases et façonner la personnalité humaine et spirituelle de ses instruments.

Ensuite, sa première communion sera déterminante pour sa connaissance de la puissance unitive de l'amour de Jésus :

Ce jour-là ce n'était plus un regard *mais une* fusion, *ils n'étaient plus* deux, *Thérèse avait disparu, comme la goutte d'eau qui se perd au sein de l'océan. Jésus restait seul, Il était le maître, le Roi* [7].

A la même époque, toujours en lien avec l'eucharistie, mais peut-être aussi avec le "sacrement de l'Amour" qu'est la confirmation, reçue peu après, elle connut l'attrait de la souffrance, un véritable amour pour elle. Lié à un désir de n'aimer que Jésus et de ne trouver de joie qu'en Lui [8], cet attrait manifeste une

---

4. Cf. Ms A, 2r°-v° ; et au folio déjà cité : "Ô ma Mère chérie ! après tant de grâces, ne puis-je pas chanter avec le psalmiste : 'Que le Seigneur est bon, que sa Miséricorde est éternelle'" (Ms A, 83v°).
5. Cf. Ms C, 35r°.
6. Ms A, 4v°. Elle fait allusion à sa "Mère incomparable", à "Papa" évidemment (cf. Ms A, 14v°, 18r°...), mais aussi à ses sœurs (cf. Ms A, 4v°-6v°, etc...).
7. Ms A, 35r°.
8. Cf. Ms A, 36r°-v°. Après une communion : "Je sentis naître en mon cœur un *grand désir* de la *souffrance* et en même temps l'intime assurance que Jésus me réservait un grand nombre de croix (...) Jusqu'alors j'avais souffert sans *aimer* la souffrance, depuis ce jour je sentis pour elle un véritable amour. Je sentais aussi le désir de n'aimer que le Bon Dieu, de ne trouver de joie qu'en Lui..." Après la confirmation : "En ce jour, je reçus la force de *souffrir*, car bientôt après le martyre de mon âme devait commencer..." (*ibid.*)

action cachée de l'amour de Dieu qui la détache déjà des "consolations de la terre" pour ne l'attacher qu'à Jésus seul et la tourner intérieurement vers la ressemblance avec Lui.

Cependant ce n'est qu'avec la grâce de Noël 1886 qu'elle fera l'expérience de la puissance de transformation de cet Amour divin :

> *En un instant l'ouvrage que je n'avais pu faire en 10 ans, Jésus le fit se contentant de ma* bonne volonté *qui jamais ne me fit défaut (...) Je sentis en un mot la* charité *entrer dans mon cœur, le besoin de m'oublier pour faire plaisir et depuis lors je fus heureuse !...* [9]

Cette charité divine est le dynamisme intérieur qui la fait sortir d'elle-même et devenir "pêcheur d'âmes", et cela, par l'action de Jésus lui-même. "Jésus prit Lui-même le filet, le jeta et le retira rempli de poissons". Découverte qui ne cessera de se confirmer dans les mois et même les années suivantes.

Notons en particulier cette autre grâce importante, quelques mois plus tard, devant une image de Jésus en croix :

> *Je fus frappée par le sang qui tombait d'une de ses mains Divines, j'éprouvai une grande peine en pensant que ce sang tombait à terre sans que personne ne s'empresse de le recueillir, et je résolus de me tenir en esprit au pied de la Croix pour recevoir la Divine rosée qui en découlait, comprenant qu'il me faudrait ensuite la répandre sur les âmes...* [10]

Ainsi, par les moyens ordinaires de la vie et de la prière de l'Église : fête de Noël, liturgie du dimanche, sacrements, Thérèse perçoit une puissance d'amour qui vient de Jésus, l'unit à lui, la transforme et la pousse à aimer comme lui les hommes. Elle connaît l'Amour de Dieu pour nous, manifesté dans les mystères de Jésus, elle le saisit à l'œuvre avec ses propriétés et ses désirs de se répandre en tous ceux qui s'empressent de l'accueillir, découlant de la Croix.

Une expérience dans la nuit

Pour importantes que soient ces premières manifestations, grâces qualifiées et réellement efficaces pour son itinéraire, points de repères de l'œuvre de Dieu en elle, avec leurs modalités parfois extraordinaires, elles ne sont que des prémices. Thérèse y expérimente l'Amour, mais Dieu va se révéler d'une manière beaucoup moins sentie et cependant encore plus profonde pendant ses premières années au Carmel.

Elle va entrer alors dans "le creuset de la souffrance" [11] et dans la sécheresse contemplative. Au moment précisément où elle s'est totalement donnée à Celui qu'elle aime, elle devra reconnaître l'amour de son Dieu aussi bien dans "la

---

9. Ms A, 45v°.
10. *Ibid.*
11. Cf. Acte d'Offrande (Pri 6).

grande richesse" de la maladie de son père [12], que dans ses épreuves intérieures [13]. Elle reçoit en cadeau l'obscurité et l'absence sentie, la souffrance intérieure et le mépris, mais c'est encore pour elle expérimenter l'Amour. "Ah ! il (Jésus) a frappé un grand coup... mais c'est un coup d'amour" [14]. Et sa réponse montrera la profondeur de ce qu'elle comprend car de son cœur ne sortiront en retour que des actes d'amour renouvelés : "Dieu est admirable, mais surtout il est aimable, poursuit-elle, aimons-le donc... aimons-le assez pour souffrir pour lui tout ce qu'il voudra, même les peines de l'âme, les aridités, les angoisses, les froideurs apparentes..." [15]

C'est ainsi qu'elle entre dans la connaissance profonde des Mystères de Jésus. Sa Face s'illumine à tel point que c'est la seule lumière qui brille au fond de son cœur en sa nuit [16]. Isaïe flamboie pour elle dans la description du Serviteur Souffrant qui fera "le fond de toute sa piété" [17], et Jean de la Croix, "le Saint de l'amour par excellence" [18], devient le guide privilégié qui lui fait trouver tout ce qui lui est nécessaire pour supporter patiemment cette action de Dieu et confirmer ses certitudes sur les désirs et les développements de l'Amour divin en elle.

Thérèse pénètre donc plus avant dans les profondeurs de Dieu à travers la passion de Jésus [19]. Ainsi devient-il alors de plus en plus son seul secours, son seul modèle, son seul amour, son tout [20]. Elle en arrive à cet état habituel où plus rien ne l'intéresse vraiment sinon l'amour de son unique Époux parce qu'elle l'a "connu" au sens où l'entend saint Jean dans sa première lettre :

Et nous, nous avons connu l'amour que Dieu a pour nous et nous y avons cru. Dieu est Amour... En ceci s'est manifesté l'amour que Dieu a pour nous : Dieu a envoyé son Fils unique dans le monde afin que nous vivions par lui... [21]

"Dans le cellier intérieur de mon Bien-Aimé, j'ai bu, écrit Thérèse à la fin de son premier manuscrit, citant le *Cantique Spirituel* de saint Jean de la Croix, *et quand je suis sortie, dans toute cette plaine je ne connaissais plus rien (...) Mon âme s'est employée avec toutes ses ressources à son service, (...)* maintenant tout mon exercice est d'AIMER !..." [22]

---

12. "Joyaux" offerts pour ses noces (cf. Ms A, 74v° ; 86r°).
13. Jésus dormant "comme toujours dans (sa) petite nacelle" (cf. Ms A, 75v°).
14. LT 94 (14 juillet 1889) à Céline.
15. *Ibid.* ; cf. Ms A, 76v°, et les autres lettres de cette époque.
16. "Je ne vois rien qu'une clarté à demi voilée, la clarté que répandent autour d'eux les yeux baissés de mon Fiancé !..." LT 110 (30-31 août 1890) à Sr Agnès. Cf. JEAN DE LA CROIX, Poème de la nuit, str. 3.
17. CJ 5-8-9 ; cf. CJ 5-8-7 et les lettres à partir de LT 108 (18 juillet 1890) ; BT, p. 128-132.
18. Cf. MARIE DE LA TRINITÉ, *Conseils et Souvenirs*, n° 31 ; VT 77 (1980), 50.
19. Cf. JEAN DE LA CROIX, *Cantique Spirituel B*, str. 36, 10-13.
20. Cf. LT 95 (juillet-août 1889) ; LT 103 (mai 1890) ; LT 110 (30-31 août 1890) à Sr Agnès ; Billet de profession (Pri 2) (8 sept. 1890) ; LT 122 (14 oct. 1890) à Céline et la plupart des lettres à celle-ci jusqu'en automne 1893.
21. *I Jn* 4, 16.9.
22. Ms A, 83r°, citant *Cantique Spirituel B*, str. 26 et 28. Cf. la lettre du printemps 1894 à Céline : "Sans être vu d'elle, Il (Jésus) la regarde par la fenêtre... Il se plaît à la voir dans le désert, n'ayant pas d'autre office que d'aimer en souffrant sans même sentir qu'elle aime !... (LT 157).

Ainsi s'approchait l'heure d'une nouvelle rencontre, de nouveaux débordements de grâce qui devaient susciter en retour une réponse adaptée, plus totale et comme définitive : c'est l'Offrande d'elle-même à l'Amour Miséricordieux en la fête de la Sainte Trinité, la dernière des grâces consignées dans ses Armoiries [23]. Elle fut suivie pour elle d'une telle emprise nouvelle qu'elle s'exclame :

> *Ah ! depuis cet heureux jour, il me semble que l'*Amour *me pénètre et m'environne, il me semble qu'à chaque instant cet* Amour Miséricordieux *me renouvelle...* [24]

Expérience extrêmement forte puisque ce sont, dit-elle, des "océans de grâces qui sont venus inonder mon âme" [25]. Sans doute fait-elle allusion aux effets de la blessure d'amour reçue peu après comme en retour, celle qu'elle évoquera plus tard sur son lit de malade [26]. Mais c'est surtout une nouvelle étape marquée par ce don mutuel et cette transformation stable, de sorte qu'à chaque instant cet Amour est à l'œuvre en elle, la renouvelle, l'absorbe en lui et la pénètre tout entière.

État nouveau, transformation d'amour que les paroles de saint Jean de la Croix, citées encore par Thérèse dans le contexte, illuminent :

> *"Depuis que j'en ai l'expérience, l'*AMOUR *est si puissant en œuvres qu'il sait* tirer profit de tout, *du bien et du* mal *qu'il trouve en moi, et transformer mon âme* en SOI". *Ô ma Mère chérie ! qu'elle est douce la voie de l'*amour. *Sans doute, on peut bien tomber, on peut commettre des infidélités, mais, l'amour sachant* tirer profit de tout, *a bien vite consumé* tout *ce qui peut déplaire à Jésus, ne laissant qu'une humble et profonde paix au fond du cœur...* [27]

Expérience contemplative qualifiée

Cette "expérience" de l'Amour s'éclaire aussi par celle qu'elle décrit encore quelques lignes plus loin :

> *Je comprends et je sais par expérience "Que le royaume de Dieu est au-dedans de nous". Jésus n'a point besoin de livres ni de docteurs pour instruire les âmes ; Lui, le Docteur des docteurs, il enseigne sans bruit de paroles... Jamais je ne l'ai entendu parler, mais je sens qu'Il est en moi, à chaque instant, Il me guide et m'inspire ce que je dois dire ou faire...* [28]

---

23. Cf. Ms A, 86r°.
24. Ms A, 84r°.
25. *Ibid.*
26. Cf. CJ 7.7.2 : "Je brûlais d'amour... une vraie flamme... me brûlait... puis je suis retombée aussitôt dans ma sécheresse habituelle".
27. Ms A, 83r°, citant la *Glose sur le divin* que Thérèse mettra elle-même en vers en avril 1896 (PN 30), mais dont elle apprenait le contenu (l'œuvre et les mœurs de l'Amour de Jésus pour elle) dès juillet 1893 (LT 142 à Céline). Maintenant, la transformation réalisée fait penser aux descriptions de S. Jean de la Croix dans la *Vive Flamme d'Amour* qui pourront apporter aussi leur lumière pour mettre en valeur la qualité de l'expérience thérésienne à partir de cette époque. Notons encore que Thérèse sent le besoin de dire, précisément ici, ce qu'elle doit au Père du Carmel réformé, et elle ne cessera de se référer à lui pour exprimer l'œuvre en elle de l'Amour.
28. Ms A, 83v°.

Connaissance certaine, existentielle, de l'habitation en elle de Jésus et de son règne. Et ce règne de Jésus se manifeste notamment par sa parole silencieuse : il l'instruit, l'enseigne, l'inspire et la guide en tous ses actes et ses paroles ; et cela à chaque instant. Il s'agit donc d'une connaissance habituelle, mais toujours actualisée au fur et à mesure des besoins, par Jésus lui-même qui est là au-dedans d'elle-même.

Nous sommes en présence de ce type de connaissance dont les spirituels parlent sur les sommets de la vie spirituelle, tel à nouveau saint Jean de la Croix dans son *Cantique Spirituel* [29] :

> *L'âme nous déclare que l'Époux lui a communiqué son amour et dévoilé ses secrets... science très savoureuse parce que c'est l'amour qui l'enseigne... science d'amour... L'âme, nous l'avons dit, boit Dieu même, elle se trouve tout imprégnée de lui. Alors très volontairement, très suavement, elle se livre tout entière à Dieu, résolue à lui appartenir totalement et à ne garder jamais en elle quoi que ce soit qui lui soit étranger* [30].

Cette présence qui guide et inspire à tout instant rappelle aussi l'onction dont parle saint Jean dans la lettre déjà citée :

> *Quant à vous, vous avez reçu l'onction venant du Saint, et tous vous possédez la science... L'onction que vous avez reçue demeure en vous et vous n'avez pas besoin qu'on vous enseigne. Mais puisque son onction vous instruit de tout, qu'elle est véridique... demeurez en lui* [31].

Cette "onction" venant de Jésus, "le Saint", et qui enseigne à chaque instant parce qu'elle demeure en nous, c'est l'Esprit de Jésus, celui qu'il a promis, qui devait enseigner toutes choses et rappeler tout ce qu'il avait dit [32], le Paraclet qui devait être avec les disciples et demeurer près d'eux [33]. Et Jésus ajoutait qu'il devait être ainsi avec eux et en eux, y être à demeure avec le Père et l'Esprit Saint [34]. Thérèse le sait bien, qui écrivait l'année précédente à Céline :

---

29. On pense spontanément ici aux descriptions des "fiançailles spirituelles" (B, str. 14-15) dont nombre de traits sont connexes, en particulier la connaissance mystérieuse des perfections divines, de ses secrets, dans une contemplation très haute qui ne laisse pas de demeurer obscure... "murmure" de l'Esprit en même temps que "les yeux ardemment désirés de l'Époux", "représentation de la face de Dieu, sans pour autant être la vision essentielle de Dieu". Sachons bien qu'il n'est pas nécessaire de retrouver exactement les descriptions du saint Docteur chez un autre saint car les dons de Dieu sont aussi divers qu'il le désire selon sa volonté et la mission qu'il leur destine. "Il n'y a pas deux âmes qui se ressemblent par moitié" dit-il ailleurs. Et il n'en suggère ici que les faveurs les plus élevées (cf. 14, 2). Noter enfin que les mêmes symboles représentant les mêmes grâces sont repris par Jean de la Croix dans le commentaire de la strophe 24 décrivant le "mariage spirituel", signe que l'union divine produit des effets analogues en ces dernières étapes de la vie spirituelle.

30. *Cantique Spirituel B*, str. 27, 4-6. Les citations de S. Jean de la Croix sont données d'après l'édition des *Œuvres Complètes*, Cerf, 1990.

31. *1 Jn* 2, 20, 27.

32. Cf. *Jn* 14, 26.

33. Cf. *Jn* 14, 16-17.

34. Cf. *Jn* 14, 18, 23. Nous pourrions encore rapprocher ici avec profit les textes de S. Jean de la Croix sur "le murmure de la brise amoureuse" mis en référence avec le souffle de la brise légère du prophète Élie : "Divin murmure qui pénètre dans l'oreille de l'âme et qui est purement substantiel, (qui) découvre de grandes vérités sur la Divinité et révèle quelque chose de ses mystérieux secrets" (*Cantique Spirituel B*, str. 14-15, 14).

Jésus nous appelle, Il veut nous considérer à loisir, mais Il n'est pas seul, avec Lui les deux autres Personnes de la Sainte Trinité viennent prendre possession de notre âme... Jésus l'avait promis autrefois (...) ; Il disait avec une ineffable tendresse : "Si quelqu'un m'aime, il gardera ma parole et mon Père l'aimera et nous viendrons à lui et nous ferons chez lui notre demeure" [35].

Bref, Thérèse est sous l'action de l'Esprit Saint et de ses dons pour connaître avec certitude et vérité les mystères de l'amour de Dieu manifesté en Jésus et communiqué aux hommes dans son Esprit.

*Il me semble que l'*Amour *me pénètre et m'environne, il me semble qu'à chaque instant cet* Amour Miséricordieux *me renouvelle...*

Si donc Thérèse est Docteur de l'Amour, c'est d'abord et essentiellement parce qu'elle a eu une très haute expérience de ce feu d'Amour qui a saveur de vie éternelle.

II - DIEU AMOUR, DIEU MISÉRICORDE

Amour de la Trinité des Personnes

Qu'est donc cet Amour qui se révèle à elle et la prend sous son emprise ?

Thérèse, le plus souvent, le rapporte à Jésus. C'est le cas par exemple à la fin du *Manuscrit A* lorsqu'elle parle de son Offrande à l'Amour Miséricordieux :

Ô mon Jésus ! que ce soit moi *cette heureuse victime, consumez votre holocauste par le feu de votre Divin Amour !...* [36]

Notons bien que Thérèse parle d'Amour Divin : il s'agit de l'Amour du Fils de Dieu qui s'est fait homme, de l'Amour de la deuxième Personne de la Trinité tel qu'il remplit son humanité, son "Cœur brûlant d'Amour", et tel qu'il est capable d'être communiqué pour consumer le cœur de Thérèse.

C'est en effet à Jésus, son Bien-Aimé, qu'elle s'adressait avec évidence à la fin de son Acte d'Offrande :

Je veux, ô mon Bien Aimé, *à chaque battement de mon cœur vous renouveler cette offrande un nombre infini de fois jusqu'à ce que les ombres s'étant évanouies, je puisse vous redire mon* Amour *dans un* Face à Face Éternel !...

Jésus est donc l'Ami, l'Époux qui reçoit sa totale consécration, ainsi que ses désirs, sa prière pour que son Amour Miséricordieux à Lui la consume et la baigne de ses eaux :

Afin de vivre dans un acte de parfait Amour, JE M'OFFRE COMME VICTIME D'HOLOCAUSTE À VOTRE AMOUR MISÉRICORDIEUX, *vous*

35. LT 165 (juillet 1894).
36. Ms A, 84r°.

suppliant de me consumer sans cesse, laissant déborder en mon âme, les flots de tendresse infinie *qui sont renfermés en vous et qu'ainsi je devienne* Martyre *de votre* Amour, *ô mon Dieu !...*

En même temps, cet Amour de Jésus est rapporté à toute la Trinité comme le montre à l'évidence le début de la formule, titrée "Offrande de moi-même comme Victime d'Holocauste à l'Amour Miséricordieux du Bon Dieu" :

> *Ô mon Dieu ! Trinité Bienheureuse, je désire vous* Aimer *et vous faire* Aimer, *travailler à la glorification de la Sainte Église en sauvant les âmes qui sont sur la terre et délivrant celles qui souffrent dans le purgatoire. Je désire accomplir parfaitement votre volonté et arriver au degré de gloire que vous m'avez préparé dans votre royaume, en un mot, je désire être Sainte, mais je sens mon impuissance et je vous demande, ô mon Dieu ! d'être vous-même ma* Sainteté.

Il s'agit bien d'une offrande à l'Amour Miséricordieux de ce Dieu Trinité qui s'est manifesté par une grâce insigne au jour de sa fête, et qui ne cessera de solliciter Thérèse de rejoindre son éternel Foyer d'Amour [37].

Mais aussitôt, elle s'adresse sans transition à la première Personne, au Père qui lui "donne" son Fils unique pour être son Sauveur et son Époux : tel est en effet l'amour du Père qui passe tout entier en son Fils envoyé pour nous racheter, et c'est pourquoi Thérèse le supplie de ne la regarder *"qu'à travers sa Face et dans son Cœur brûlant d'Amour"*. C'est là et là seulement qu'elle peut "mériter" demeurer sous cet Amour.

Ensuite, après un retour à la Bienheureuse Trinité, signe qu'elle ne l'abandonne pas [38], Thérèse en vient insensiblement — comme aimantée par lui — à son Époux Bien-Aimé, Jésus, qu'elle rejoint si habituellement dans sa parole, par la communion eucharistique et sa présence, par le contact du regard et la participation à ses souffrances, par le travail apostolique pour son seul Amour. C'est toute la suite de l'Acte d'Offrande, et toute la vie de Thérèse comme réponse d'amour à Jésus, son unique amour.

Il est donc nécessaire de voir dans cet Amour Miséricordieux qu'elle expérimente et à qui elle s'offre, l'Amour de la Trinité tout entière, cet Amour qui vient du Père, source de tout don, et qui nous est donné en son Fils incarné, Amour que le Fils lui-même communique par les mystères de sa vie mortelle, tout au long de la vie de l'Église : Esprit d'Amour du Père et du Fils, que le Père donne par son Fils et qui répand dans les cœurs humains une participation de leur commune Nature [39]. Thérèse explicite davantage le rôle de Jésus et son propre

---

37. Cf par exemple Ms B, 5r°-v°.
38. Et un passage par la Vierge Marie à qui elle abandonne son offrande.
39. Cf. *Ga* 4, 4-6 ; *Rm* 5, 5 ; 8, 14-17. Amour personnel qu'est l'Esprit Saint et participation à la vie trinitaire vont de pair : c'est le mystère même du Dieu Un et Trine, Amour en son Essence dont l'Esprit est "l'expression personnelle" comme Amour du Père et du Fils ; et c'est pourquoi, comme Don Incréé, il donne aux créatures de participer à la vie de Dieu qui est Amour, alors même qu'il unit aux deux autres Personnes. Voir encore JEAN-PAUL II, *Dominum et vivificantem*, n° 10, qui réexprime récemment la foi traditionnelle ; *La Vive Flamme* de S. Jean de la Croix nous permettra de l'expliciter encore.

rapport à Lui qui est son Sauveur et son Époux [40] ; mais nous devons reconnaître qu'il s'agit de la Vie même du Dieu Trinité à laquelle elle participe en la recevant telle qu'elle se donne par Jésus dans l'Esprit Saint.

> *L'Esprit d'Amour m'embrase de son Feu*
> *C'est en t'aimant* (Jésus) *que j'attire le Père*
> *Mon faible cœur le garde sans retour.*
> *Ô Trinité ! vous êtes Prisonnière*
> *De mon Amour !...* [41]

L'Esprit d'Amour est celui qui la fait vivre, qui la porte à aimer Jésus et à provoquer ainsi l'amour du Père pour elle : toute la Trinité vit ainsi en elle, par ce feu d'amour que l'Esprit allume en son cœur [42]. Elle exprime surtout le mouvement de son amour dans l'Esprit Saint, car c'est sa flamme qui l'unit à Jésus et la met sous la paternité du Père dont elle ne saurait plus être séparée : ainsi, la Trinité n'est prisonnière que de l'Amour qu'elle donne elle-même à sa créature, mais quel mystère ! [43] Toute la vie de Thérèse est dans le désir de correspondre à cet Amour qui est en Dieu et qui se donne à elle dans l'Esprit Saint [44].

Thérèse est donc sous l'emprise de ce "Feu d'Amour plus sanctifiant que celui du purgatoire" [45] et qui la transforme en lui-même. Elle accomplit ce que saint Jean de la Croix décrivait déjà dans sa *Vive Flamme* à la strophe première :

> *Cette flamme d'amour, c'est l'Esprit de son Époux, c'est l'Esprit Saint que l'âme sent en elle-même, non seulement comme un feu qui la consume et la transforme suavement en amour, mais comme un brasier qui jette des flammes. Or, toutes les fois que ce brasier lance des flammes, il inonde cette âme de gloire et en même temps la rafraîchit par un souffle de vie divine* [46].

---

40. On a noté avec justesse que les images utilisées par Thérèse, le feu et les flots de tendresse infinie issus de Jésus, rappellent directement le symbolisme biblique appliqué à l'Esprit Saint que Jésus Crucifié et Ressuscité devait répandre sur les croyants (cf. *Lc* 3, 16 ; 12, 49-50 ; *Ac* 1-2 ; *Jn* 1, 29-34 ; 7, 37-39 ; 19, 28-30). Voir F.M. LÉTHEL, *Connaître l'Amour du Christ qui surpasse toute connaissance*, p. 512s. Il serait éclairant de rapprocher également ici la Poésie 24 de Thérèse (octobre 1895) suggérant l'implicite pneumatologie de Thérèse (str. 10-11) et son "martyre d'amour" à l'image de Jésus dans le même "Esprit Éternel" (str. 25-26 à lire avec *He* 9, 14, commenté par JEAN-PAUL II, *Dominum et vivificantem*, n° 40-41).
41. PN 17 (26-2-95) *Vivre d'Amour*, str. 2.
42. Cf. encore PN 32, 5 (7 juin 1896) : "Mon Ciel, je l'ai trouvé dans la Trinité Sainte qui réside en mon Cœur" (dans son contexte) ; et la prière demandée à l'abbé Bellière (LT 220 ; 24-2-97), proche du début de l'Acte d'Offrande : "Père miséricordieux, au nom de notre Doux Jésus, de la Vierge Marie et des Saints, je vous demande d'embraser ma sœur de votre Esprit d'Amour et de lui accorder la grâce de vous faire beaucoup aimer".
43. Notons qu'ici encore Thérèse s'appuie sur l'Écriture (PN 17, 1), précisément sur les paroles de Jésus après la Cène où il affirme qu'il fera avec le Père sa demeure en ceux qui l'aiment (*Jn* 14, 23), parole qui sert de base également à S. Jean de la Croix dans sa *Vive Flamme d'Amour* (cf. Prologue, 2 ; str. 1,15). On peut aussi rapprocher la fin du chapitre huitième de la lettre aux Romains sur la vie dans l'Esprit (*Rm* 8, 28-39).
44. Cf. la suite de PN 17, qui donne un grand nombre d'harmoniques de cette vie d'amour, vie de Jésus et avec lui, sous la Flamme divine, jusqu'à mourir d'amour et entrer dans la grande récompense : Jésus, Dieu lui-même.
45. Ms A, 84v°.
46. *Vive Flamme*, str. 1, 3.

Saint Jean de la Croix décrit encore, dans la strophe trente-neuvième de son *Cantique Spirituel*, ce rafraîchissement de vie éternelle dont l'âme transformée dans l'amour perçoit déjà le souffle :

> *Ce "souffle de la brise" est une puissance que Dieu lui donnera par la communication de l'Esprit Saint. Au moyen de cette spiration divine, l'Esprit Saint élève l'âme à une hauteur sublime, l'informe et la rend capable de produire en Dieu la même spiration que le Père produit dans le Fils, et le Fils dans le Père, spiration qui n'est autre que l'Esprit Saint lui-même* [47].

N'est-ce pas vers cette plénitude d'amour qu'aspirait Thérèse dans son Acte d'Offrande, confirmée ensuite par "les océans de grâce qui sont venus inonder (son) âme" ?

> *Ah ! depuis cet heureux jour, il me semble que l'*Amour *me pénètre et m'environne, il me semble qu'à chaque instant cet* Amour Miséricordieux *me renouvelle...*

Et elle ajoute, quelques lignes plus loin :

> *Comment s'achèvera-t-elle, cette "histoire d'une petite fleur blanche" ? (...) je l'ignore, mais ce dont je suis certaine, c'est que la Miséricorde du Bon Dieu l'accompagnera toujours* [48].

Elle l'accompagnera jusqu'à ce qu'elle nomme, dans son Acte d'Offrande, "l'éternel embrassement de Votre Miséricordieux Amour". Ce que le Père Marie-Eugène appelait à son tour, à la veille de sa mort, "l'étreinte de l'Esprit Saint" [49].

La Miséricorde comme perfection divine

Cette Miséricorde qu'expérimente Thérèse de façon particulière, elle en parle comme d'une des "perfections du Bon Dieu". Rappelons le texte central à ce propos :

> *A moi Il a donné sa* Miséricorde infinie *et c'est à* travers elle *que je contemple et adore les autres perfections Divines !...* [50]

Cette perfection est liée à la Bonté de Dieu : "Que le Seigneur est bon, que sa Miséricorde est éternelle" dit le Psaume cité par Thérèse dans le contexte [51]. Elle

---

47. *Cantique Spirituel B*, str. 39, 3. Il peut être utile d'en rapprocher la deuxième strophe de la *Vive Flamme*, où saint Jean de la Croix montre comment l'action de la flamme divine de l'Esprit est en fait une action de toute la Trinité comme un seul Dieu, mais selon les effets appropriés à chacune des Personnes, et que ceci arrive surtout à ceux qui doivent avoir une postérité spirituelle, "selon la succession plus ou moins étendue que (Dieu) a dessein de donner à leur doctrine et à leur esprit" (*Vive Flamme*, str. 2, 12 dans son contexte). On ne peut pas ne pas penser ici à la fécondité spirituelle de Thérèse et de sa petite doctrine puisée à l'écoute du Docteur des docteurs, sous l'inspiration de son Esprit.
48. Ms A, 84v°.
49. Cf. dans R. RÈGUE, *Père Marie-Eugène de l'E.J., maître spirituel pour notre temps*, Éd. du Carmel, Venasque, 1978, p. 123, et toute la fin de ce "frère d'âme" de Thérèse.
50. Ms A, 83v°.
51. *Ps* 135 (136), 1, *ibid.*

est également un autre nom de l'amour puisque, ajoute encore Thérèse, "c'est à travers elle que je contemple et adore les autres perfections Divines !... Alors toutes m'apparaissent rayonnantes d'amour..." [52]

Il s'agit d'une perfection de l'agir divin qui fait grâce ou qui donne des grâces : les "Miséricordes" que Thérèse ne cesse ni ne veut cesser de chanter. Et cependant Thérèse passe de la considération de ces Miséricordes à la perfection divine de la "Miséricorde infinie" : des effets reçus à ce qui caractérise Dieu comme source (incréée) de ces dons (créés). Et le lien, le rapport entre cette source et ces grâces particulières, réside en un don tel qu'elle "connaît" la Miséricorde par une expérience qui fait rayonner, à son regard contemplatif, toute la Divinité dans ce rayon d'amour. D'où son adoration : "C'est à travers elle que je contemple et adore les autres perfections Divines !..."

Thérèse entre ainsi en contact direct avec Dieu lui-même à qui elle rend le culte qui lui est dû, au travers de cette perfection ou attribut qui n'est autre que la Divinité elle-même, l'Essence divine, Dieu en son unique Nature. Connaissance de connaturalité parce que, explique saint Jean de la Croix, Dieu lui communique un reflet de sa Divinité, une "ombre lumineuse" ou "obombration" de ces "lampes de feu" que sont ses attributs, et donc de son Être même.

C'est dans la troisième strophe de la *Vive Flamme* que le Docteur des voies mystiques synthétise l'enseignement traditionnel sur ce point :

> *Il faut savoir*, dit-il, *qu'en son être unique et simple, Dieu est toutes les vertus et toutes les magnificences de ses attributs. Il est tout-puissant, il est sage, il est bon, il est miséricordieux, il est juste, etc... Comme Dieu est tout cela, si, dans son union avec l'âme, il trouve bon de lui ouvrir l'intelligence, elle connaît distinctement tous ces attributs et toutes ces grandeurs, à savoir la toute-puissance, la sagesse, la bonté, la miséricorde, etc., en son être très simple. Elle sait que chacun de ces attributs est l'être même de Dieu en un seul suppôt : soit le Père, soit le Fils, soit le Saint-Esprit. Chacun de ces attributs est Dieu même. Or, Dieu étant lumière infinie et feu divin infini, il resplendit et brûle comme Dieu en chacun de ses attributs, telle une lampe qui éclaire l'âme et lui donne la chaleur de l'amour* [53].

Ce long texte de Jean de la Croix est un vrai commentaire explicatif de l'expérience de Thérèse qui saisit l'être même de Dieu dans son attribut de miséricorde, particulièrement en Jésus, le Fils du Père qui s'est fait son Sauveur et son Époux — tout en pouvant l'attribuer aussi bien au Père qui l'envoie, qu'à l'Esprit à qui sont appropriées de manière particulière et personnelle toutes les caractéristiques de l'Amour trinitaire. Cette Miséricorde est un feu infini à la fois

---

52. Cf. S. THOMAS, Ia, q. 20-21 ; JEAN-PAUL II, *Dives in Misericordia*, 7 (fin) : la miséricorde "est la dimension indispensable de l'amour ; elle est comme son deuxième nom et elle est en même temps la manière propre dont il se révèle et se réalise pour s'opposer au mal qui est dans le monde..."
53. *Vive Flamme*, str. 3, 2.

lumineux et ardent qui conduit Thérèse à désirer rendre à son Bien-Aimé "amour pour amour" [54].

Saint Jean de la Croix poursuit en affirmant que chacune de ces lampes produit "un incendie d'amour", l'une ajoutant sa chaleur, sa flamme et sa lumière aux autres de sorte que n'importe laquelle fait connaître les autres [55]. Thérèse disait :

*Alors toutes m'apparaissent rayonnantes d'*amour, *la Justice même (et peut-être encore plus que toute autre) me semble revêtue d'*amour... [56]

Il est clair que pour Thérèse, c'est le Dieu d'Amour qui s'impose avec cette lumière spéciale de la miséricorde, ombre projetée en elle de l'être de Dieu, "si conforme à Dieu qu'elle est Dieu même (et lui) donne une admirable connaissance de l'excellence de Dieu" [57]. Aussi ne nous étonnerons-nous pas de trouver sous la plume de Thérèse l'expression de ces "antinomies" si caractéristiques de ceux qui ont pour mission de révéler quelque chose de l'ineffable simplicité divine. C'est en particulier le cas pour la Justice et la Miséricorde.

La Justice revêtue d'amour

Thérèse manifeste surtout la manière dont la Justice est enveloppée d'amour. Sans doute a joué pour elle le climat dans lequel elle a vécu, trop teinté encore de jansénisme pratique : la Miséricorde de Dieu n'était pas assez connue, même dans son carmel. Elle écrit :

Quelle douce joie de penser que le Bon Dieu est Juste, *c'est-à-dire qu'Il tient compte de nos faiblesses, qu'Il connaît parfaitement la fragilité de notre nature. De quoi donc aurais-je peur ?* [58]

La crainte d'un Dieu juste qui condamnerait les pécheurs parce qu'ils ne lui rendent pas la justice qui lui est due, est dépassée par Thérèse dans un sens plus

---

54. *Ibid.*, 1 ; cf. le thème si fréquent chez Thérèse et qui ira en s'amplifiant en 1896-1897 : Ms A, 85v°-86r° ; PN 31 ; Pri 12 ; Ms B, 3v°-4v° ; PN 41, 2 ; Ms C, 35r° et *passim* ; voir déjà LT 85 ; 108-109 ; 132 ; PN 17. A mettre en relation encore avec le *Cantique Spirituel B*, str. 38, 3-4.

55. Cf. *Vive Flamme*, str. 3, 5. Il faudrait ajouter nombre de traits très thérésiens dans la suite, lorsque par exemple il est dit que l'âme se trouve comme "engloutie dans un océan de flammes légères dont chacune la blesse subtilement d'amour", si bien qu'elle "ne vit plus que d'amour au sein de la vie de Dieu", (dans une transformation qui la fait elle-même devenir "Dieu de Dieu, en participation de son être et de ses attributs") ; que de plus, "ces lampes de feu, comme celles qui descendirent sur les apôtres (*Ac* 2, 3), sont en même temps les eaux vives de l'Esprit Saint", annoncées par Ézéchiel (36, 25-26). Nous avons vu que ces deux images bibliques sont justement celles qui sont venues spontanément à Thérèse pour rédiger son Acte d'Offrande.

56. Ms A, 83v°.

57. *Vive Flamme*, str. 3, 14.

58. Ms A, 83v°. On sait combien elle a été formée dans cette atmosphère janséniste (carnets de retraite de communions), jusqu'à sa confession générale au Père Pichon peu après son entrée au Carmel (Ms A, 70r°), et même à la rencontre avec le Père Prou en 1891, qui la lance sur les flots de la confiance et de l'amour (Ms A, 80v°), non sans lui dire que ses fautes ne faisaient pas de peine au Bon Dieu. Ce qu'elle découvre est à contre-courant du milieu ambiant.

profond de la Justice de Dieu, une Justice tout illuminée et embrassée par l'amour. Cette Justice tient compte de l'agir de l'homme, assurément, mais ce n'est pas pour faire des comptes, savoir ce qu'il lui doit et récompenser les "justices" de sa créature : Thérèse le sait, "toutes nos justices ont des taches à (ses) yeux" [59]. La fragilité naturelle et, plus encore, la condition pécheresse de l'homme l'empêchent de donner à Dieu la réponse d'amour qui lui est due, la correspondance à sa volonté.

Il n'y a d'issue que dans la Justice de Dieu qui tient compte de ce besoin qu'a l'homme de sa grâce, et le pécheur, d'être justifié [60]. Thérèse saisit même davantage, dans la lumière de l'Amour Miséricordieux : elle sent que Dieu l'aime d'un tel amour qu'il l'appelle, malgré son impuissance, à accomplir parfaitement sa volonté et à partager sa gloire dans son Royaume, bref à vivre au diapason de Dieu jusqu'à lui ressembler et partager sa propre Vie. La Justice divine ne peut alors que faire participer à sa propre Sainteté, pour rendre digne d'un tel dessein de Miséricorde, et n'en faire le don que par les mérites de Celui qui est venu pour réaliser ce plan de Salut. C'est ce que Thérèse exprime en particulier dans son Acte d'Offrande :

> *Puisque vous m'avez aimée jusqu'à me donner votre Fils Unique, pour être mon Sauveur et mon Époux, les trésors infinis de ses mérites sont à moi, je vous les offre avec bonheur, vous suppliant de ne me regarder qu'à travers la Face de Jésus et dans son Cœur brûlant d'Amour* [61].

Et plus loin, s'adressant à Jésus :

> *Je veux donc me revêtir de votre propre Justice, et recevoir de votre* Amour *la possession éternelle de* Vous-même [62].

Ce n'est que par le don du Fils Unique qui s'est fait pour nous "Justice, Sanctification et Rédemption" [63] que Thérèse voit sa justification, et par suite la

---

59. Acte d'Offrande (Pri 6).
60. Cf. la prière qu'elle fera plus tard à la table des pécheurs, "en son nom et au nom de ses frères : *Ayez pitié de nous, Seigneur, car nous sommes de pauvres pécheurs !*... Oh ! Seigneur, renvoyez-nous justifiés..." (Ms C, 6r°, citant et paraphrasant *Lc* 18, 13-14).
61. Acte d'Offrande. Avec une grande sûreté théologique, Thérèse y ajoute tous les mérites des saints, leurs actes d'amour ainsi que ceux des Anges, et particulièrement les mérites et l'amour de Marie, Mère de l'Église : tout cela découle du Christ Récapitulateur de toutes choses et demeure son bien propre lors même que ses dons dérivent dans les saints qui participent eux aussi à la Rédemption de son Corps (cf. *Col* 1, 24 ; *Ep* 1, 3-14). Cette Offrande prépare déjà l'éclatement du Ms B et semble encore s'inspirer ici, outre de l'Écriture, de la *Prière de l'âme embrasée d'amour* de S. Jean de la Croix, déjà reprise en janvier 1895 (RP 3, 23 r°-v°) et peut-être en avril (PN 18, 36ss ; cf. PN 18bis) et connue dès 1852 (cf. LT 137).
62. On peut aussi rapprocher avec intérêt de ces extraits de l'Acte d'Offrande la conclusion du *Cur Deus Homo* de S.Anselme qui exalte la miséricorde de Dieu qu'on ne peut concevoir ni plus grande ni plus juste que dans la rédemption réalisée dans le Christ. "Car peut-on concevoir plus miséricordieuse que celle de Dieu le Père disant au pécheur condamné aux tourments éternels et dépourvu de ce qui pourrait le racheter : 'Prends mon Fils unique et offre-le à ta place' et (...) le Fils lui-même : 'Prends-moi et rachète-toi'. C'est là ce qu'ils nous disent quand ils nous appellent à la foi chrétienne et nous y attirent. Quoi de plus juste, en outre de la part de celui qui reçoit un don plus précieux, que de remettre toute dette, si ce don lui est offert avec les sentiments requis ?" (*Cur Deus Homo*, II, 20, Trad. M. Corbin, Cerf, 1988, p. 455). Il est aisé de voir la différence d'accent entre ces deux maîtres de la justice et de la miséricorde divines et de saisir où Thérèse apporte le rayon de lumière qui lui a été donné. Cf. aussi F.M. LÉTHEL, *Connaître l'amour du Christ...*, p. 203.
63. *1 Co* 1, 30.

possibilité de recevoir par pur Amour — dans l'Esprit d'Amour du Père et du Fils, miséricordieusement donné en Jésus Sauveur — la possession éternelle de Lui-même, son Époux et son Bien-Aimé, et avec Lui, en Lui, le Face à Face éternel dans la Trinité. Justice et Miséricorde sont inséparables, attributs divins dont la lumière et l'ardeur rayonnent tout ensemble pour l'homme dans la réalisation parfaite de la Pensée divine sur lui. Thérèse en a perçu les reflets dans la condescendance divine qui s'ajuste non pas aux mérites mais aux faiblesses de sa créature, afin de lui faire miséricorde :

> *Quelle douce joie de penser que le Bon Dieu est Juste, (...) qu'Il connaît parfaitement la fragilité de notre nature...* [64]

Quelle joie en effet qu'il la connaisse parfaitement, en Dieu, afin de faire tout le chemin et toute l'œuvre nécessaire à la restauration de l'homme en allant jusqu'à assumer notre nature et même prendre sur lui la malédiction de notre péché [65]. Quelle joie qu'il aille ainsi aussi loin dans sa Miséricorde qu'il puisse donner en Dieu, selon sa propre Nature qui est Amour et fidélité, trouvant des voies de surabondance d'Amour.

Vérité de l'homme — vérité de l'homme pécheur, et vérité de l'homme selon le Dessein créateur, rédempteur et récapitulateur en Jésus — laissant en même temps toute sa place à la Vérité de Dieu, de Dieu qui est Amour, Justice divine tout enveloppée d'Amour.

Thérèse est surtout fascinée par la gratuité totale de cet Amour qui fait justice de façon si Miséricordieuse, comme le révèle si parfaitement Jésus dans l'Évangile :

> *Ah ! le Dieu infiniment juste qui daigna pardonner avec tant de bonté toutes les fautes de l'enfant prodigue, ne doit-Il pas être Juste aussi envers moi qui "suis toujours avec Lui" ?...* [66]

Elle saisit la tendresse décrite par Jésus dans la parabole, elle y voit même plus largement toute son œuvre de pardon envers les pécheurs, œuvre toujours agissante et qui rend présent l'amour du Père, qui l'a envoyé non pas pour juger le monde mais pour que le monde soit sauvé [67].

Thérèse perçoit un tressaillement du Cœur de Dieu qui fait Miséricorde en pardonnant sans mérite de la part de l'enfant perdu. Et ce pardon plein de bonté révèle sa Justice qui assume tout le péché et ne saurait manquer d'atteindre Thérèse, qui ne s'est pas séparée de Lui.

Un amour d'ineffable prévoyance

Une autre figure de l'Évangile fascine Thérèse et nous fera mieux comprendre encore l'attitude qui appelle les effusions de la Miséricorde. C'est

---

64. Ms A, 83v°.
65. *Ph* 2, 6-8 ; *Rm* 5 ; 11, 30-35.
66. Ms A, 84r°, citant *Lc* 15, 31.
67. Cf. *Jn* 3, 16-17, auquel fait allusion le 2° paragraphe de l'Acte d'Offrande.

Madeleine. Thérèse éprouvait envers elle une sorte de sainte envie parce qu'elle avait su comprendre et attirer la miséricorde par son amour planté sur sa misère, parce que son "amoureuse audace" lui avait permis d'en provoquer les dons :

> Je sens, écrit-elle en juin 1897, que son cœur a compris les abîmes d'amour et de miséricorde du Cœur de Jésus et que, toute pécheresse qu'elle est, ce Cœur d'amour est non seulement disposé à lui pardonner, mais encore à lui prodiguer les bienfaits de son intimité divine, à l'élever jusqu'aux plus hauts sommets de la contemplation.

Et elle poursuit par une confidence à l'abbé Bellière :

> Ah ! mon cher petit Frère, depuis qu'il m'a été donné de comprendre aussi l'amour du Cœur de Jésus, je vous avoue qu'il a chassé de mon cœur toute crainte. Le souvenir de mes fautes m'humilie, me porte à ne jamais m'appuyer sur ma force qui n'est que faiblesse, mais plus encore, ce souvenir me parle de miséricorde et d'amour[68].

Tout la ramène à cette connaissance de l'Amour :

> Comment, conclut-elle alors, lorsqu'on jette ses fautes avec une confiance toute filiale dans le brasier dévorant de l'Amour, comment ne seraient-elles pas consumées sans retour ?

Le péché passé n'est pas un obstacle à la diffusion de l'Amour s'il est accompagné de la confiance dont témoigne Marie-Madeleine.

Quelques jours après, Thérèse y revient dans son *Manuscrit C*, en précisant :

> Surtout j'imite la conduite de Madeleine, son étonnante ou plutôt son amoureuse audace, qui charme le Cœur de Jésus, séduit le mien...

Et elle ajoute après une allusion en écho à l'enfant prodigue :

> Ce n'est pas parce que le bon Dieu, dans sa prévenante miséricorde a préservé mon âme du péché mortel que je m'élève à Lui par la confiance et l'amour[69].

Ce n'est donc pas une quelconque justice personnelle qui la fait se tourner vers la Miséricorde comme Madeleine, mais la confiance amoureuse, l'audacieux abandon à son Amour.

Une parabole inventée par Thérèse en 1895 dans son *Manuscrit A*, très proche de celle du prodigue, explicite bien sa pensée : il s'agit de l'histoire du médecin à qui son fils témoigne sa reconnaissance lorsqu'il est guéri par lui des blessures dues à ses chutes. Mais voici que Thérèse fait une autre supposition :

> Le père ayant su que sur la route de son fils se trouvait une pierre, s'empresse d'aller devant lui et la retire, sans être vu de personne. Certainement, ce fils, objet de sa prévoyante tendresse, ne SACHANT pas le malheur dont il est délivré par son père ne lui témoignera pas sa reconnaissance et l'aimera moins que s'il eût

---

68. LT 247, (21 juin 1897) ; cf. aussi PN 41 et RP 4, 27.
69. Ms C, 36v° (début juillet 1897).

été guéri par lui... mais s'il vient à connaître le danger auquel il vient d'échapper, ne l'aimera-t-il pas davantage ? Eh bien, c'est moi qui suis cette enfant, objet de l'amour prévoyant *d'un* Père *qui n'a pas envoyé son Verbe pour racheter les* justes *mais les* pécheurs. *Il veut que je l'*aime *parce qu'il m'a* remis, *non pas beaucoup, mais* TOUT [70].

Thérèse peut ainsi recevoir autant et plus que Madeleine, puisque, sachant qu'elle est tout entière sous la Miséricorde, elle sent que Dieu lui a remis davantage et d'une manière plus miséricordieuse, puisqu'il l'a fait par avance et par pure prévenance, et qu'il lui a remis non pas beaucoup mais tout.

En d'autres termes, son existence loin du péché et toujours avec Jésus n'est que pur don, témoignage surabondant d'amour et de grâce, sans aucun mérite ou droit initial. Elle poursuit :

*Il n'a pas attendu que je l'*aime beaucoup *comme Ste Madeleine, mais il a voulu que* JE SACHE *comment il m'avait aimée d'un amour d'*ineffable prévoyance, *afin que maintenant je l'aime à la* folie !...

Nous sommes exactement dans la description de l'échange d'amour qui dut se faire le 9 juin 1895 au cours de l'Eucharistie en l'honneur de la sainte Trinité. C'est l'association que Thérèse fait elle-même au folio 84 du *Manuscrit A* :

Ah ! le Dieu infiniment juste qui daigna pardonner avec tant de bonté toutes les fautes de l'enfant prodigue, ne doit-Il pas être Juste aussi envers moi qui "suis toujours avec Lui" ?...

Nous comprenons maintenant : non pas parce qu'elle est toujours fidèle à être avec Lui et qu'il peut bien faire davantage pour le fidèle que pour le pécheur, mais parce qu'il est Amour, Miséricorde Infinie, sans autre raison de se donner que sa liberté souveraine et la loi propre de son être. Sa Justice s'exercera divinement, c'est-à-dire qu'en tenant compte de la connaissance parfaite, elle donnera comme et même davantage qu'à l'enfant prodigue ou à Madeleine, par pure gratuité d'Amour. La seule condition est qu'elle se livre à cet Amour pour qu'il puisse se donner selon sa mesure. Et c'est pourquoi, Thérèse peut enchaîner aussitôt sur son Acte d'Offrande :

Cette année, le 9 Juin, fête de la Sainte Trinité, j'ai reçu la grâce de comprendre plus que jamais combien Jésus désire être aimé.

Se livrer à l'Amour

A première vue, l'expérience de la Miséricorde ne semble pas la première motivation : il s'agit de Jésus qui désire "être aimé". C'est l'exigence de se donner qui est mise en avant : la soif d'amour de Jésus. Mais Thérèse poursuit :

---

70. Ms A, 38v°-38r°. Il n'est pas sans intérêt ici de voir que d'une part tout homme peut être touché par ce don si total et si gratuit, et que, d'autre part, Marie elle-même, l'Immaculée, est par excellence sous cette si miséricordieuse prévoyance de Dieu dont témoigne Thérèse.

Je pensais aux âmes qui s'offrent comme victimes à la Justice de Dieu afin de détourner et d'attirer sur elles les châtiments réservés aux coupables[71], cette offrande me semblait grande et généreuse, mais j'étais loin de me sentir portée à la faire.

Elle avait une autre expérience qui allait guider sa prière, une prière venant des profondeurs :

"Ô mon Dieu, m'écriai-je au fond de mon cœur, n'y aura-t-il que votre Justice qui recevra des âmes s'immolant en victimes ?... Votre Amour *Miséricordieux n'en a-t-il pas besoin lui aussi ?...*

Voilà l'expérience fondatrice, l'Amour Miséricordieux de Jésus, son "besoin" de victimes qui s'immolent à son action.

De toutes parts il est méconnu, rejeté ; les cœurs auxquels vous désirez le prodiguer se tournent vers les créatures[72] (...) au lieu de se jeter dans vos bras[73] et d'accepter votre Amour *infini...[74]*

Le désir de Jésus d'être aimé est une soif de trouver des cœurs qui reçoivent son propre Amour, tel qu'il veut se donner. L'aimer, c'est lui permettre de décharger son propre cœur. Tout est là, accepter l'Amour, s'ouvrir à lui tel qu'il est et veut se donner : comme Amour infini qui désire se prodiguer gratuitement à ceux qui s'offrent à lui. Nous retrouvons sa loi, sa nature, son mouvement et la profonde expérience de Thérèse à la source de toute sa réponse[75]. Elle poursuit :

Ô mon Dieu ! votre Amour méprisé va-t-il rester en votre Cœur ? Il me semble que si vous trouviez des âmes s'offrant en Victimes d'holocaustes à votre Amour, vous les consumeriez rapidement, il me semble que vous seriez heureux de ne point comprimer les flots d'infinies tendresses qui sont en vous...[76]

Telle est bien la connaissance profonde de l'Amour de Dieu et de sa puissance de diffusion, entravée par l'ignorance de ceux à qui il voudrait se communiquer. Telle est bien la saisie, en Jésus, du "bonheur" de Dieu à se donner et de la "compression" produite par les obstacles qui empêchent ce mouvement de sa nature de trouver toute son expansion.

---

71. On raconte que l'on a pu lire, la veille, la mort terrible d'une de ces âmes réparatrices survenue au Carmel de Luçon le Vendredi Saint précédent (cf. *Prières*, p. 84). De toutes façons, cette spiritualité d'offrande à la Justice était très développée dans les Carmels français et également présente à Lisieux.
72. Cf. encore le contexte de la parabole du "fils d'un habile médecin" écrit vers la même époque que l'Offrande.
73. C'est l'attitude du fils prodigue qui revient (cf. Ms C, 36v° ; LT 261), celle de Thérèse qui est toujours avec Jésus même pour son action apostolique (Ms C, 22v°) ; et surtout c'est l'expression qui accompagne l'image de l'ascenseur (cf. Ms C, 3r°). C'est donc une manière de résumer une attitude essentielle de la petite voie dans l'Acte d'Offrande.
74. Ms A, 84r°.
75. Cette réponse est une réponse d'amour : un don réalisé véritablement pour l'Autre, pour satisfaire son désir, son mouvement. Et en cela, c'est le plus parfait amour, semblable à l'Amour de Dieu qui veut se donner. Thérèse exprimera plus tard les conséquences de cet amour (cf. en particulier son *Manuscrit B*) et Dieu lui donnera comme "récompense" d'accomplir la ressemblance jusqu'au bout dans sa "passion".
76. Ms A, 84r°.

Si votre Justice aime à se décharger elle qui ne s'étend que sur la terre, *combien plus votre Amour Miséricordieux désire-t-il* embraser *les âmes, puisque votre Miséricorde s'*élève jusqu'aux Cieux...* [77]

Nous retrouvons ici ce sens de la Miséricorde qui n'est pas liée seulement à l'homme pécheur, ni même à l'homme comme créature, mais qui s'étend à tout parce qu'elle transcende tout ce qui est : son fondement et sa racine se trouvent dans l'Être de Dieu, car Dieu est Amour.

Par suite, tout être reçoit de cet Amour à la mesure de sa réceptivité, toute créature déjà selon ce qu'elle est, mais surtout tout homme, selon qu'il s'offre à lui sans réserve, comprenant "toute la tendresse de son Amour infini" [78].

De là découle la nécessité, le besoin de faire connaître cet Amour pour qu'il puisse se donner, réaliser ce qu'il veut. Mission de Thérèse, liée à ce qu'est Dieu, à sa nature, à ses désirs, au mouvement qui l'a poussé à créer, racheter et se donner lui-même dans l'Esprit Saint. Mission de Docteur de l'Amour qui veut se donner.

III – DOCTEUR DE L'AMOUR QUI VEUT SE DONNER

Abaissement et grandeur de l'Amour

N'est-ce pas en vue de cette mission que Thérèse a été choisie, comme une privilégiée de Jésus ? On sait comment, dès qu'elle commence le récit de son histoire, elle est remplie d'action de grâces pour les "privilèges de Jésus sur son âme" [79]. Elle a saisi que cet Amour Miséricordieux qui fait les saints, crée les grands comme les plus petits. Et elle ajoute :

J'ai compris encore que l'amour de Notre-Seigneur se révèle aussi bien dans l'âme la plus simple qui ne résiste en rien à sa grâce que dans l'âme la plus sublime... [80]

N'a-t-elle pas, elle-même, connu cette Miséricorde qui ne s'étend pas seulement aux grands mais aux simples et aux petits ? Elle en trouvait justement le fondement dans la nature même de l'Amour :

---

77. Ms A, 84r°.
78. Nous reconnaissons ici le début du *Manuscrit B*. Le lien à la création est visible à l'époque de l'Acte d'Offrande dans la Poésie 18 inspirée de Jean de la Croix (str. 36-41 ; 50-51) et se manifeste déjà dans le début du *Manuscrit A* auquel nous allons revenir. Voir aussi plus loin la fin du Ms B (5v°).
79. Elle lit cela à partir d'un texte tiré providentiellement de son Évangile : " 'Il appela à Lui ceux qu'il lui plut ; et ils vinrent à Lui' (*Mc* 3, 13). Voilà bien le mystère de ma vocation, de ma vie tout entière et surtout le mystère des privilèges de Jésus sur mon âme !... Il n'appelle pas ceux qui en sont dignes mais ceux qu'il lui plaît" (Ms A, 2r°). Et Thérèse sait déjà le pourquoi de cet appel : "Comme le dit S. Paul : 'Dieu a pitié de qui Il veut, et Il fait miséricorde à qui Il veut faire miséricorde...' " (*Ibid.*, citant *Rm* 9, 15-16). Elle a compris de Jésus que cet Amour se manifeste déjà dans le "livre de la nature", mais que ce livre est le signe de l'œuvre encore plus merveilleuse qu'il réalise "dans le monde des âmes qui est le jardin de Jésus" (Ms A, 2v°).
80. Ms A, 2v°.

En effet, continue-t-elle, *le propre de l'amour étant de s'abaisser, si toutes les âmes ressemblaient à celles des saints docteurs qui ont illuminé l'Église par la clarté de leur doctrine, il semble que le bon Dieu ne descendrait pas assez bas en venant jusqu'à leur cœur ; mais Il a créé l'enfant qui ne sait rien et ne fait entendre que de faibles cris, Il a créé le pauvre sauvage n'ayant pour se conduire que la loi naturelle et c'est jusqu'à leurs cœurs qu'Il daigne s'abaisser, ce sont là ses fleurs des champs dont la simplicité Le ravit... En descendant ainsi le Bon Dieu montre sa grandeur infinie*[81].

Thérèse a "compris" la loi de l'Amour qui veut *s'abaisser*, et s'abaisser au plus bas, afin de se donner davantage. Thérèse a saisi que la grandeur de l'Amour de Dieu *se traduit* aussi bien et même plus complètement en un sens, dans cet abaissement que dans les reflets qui sortent des âmes des docteurs qui ont donné à l'Église les riches lumières de leur doctrine : il y montre sa grandeur infinie.

Est-ce à dire que Thérèse se ferme ainsi elle-même la porte au charisme des docteurs dans l'Église ? Certes non ! Elle dira plus tard son désir d'être docteur comme d'exercer toutes les fonctions, d'être tous les membres de l'Église à elle seule[82]. Mais ici elle montre qu'elle ne peut l'être, elle, à la manière des grands, elle ne peut l'être − et c'est sa place et sa mission qui explique déjà et motive son rayonnement doctrinal universel − que *comme une "petite âme"* : c'est seulement ainsi qu'elle expérimente et donc, dans son langage, "comprend" l'amour miséricordieux de Notre Seigneur, ainsi également qu'elle peut en témoigner en vérité, comme une enfant et comme le "pauvre" qui rejoint toutes les pauvretés, à cause de la connaissance de son néant, unie à celle de la Miséricorde.

Pensons ici à ces petites phrases qui, comme des étincelles de lumière, jaillissent parfois de la profondeur :

J'aime mieux convenir tout simplement que le Tout-Puissant a fait de grandes choses en l'âme de l'enfant de sa divine Mère, et la plus grande, c'est de lui avoir montré sa petitesse, *son impuissance*[83].

C'est un véritable *Magnificat* : "Le Tout-Puissant a fait pour moi de grandes choses" ; ce sont les paroles mêmes de Marie, *magnificat* "parce qu'il a jeté les yeux sur l'abaissement de sa servante" ; non pas seulement sur sa servante mais sur son abaissement, son orientation vers sa bassesse, sa petitesse, son humilité. Hymne à la Miséricorde qui s'était répandue sur elle parce qu'elle avait cru et n'avait "résisté en rien" à ses desseins de grâce. Abaissement et confiance, au sens théologal, adhésion qui s'engage et se soumet totalement, parce que toute simple, à la grâce du Seigneur : c'est le portrait de Thérèse s'offrant à l'Amour Miséricordieux.

Dieu lui-même donne la lumière sur la petitesse. Il crée la réceptivité nécessaire à la réalisation des grandes choses qu'il projette : une pauvreté qui lui

---

81. Ms A, 2v°-3r°.
82. Cf. Ms B, 2v°-3v°.
83. Ms C, 4r°, juste entre l'exposé de la petite voie et celui de son épreuve de la foi. Lumières qui demeurent plus profondes que sa nuit, comme sa paix.

permette de s'abaisser lui-même, de faire Miséricorde selon ce que lui seul peut réaliser par l'action de son Esprit [84].

L'amour fou de Jésus

Contemplée en Marie, c'est surtout en Jésus cependant que Thérèse saisit cette loi d'abaissement de l'Amour de Dieu : le Fils de Dieu s'est fait Enfant et Serviteur [85], le Pauvre par excellence qui rejoint les pauvres au plus profond de leur misère, dans le péché qu'il prend sur lui. N'est-ce pas lui d'abord en qui la Miséricorde se déploie infiniment pour les hommes, "Révélation et Incarnation de la Miséricorde" selon une formule de Jean-Paul II [86] ?

Ainsi à la fin de son *Manuscrit B*, Thérèse exprime la cascade d'abaissements de l'amour fou de Jésus, le Verbe incarné :

> *O Verbe Divin, c'est toi l'Aigle adoré que j'aime et qui m'attires ! c'est toi qui t'élançant vers la terre d'exil as voulu souffrir et mourir afin d'attirer les âmes jusqu'au sein de l'Éternel Foyer de la Trinité Bienheureuse, (...) c'est toi qui restes encore dans la vallée des larmes, caché sous l'apparence d'une blanche hostie...* [87]

Cet abaissement d'amour bouleverse Thérèse :

> *Aigle Éternel,* tu veux me nourrir de ta divine substance, *moi,* pauvre petit être *qui rentrerais* dans le néant *si ton divin regard ne me donnait la vie à chaque instant...* [88]

Elle avait dit :

> *Oui, pour que l'Amour soit pleinement satisfait, il faut qu'Il s'abaisse, qu'il s'abaisse jusqu'au néant et qu'il transforme en* feu *ce néant* [89].

Tout cela est pour Thérèse, mais aussi pour tous les cœurs qui "comprennent toute la tendresse de son Amour infini" [90]. Thérèse qui "comprend", ne peut que s'exclamer :

> *Ô Jésus ! laisse-moi dans l'excès de ma reconnaissance, laisse-moi te dire que* ton amour va jusqu'à la folie... *Comment veux-tu devant cette Folie, que mon cœur ne s'élance pas vers toi ? Comment ma confiance aurait-elle des bornes ?...* [91]

Tout est fondé sur l'Amour même du Christ, venu du Père pour s'unir à lui-même ces "néants" qui reçoivent tout de lui, l'être et la grâce ; comble d'amour, il

---

84. Cf. *Lc* 1, 35-38.
85. L'Enfant Jésus et la Sainte Face ne sont-ils pas ses deux "titres de noblesse", et sa dot, "l'Enfance de Jésus et sa Passion" (Ms A, 77v°) ? Cf. aussi la figure du Serviteur Souffrant d'Isaïe 53, reprise abondamment par le Nouveau Testament et contemplée si souvent par Thérèse au point de devenir le fond de sa piété (cf. CJ 5.8.9).
86. *Dives in Misericordia*, 1-2.
87. Ms B, 5v° : triple abaissement jusqu'à être caché sous la forme de l'hostie dans l'eucharistie, cf. RP 2, 5v°.
88. Ms B, 5v° ; c'est nous qui soulignons.
89. Ms B, 3v°.
90. Ms B, 1v°.
91. Ms B, 5v°.

se donne lui-même, substantiellement, en nourriture, dans l'eucharistie, prémices de l'achèvement de sa première création...

Et de là découlent le mouvement d'amour en retour et la confiance sans bornes de Thérèse, car sa faiblesse manifestera encore plus l'Amour, et c'est pourquoi elle stimule et fortifie sa confiance et sa réponse...

Permettre à l'Amour de se donner

Toute la problématique de Thérèse est alors de savoir que faire pour rendre à Jésus, qui l'a tant aimée, "Amour pour Amour" [92]... A la fin du manuscrit, elle continue :

> *Ah ! pour toi, je le sais, les Saints ont fait aussi des* folies, *ils ont fait de grandes choses puiqu'ils étaient des* aigles... *Jésus, je suis trop petite pour faire de grandes choses...* [93]

La réponse devra être adaptée à cette petitesse si évidente à Thérèse, adaptée à ce qu'elle appelait sa faiblesse, son impuissance [94]. Elle poursuit :

> *Jésus, je suis trop petite pour faire de grandes choses... et ma* folie *à moi, c'est d'espérer que ton Amour m'accepte comme victime...* [95]

Nous avons là le fond : espérer en l'Amour, se donner dans la confiance à cause même de la pauvreté sentie et expérimentée comme bien réelle. Elle dira à sa sœur qui ne l'a pas très bien comprise :

> *Ce qui lui plaît (au Bon Dieu) c'est de me voir aimer ma petitesse et ma pauvreté, c'est l'espérance aveugle que j'ai en sa miséricorde... Voilà mon seul trésor* [96].

Son trésor est dans ce mélange qui possède une extrême force de rayonnement, à savoir l'espérance qui s'appuie sur une pauvreté aimée pour l'amour du Bon Dieu, un entretien de cette pauvreté *afin de permettre les effusions de l'Amour qui ne désire qu'une chose, selon sa nature, le propre de son dynamisme : se donner.*

> *Comprenez que pour aimer Jésus, être sa* victime *d'amour, plus on est faible, sans désirs, ni vertus, plus on est propre aux opérations de cet Amour consumant et transformant...* [97]

Il s'agit d'*aimer Jésus*, il s'agit d'un amour qui regarde l'autre, et quel Autre : le Verbe Éternel qui s'abaisse jusqu'au néant et aspire à le transformer en feu. Thérèse veut *être sa victime d'amour* : se donner au sens de se mettre sous l'action de l'Amour, se livrer à l'Amour, s'offrir en victime d'holocauste pour être brûlée,

---

92. Ms B, 4rº.
93. Ms B, 5vº.
94. Cf. tout ce qui précède mais particulièrement : Ms B, 3vº ; cf.2vº, et 4vº qui montre l'image du petit oiseau.
95. Ms B, 5vº.
96. LT 197 (17-9-96) à Marie du Sacré-Cœur.
97. *Ibid.*

totalement transformée en feu afin de satisfaire sa loi à lui de brûler, c'est-à-dire d'aimer lui-même dans le cœur de tout homme.

Plus on est faible, plus on est propre aux opérations de cet Amour : nous sommes — et tout homme est — toujours ramenés au fondement dernier (ou plutôt premier) qui meut l'amour théologal de Thérèse et l'espérance qu'il suscite en elle, à savoir : la connaissance expérimentale de l'Amour de Dieu qui se donne et ne désire que se donner plus pleinement, jusqu'à consumer totalement sa proie en la transformant en lui-même.

"Le seul désir d'être victime suffit" [98], poursuit Thérèse : en effet, et avec lui le consentement à ne pas grandir, mais à "rester petite, à le devenir de plus en plus" [99], "à ne pas amasser de richesses, mais à demeurer pauvre d'esprit" [100]. Pourquoi cette pauvreté si chère qu'elle semble la grande richesse à ne jamais laisser perdre, mais à rechercher sans cesse davantage ? Afin de donner plus de place et d'emprise à l'Amour qui se fait Miséricorde en son excès d'abaissement !

Ma folie, conclut Thérèse — et c'en est une, mais elle va jusqu'au bout — *consiste à supplier les Aigles mes frères, de m'obtenir la faveur de voler vers le Soleil de l'Amour avec* les propres ailes de l'Aigle Divin... [101]

C'est bien vers la plénitude de la vie de la Trinité qu'elle veut aller, mais avec le propre mouvement d'amour du Verbe Divin, qui s'est incarné et qui remonte vers la Source d'où il est issu. Il ne reste que le théologal, la confiance en la seule force de l'Amour qui veut se donner. Thérèse peut conclure :

Un jour, j'en ai l'espoir, Aigle Adoré, tu viendras chercher ton petit oiseau, et remontant avec lui au Foyer de l'Amour, tu le plongeras pour l'éternité dans le brûlant Abîme de Cet Amour auquel il s'est offert en victime [102].

Il n'y a en définitive que lui qui compte : *Cet Amour-là* ! Et pour l'amour de Lui, l'espérance d'y être plongée un jour comme la goutte dans l'Océan, comme l'étincelle dans l'Abîme du Foyer Divin.

Révéler l'ineffable condescendance de l'Amour

Cette connaissance expérimentale de l'Amour qui la pénètre et l'environne ainsi, ne s'épuise pas dans ce mouvement qui attire Thérèse vers la Trinité Sainte, ou plutôt il inclut dans cet élan un autre dynamisme qui épouse le mouvement de l'Amour de Jésus pour elle. En effet, Thérèse poursuit avec une logique qui manifeste combien ce mouvement est intrinsèquement lié au premier :

Ô Jésus ! que ne puis-je dire à toutes les petites âmes *combien ta condescendance est ineffable...* [103]

---

98. LT 197.
99. Cf. Ms C, 3r°.
100. LT 197.
101. Ms B, 5v°.
102. *Ibid.*
103. *Ibid*

C'est bien toujours son expérience de l'Amour qui la fait parler et agir, et cela pour que les "âmes", comme elle dit, le connaissent à leur tour. Sans quitter Jésus du regard, Thérèse prend son mouvement de "descente" vers les hommes pour leur découvrir et donner son Amour, celui de la Trinité tout entière.

Ne disait-elle pas dans son Acte d'Offrande à la Trinité : "Je désire vous aimer et vous faire aimer" [104] ?

C'est un seul Amour de Dieu ou de Jésus et des âmes, selon une double modalité, puisant toujours sa force dans sa connaissance profonde de l'ineffable condescendance de l'Amour divin révélé en Jésus.

Elle poursuit dans son manuscrit :

Je sens que si par impossible tu trouvais une âme plus faible, plus petite que la mienne, tu te plairais à la combler de faveurs plus grandes encore, si elle s'abandonnait avec une entière confiance à ta miséricorde infinie.

Petitesse, abandon, c'est sa petite voie qui transparaît, celle qu'elle doit enseigner aux petits : elle suppose comme fondement la révélation de la Miséricorde infinie qui lui a été faite. Elle est le moyen de recevoir cette Miséricorde qu'elle se sent appelée par amour à faire connaître et expérimenter.

Nouvelle objection cependant :

Mais pourquoi désirer communiquer tes secrets d'amour, ô Jésus, n'est-ce pas toi seul qui me les as enseignés et ne peux-tu pas les révéler à d'autres ? [105]

En effet, Jésus seul peut enseigner ces choses par l'onction de son Esprit qui instruit sans bruit de paroles... Mais Jésus, en même temps qu'il donnait son Esprit à son Église, instituait des apôtres. Il a besoin d'instruments. Le choix de Thérèse est manifeste, avec la révélation qu'elle a reçue de l'Amour qui est en Dieu.

N'a-t-elle pas saisi elle-même, dès sa grâce de Noël 1886, que Jésus la faisait "pêcheur d'âmes", et qu'il agissait même à son égard d'une façon plus miséricordieuse encore que pour ses apôtres, puisqu'il prenait lui-même le filet pour le jeter et le retirer rempli de poissons, se contentant de lui demander la collaboration de sa prière et de l'offrande d'elle-même à ses desseins ? [106]

C'est ce que continue de faire Thérèse en septembre 1896 pour ceux qu'elle nomme les "petites âmes" :

Oui je le sais, et je te conjure de le faire (de révéler tes secrets d'amour), *je te supplie d'abaisser ton regard divin sur un grand nombre de* petites âmes... *Je te supplie de choisir une légion de* petites *victimes dignes de ton* AMOUR !... [107]

---

104. Cf. aussi à Jésus dans LT 96 ; 109 ; 114 (1889-1890) ; LT 218 ; 220 ;221 ; 225 ; 226 ; 254 ; 263 (1897) pour ne citer que les Lettres.
105. Ms B, 5v°.
106. Cf. Ms A, 45v°-46v°, avec la confirmation du premier gros poisson en Pranzini et l'orientation jamais démentie vers le Carmel "pour sauver les âmes et afin de prier pour les prêtres" (Ms A, 69v°).
107. Ms B, 5v°.

Ces victimes comme elle, choisies et enseignées par Jésus, ont surtout à apprendre comment se livrer à son Amour qui s'abaisse jusqu'au néant pour le transformer en lui-même [108], et comment se laisser prendre dans son mouvement, "le secret de s'approprier sa flamme" [109]. Thérèse laissera pour cela toute la place à cet Amour pour qu'il réalise ses propres desseins, mais elle sera le héraut, l'apôtre privilégié de cette folie d'Amour : servante et témoin de la "vision" particulière, ou plutôt de la révélation qui lui en a été faite pour la transmettre "dans les cinq parties du monde et jusque dans les îles les plus reculées" [110].

Ayant saisi en 1896 le dynamisme de cet Amour qui la place au cœur de l'Église, comme à la racine de toutes les missions particulières, Thérèse est amenée à les réaliser toutes selon cette vocation propre qui, par certains côtés, est très déconcertante. Ainsi, de même que, sans sortir de son cloître, elle pourra être proclamée patronne des missions [111] à l'égal de saint François Xavier, le missionnaire des confins de la terre, de même pourra-t-elle y être docteur de l'Évangile de la Miséricorde sans avoir fait d'autres œuvres écrites que des récits autobiographiques en apparence insignifiants, commandés par l'obéissance ou le devoir de charité, et destinés, de même que ses autres écrits (poésies, récréations, lettres et billets), au cercle restreint de ses connaissances.

Ce sont en effet ces pages toutes simples mais "sursaturées de divin" [112], qui se sont répandues dans le monde entier comme une traînée de poudre dès les dernières années du XIXᵉ siècle et les premières du XXᵉ [113] ; par cette *Histoire d'une Âme* qui ne possède rien du "prestige de la parole" ni des "discours persuasifs" de la sagesse humaine, Dieu a voulu faire passer un nouveau courant de confiance et d'amour dans l'Église et le monde, en révélant, dans un langage lui-même enseigné par l'Esprit, "ce qui n'est pas monté au cœur de l'homme, tout ce que Dieu a préparé pour ceux qui l'aiment" [114]. N'est-il pas notoire que la doctrine de Thérèse sur l'Amour qui est en Dieu, et sur ses désirs miséricordieux de se prodiguer aux petits et aux pécheurs, a contribué à transformer profondément l'atmosphère spirituelle de l'Église : à redonner aux enfants de Dieu l'accès à leur Père, dans l'union à Jésus sous la motion même de l'Esprit d'Amour [115], à les faire marcher avec une entière confiance en sa grâce, vers une sainteté qui se reçoit de

---

108. Cf. Ms B, 3v°.
109. Ms B, 3v°.
110. Ms B, 3r° ; cf. *Ac* 26, 16-18 ; 9, 15.
111. Le 14 décembre 1927 par Pie XI.
112. P. MARIE-EUGÈNE DE L'E.J., dans *Ton Amour a grandi avec moi. Un génie spirituel, Thérèse de Lisieux*, p. 67.
113. On a remarqué très tôt non seulement la diffusion de sa sainteté et de ses miracles mais l'attrait, l'universalité et la nécessité pour l'Église de sa petite doctrine d'enfance spirituelle fondée sur la Miséricorde de Dieu : cf. Discours de Pie XI pour le Décret de reconnaissance des miracles pour la Béatification, le 11 février 1923. Voir les autres interventions du S. Siège qui exalte la doctrine éminente de Thérèse dans *Vie Thérésienne* 23 (1983) n°92 et 24 (1984) n°93, et la contribution, dans ces pages, de Mgr GAUCHER.
114. *1 Co* 2, 9 ; cf. 2, 1-16.
115. Un exemple parmi tant d'autres, dès l'ouverture de sa Cause de Béatification : le concours apporté à saint Pie X pour laisser les petits enfants s'approcher de Jésus-Eucharistie, et donner à tous les fidèles la possibilité de la communion fréquente. Voir aussi l'homélie de JEAN-PAUL II à Lisieux, le 2 juin 1980.

Dieu et demeure son bien propre, à les orienter par ce renouvellement intérieur vers le don complet à l'Église pour le salut de tous, proches ou lointains ? [116]

De son vivant déjà, Thérèse sent la force de ce mouvement de Miséricorde qui la dépasse mais l'emporte avec force et douceur vers la réalisation plénière de sa mission, celle, dira-t-elle le 17 juillet 1897, "de faire aimer le bon Dieu comme je l'aime, de donner ma petite voie aux âmes" [117]. Elle va en effet s'affirmer de plus en plus dans ses derniers mois et, de façon hautement significative, en même temps que se développe le chemin de sa "passion" et de sa croix [118].

Une conviction viendra même s'imposer bientôt à elle : cette mission est immense, elle ne pourra l'accomplir totalement en cette vie. Alors elle rebondit en quelque sorte dans le mouvement d'espérance et d'amour qui la fait vivre, en s'appuyant sur l'expérience des saints. Le 10 août 1897, devant une image de Jeanne d'Arc dans sa prison, elle affirme :

Les saints m'encouragent moi aussi dans ma prison. Ils me disent : Tant que tu es dans les fers, tu ne peux remplir ta mission ; mais plus tard, après ta mort, ce sera le temps de tes travaux et de tes conquêtes [119].

Ce sera toujours une mission d'amour :

Une seule attente fait battre mon cœur, c'est l'amour que je recevrai, et celui que je pourrai donner [120].

Elle ne pourra même, dit-elle encore, "se reposer tant qu'il y aura des âmes à sauver" [121].

C'est le dynamisme même de l'Amour qui est en Dieu et qui se manifeste en son âme ! Elle communie à tous ses desseins, à sa soif de se communiquer.

---

116. S'impose ici l'impact reconnu sur les préparations lointaines, le climat général et nombre d'axes fondamentaux du Concile Vatican II qui auront à être déployés largement dans l'avenir. Voir déjà dans le présent ouvrage, l'intervention du P. E. MICHELIN. Il nous semble par ailleurs que ce rôle de Thérèse, plus diffus qu'explicite jusqu'à ce jour au plan doctrinal (cf. encore le Magistère de Jean-Paul II, en particulier ses encycliques sur la Miséricorde, la Vierge Marie...) aurait à être davantage reconnu dans son équilibre et son ampleur réelle pour donner tous ses fruits en cette étape de la vie de l'Église.
117. CJ 17.7 (même si les mots peuvent être traduits par Mère Agnès).
118. On ne saurait trop mettre en valeur cette loi de la Croix, non seulement pour la vie de l'Église en général mais dans la vie des Pères et des Docteurs qui ont fait briller quelque lumière sur les Mystères de la foi : la liste serait trop longue et sans doute trop incomplète pour être tentée ici. Rappelons seulement l'énoncé de cette loi dans S. JEAN DE LA CROIX, *Cantique Spirituel B*, str. 36, 10-13 ; et l'insistance du Synode pour le 20e anniversaire du Concile Vatican II à ce sujet. Thérèse a aspiré à connaître la mort de Jésus en Croix, on le sait (cf. CJ 25.9.2 et 3) et elle a été exaucée (cf. notamment ses dernières paroles du 30 septembre 1897).
119. CJ 10.8.4 cf. encore LT 254 (14.7.97).
120. CJ 13.7.17.
121. CJ 17.7 avec dans le contexte : "Si le bon Dieu exauce mes désirs, mon Ciel se passera sur la terre jusqu'à la fin du monde" ; et rappelant, la veille, l'exaucement du désir de voir Céline auprès d'elle au Carmel, elle ajoute : "Si un désir à peine exprimé est ainsi comblé, il est donc impossible que tous mes grands désirs dont je parle si souvent au bon Dieu ne soient pas complètement exaucés" (CJ 16.7.2 ; cf. aussi CJ 18.7.1).

Conclusion

Thérèse est Docteur de l'Amour, elle le sera jusqu'à la fin des temps dans le mouvement de cet Amour Divin qui l'a prise et l'a posée là [122].

Emportée finalement dans le Brasier de la Trinité, elle continuera cette œuvre, sachant que toute la gloire qui pourrait lui en venir devra être rapportée — comme à l'Église qui a participé à ce don tout gratuit à son égard [123] — à ce Dieu qui fait Miséricorde. De sorte qu'on pourra dire ce qu'elle affirme elle-même du bien qui se fera avec ses *Manuscrits* : "Comme on verra bien que tout vient du bon Dieu" [124], du Dieu qui est Miséricorde, Amour qui veut se donner.

---

122. Cf. CJ 7.7.3.
123. Cf. Ms B, 4r°.
124. CJ 11.7.3.

SAINTE THÉRÈSE, DOCTEUR DE LA CHARITÉ

Maurice PAISSAC op *

On m'a demandé, il y a quelque temps, si je souhaitais voir sainte Thérèse de Lisieux déclarée Docteur de l'Église. J'ai répondu aussitôt par l'affirmative, en ajoutant quelques mots pour expliquer mon souhait. Il me reste à donner ici en toute simplicité un témoignage, dont le seul but sera de souligner mon admiration pour Thérèse.

Pour tout avouer, je reconnais que cette admiration ne date pas de mes premiers contacts avec la personnalité de Thérèse : les "images" — je ne dis pas les photos — qu'on avait d'elle n'étaient pas faites pour séduire un garçon de vingt ans, et la lecture de l'*Histoire d'une Âme* semblait bien décevante à l'étudiant habitué à l'histoire de Pascal ou de saint Augustin ! Au-delà des images ou de la littérature, la pensée même de Thérèse me laissait hésitant entre l'agacement et le dédain : la voie de l'enfance spirituelle, illustrée par tant de souvenirs d'une enfance très humaine, me semblait conduire à l'enfantillage. Mais surtout l'insistance à souligner le prix de la *petitesse* dans une vie spirituelle heurtait en moi un certain goût de la grandeur, de l'héroïsme ; et la pauvre "petite Thérèse", comme on l'appelait toujours, était bien loin de l'idéal que je me faisais alors de la sainteté.

Les vues de Dieu sont impénétrables : c'est précisément la doctrine — je voudrais pouvoir dire : la théologie — de la petitesse qui me semble aujourd'hui légitimer la place de Thérèse parmi les Docteurs de l'Église. Mais d'autrefois jusqu'aujourd'hui, quelle distance à parcourir ! que de conversions nécessaires ! que de relectures, de retours, d'hésitations !

La première conversion s'est produite en découvrant la première photographie authentique de Thérèse ; c'était déjà passer de la petitesse à la grandeur. A cette époque — avant la guerre — je ne connaissais, en fait de portraits de Thérèse, que les illustrations des premières éditions de l'*Histoire d'une Âme*, et la plus connue : une composition réalisée à partir de "Thérèse joignant les mains" et "Thérèse le 7 juin, les trois poses" ; c'était le fameux "portrait en ovale". Or voici qu'un jour, un de mes amis me montra, en grand secret, une photographie qu'il avait réussi à obtenir à Lisieux et qui circulait sous le manteau en provoquant bien des discussions. C'était l'ovale, trop connu — le cliché avait été réduit par un

* Professeur

cache −, mais pour le visage je demeurai stupéfait : une véritable révélation ! Au lieu d'une petite jeune fille bien sage et trop jolie, je contemplais une femme, au visage douloureux, mais tellement énergique, tellement beau, empreint d'une grandeur indéfinissable. Je dis alors à mon ami : mais ce n'est pas possible ! si c'est vraiment elle, Thérèse, alors je suis convaincu qu'elle dissimule un secret sous la petitesse dont elle parle. Depuis, je garde précieusement cette petite photo, dont j'ai retrouvé avec joie la reproduction − sans son ovale ! − dans le superbe album de 1960...

Pour mieux comprendre le sens de cette photo, il me fallait, me disait-on, lire les *Novissima Verba*, qui venaient d'être édités ; ce n'était pas encore les *Derniers Entretiens*, mais c'était mieux que le chapitre XII de l'*Histoire d'une Âme*. Eclairé par le visage de la photo authentique et devinant les souffrances endurées par Thérèse en cette année 1897, je me mis à parcourir ces pages étonnantes : au-delà des expressions enfantines encore présentes parfois, j'apercevais ce qui traduisait en réalité un héroïsme de chaque instant. A vingt-quatre ans, Thérèse n'était plus cette adolescente prolongée qu'on m'avait montrée, elle était une femme dans la maturité de son âme et de son cœur, et cette femme était aussi forte, aussi courageuse que les martyrs. Ses derniers mots, auxquels je n'avais guère fait attention jusque-là, me bouleversaient : "Mon Dieu, je vous aime". Ils devaient être le point de départ de toutes mes réflexions...

L'amour infini

Il me fallait désormais pénétrer dans les profondeurs du mystère. Le mystère de Thérèse s'exprime en un seul mot, *l'amour* : on le trouve terminant les trois grands textes autobiographiques, ce n'est pas par hasard. Je devais pour avancer consentir à une nouvelle conversion. Ce mot amour était − et est encore plus, aujourd'hui − tellement galvaudé, tellement profané, avili, qu'on serait tenté de ne plus l'employer pour traduire l'Évangile ou transcrire les écrits de Thérèse ! Mais les Apôtres ont éprouvé déjà de leur temps, une difficulté analogue à la nôtre : ils ont évité les mots grecs habituellement utilisés et choisi à leur place un terme rare, *agapè*, que nous traduisons très bien en parlant de "charité". On cite volontiers "l'hymne à la charité" de saint Paul, dans sa lettre aux Corinthiens. C'est en lisant ce texte que Thérèse aperçoit les perspectives les plus grandioses ; elle écrit : "La Charité me donna la clef de ma vocation... ma vocation, c'est l'Amour" [1].

L'équivalence est affirmée entre cet Amour et ce que nous dénommons en théologie "charité théologale" : on veut dire par là un amour "*de*" Dieu, au double sens de l'expression : cet amour vient "*de*" Dieu, c'est un don fait par lui, et qui va jusqu'à nous faire aimer notre prochain, mais ce n'est pas seulement l'amour de notre prochain, c'est l'amour "de" Dieu pour Dieu. Thérèse va finalement nous faire entrevoir un autre sens qu'il faut donner à la charité quand nous disons :

---

1. Ms B, 3v°.

"l'amour *de* Dieu". C'est ce qu'il faudrait pouvoir appeler sa "doctrine" de la charité, s'il est vrai qu'un Docteur se caractérise par sa doctrine.

Un mot de Thérèse va nous mettre sur la voie qui nous permettra d'aboutir au but : l'amour, au sens de charité théologale, est pour elle un amour *infini*. Il est question, en ce sens, de son amour pour Dieu. On dira, et c'est vrai, qu'elle parle le plus souvent de son amour pour Jésus. Elle retient de sa Mère sainte Thérèse une dévotion fervente pour l'Humanité de Jésus contemplée dans l'enfant de Béthléem, et dans l'Homme de qui la Sainte Face la bouleversait. Mais pour elle, aimer Jésus, c'est aimer Dieu. Elle écrira bien, dans sa Lettre à Sœur Marie du Sacré-Cœur : "Mon Jésus, je t'aime" [2], mais elle dira, en mourant : "Mon Dieu je vous aime". C'est un amour infini. On la dirait hantée par l'infini : elle écrit à sa sœur, en évoquant la fin de l'exil : "Au fond de l'âme on sent qu'il y aura un jour des lointains infinis" [3] ; un autre jour, à propos du Notre Père, "quel horizon infini (cette prière) ouvre à nos yeux" [4], ou encore : "Notre religion rend (les cœurs) capables d'aimer d'un amour presque infini" [5].

Mais ce qui lui semble rigoureusement infini, c'est l'amour que Dieu a pour nous ; elle demande à Dieu, dans son Acte d'Offrande, de laisser "déborder en (son) âme les flots de tendresse infinie qui sont enfermés en vous" [6]. La conséquence s'impose ; se souvenant du 9 juin, elle souhaite, en s'adressant à Dieu, voir "tous les cœurs accepter votre Amour infini" [7]. Mais s'il faut "accepter son amour infini", n'est-ce pas reconnaître que cet amour doit remplir le cœur de ceux qui l'aiment ? Elle écrit donc dans son Acte d'Offrande : "Je sens en mon cœur des désirs infinis" [8]. Comme il est émouvant de lire, sur la photocopie du manuscrit, la correction imposée par les censeurs : on voit Thérèse gratter consciencieusement le mot "infinis" pour écrire à sa place "immenses". C'est elle qui a raison, et elle s'en explique dans une lettre à Céline : "Nos désirs infinis ne sont donc ni des rêves ni des chimères, puisque Jésus nous a lui-même fait ce commandement : " 'Soyez parfait comme votre Père céleste est parfait' " [9].

Déjà ce qu'on peut nommer la doctrine de la charité théologale chez Thérèse va plus loin que ce qu'on trouve habituellement dans les manuels. Mais ne va-t-elle pas trop loin, et comment faut-il comprendre ce qu'elle a voulu dire ?

C'est un Docteur de l'Église qui va nous l'expliquer. Thérèse n'a jamais lu saint Thomas, c'est vrai ; elle le cite du moins, en même temps que saint Jean de la Croix, parmi "ceux qui remplirent l'univers de l'illumination de la doctrine évangélique" [10]. Le principe qui commande le traité de la charité, dans la *Somme*, c'est que l'acte de charité porte sur Dieu lui-même, en lui-même et non plus

---

2. Ms B, 4v°.
3. LT 114.
4. LT 127.
5. LT 166.
6. Acte d'offrande à l'Amour Miséricordieux, Pri 6.
7. Ms A, 84r°.
8. Pri 6.
9. LT 107.
10. Ms C, 36r°.

seulement dans ses créatures, immédiatement et non par quelque intermédiaire. Dans ces conditions, puisque celui qu'on aime est infini, l'amour qu'on a pour lui ne saurait avoir de limites [11], "il n'y a pas de limites à imposer à l'amour" de Dieu. On ne peut assigner une limite, une fin, à l'acte d'aimer ; en ce sens, on peut dire de la charité qu'elle est sans limite assignable, autrement dit infinie. Quand il s'agit de Dieu, et seulement de Dieu, on ne peut pas penser : je l'aimerai jusqu'à un certain point ; on doit au contraire admettre : je n'aurai jamais fini de faire grandir mon amour. On comprend que Thérèse ait pu écrire : "Je sens en mon cœur des désirs infinis". Sans avoir analysé, comme on doit le faire en théologie, l'acte de charité théologale, sans avoir peiné sur la métaphysique du fini et de l'infini actuel, elle avait "vu" dans une intuition infaillible, elle avait *vécu* que son amour était illimité.

Elle ne voulait pas dire, c'est évident, que son cœur était infini, ou que son acte d'aimer était, au moment où il se réalisait, infini en acte ; elle savait bien que Dieu seul est infini. Mais elle avait raison de dire à Jésus dans le "Billet de profession" qu'elle portait sur son cœur : "je ne te demande que l'amour infini, sans limite" [12].

"Toi Jésus, sois tout !"

La simple affirmation d'un amour infini ne pouvait suffire à Thérèse, pour exprimer ce qu'elle vivait dans le secret de son cœur. Cet amour réalise entre elle et Dieu une union tellement étroite que rien ni personne n'intervient pour la faire naître ou la garder : "Pour moi, le Bon Dieu ne se servait pas d'intermédiaire, mais agissait directement" [13]. De plus cet amour est total, celui qu'elle aime est tout pour elle ; elle écrit le jour de sa profession : "Que je ne cherche et ne trouve jamais que toi seul, que les créatures ne soient rien pour moi, (...) mais toi, Jésus, sois *tout* !" [14] D'autre part son cœur est totalement donné : "je désire que (ce cœur) donne à Jésus tout ce qu'il peut donner" [15]. Il n'y a là aucune prétention inadmissible puisque Jésus lui-même rappelle le commandement du Deutéronome : tu aimeras le Seigneur de tout ton être. Saint Thomas explique que la charité consiste à aimer Dieu *immédiatement* et *totalement*.

Thérèse va plus loin. Dans un des passages les plus étonnants du *Manuscrit C*, elle prend à son compte — si l'on peut dire — la prière de Jésus : "Je vous ai glorifié sur la terre..." [16] mais elle s'arrête devant ce que Jésus seul peut dire ; pourtant elle trouve le moyen de reprendre l'affirmation qui traduit si bien son amour, en rappelant la parabole de l'enfant prodigue : "Comme le père de l'enfant prodigue (...) vous m'avez dit : '*Tout* ce qui est à moi est à toi'. Vos paroles, ô

---

11. Cf. II ª II ᵃᵉ, q. 27, a. 5, 6.
12. Pri 2.
13. Ms A, 48vº.
14. Pri 2.
15. Ms C, 10rº.
16. *Jn* 17, 4 et s.

Jésus, sont donc à moi" [17]. On comprend qu'elle se demande : est-ce de la témérité ? "Mais non, depuis longtemps vous m'avez permis d'être audacieuse avec vous" [18]. Il s'agit en effet, cette fois, d'un amour qui, étant total de part et d'autre, implique une communion allant jusqu'à la *réciprocité* : "Vous aimer comme vous m'aimez" [19]. C'est l'égalité dans l'amour.

N'est-ce pas, cette fois, aller trop loin ? Thérèse a-t-elle raison d'être si audacieuse ? Mais les Docteurs qui l'ont précédée ont déjà répondu. Saint Augustin nous rassure : "Tu aimes Dieu ? que dirai-je, tu seras Dieu" [20]. Saint Thomas, lui, nous explique que la charité est une *amitié* : "*caritas est amicitia*". Ce qui caractérise en effet l'amitié, c'est qu'elle suppose un amour réciproque, une communication mutuelle, ce qui fait sa supériorité par rapport à tout autre amour [21]. L'amour d'un enfant pour son père, l'amour qui unit des époux, ne peut pas, pour des raisons évidentes, être parfaitement réciproque, sauf s'il s'y ajoute l'amitié, ce qui n'est pas nécessaire. Aucun obstacle ne s'oppose plus, dans l'amitié, à ce que des amis s'aiment comme ils sont aimés. C'est bien cette perfection de l'amour que Thérèse désire : "vous aimer comme vous m'aimez". Et, comme saint Thomas ou saint Augustin, elle s'appuie sur la parole de Jésus lui-même : ses Apôtres étaient de pauvres pêcheurs... "cependant, écrit-elle, Jésus les appelle ses amis" [22]. Elle veut être, elle aussi, une amie de Jésus, elle sait que Jésus est son ami.

Il n'est peut-être pas inutile d'insister sur ce point, si l'on veut bien comprendre la suite. Pour elle Jésus est un ami. Elle semble en prendre conscience dès ses années douloureuses à l'Abbaye ; elle fait alors l'expérience de l'amitié humaine, elle essaye de se lier avec des petites filles de son âge : "je les aimais et (...) elles m'aimaient autant qu'elles en étaient capables ; mais hélas − ajoute-t-elle − mon amour était incompris" [23]. "Je n'avais pas, avoue-t-elle, comme les autres, de maîtresse amie (...) mais − et voilà la grande révélation − Jésus n'était-il pas mon unique ami ?" [24]

Sans doute, elle se reconnaît comme une enfant, comme une épouse en présence de Dieu, elle encourage Céline à se garder "un cœur d'enfant, un cœur d'épouse" [25], mais ailleurs elle fait dire à Jésus s'adressant à Céline : "C'est moi Jésus, ton époux, ton ami" [26]. Dans une autre lettre, évoquant "le poids qui l'oppresse", elle confie à sa sœur : "mais que fait-il donc ce doux ami ?" [27] Ailleurs encore, "c'est le doux ami qui pique lui-même sa balle" [28]. Dans son avant-dernière lettre à l'Abbé Roulland, elle dit ne pas comprendre "les âmes qui ont

---

17. Ms C, 34v°.
18. *Ibid.*
19. Ms C, 35r°.
20. *In Ep. Joan.* 35, 1007.
21. Cf. II ª II æ, q. 23, a. 1 ; I ª II æ, q. 65,a.5.
22. Ms C, 12r°.
23. Ms A, 38r°.
24. Ms A, 40v°.
25. LT 144.
26. LT 157.
27. LT 57.
28. LT 74.

peur d'un si tendre Ami" [29]. Bien entendu, Jésus est "l'unique ami de nos âmes" [30] écrit-elle encore à Céline. Elle sait trouver, dans ses *Poésies*, les expressions les plus émouvantes pour exprimer son amitié. "Tu m'as entendue, seul Ami que j'aime, pour ravir mon cœur" [31]. Si elle dit à Jésus "Mon bien-aimé, rappelle-toi" [32], c'est qu'elle a lu dans sainte Gertrude : "Quand un ami veut réveiller au cœur de son ami la vivacité première de son affection, il lui dit : souviens-toi" [33].

Retenons seulement pour tout résumer ce que Thérèse écrit dans sa Lettre à sœur Marie du Sacré-Cœur : "Comment une âme aussi imparfaite que la mienne peut-elle aspirer à posséder la plénitude de l'amour ? Ô Jésus, mon *premier, mon seul Ami*, toi que *j'aime uniquement* – les mots sont soulignés – dis-moi quel est ce mystère ?" [34] Tout est dit : le désir infini de Thérèse, son amour d'amitié, unique, parfait et réciproque, mais aussi la question inévitable qui va nous conduire aux dernières révélations.

La réciprocité d'amour

C'est bien un mystère en effet que Thérèse entrevoit. La charité, qui est une amitié pour Jésus, pour Dieu, elle en vit sans doute, mais elle ne parvient pas, et c'est normal, à se l'expliquer. La difficulté, reconnue d'ailleurs par tous les Docteurs avant elle, et en particulier par saint Thomas, vient de ce qu'on affirme une amitié entre un être humain et Dieu, c'est-à-dire une communication finalement réciproque, entre le fini et l'infini, ce qui semble contradictoire.

La charité de Thérèse est bien infinie, comme on l'a dit, mais elle n'est pas infinie comme est infini l'amour de Jésus pour Thérèse. Car Jésus est Dieu, elle ne l'oublie jamais, et ce n'est pas avec son cœur d'homme que Jésus peut aimer en particulier tel être humain en même temps que des milliards d'êtres humains. Jésus aime tous les hommes et en particulier tel ami parmi tous les autres, mais de son cœur divin, si l'on peut dire. Son amour pour Thérèse est un amour "de" Dieu, rigoureusement infini, comme Dieu lui-même : Dieu est amour. Comment dès lors imaginer, ou penser qu'un cœur humain, celui de Thérèse, puisse aimer l'amour infini d'un amour d'amitié supposant la réciprocité ? Or la charité est amitié, "vous êtes mes amis" dit Jésus [35], qui est Dieu.

On voit bien que Thérèse cherche – et elle a raison – une réponse possible à cette question : un mystère ne doit jamais, ne peut jamais, apparaître comme une donnée contradictoire. Ce qui vient d'abord à l'esprit, c'est que l'Infini peut se déverser, en quelque sorte, se décharger dans un cœur fini. Quand elle rappelle à Mère Agnès comment elle a été conduite à son Acte d'Offrande, faisant allusion

---

29. LT 226.
30. LT 144.
31. PN 23, 5.
32. PN 24.
33. Cf. le texte en épigraphe de PN 24.
34. Ms B, 4v°.
35. Cf. *Jn* 15, 14.

aux âmes qui s'offrent en victime à la Justice de Dieu, elle remarque : "Si votre Justice aime à se décharger, elle qui ne s'étend que sur la terre, combien plus votre Amour Miséricordieux (...) Il me semble que vous seriez heureux de ne point comprimer les flots d'infinies tendresses qui sont en vous" [36]. La réponse de Thérèse ne se fait pas attendre, elle peut dire aussitôt : "il me semble que l'Amour me pénètre et m'environne"... [37]

Plus tard, elle ira jusqu'à demander que se réalise pour elle ce qu'on observe entre le fer et le feu : le fer "désire s'identifier au feu de manière qu'il le pénètre et l'imbibe de sa brûlante substance, et semble ne faire qu'un avec lui" [38]. On peut admettre ainsi que l'amour infini de Jésus Dieu, les flots d'infinies tendresses qui sont en lui, son amour divin, miséricordieux, vienne embraser les âmes, remplir le cœur d'un être humain, sans en faire un cœur infini : mais ce cœur est rempli de l'amour infini de Dieu.

Thérèse ne peut en rester là : ce qu'elle vit est au-delà de cette trop simple explication. La réponse laisse intacte, à peu près, la question tout d'abord posée : en admettant que l'amour infini de Dieu vienne combler la capacité finie d'un cœur humain, il semble bien que l'amitié ou l'amour réciproque ne puisse vraiment se réaliser ; l'amour de Jésus pour Thérèse est infini, puisqu'il est Dieu, mais jamais l'amour de Thérèse pour Jésus ne sera infini, à prendre le mot dans le même sens. Pourtant ce que Thérèse vit dans son cœur aimant contredit cette conclusion : l'amour qui fait toute sa vie, la charité qui brûle en elle, est une charité infinie, elle en est certaine, puisque Jésus est son ami : l'amitié réalise un amour réciproque. Il faut donc bien qu'il y ait en elle un amour égal à l'amour de Dieu pour elle. C'est bien ce qu'elle tente d'exprimer en quelques phrases qui sont les plus étonnantes de toute son œuvre.

On dirait qu'elle prend simplement à la lettre, sans avoir besoin de les interpréter, ces paroles de saint Paul, qu'elle répétait sans cesse, dit-elle, en rapportant le souvenir de sa première communion : "Ce n'est plus moi qui vis, c'est Jésus qui vit en moi" [39]. Ou, si l'on veut : ce n'est plus moi qui aime, c'est Dieu qui aime en moi. Elle résume alors sa pensée, sa vie, en une phrase qui suffit à tout dire :

Pour vous aimer comme vous m'aimez — telle est bien la charité comme amitié réciproque —, *il me faut emprunter votre propre amour, alors seulement je trouve le repos* [40].

Elle vient de citer, comme adressée à elle, cette affirmation du père de l'enfant prodigue, qu'elle lit ausssi dans la prière de Jésus : "Tout ce qui est à moi est à toi" [41]. L'amour qui est en Dieu, qui est Dieu, il est aussi en Thérèse, elle l'a en elle, et c'est par cet amour qu'elle aime à son tour.

---

36. Ms A, 84r°.
37. *Ibid.*
38. Ms C, 36r°.
39. Cf. Ms A, 36r°.
40. Ms C, 35r°.
41. Cf. *Lc* 15, 31.

Je demande à Jésus de m'attirer dans les flammes de son amour, de m'unir si étroitement à Lui, qu'Il vive et agisse en moi [42].

C'est Jésus, c'est Dieu qui agit, qui aime, en elle. Elle précise encore :

Oui, je le sens, lorsque je suis charitable, c'est Jésus seul qui agit en moi [43],

elle veut dire : ce n'est plus moi. Ou, si l'on veut, l'union des cœurs est alors si parfaite qu'elle est devenue une unité. Elle reprend, en juillet 1897 [44], un mot de Madame Swetchine, qu'elle citait déjà dans une lettre de 1888 : "dans l'union, on est encore deux, dans l'unité on n'est plus qu'un" [45]. Mais peut-être trouvons-nous l'expression la plus forte de ce mystère dans le "billet" de profession :

Jésus, je ne te demande que la paix, et aussi l'amour, l'amour infini sans limite autre que toi... l'amour qui ne soit plus moi mais toi mon Jésus [46].

Il faut entendre : "mon Dieu".

On serait tenté d'admettre qu'il s'agit là de quelque pensée pieuse comme on en trouve sur les images de première communion, mais celle qui parle ainsi n'est déjà plus une petite fille, c'est une moniale qui va faire profession.

Ce que Thérèse veut dire, à n'en pas douter, c'est que "si l'on possède la plénitude de l'amour", selon son expression – qui est à retenir – l'amour divin a pris la place de l'amour humain, le cœur humain a cédé la place à Dieu : c'est Dieu qui aime, et non plus Thérèse. Elle avoue, se souvenant de sa première communion cette fois :

Jésus et la pauvre petite Thérèse s'étaient regardés et s'étaient compris... Ce jour-là, ce n'était plus un regard, mais une fusion, ils n'étaient plus deux, Thérèse avait disparu (...) Jésus restait seul, Il était le Maître [47].

Thérèse ne lui avait-elle pas demandé "de lui ôter sa liberté ?" [48]

Elle va un peu plus loin, et dangereusement, quand elle ajoute : "Thérèse avait disparu comme la goutte d'eau qui se perd au sein de l'océan" [49], elle dira plus tard "pas même une goutte de rosée" [50].

Sur les ailes de l'Aigle...

Retenons plutôt une autre comparaison, à laquelle elle attache visiblement plus d'importance. On la trouve dans cet extraordinaire chef-d'œuvre qu'est sa

---

42. Ms C, 36rº.
43. Ms C, 12vº.
44. Cf. CJ 23.7.5.
45. Cf. LT 65.
46. Pri 2.
47. Ms A, 35rº.
48. *Ibid.*
49. *Ibid.*
50. Ms C, 35rº.

Lettre à sœur Marie du Sacré-Cœur. C'est au moment même où elle affirme aspirer à posséder la plénitude de l'amour[51] :

> *Ô Jésus, mon premier, mon seul Ami, toi que j'aime uniquement*[52]...

Elle a retenu l'admirable verset du Cantique de Moïse : "tel un *aigle* qui veille sur son nid, plane au-dessus de sa couvée, il déploie ses ailes et le prend, il le soutient sur son pennage"[53]. Peut-être a-t-elle lu ce que Dieu dit à Moïse, d'après l'Exode : "Je vous ai emportés sur des ailes d'aigle"[54]. Pour elle, l'Aigle, c'est Dieu, c'est Jésus. Elle s'adresse à lui :

> *Ô Verbe Divin, c'est toi l'Aigle adoré que j'aime et qui m'attires !*[55]

Elle contemple cet Aigle "au centre du Soleil d'Amour", elle sait ce qu'il a fait "pour attirer les âmes", ce qu'il désire : "tu veux me nourrir de ta divine substance (elle a retenu le mot employé dans la liturgie du dimanche 9 juin, fête de la Trinité) laisse-moi dire que ton amour va jusqu'à la folie". Alors, elle laisse déborder son amour à elle :

> *Comment veux-tu, devant cette Folie, que mon cœur ne s'élance pas vers toi ? (...) Ma folie à moi c'est d'espérer que ton Amour m'accepte comme victime... Ma folie consiste à supplier les Aigles mes frères, de m'obtenir la faveur de voler vers le Soleil de l'Amour* (et voici le plus important :) *avec les propres ailes de l'Aigle Divin*[56].

Arrêtons-nous à cette dernière phrase : elle exprime en une image saisissante ce que nous avions cru pouvoir comprendre : la perfection de l'amour qu'elle désire atteindre, la charité théologale à son point culminant, ce n'est pas elle, Thérèse, qui la réalisera, elle laissera agir les propres ailes de l'Aigle divin, c'est-à-dire les forces, la puissance, l'amour de Dieu lui-même. L'amour qui est *en* Dieu, qui est Dieu, se substitue à l'amour de Thérèse, il prend sa place, il aime, à sa place.

Comme pour ne pas nous laisser hésiter sur sa pensée, Thérèse va, dans la suite, utiliser une autre image, plus prosaïque, mais tout aussi expressive. Elle remarque : "chez les riches, ce n'est plus la peine de gravir les marches d'un escalier, un *ascenseur* le remplace avantageusement". Elle transpose aussitôt :

> *Moi je voudrais aussi trouver un ascenseur pour m'élever jusqu'à Jésus (...) L'ascenseur qui doit m'élever jusqu'au Ciel, ce sont vos bras, ô Jésus*[57].

Les deux images concordent, pour l'essentiel : elles tentent de nous faire comprendre ce que veut dire Thérèse, et qui fait sa vie : son amour fou pour Dieu, la charité qui doit être une amitié entre elle et Jésus, ce n'est pas elle qui la produit, c'est Dieu ! Pour voler vers le Soleil de l'Amour, ce sont les ailes de l'Aigle qui agissent ; Thérèse n'est pas seulement aidée, elle est, pour ainsi dire,

---

51. Cf. S. JEAN DE LA CROIX, *Cantique Spirituel*, str. 23 ; et LT 164, 191.
52. Ms B, 4v°.
53. *Dt* 32, 11.
54. *Ex* 19, 4.
55. Ms B, 5v°.
56. *Ibid.*
57. Ms C, 3r°.

remplacée, elle ne fait que se laisser emporter, elle laisse agir le grand oiseau à sa place. Pour monter l'escalier, l'ascenseur ne fait pas qu'aider Thérèse à monter les marches, comme a pu le faire autrefois sa maman, il monte à sa place, ou, si l'on veut, elle prend place en lui.

En langage théologique − s'il est permis de traduire les textes de Thérèse pour y voir une "doctrine" − on peut dire : quand la charité atteint son point culminant de perfection, ce n'est plus le cœur humain qui agit, pour aimer, c'est Dieu lui-même, et, comme c'est Dieu lui-même qui est aimé, on peut conclure : *dans* une âme humaine en acte de charité parfaite, Dieu aime Dieu. L'âme alors laisse faire Dieu, comme si Dieu lui disait : "laisse-toi faire", ou : "laisse-moi faire". L'acte de charité n'est plus seulement un acte créé par Dieu au même titre que tous nos autres actes, c'est un acte qui participe à l'activité divine, un acte qui est fait par Dieu.

Thérèse l'a dit à une de ses novices qui l'a rapporté :

Avec quelle douceur je lui ai remis ma volonté ! Oui, je veux qu'il s'empare de mes facultés, de telle sorte que je ne fasse plus des actions humaines et personnelles, mais des actions divines inspirées et dirigées par l'Esprit d'amour[58].

La question est inévitable : si ce qu'on vient de dire traduit fidèlement la pensée de Thérèse, cette pensée n'est-elle pas inadmissible ? La folie de l'amour n'a-t-elle pas conduit à des excès intolérables ?

Rendre Amour pour Amour

De nouveau, il faut bien convenir que Thérèse a raison. Sa doctrine de la charité pourrait être garantie, s'il en était besoin, par celle des Docteurs qui l'ont précédée. Laissons saint Thomas ou saint Augustin, qu'elle n'a jamais lus. Nous savons, par contre, qu'elle a lu saint Jean de la Croix. Nous en avons la preuve, non seulement dans ses confidences, mais dans les marques laissées par elle dans les exemplaires qu'elle a utilisés pour ses lectures ; nous possédons en outre un document inappréciable dans ce signet de bristol dont font état les *Derniers Entretiens*[59], à propos de la journée du 27 juillet. Thérèse y a noté l'indication de références aux textes de saint Jean de la Croix. Ce qu'on peut retenir, c'est qu'elle a surtout connu le *Cantique Spirituel* et la *Vive Flamme*.

Du *Cantique*, une phrase semble l'avoir spécialement frappée : on la retrouve dans l'explication de ses armoiries[60], dans la lettre 85 à Céline, dans le *Manuscrit B*[61] : "L'amour ne se paie que par l'amour"[62] − le texte espagnol dit, moins joliment : "ne se paye que de soi-même (*de si mesmo*)". Elle comprend très bien ce que veut dire saint Jean de la Croix : "J'ai trouvé le moyen de soulager

---

58. Sr MARIE DE LA TRINITÉ, *Une novice de Sainte Thérèse*, p. 124.
59. Cf. DE I, CJ, note sur 27.7.5 (p. 491).
60. Cf. Ms A, 85v°.
61. Cf. Ms B, 4r°.
62. *Cantique Spirituel B*, str. 9 (7).

mon cœur en te rendant Amour pour Amour" [63]. C'est affirmer la réciprocité [64] qui caractérise la charité à sa perfection.

On sait d'autre part qu'elle a marqué d'une croix quelques pages de la *Vive Flamme*. Retenons pour le moment qu'elle a donc lu attentivement la *Vive Flamme*, qu'elle n'a pas pu éviter les lignes qui suivent les passages marqués d'une croix, où elle pouvait lire :

> *Dieu, pour consommer l'âme (...) produit en elle (...) de vraies rencontres au moyen desquelles il pénètre toujours plus la substance de l'âme, la déifiant et la faisant toute divine ; et en ceci l'Être de Dieu absorbe l'âme par-dessus tout être créé.*

D'où suit la prière de l'âme : "Ô Flamme du Saint-Esprit, qui pénètre si intimement et tendrement la substance de mon âme" [65], achève ton œuvre... Comment Thérèse n'aurait-elle pas lu dans ces pages l'expression de ce qu'elle vivait quand elle se savait emportée sur les ailes de l'Aigle, nourrie de la substance du Verbe divin et de son amour ?

Mais n'est-il pas possible d'admettre que Thérèse poursuit sa lecture et finit par découvrir ce que saint Jean de la Croix a écrit de plus étonnant, de plus extraordinaire, au point que personne n'a jamais osé reprendre ses expressions. Il tente de décrire le point culminant atteint par l'âme en acte de charité parfaite, quand l'Esprit Saint, l'Amour divin en personne a pris possession de cette âme. Il reprend ce que les Pères de l'Église et les Docteurs ont précisé avant lui au sujet de cette habitation de l'Esprit Saint dans l'âme ; saint Thomas lui a appris que la charité alors est une "participation de l'Esprit Saint". Saint Jean de la Croix conduit jusqu'au bout les conséquences de cette affirmation. Si l'âme participe à la Personne de l'Esprit Saint — c'est manifestement ce que veut dire saint Thomas — il faut reconnaître que la procession dont le terme est la Personne du Saint-Esprit se passe dans l'âme qui y "prend part". On ne peut traduire ce mystère qu'en affirmant ce qu'écrit saint Jean de la Croix : l'âme

> *est en quelque façon Dieu par participation... elle fait en Dieu, par l'entremise de Dieu, ce que Dieu fait en elle par Soi-même, et de la même façon qu'il le fait, parce que... l'opération de Dieu et la sienne ne sont qu'une.*

> Finalement *elle donne Dieu à Dieu même en Dieu... elle paye à Dieu tout ce qu'elle lui doit... elle lui donne le Saint-Esprit... Ainsi il se fait entre Dieu et l'âme un amour réciproque* (reciproco) etc... [66]

Et le Saint cite aussitôt le texte de Jean, rapportant la prière de Jésus : "Tout ce qui est à Moi est à Toi" [67]. Jamais personne n'a osé donner une telle interprétation du texte évangélique... personne, sinon Thérèse de l'Enfant-Jésus et de la Sainte-Face.

---

63. Ms B, 4rº.
64. Sur l'amour réciproque, cf. *Cantique Spirituel*, str. 38 (2).
65. *Vive Flamme*, str. 1, v. 6, *in fine*.
66. *Vive Flamme*, str. 3, v. 6.
67. *Jn* 17, 10.

Comment ne pas voir un rapport de similitude entre ce que nous venons de lire et ce que Thérèse écrit dans le *Manuscrit C*, où elle prend comme adressé à elle le texte cité par saint Jean de la Croix : "Tout ce qui est à Moi est à Toi" et dans le *Manuscrit B*, où elle retient la phrase déjà rappelée : "L'amour ne se paie que par l'amour". Il faut donc qu'elle offre à Dieu un amour divin, c'est-à-dire un amour qui soit "fait en elle par Dieu", ce qu'elle traduit par l'image de l'Aigle : c'est l'Aigle qui fait tout, qui vole de ses propres ailes, Thérèse ne fait rien que de laisser faire l'Aigle à sa place. Ce n'est plus son cœur humain qui fait acte d'aimer, c'est Dieu qui aime Dieu, ou, si l'on veut, l'opération de Dieu et la sienne ne sont qu'une, elle donne Dieu à Dieu même en Dieu ; emportée sur les ailes de l'Aigle, elle vole en lui, avec lui, vers le Soleil d'Amour, mais en réalité c'est lui qui fait tout.

On doit souligner — car on pourrait s'y tromper — que Thérèse est tout aussi éloignée que saint Jean de la Croix, de toute tentation de panthéisme : l'oiseau qui se laisse emporter sur les ailes de l'Aigle est parfaitement distinct de son grand ami, c'est seulement son activité qui est remplacée, non pas sa personnalité. Si elle a parlé un jour de "fusion", il faut interpréter cette image par ce qui est dit dans les textes majeurs ; ce qu'elle veut dire ne fait pas de doute.

La pensée de Thérèse est tout aussi étrangère à cet autre excès qui serait le quiétisme. L'oiseau doit faire "tout ce qu'il peut faire" avant d'être pris par l'Aigle, il doit "soulever ses petites ailes mais s'envoler, cela n'est pas en son petit pouvoir !"[68]. Avant de prendre l'ascenseur, l'enfant doit

> *par la pratique de toutes les vertus, lever toujours son petit pied afin de monter la première marche.. il ne le pourra pas, mais le Bon Dieu ne demande que la bonne volonté (...) alors il descendra et emportera l'enfant*[69].

Être et devenir petit

C'est précisément sur "ce que l'âme peut faire" qu'il faut insister pour finir. On verra là ce qui représente l'apport personnel de Thérèse dans la doctrine de la charité. Il semble bien qu'il y ait donc une ressemblance indéniable entre ce que nous dit Thérèse et la pensée de Jean de la Croix ; à supposer même qu'elle n'ait pas lu les pages de la *Vive Flamme* qu'on vient de rappeler, on serait en mesure d'affirmer que du moins elle nous décrit une expérience spirituelle qui concorde avec celle de son Maître.

Mais si les deux auteurs décrivent une situation de l'âme parvenue au but tant désiré, les moyens mis en œuvre par eux pour aboutir ne sont plus tout à fait les mêmes. Chez saint Jean de la Croix, c'est la "purification" radicale des facultés de l'âme, avec les terribles nuits actives et passives : les cavernes des puissances, sur lesquelles vont se refléter les chaudes lumières, doivent être vidées, purgées, il faudrait pouvoir dire : décapées. C'est tout un énorme "travail" — en espagnol :

---

68. Ms B, 5r°.
69. Cf. *Une novice de Sainte Thérèse...*, p. 111.

labor −, que beaucoup fuient par lâcheté [70]. Thérèse, elle, n'a pas fui ce travail, elle a connu les souffrances morales, physiques, elle a connu la nuit obscure de la foi, allant jusqu'à la tentation du doute ; elle sait ce qu'elle dit quand elle s'offre comme "victime d'holocauste", elle a passé par "le creuset de la souffrance", c'est elle qui le dit. Mais tout cela, pour elle, n'est pas l'essentiel, semble-t-il, elle précise :

> *Je m'offre (...) à votre amour miséricordieux, vous suppliant de me consumer sans cesse, laissant déborder en mon âme les flots de tendresse infinie qui sont renfermés en vous et qu'ainsi je devienne martyre de votre Amour, ô mon Dieu !* [71]

L'essentiel, c'est l'amour, mais un amour... infini :

"Je sens en mon cœur des désirs infinis" (c'est l'appel à la charité parfaite), alors "je vous demande de venir prendre possession de mon âme (...) Restez en moi (...) ne vous éloignez jamais de votre *petite* hostie" [72]. Voilà bien le mot-clé, qui va nous permettre de pénétrer plus profondément dans la doctrine de Thérèse : l'holocauste d'amour consiste à demeurer *PETIT*. C'est normal, puisque "je vous demande, ô mon Dieu, d'être vous-même ma Sainteté" [73].

Le commentaire de cet Acte d'Offrande se trouve dans la Lettre à sa sœur Marie du Sacré-Cœur. Thérèse a trouvé sa vocation : c'est l'Amour. Elle a découvert aussi la voie qui va lui permettre de répondre à sa vocation : c'est... la *petitesse*.

> *Oui, pour que l'Amour soit pleinement satisfait, il faut qu'Il s'abaisse, qu'il s'abaisse jusqu'au néant et qu'il transforme en feu ce néant* [74].

Tel est bien l'holocauste où la victime est consumée. Les terribles purifications sont transformées en un simple abaissement : être et devenir petit. Elle écrit à Mère Marie de Gonzague, après avoir fait allusion à l'ascenseur : "Il faut que je reste petite, que je le devienne de plus en plus" [75] ; elle avait retenu ce qui est écrit dans le Livre des Proverbes : "Si quelqu'un est tout petit, qu'il vienne à moi" [76], alors, dit-elle,

> *je suis venue, devinant que j'avais trouvé ce que je cherchais et voulant savoir, ô mon Dieu ! ce que vous feriez au tout petit qui répondrait à votre appel, j'ai continué mes recherches et voici ce que j'ai trouvé : "Comme une mère caresse son enfant, ainsi je vous consolerai"* [77].

La voie d'enfance était trouvée, qui est en réalité une voie de petitesse.

Comment comprendre ce que veut dire Thérèse ? Elle voit une relation immédiate entre l'amour et la petitesse : c'est là sa trouvaille, si bien qu'on la

---

70. Cf. *Vive Flamme*, str. 2, v. 5.
71. Acte d'offrande, Pri 6.
72. *Ibid.*
73. *Ibid.*
74. Ms B, 3v°.
75. Ms C, 3r°.
76. *Pr* 9, 4.
77. Ms C, 3r°.

croirait hantée par cette nouvelle illumination : le mot "petit" est probablement celui qui est le plus souvent employé dans ses écrits. C'est l'Écriture Sainte qui l'a orientée dans ce sens, non pas seulement les textes de la Sagesse ou d'Isaïe qu'on vient de voir cités, mais la parole de Jésus lui-même : "Mon Père, je vous bénis de ce que vous avez caché ces choses aux sages et aux prudents, et que vous les avez révélées aux tout-petits" [78], elle a écrit dans son manuscrit : "aux plus petits petits" [79] et ce n'est peut-être pas par étourderie. Elle ne cite jamais — mais comment ne l'aurait-elle pas remarqué — l'admirable aveu de Jean-Baptiste parlant de Jésus : "Il faut qu'il grandisse et que moi, je diminue" [80] c'est-à-dire : que je devienne plus petit ! C'est "l'ami de l'Époux" qui parle : aimer, c'est se faire petit.

Pour comprendre ce que dit l'Écriture, il suffisait à Thérèse de consulter son cœur. Elle avait pu aussi lire dans le livre de l'Abbé Arminjon — c'est à Monseigneur Gaucher que nous devons ce renseignement [81] — que "l'amour s'offre... il s'abaisse, il se fait petit". Comment ne pas rappeler (que Thérèse nous pardonne !) la chanson si souvent répétée : "Je m'suis fait tout p'tit, devant" l'être aimé ? C'est un instinct du cœur humain : aimer, c'est se faire petit en face de celui qu'on aime, comme Jean-Baptiste devant Jésus. Tout simplement pour souligner, pour affirmer, et non seulement avec des mots, la grandeur de la personne aimée. *"Magnificat"* : pour la Vierge Marie, le moyen de magnifier, de refléter la grandeur de celui qu'elle chante et qu'elle aime, c'est de rester petite, toute petite ; alors "Il a jeté son regard sur sa petite servante" abaissée devant lui, à ses pieds. S'abaisser, se prosterner, c'est reconnaître la grandeur de celui qu'on "adore", à force de l'aimer. Aimer, c'est avouer que ce qu'on aime dépasse tout le reste en grandeur, en noblesse, en valeur. Si ma vocation, c'est l'amour, le moyen d'y répondre, c'est bien de me faire petit.

Mais pour Thérèse, le rapport entre la petitesse et l'amour ne tient pas seulement à quelque observation psychologique, dont la psychanalyse pourrait peut-être réduire la portée [82]. Car il est vrai que pour exprimer son grand amour, celui qui aime qualifie aussi de "petit" l'être aimé : Thérèse appelle sa sœur Marie, son aînée, "Chère petite Marraine" [83], elle dit à Mère Agnès "ma petite Mère" [84]. Il convient de dépasser la psychologie.

Il suffit de relire ces pages brûlantes où Thérèse, ne sachant trop comment exprimer ce qu'elle vit, en vient à utiliser l'image de l'Aigle. L'Aigle adoré, c'est le Verbe divin ; pour voler vers le Soleil de l'Amour, elle demande "la faveur de voler... avec les propres ailes de l'Aigle Divin" [85]. C'est clair : elle n'est qu'un *petit* oiseau — le mot est répété jusqu'à paraître presque importun — qui "restera sans forces et sans ailes" [86] ; il faut donc laisser faire l'Aigle, avec ses ailes puissantes, et,

---

78. *Mt* 11, 25.
79. Cf. Ms A, 49r°.
80. *Jn* 3, 29-30.
81. Cf. *Le Christ notre Vie*, Rencontre juillet 1984, Notre-Dame de Vie, p. 175, note 1.
82. Cf. *La Vie spirituelle*, mars 1989, p. 174.
83. Cf. Ms B, 1r°.
84. CJ 2.8.1.
85. Ms B, 5v°.
86. *Ibid.*

bien entendu, ne le gêner en rien. Tout ce qu'elle doit faire, c'est de demeurer toute petite, se faire toute petite, emportée sur le pennage du grand oiseau, comme le dit le Deutéronome [87]. Plus le petit oiseau se fera petit, moins il prendra de place et plus il facilitera le vol dont il bénéficie.

C'est tellement évident que Thérèse n'éprouve pas le besoin de s'expliquer. La transposition s'impose aussitôt : pour aboutir à cet Amour infini qu'est la charité théologale envisagée comme une amitié, aucune force humaine ne peut suffire, Dieu seul peut emporter l'âme vers le Soleil d'Amour. Tout ce que l'âme peut faire, c'est de se laisser emporter, en laissant place à la force d'en-haut, en prenant, quant à soi, le moins de place possible, en se faisant toute petite. Il s'agit là d'une simple conséquence : être appelé par vocation au grand amour de l'infini, c'est vouloir être petit, pour laisser toute la place à Dieu, pour laisser faire Dieu sans gêner son action.

Il faut que je reste petite, dit Thérèse, que je le devienne de plus en plus [88].

Devenir de plus en plus petit, mais jusqu'où faut-il aller ? Elle l'affirme clairement :

Il faut que l'amour s'abaisse jusqu'au néant et qu'il transforme en feu ce néant [89].

Le mot, c'est évident, ne doit pas être pris dans son sens philosophique. On doit surtout souligner que ce néant doit être transformé en feu : cet abaissement, cette petitesse est une petitesse faite d'amour, un néant de feu. C'est un moyen, c'est *le* moyen, de parvenir au but, c'est presque une conséquence de l'amour déjà désiré : "Ainsi, écrit Thérèse, m'abaissant jusque dans les profondeurs de mon néant, je m'élevai si haut que je pus atteindre mon but" [90], emportée sur les ailes de l'Aigle. C'est le souvenir du poème de saint Jean de la Croix : "si haut, si haut je volai que j'atteignis ce que je cherchais" [91].

Jusqu'à la mort d'amour

Saint Jean de la Croix va fournir à Thérèse une dernière lumière pour la guider jusqu'au bout de son chemin, jusqu'au néant. Elle a cité ce qui l'a tellement impressionnée : "l'amour ne se paie que par l'amour", il n'est donc pas impossible de penser qu'elle a lu le passage où se trouve cette phrase, c'est-à-dire la strophe neuvième du *Cantique Spirituel* et son explication. Il est question de la blessure d'amour, et "les blessures d'amour sont si suaves et délicieuses que l'âme n'aspire qu'à en *mourir* pour que l'amour soit pleinement satisfait". Nous savons d'autre part, grâce à la déposition de Mère Agnès [92], que Thérèse avait un jour marqué "d'une petite croix au crayon dans le livre trois passages de la *Vive*

---

87. *Dt* 32, 11.
88. Ms C, 3r°.
89. Ms B, 3v°.
90. Ms B, 3v°.
91. Cf. Poésie VI, str. 3 (Éd. du Seuil, p. 1110).
92. Cf. DE I, CJ, note sur 27.7.5 (p. 491).

Flamme", qu'elle avait donc lus. Ces trois passages expliquent ce que l'auteur entend par mourir d'amour. Mère Agnès rapporte d'autre part que Thérèse lui rappela un jour la parole de saint Jean de la Croix : "Rompez la toile de cette douce rencontre" en ajoutant :

j'ai toujours appliqué cette parole à la mort d'amour que je désire [93].

Elle s'empresse d'ailleurs de préciser qu'il n'est pas question de mourir dans des transports de joie ; elle remarque :

Notre-Seigneur est bien mort Victime d'Amour, et voyez quelle a été son agonie [94].

Ce qu'elle lit, c'est que l'âme se consommant rapidement arrive promptement à voir son Dieu face à face [95].

Mourir à force d'amour : tel est le désir de Thérèse. On peut traduire, en fonction de ce que nous avons découvert jusqu'à présent : aboutir à la petitesse extrême à force de désirer l'amour. Car la mort corporelle réalise la réduction la plus totale possible de l'être humain, devenu si petit qu'il ne reste de lui plus rien de visible. Thérèse dit un jour, en regardant ses mains amaigries : "ça devient squelette, v'là c'qui m'agrée" [96] ; elle affirme à sa sœur Marie : "vous ne retrouverez de moi qu'un petit squelette" [97]. Elle "aime mieux être réduite en poudre que d'être conservée comme sainte Catherine de Bologne" [98]. Quant à l'âme, elle peut aller jusqu'à cette sorte de petitesse qui confine à la mort, dans la nuit obscure des tentations contre la foi ; Thérèse est allée jusqu'à cette double extrémité. L'être humain est alors devenu si petit, si réduit, qu'il ne reste de lui presque rien, pour ne pas dire le néant, juste ce qu'il faut pour aimer. Serait-il inconvenant de rappeler ici la prière si belle de Tagore ? "Laisse seulement subsister ce peu de moi par quoi je puisse t'offrir mon amour" [99]. Enfin, la petite, la toute petite Thérèse voit se réaliser sa prière à elle : la mort d'amour lui est accordée, la grandeur de cette mort récompensait enfin la petitesse de sa vie.

Il resterait à préciser comment tout au cours de son existence, "petite Thérèse" — comme elle voulait être appelée [100] — a réalisé sa petitesse de grand amour. C'est impossible, car il faudrait relire son œuvre écrite d'un bout à l'autre, en y ajoutant les *Derniers Entretiens* si précieux. On retiendrait que la voie si fidèlement suivie n'a rien à voir avec la facilité : la "petite voie" — le mot est de Thérèse [101] — n'est pas le chemin d'une vie tranquille. Sans doute, Thérèse ne va pas au-devant des grandes pénitences corporelles ou spirituelles que laissent entrevoir la *Montée du Carmel* ou la *Nuit obscure*, non plus qu'elle n'envisage les extases ou les ravissements dont parlent d'autres Maîtres spirituels. Et c'est en ce sens qu'il est possible de conclure que "tout est simple" dans la petite voie. Plus

---

93. CJ 27.7.5.
94. CJ 4.6.1.
95. Cf. *Vive Flamme*, str. 1, v. 6.
96. CJ 8.7.6.
97. Cf. DE I, CJ 8.7.8, note a, p. 458.
98. CJ 8.7.8.
99. *L'offrande lyrique*, 34, Paris, Gallimard, 1947, p. 40.
100. Cf. CSG, p. 47.
101. Ms C, 2v°.

simple même que de conquérir l'humilité, car il est possible d'être très humble sans être fou d'amour pour Dieu. La petitesse − on nous le dit au cours des *Derniers Entretiens* −, "c'est reconnaître son néant, *attendre tout* du Bon Dieu"[102], c'est-à-dire, comme on l'a vu : le laisser faire.

Mais se laisser faire par Dieu ne ressemble en rien au "laisser-aller" des paresseux. Laisser toute la place à Dieu dans une vie représente un "travail" dont bien peu sont capables, saint Jean de la Croix le reconnaît. L'effort intérieur qu'il faut faire pour laisser faire Dieu, pour s'abandonner[103] totalement, au lieu de se raidir, beaucoup savent que ce n'est pas facile. L'amour seul, dans la foi, peut venir à bout de l'orgueil. Et seul un grand amour peut faire consentir enfin à la petitesse. Car tout est dépassé, alors, par celui qu'on aime, on est tout à lui, sa volonté a pris la place de la volonté propre. Thérèse avoue un jour : "Je ne me rappelle pas lui avoir rien refusé de ce qu'il m'a demandé" et Sœur Marie de l'Eucharistie ajoute "c'est tout dire, n'est-ce pas"[104].

Mais avant même de goûter cette récompense, Thérèse fait cet aveu, qui pourrait remplacer nos misérables explications :

> ... *Il y avait comme un voile jeté pour moi sur toutes les choses de la terre (...) En ce temps-là, on m'avait chargée du réfectoire et je me rappelle que je faisais les choses comme ne les faisant pas, c'était comme si on m'avait prêté un corps. Je suis restée ainsi pendant une semaine entière* [105].

Mère Agnès ajoute : "elle me dit avoir compris alors par expérience ce que c'est qu'un 'vol d'esprit'" allusion aux sixièmes demeures dans l'œuvre de sainte Thérèse. Petite Thérèse avait été emportée jusque-là sur les ailes de l'Aigle divin.

Plus que tous nos commentaires de théologiens, cette simple confidence dévoile l'aspect le plus mystérieux de la charité théologale : c'est bien l'amour "*de*" Dieu, mais finalement c'est la participation à l'amour qui, "en" Dieu, a pour terme la Personne de l'Esprit Saint : cet Amour vient emporter l'âme humaine, au-delà d'elle-même jusqu'au "centre du Soleil d'Amour". Thérèse a vécu cette expérience ineffable qu'elle a su exprimer à sa manière, après les deux Docteurs du Carmel, saint Thérèse et saint Jean de la Croix.

On comprend qu'une âme aussi libérée d'elle-même, au point de garder son cœur totalement occupé par l'Amour qui est en Dieu, puisse laisser cet Amour déborder en charité fraternelle, et s'épanouir dans ce "zèle" apostolique dont elle trouvait l'exemple dans la vie du prophète Élie, et qui lui valut le titre de Patronne des Missions. Il n'était pas possible d'aborder ce nouvel aspect de la charité dans la vie et l'œuvre de Thérèse. Il y faudrait toute une session. Retenons, pour nous consoler de cette impossibilité, le mot, tellement magnifique, de petite Thérèse.

---

102. CJ 7.8.8.
103. Cf. Ms B, 1v°.
104. Cf. DE I, p. 717 ; voir aussi CSG, p. 77 : "Je crois bien que je n'ai jamais été trois minutes sans penser au Bon Dieu".
105. CJ 11.7.2.

On lui demandait un jour : "Vous nous regarderez du haut du Ciel ?"... "Non, je descendrai !" [106]. La mort ne pouvait pas mettre fin à sa mission.

Patronne des Missions, Docteur de l'Église : il me semble que les deux titres ont leur raison d'être dans une seule et même réalité vécue et enseignée par Thérèse : la charité théologale. La "petite doctrine" — le mot est repris par Thérèse [107] — qu'on trouve exprimée dans son œuvre reprend, à leur niveau, les enseignements des Docteurs qui l'ont précédée, et en particulier de saint Jean de la Croix. On nous montre la charité comme un amour *infini*, *réciproque* en tant qu'il est une amitié, un amour qui emporte l'âme par des forces qui la dépassent, jusqu'à la faire participer à l'Amour en Personne qui est l'Esprit Saint. Mais Thérèse ajoute sa contribution personnelle à l'enseignement déjà donné : c'est qu'il existe une "petite voie" pour conduire aux plus hauts sommets du Mont Carmel, c'est la voie de la *petitesse* : rester, se faire petit. Elle a su mettre en relief, comme on ne l'avait jamais fait, me semble-t-il jusqu'à elle, la valeur — j'allais dire la grandeur — de la petitesse comme effet d'abord, comme moyen aussi, de la charité théologale. Voie plus simple que d'autres, peut-être, mais voie simplement héroïque. Le "Rien que Dieu !" de saint Jean de la Croix, devenant "Tout-petit devant Dieu" sans tempérer les exigences de ces consignes, telle serait la nouveauté apportée par Thérèse de Lisieux.

Mais plus qu'un titre qui n'ajouterait rien à sa gloire, petite Thérèse a mérité enfin la grâce, tant désirée, de mourir d'amour [108], en nous livrant toute sa doctrine dans son dernier soupir : "Mon Dieu, je vous aime..."

---

106. CJ 13.7.3.
107. Ms B, 1v°.
108. Cf. CJ 31.8.9.

LE REGARD DE FOI
QUI PROVOQUE LA MISÉRICORDE

Louis MENVIELLE *

Dans une lettre du 18 juillet 1897 à l'Abbé Bellière, Thérèse écrit :

Quand je serai au port je vous enseignerai, cher petit frère de mon âme, comment vous devrez naviguer sur la mer orageuse du monde avec l'abandon et l'amour d'un enfant qui sait que son Père le chérit et ne saurait le laisser seul à l'heure du danger. Ah ! que je voudrais vous faire comprendre la tendresse du Cœur de Jésus, ce qu'Il attend de vous [1].

Thérèse en effet enseigne, depuis qu'elle "passe (son) Ciel à faire du bien sur la terre" [2]. Mais sa vie et ses écrits sont déjà en eux-mêmes une richesse inestimable pour la théologie spirituelle qui trouve en cette petite sainte à la fois des principes lumineux et des exemples concrets que tous peuvent recevoir et pratiquer. La doctrine de la *petite voie* est essentiellement théologale. Thérèse jette non seulement une vive lumière sur le Mystère de Dieu, mais elle éclaire également le cheminement de l'âme qui a revêtu ce que saint Jean de la Croix appelle la livrée à trois couleurs : la foi, l'espérance et la charité [3].

Nous voudrions ici étudier le cheminement de foi de Thérèse et recueillir les enseignements qu'elle nous prodigue dans ce domaine fondamental de la petite voie.

I - TOUCHÉE PAR DIEU POUR SE TENIR EN SA PRÉSENCE

Une vie théologale

Le 21 juin 1897, Thérèse avait expliqué sa doctrine à l'Abbé Bellière :

Vous aimez St Augustin, Ste Madeleine (...). Moi aussi je les aime, j'aime leur repentir, et surtout... leur amoureuse audace ! Lorsque je vois Madeleine (...), je

---

* Prêtre de Notre-Dame de Vie.
1. LT 258.
2. CJ 17.7.
3. Cf. *Nuit Obscure* 2, 21, p. 646 (éd. du Seuil).

sens que son cœur a compris les abîmes d'amour et de miséricorde du Cœur de Jésus, et que toute pécheresse qu'elle est ce Cœur d'amour est non seulement disposé à lui pardonner, mais encore à lui prodiguer les bienfaits de son intimité divine, à l'élever jusqu'aux plus hauts sommets de la contemplation[4].

Nous trouvons dans cette description de Marie-Madeleine un écho de la propre passion de Thérèse : elle a compris la miséricorde et, parce qu'elle s'en approche avec audace, elle entre dans l'intimité divine et parvient aux plus hauts sommets de la contemplation.

Cette expression : *plus hauts sommets de la contemplation* fait bien sûr immédiatement penser à saint Jean de la Croix dont la Sainte de Lisieux est la fille authentique. Ce rapprochement n'est pas fortuit puisque, au moment même où ces lettres étaient écrites à l'Abbé Bellière, Thérèse, croyant mourir incessamment, donna à ses trois sœurs carmélites une petite image[5] qui ressemble fort à un testament spirituel. Au recto, on y trouve cette parole du docteur mystique :

Le plus petit mouvement de pur Amour est plus utile à l'Église que toutes les autres œuvres réunies ! Il est donc de la plus haute importance que l'âme s'exerce beaucoup à l'Amour afin que, se consommant rapidement, elle ne s'arrête guère ici-bas et arrive promptement à voir son Dieu Face à Face.
(St Jean de la Croix)[6]

Ces paroles de Jean de la Croix constituent un des refrains de Thérèse car elle se les répétait déjà "avec quel désir et quelle consolation" dès le début de sa vie religieuse[7]. Elle est fascinée par le Dieu-Amour qu'elle veut voir face à face. Aussi s'écrie-t-elle avec son bienheureux père, au début de septembre 1897 :

Oh ! oui je désire le Ciel ! "Déchirez la toile de cette douce rencontre", ô mon Dieu ![8]

Elle veut voir Dieu, se laisser prendre par "le Voleur"[9], et depuis longtemps, elle aspire à "contempler éternellement la merveilleuse beauté de Jésus"[10].

Aussi, sur l'image-testament qu'elle laisse à ses sœurs en juin (?) 1897, elle s'imagine au Ciel et décrit son bonheur :

Je vois ce que j'ai cru
Je possède ce que j'ai espéré
Je suis unie à Celui que j'ai aimé
de toute ma puissance d'aimer.

Elle recueille donc, dans la lumière de Dieu, le fruit du labeur des trois vertus théologales : la foi, l'espérance et la charité. Celles-ci sont ici-bas inséparables

---

4. LT 247.
5. LT 245 de juin (?) 1897.
6. Citation de la *Vive Flamme d'Amour*, strophe 1, explication du v.6.
7. CJ 27.7.5.
8. CJ 2.9.8 ; citation de la *Vive Flamme d'Amour*, str. 1, v.6.
9. Cf. CJ 9.6.1-4-5.
10. LT 95 de juillet-août (?) 1889 à Sœur Agnès ; cf. LT 94 du 14 juillet 1889 à Céline.

dans l'âme du juste, comme le souligne saint Jean de la Croix, en parlant d'une seule livrée faite de trois tuniques blanche, verte et rouge.

Pour Thérèse, la foi ne peut être autre chose que cette adhésion amoureuse qu'elle appelle confiance ou abandon. On doit la distinguer de l'espérance et de l'amour, mais tant que Thérèse reste sur la terre, elle aime dans la foi et non dans la vision de Dieu. C'est la seule différence qu'elle fait entre sa vie terrestre et la vie qu'elle mènera au ciel :

Après tout, cela m'est égal de vivre ou de mourir. Je ne vois pas bien ce que j'aurais de plus après la mort que je n'aie déjà en cette vie. Je verrai le bon Dieu, c'est vrai ! mais pour être avec lui, j'y suis déjà tout à fait sur la terre [11].

Unie au Bien-Aimé

C'est en effet une caractéristique de Thérèse que d'être toujours en présence de son Bien-Aimé. Mère Agnès l'avait remarqué et en témoigne au procès :

Au milieu des occupations les plus distrayantes, on sentait que la Servante de Dieu ne s'y livrait pas entièrement, mais restait constamment occupée de la pensée de Dieu dans le fond de son âme. Jamais je n'ai surpris en elle aucune dissipation. Quand je l'approchais, elle me communiquait ce recueillement, même lorsqu'elle ne disait que des choses indifférentes. Sa façon d'agir, son regard, son sourire, tout exprimait son union à Dieu et son esprit de foi [12].

Thérèse elle-même en convient en janvier 1896, au terme de son *Manuscrit A* ("moi qui suis toujours avec lui" [13]), et pendant les derniers mois lorsque sœur Marie du Sacré-Cœur lui pose cette question :

– Comment faites-vous pour penser toujours au bon Dieu ?
– Ce n'est pas difficile, me répondit-elle, on pense naturellement à quelqu'un qu'on aime.
– Alors vous ne perdez jamais sa présence ?
– Oh ! non, je crois n'avoir jamais été trois minutes sans penser à lui [14].

On voit par cette réflexion comment foi et amour sont liés chez Thérèse : elle vit en présence de celui qu'elle aime ; cette présence, habituellement cachée comme nous le verrons, lui découvre le Bien-Aimé encore plus aimant, et elle en est d'autant plus attirée et fascinée.

On pourrait croire que Thérèse exagère quand elle affirme "n'avoir jamais été trois minutes sans penser à lui". Il n'en est rien, et ce que l'on sait d'elle peut nous laisser imaginer que sa jeune enfance se déroulait déjà dans la présence habituelle de Dieu.

---

11. CJ 15.5.7.
12. PA, p. 150.
13. Ms A, 83r°.
14. PO, p. 246.

A quatre ans, elle fait des "conférences spirituelles" avec Céline [15], ne parle que de pratiques quand elle joue dans le jardin [16], "ne parle que du bon Dieu" d'une façon générale, et "ne manquerait pas pour tout à faire ses prières" [17]. Elle se sent déjà une vocation religieuse pour se promener "toute la journée dans le cloître". Il faudra rester en silence ? "C'est guère embarrassant, va, je prierai le bon Jésus, mais comment donc faire pour le prier sans rien dire, moi je ne sais pas" [18].

Elle reçoit une forte impression à cinq ans et demi alors qu'elle contemple l'océan à Trouville. Sa réaction est instinctivement théologale :

Je pris la résolution de ne jamais éloigner mon âme du regard de Jésus, afin qu'elle vogue en paix vers la Patrie des Cieux!... [19]

Vers la même période, elle "se plongeait dans une réelle oraison" lorsque son père l'emmenait à la pêche. Elle rêvait le Ciel, et, bien loin de l'effrayer, l'orage la ravissait car il lui semblait que le bon Dieu était si près d'elle ! [20]. On pressent déjà qu'un puissant appel divin entraîne cette enfant à vivre en compagnie de Dieu.

L'atmosphère familiale l'y aide certainement. Sa maman lui avait appris à donner son cœur tous les matins en se réveillant. Pauline lui parle de Dieu en l'habillant, puis elle fait sa prière [21]. Dans la journée, elle répète souvent la petite formule d'offrande apprise de sa maman [22], et cette enfant de six ans ne passe pas un après-midi sans visiter le Saint-Sacrement avec son père [23], qui lui donne le sens de Dieu. En effet, que ce soit au sermon du dimanche [24] ou à la prière du soir, il suffit à Thérèse de regarder son "Roi chéri pour voir comment prient les Saints" [25]. Avec Victoire, la domestique, elle fait le mois de Marie devant le petit autel qu'elle arrange à sa façon [26]. A sept ans, alors que Céline se prépare à faire sa première communion, elle a "le cœur bien gros" en réalisant qu'il lui faut attendre encore quatre ans pour recevoir le bon Dieu [27].

Mais elle ne veut pas attendre pour l'aimer et rester auprès de lui, et ses jeux d'enfant du jeudi après-midi, avec Marie Guérin, consistaient à devenir

deux solitaires n'ayant qu'une pauvre cabane (...). Leur vie se passait dans une contemplation continuelle, c'est-à-dire que l'un des solitaires remplaçait l'autre à l'oraison lorsqu'il fallait s'occuper de la vie active. Tout se faisait avec une entente, un silence et des manières si religieuses que c'était parfait [28].

---

15. Ms A, 10r°.
16. Ms A, 11r°.
17. Ms A, 11r°.
18. Lettre de Pauline à Louise Magdelaine, du 4 avril 1877, CG I, p. 96-97.
19. Août 1878, Ms A, 22r°.
20. Ms A, 14v°. En novembre 1887, pendant le voyage à Rome, on retrouve le même mouvement théologal devant les beautés de la nature suisse.
21. Cf. Ms A, 13v°.
22. Cf. Ms A, 15v°.
23. Cf. Ms A, 14r°.
24. Cf. Ms A, 17v°.
25. Ms A, 18r°.
26. Cf. Ms A, 15v°.
27. Ms A, 25r°.
28. Ms A, 23r°.

Lorsque Thérèse apprend que Pauline veut entrer au Carmel, l'enfant de neuf ans et demi s'y sent aussi appelée, non pour vivre avec Pauline, ni pour "se promener dans le cloîtrage", mais "pour Jésus seul"[29].

Fin 1882, Thérèse a presque dix ans, et nous la trouvons encore en oraison dans son lit,

> *car c'était là que je faisais mes plus profondes oraisons et contrairement à l'épouse des cantiques, j'y trouvais toujours mon Bien-Aimé*[30].

C'est également entre 1882 et 1885 qu'elle est en pension à l'Abbaye. Céline se souvient que

> *tous les jours, à une heure et demie, elle employait son quart d'heure libre à visiter le bon Dieu au lieu de se récréer comme la plupart de ses compagnes*[31].

Et quand elle est seule, les jours de congé, elle se met derrière son lit, ferme sur elle le rideau et fait "oraison sans le savoir", en pensant "au bon Dieu, à la vie... à l'éternité"[32].

Cette enfant manifeste donc une soif de se trouver seule avec Dieu. Son besoin de solitude procède certainement d'une perception de la présence divine, elle-même fruit d'une emprise de Dieu. Sa vie intérieure est déjà bien affirmée et se nourrit du contact silencieux avec le Bien-Aimé. Elle a besoin d'un contact prolongé et sans savoir ce qu'est l'oraison, elle a bien envie qu'on le lui apprenne[33]. Pour la préparer à sa première communion, Pauline lui propose des pratiques et des aspirations amoureuses. Mais ces petits actes, si grand soit leur nombre[34], ne lui suffisent pas. Elle a soif de retrouver Dieu dans le silence, longuement et quotidiennement. Cette enfant de onze ans demande la permission de faire chaque jour une demi-heure d'oraison. Ce n'est pas accepté ; elle supplie qu'on lui accorde au moins un quart d'heure.

> *Je ne le lui permis pas davantage*, avouera Marie. *Je la trouvais tellement pieuse et comprenant d'une façon si élevée les choses du ciel, que cela me faisait peur, pour ainsi dire : je craignais que le bon Dieu ne la prît trop vite pour lui*[35]

Le mouvement de fond de la grâce de Thérèse se heurte déjà à une certaine incompréhension du milieu ambiant pourtant profondément spirituel. Celle-ci sera encore plus douloureuse et angoissante pour la jeune carmélite.

La première communion du 8 mai 1884 est un moment important de l'expérience contemplative de Thérèse :

> *Je me sentais aimée (...) depuis longtemps, Jésus et la pauvre petite Thérèse s'étaient regardés et s'étaient compris... Ce jour-là ce n'était plus un regard, mais*

29. Ms A, 26r°. Elle répètera de façon presque pathétique ce *Jésus seul* dans le premier billet qu'elle écrira à Pauline, au Carmel, en juillet (?) 1888 (Cf. LT 54, cf. aussi Ms A, 26v°).
30. Ms A, 31r°.
31. PO, p. 289.
32. Ms A, 33v°.
33. Cf. Ms A, 33v°.
34. Cf. Ms A, 33r° ; CG I, p. 164, notes c et d.
35. PO, p. 249.

une fusion, ils n'étaient plus deux, Thérèse avait disparu, comme la goutte d'eau qui se perd au sein de l'océan. Jésus restait seul [36].

Le lendemain, elle aspire déjà à communier une deuxième fois, et elle reçoit l'autorisation de le faire moins de quinze jours plus tard. Elle se répète alors :

"Ce n'est plus moi qui vis, c'est Jésus qui vit en moi". Et elle constate : *Depuis cette communion, mon désir de recevoir le Bon Dieu devint de plus en plus grand* [37].
Je sentais (...) le désir de n'aimer que le Bon Dieu, de ne trouver de joie qu'en Lui [38].

A onze ans, elle est assoiffée de l'absolu de Dieu : lui seul. Sa sensibilité encore fragile souffre que ses petites amies de l'Abbaye ne sachent pas lui être fidèles, mais finalement elle s'en réjouit car ces blessures du cœur la poussent encore vers Dieu :

Comment un cœur livré à l'affection des créatures peut-il s'unir intimement à Dieu ? [39]

Thérèse devra retourner à l'Abbaye deux après-midi par semaine avant d'y être reçue enfant de Marie. Là encore sa soif de Dieu se manifeste toujours aussi vive. Elle ne peut faire autrement que passer de longs moments à la tribune de la chapelle, devant le Saint-Sacrement :

Jésus n'était-Il pas mon unique ami ? ... Je ne savais parler qu'à lui, les conversations avec les créatures, même les conversations pieuses, me fatiguaient l'âme... Je sentais qu'il valait mieux parler à Dieu que de parler de Dieu [40].

Transformée pour être livrée à l'Amour

Il ne nous appartient pas ici de développer la grâce de Noël 1886, mais seulement de souligner que Thérèse y reconnaît un moment-clé de sa vie [41]. Elle fait d'une façon extraordinaire l'expérience de la Miséricorde, cet Amour purement gratuit qui transforme radicalement son cœur, la rend forte et courageuse, et lui fait accomplir en un instant l'ouvrage qu'elle n'avait pu faire en dix ans. C'est le début de sa "course de géant" [42].

La lecture d'Arminjon en mai 1887 laisse en elle une impression profonde, et elle redit sans cesse les paroles d'amour qui avaient embrasé son cœur [43]. C'est la période aussi des longues soirées du Belvédère avec Céline, et le bon Dieu se

---

36. Ms A, 35r°.
37. Ms A, 36r°.
38. Ms A, 36v°.
39. Ms A, 38r°.
40. Ms A, 40v° - 41r°.
41. Cf. Ms A, 45v°.
42. Ms A, 44v° - 45v°.
43. Cf. Ms A, 47v°.

communique à elle "doucement voilé, ... mais qu'il était transparent et léger le voile qui dérobait Jésus à nos regards !..." [44]

Thérèse avait déjà l'autorisation de son père d'entrer au Carmel, et un dimanche de juillet 1887, elle va recevoir une "grande grâce" [45] dont il ne faut pas minimiser l'importance dans son cheminement spirituel [46]. En fermant son missel à la fin de la messe, elle aperçoit une image qui en dépasse. C'est la main crucifiée de Jésus d'où coule le sang rédempteur. Encore toute remplie de l'intime expérience de la Miséricorde qui l'a transformée et comblée à Noël 1886, Thérèse saisit dans les profondeurs de son être que cette Miséricorde veut se répandre comme le sang de Jésus en croix, mais personne n'accepte de la recevoir. Elle comprend ainsi le cri de Jésus en croix : *J'ai soif* [47]. Ce cri retentit continuellement dans son cœur, allumant en elle "une ardeur inconnue et très vive". On trouve un écho de ce cri au début du *Manuscrit B* dans la parole de Jésus à la Samaritaine :

Il avait soif... Mais en disant : "donne-moi à boire", c'était l'amour de sa pauvre créature que le Créateur de l'univers réclamait. Il avait soif d'amour... Ah ! je le sens plus que jamais Jésus est altéré, (...) il trouve, hélas ! peu de cœurs qui se livrent à lui sans réserve, qui comprennent toute la tendresse de son Amour infini [48].

Ces paroles si fortes de 1896 semblent bien éclairer le tressaillement surnaturel que Thérèse ressent en ce dimanche de juillet 1887 [49].

Sa réaction explique l'attitude de toute sa vie :

Je résolus de me tenir en esprit au pied de la Croix pour recevoir la Divine rosée qui en découlait, comprenant qu'il me faudrait ensuite la répandre sur les âmes... [50]

Thérèse, qui cherche tant à "faire plaisir" à Jésus [51], sait maintenant comment il faut faire : communier à sa souffrance, faire des sacrifices, oui, mais avant tout, se tenir en esprit auprès de lui et se livrer à son amour [52]. Cela ne sera pas tant pour son profit à elle, mais seulement pour "faire plaisir". Elle avouera plus tard ce trait qui la caractérise si parfaitement :

---

44. Ms A, 48r°.
45. CJ 1.8.1.
46. Thérèse se souvient de cet événement dans son manuscrit de 1895 où elle le rattache à la grâce de Noël 1886 ; elle en reparle le 1er août 1897. Céline signale cette grâce au Procès (PO, p. 282).
47. Ms A, 45v°.
48. Ms B, 1v°.
49. En Ms A, 46v°, Thérèse fait elle-même le lien : à propos des pécheurs, il lui semble entendre Jésus lui dire comme à la Samaritaine : "donne-moi à boire". De même en 1896, elle écrira le texte de *Jn* 4 autour d'une image de Jésus en croix, avec pour titre : "J'ai soif... Donne-moi à boire !... (*Jn* XIX, 28 - IV, 7)".
50. Ms A, 45v° ; en CJ 1.8.1, on peut lire : "Je passerai ma vie à le (ce sang précieux) recueillir pour les âmes".
51. Cette expression revient très fréquemment dans sa bouche et sous sa plume. Elle exprime une caractéristique de sa petite voie et pratiquement une conséquence de la grâce de Noël (cf. Ms A, 45v° ; cf. aussi PO, p. 288).
52. On retrouve ce même mouvement dans le "attirez-moi, nous courrons", Ms C, 35v° - 36r°.

Je me suis offerte à Jésus non comme une personne qui désire recevoir sa visite pour sa propre consolation, mais au contraire pour le plaisir de Celui qui se donne à moi [53].

De même elle fera tout pour que les âmes s'ouvrent à cet amour miséricordieux, mais c'est encore pour que Jésus ait la joie de se donner : *J'ai soif !*

Pénétrer dans le mystère par le regard de foi

Forgée depuis sa petite enfance par la grâce qui l'entraîne dans l'intimité silencieuse avec Dieu, Thérèse est prête pour correspondre pleinement aux "secrets de la perfection" dont elle est instruite par cette lumière qui brille en son cœur, selon la parole de Jean de la Croix [54].

Son entrée dans la troisième étape de sa vie [55] correspond à la grande lumière fondatrice de ce qu'elle appellera plus tard sa "petite voie" [56]. Il lui faudra vivre désormais pour réaliser cette lumière ; des lumières successives viendront peu à peu l'expliciter et la préciser, conjointement à son expérience carmélitaine et à sa mission d'enseignement inscrite dans son rôle de maîtresse des novices.

Cette lumière, encore diffuse en 1887, pourra être ainsi exprimée lorsque Thérèse aura achevé sa "course de géant" : Dieu est un Père qui aime avoir ses enfants sur ses genoux [57]. Cela lui fait plaisir de les aimer en leur donnant tout [58]. Pour cela il faut se tenir auprès de lui [59] comme le pauvre parfait [60] dont l'unique occupation est de s'unir à lui en le fixant du regard [61], afin que par cette attitude purement théologale, Dieu puisse donner l'amour avec lequel l'enfant saura aimer [62] et souffrir.

La petite voie de Thérèse est sans aucun doute à base contemplative, et l'intensité sans cesse croissante de son amour procède de son contact constant et intime avec Dieu par le regard de foi. Elle n'est qu'un petit oiseau, mais de l'aigle, elle a les yeux et le cœur [63].

Depuis sa grâce de Noël, Thérèse est devenue la petite maîtresse de Céline, et il n'est pas sans intérêt de voir ici la jeune carmélite enseigner à sa sœur

---

53. Ms A, 79v°. Ce dégagement de Thérèse est particulièrement saisissant et se trouve tout au long de ses paroles ou de ses écrits. (Cf. par exemple CJ 12.7.3 ; PA, p.270).
54. Cf. Ms A, 49r°.
55. Cf. Ms A, 45v°.
56. Cette lumière est très vive ; elle arrive avec sa guérison psychique. Thérèse commence ainsi sa "course de géant". Mais, par certains aspects, il n'y a pas rupture avec le passé, et elle continue à développer l'expérience de la Miséricorde qu'elle fait depuis sa petite enfance.
57. Cf. Ms B, 1r°.
58. Cf. LT 197 et aussi cette parole rapportée par Céline : "Dieu est plus fier de ce qu'il fait en votre âme (...) qu'il n'est fier d'avoir créé les millions de soleils et l'étendue des cieux" (PO, p. 288).
59. Cf. Ms A, 45v°.
60. Cf. LT 197 ; CJ 6.8.8 ; Ms B, 5r°.
61. Cf. Ms B, 5r°, Ms C, 22r° - v°...
62. Cf. Ms C, 35r°.
63. Cf. Ms B, 4v°.

comment se tenir en esprit auprès de Jésus : "Oh ! oui ne soyons qu'un avec Jésus (...), nos pensées doivent se porter au Ciel, puisque c'est là la demeure de Jésus" [64]. Elle veut montrer l'importance de ce regard théologal qui permet de voir à quel point Jésus nous aime :

> *Jésus brûle d'amour pour nous... Regarde sa Face adorable !... Regarde ces yeux éteints et baissés !... Regarde ces plaies... Regarde Jésus dans sa Face... là tu verras comme il nous aime* [65].

Regarder, c'est la base de toute la réponse d'amour :

> *(...) pour consoler Jésus, il ne veut qu'un regard, un soupir, mais un regard et un soupir qui soient pour lui seul ! que tous les instants de notre vie soient pour lui seul* [66].

Avec sa foi affinée, Thérèse voit la Face douloureuse de Jésus apparaître comme en filigrane derrière le visage humilié de son père malade [67]. Elle se nourrit des textes sur le Serviteur souffrant qu'elle découvre en Isaïe. Jésus la fascine :

> *Céline, il y a si longtemps... et déjà l'âme du prophète Isaïe se plongeait comme la nôtre dans les beautés cachées de Jésus...* [68]

Les yeux baissés de la Face adorable de Jésus [69], et voilés de larmes [70] se portent sur Thérèse et Céline. A cause de cela il faut le regarder, lui et lui seul.

Les anniversaires de Céline, encore dans le monde, sont des occasions que Thérèse saisit pour lui rappeler qu'elle se doit toute à Jésus. Céline deviendra apôtre en ne faisant qu'une chose, regarder Jésus :

> *(Jésus) veut des anges-martyrs, il veut des anges-apôtres, et il a créé une petite fleur ignorée qui se nomme Céline dans cette intention-là. Il veut que sa petite fleur lui sauve des âmes, il ne veut pour cela qu'une chose, que sa fleur le regarde en souffrant son martyre... Et c'est ce mystérieux regard échangé entre Jésus et sa petite fleur, qui fera des merveilles et donnera à Jésus une multitude d'autres fleurs (...)* [71].

L'année suivante, Thérèse veut garder Céline dans sa soif d'absolu au milieu des mondanités. Cela nous vaut une touchante allégorie de deux pâquerettes ornant la prairie du Carmel. Que font-elles ?

> *Je vois avec étonnement que le matin leurs corolles rosées sont tournées du côté de l'aurore, elles attendent le lever du Soleil ; aussitôt que cet astre radieux a envoyé*

64. LT 65, du 30 octobre 1888.
65. LT 87, du 4 avril 1889.
66. LT 96, du 15 octobre 1889.
67. Cf. par exemple LT 102, du 27 avril 1890, à Céline. Dès le début de sa vie au Carmel, son regard théologal se pose sur le Mystère de la Sainte Face, "couronnement et complet épanouissement" de sa dévotion au Sacré-Cœur (PO, p. 279-280 ; cf. CJ 5.8.7 et 9).
68. LT 108, du 18 juillet 1890.
69. Cf. LT 110.
70. Cf. LT 134.
71. LT 127, du 26 avril 1891.

vers elles un de ses chauds rayons les timides fleurettes entrouvrent leurs calices et leurs feuilles mignonnes forment comme une couronne qui, laissant découverts leurs petits cœurs jaunes, donnent aussitôt à ces fleurs une grande ressemblance avec celui qui les a frappées de sa lumière[72].

C'est la ressemblance d'amour grâce au contact avec le Bien-Aimé ; par le regard de foi, la fleur se tourne vers le soleil et s'ouvre à son action transformante.

Ce regard n'est pas d'un instant :

Pendant toute la journée les pâquerettes ne cessent de fixer le Soleil et tournent comme lui jusqu'au soir (...). Quand Jésus a regardé une âme, aussitôt il lui donne sa divine ressemblance, mais il faut que cette âme ne cesse de fixer sur lui seul ses regards[73].

Et là encore cette contemplation de Jésus est à la source de la fécondité :

Le même regard a ravi nos âmes, regard voilé de larmes, que la double pâquerette a résolu d'essuyer ; son humble et blanche corolle sera le calice où les diamants précieux seront recueillis pour être ensuite versés sur d'autres fleurs qui moins privilégiées n'auront pas fixé sur Jésus les premiers regards de leurs cœurs...[74]

Quand Céline sera enfin au Carmel, Thérèse lui enseignera encore et encore le réflexe théologal : à l'occasion de sa profession et de sa prise de voile, Céline reçoit une image avec ces mots :

Par Amour, Céline pressera désormais sur son cœur les épines de la souffrance et du mépris (...). De la main gauche Céline presse les épines, mais de la droite elle embrasse toujours Jésus, le Divin bouquet de Myrrhe qui repose sur son cœur[75].

Céline se souvient dans *Conseils et Souvenirs* qu'elle s'était indignée du compromis de certains supérieurs religieux vis-à-vis du gouvernement anticlérical de l'époque. Elle n'aurait pu agir ainsi :

Cela ne nous regarde pas, lui répond Thérèse. *Ce qui nous regarde, c'est de nous unir au bon Dieu*[76].

Et devant l'empressement enfiévré de Céline au travail, elle lui rappelait :

J'ai lu autrefois que les Israélites bâtirent les murs de Jérusalem travaillant d'une main et tenant une épée de l'autre (Esdras II, 4,11). C'est bien l'image de ce que nous devons faire : ne travailler que d'une main, en effet, et de l'autre défendre notre âme de la dissipation qui l'empêche de s'unir au bon Dieu[77].

L'enseignement est le même pour Marie de l'Eucharistie. Sa prise de voile est l'occasion de la mettre devant l'essentiel :

---

72. LT 134, du 26 avril 1892.
73. *Ibid.*
74. *Ibid.*
75. LT 185, du 24 février - 17 mars 1896.
76. CSG, p. 74.
77. *Ibid.*

Désormais, Marie ne doit plus rien regarder ici-bas que le Dieu Miséricordieux, le Jésus de l'Eucharistie ! [78]

Ce conseil exprime le dynamisme propre de Thérèse : se plonger en Jésus et tout le reste suivra. Elle développe ce point dans son *Manuscrit C*, en s'appuyant sur la parole du Cantique des Cantiques (1, 3) : *"Attirez-moi, nous courrons"*.

Elle explique :

Qu'est-ce donc de demander d'être attiré, sinon de s'unir d'une manière intime à l'objet qui captive le cœur ? Si le feu et le fer avaient la raison et que ce dernier disait à l'autre : attire-moi, ne prouverait-il pas qu'il désire s'identifier au feu de manière qu'il le pénètre et l'imbibe de sa brûlante substance et semble ne faire qu'un avec lui. Mère bien aimée, voici ma prière, je demande à Jésus de m'attirer dans les flammes de son amour, de m'unir si étroitement à lui, qu'il vive et agisse en moi. Je sens que plus le feu de l'amour embrasera mon cœur, plus je dirai : Attirez-moi, plus aussi les âmes qui s'approcheront de moi (pauvre petit débris de fer inutile, si je m'éloignais du brasier divin), plus ces âmes courront avec vitesse à l'odeur des parfums de leur Bien-Aimé, car une âme embrasée d'amour ne peut rester inactive [79].

Elle ne peut mieux exprimer son grand désir qu'en recopiant pour Céline un passage de saint Jean de la Croix, passage qui révèle sa grâce hautement contemplative, et cela dès 1890 :

Le visage penché sur mon bien Aimé je restai là et m'oubliai ; tout disparut pour moi et je m'abandonnai, laissant toutes mes sollicitudes perdues au milieu des Lys !... (Fragment d'un cantique de Notre Père St Jean de la Croix) [80].

On pourrait multiplier les citations, mais il est suffisamment clair que le premier point de la petite voie est de plonger son regard dans les "beautés cachées" du Bien-Aimé pour le connaître en une science d'Amour qui nous découvre combien il nous aime et veut nous transformer en amour si nous nous livrons à lui.

Céline nous confie :

Je crois que toutes ses oraisons visaient uniquement cette recherche de la science d'amour [81].

II – DANS LA SÉCHERESSE PURIFICATRICE

Une oraison d'abord sensible

Il était nécessaire de faire une recherche historique pour préciser quelle était l'attirance de Thérèse enfant pour l'oraison. Nous avons vu qu'un puissant appel

---

78. LT 234, du 2 juin 1897.
79. Ms C, 35v° - 36r°.
80. LT 108, du 18 juillet 1890.
81. CSG, p. 78.

divin l'entraîne dans les profondeurs du mystère. Au Carmel, c'est la même soif : son unique occupation est de rester unie au Seigneur. Le 5 août 1897, faisant référence à ce qu'elle avait écrit dans le *Manuscrit B*, Thérèse rappelle à Céline qu'elle se compare à un "petit oiseau sur le bord du cloître attendant l'Aigle Divin et ne cessant de le regarder en l'aimant" [82].

Avant d'étudier l'oraison de Thérèse au Carmel, il est bon de constater que pour la jeune fille des Buissonnets, l'oraison est habituellement consolante.

Que ce soit à Trouville [83], à la pêche avec son père [84] ou dans son lit [85], elle ressent au moment même de ses oraisons le choc sensible accompagnant les profondes impressions surnaturelles qui marquent son âme :

J'y trouvais toujours mon Bien-Aimé [86].

Le sourire de la Sainte Vierge est une grâce insigne qui la prépare à la grâce de Noël 1886 [87] : à travers ce "ravissant sourire", elle expérimente sensiblement la "tendresse ineffable" de la Sainte Vierge, ce dont elle avait besoin au cœur de sa névrose.

Sa première communion est un "baiser d'amour", une "fusion" ; elle se sent aimée [88] et les communions suivantes la comblent. Elle pleure avec "une ineffable douceur" [89], et même dans son désir naissant de souffrance, elle est "inondée de consolations si grandes" qu'elle va répéter ces paroles de l'*Imitation* :

Ô Jésus ! douceur ineffable, changez pour moi en amertume, toutes les consolations de la terre !... [90]

L'année 1887 est une année particulièrement lumineuse. Thérèse et Céline courent légèrement [91].

Il était transparent et léger le voile qui dérobait Jésus à nos regards !... Le doute n'était pas possible (...) [92].

Thérèse est persuadée de la conversion de Pranzini, mais elle demande quand même un signe de repentir "pour ma simple consolation". Sa prière est "exaucée à la lettre" ; "quelle réponse ineffablement douce !..." [93] A Notre-Dame des Victoires, la Sainte Vierge lui "fait sentir" que c'est vraiment elle qui lui avait souri et l'avait guérie. Elle reçoit là des grâces et en est si profondément émue qu'elle en pleure comme au jour de sa première communion [94].

---

82. DE/G, 5.8.1, DE, p. 600.
83. Cf. Ms A, 22r°.
84. Cf. Ms A, 14v°.
85. Cf. Ms A, 31r°.
86. Cf. Ms A, 31r°.
87. Cf. Ms A, 30r°.
88. Cf. Ms A, 35r°.
89. Ms A, 36r°.
90. Ms A, 36v°.
91. Cf. Ms A, 48r°.
92. Ms A, 48 r°.
93. Ms A, 46r°-v°.
94. Cf. Ms A, 56v°.

Thérèse avoue que durant cette année 1887, sa vie "était sur la terre l'Idéal du bonheur" [95].

Son enfance n'avait pourtant pas été douce car elle souffrit plus qu'une enfant ne le pouvait, avec les départs successifs de ses mères, sa névrose, sa maladie des scrupules, les oppositions qu'elle rencontra pour sa vocation... Mais ces épreuves lui apportent de précieuses grâces, sans pour autant disparaître. Par exemple dans sa maladie des scrupules, ne trouvant plus aucun recours sur la terre, elle se tourne du côté des Cieux, vers les quatre petits anges de la famille, morts en bas-âge.

La réponse ne se fit pas attendre, bientôt la paix vint inonder mon âme de ses flots délicieux et je compris que si j'étais aimée sur la terre, je l'étais aussi dans le Ciel... [96]

Dans ses peines et ses souffrances, les consolations l'éduquent à s'entretenir avec le Ciel et font grandir ses désirs d'aller bientôt dans la Patrie [97]. C'est une éducation à la vie théologale. Auprès de Jésus elle trouve son bonheur. C'est la façon habituelle du Seigneur de s'attirer une âme à lui, comme le fait remarquer saint Jean de la Croix : les saveurs spirituelles permettent aux débutants de se détacher des choses de la terre [98].

Tempêtes purificatrices

Mais Thérèse ne reçoit pas toujours des consolations. C'est parfois "la nuit, la nuit profonde de l'âme" [99]. La grâce de Noël transforme "la nuit de (son) âme en *torrents de lumière*" [100] ; cette nuit, due à sa fragilité psychologique, à sa névrose non complètement guérie par le sourire de la Vierge, correspond à une véritable purification des sens [101].

Une autre épreuve va toucher Thérèse douloureusement : sa vocation se heurte à des oppositions qui contrarient son désir d'entrer au Carmel à Noël 1887, "à l'heure même où l'année précédente j'avais reçu 'ma grâce'" [102].

Lorsqu'elle parle à son oncle Isidore Guérin, elle essuie un refus. On en reparlera lorsqu'elle aura 17 ans ! [103]. Thérèse eut pendant trois jours "le cœur plongé dans l'amertume la plus profonde" :

J'étais dans un triste désert ou plutôt mon âme était semblable au fragile esquif livré sans pilote à la merci de flots orageux... Je le sais, Jésus était là dormant sur

---

95. Cf. Ms A, 49v°.
96. Ms A, 44r°.
97. Cf. Ms A, 44r°.
98. Cf. par exemple *Vive Flamme*, str. 3, p. 995.
99. Ms A, 51r°.
100. Ms A, 44v°.
101. Cf. à ce propos les articles du Dr Louis GAYRAL et du P. MARIE-EUGÈNE, in *Carmel* 1959, 2, p. 81-96 et 97-116.
102. Ms A, 50r°.
103. Cf. Ms A, 51r°.

ma nacelle, mais la nuit était si noire qu'il m'était impossible de le voir, rien ne m'éclairait, pas même un éclair ne venait sillonner les sombres nuages... (...) c'était la nuit, la nuit profonde de l'âme... comme Jésus au Jardin de l'agonie, je me sentais seule ne trouvant de consolation ni sur la terre ni du côté des Cieux, le Bon Dieu paraissait m'avoir délaissée ! ! !... [104]

Mais au bout de trois jours, l'oncle impressionné par la tristesse de Thérèse et influencé par une lettre de Pauline, donne son accord. Aussitôt, c'est l'allégresse

sous le beau Ciel, dont les nuages s'étaient complètement dissipés ! dans mon âme aussi la nuit avait cessé. Jésus en se réveillant m'avait rendu la joie [105].

A la sortie de l'évêché de Bayeux, c'est encore l'amertume, mais aussi la paix car Thérèse ne veut que la volonté de Dieu [106]. Après le "fiasco" [107] de l'audience pontificale à Rome, c'est encore la paix de fond, mais également l'amertume car Jésus se tait [108]. Jésus allait continuer à dormir, et l'épreuve fut "bien grande" pour sa foi lorsque Noël 1887 ne vit pas la réalisation de son projet si cher [109]. Puis, l'accord épiscopal donné, l'épreuve fut encore "très grande" lorsqu'elle apprit que cette fois, c'était le Carmel qui repoussait son entrée jusqu'en avril 1888.

Il ne semble pas qu'il faille appeler *sécheresse contemplative* ces nuits douloureuses de 1887-1888, caractérisées par le silence de Jésus. Elles sont d'une part la conséquence d'une contrariété providentielle face à une décision peut-être trop personnelle : son entrée au Carmel le jour de Noël 1887 [110]. Le Seigneur, aidé par les Carmélites et Céline, va lui apprendre le chemin de l'abandon [111]. Et Thérèse s'offre à Jésus "pour être son petit jouet" [112].

D'autre part ces obstacles sont permis par Jésus qui ne fait pas de miracle pour ses intimes

avant d'avoir éprouvé leur foi (...). Mais après l'épreuve, quelle récompense ! l'eau se change en vin... Lazare ressuscite !... Ainsi Jésus agit-Il envers sa petite Thérèse : après l'avoir longtemps éprouvée, Il combla tous les désirs de son cœur... [113]

L'épreuve de Rome l'avait fortifiée dans sa vie théologale :

Je ne trouvais aucun recours sur la terre qui me paraissait un désert aride et sans eau ; toute mon espérance était dans le bon Dieu seul... Je venais de faire l'expérience qu'il vaut mieux avoir recours à Lui qu'à ses saints... [114]

---

104. Ms A, 51r°.
105. Ms A, 51v°.
106. Cf. Ms A, 55v°.
107. Le mot est de Céline, cf. CG I, p. 300.
108. Cf. Ms A, 64r°.
109. Cf. Ms A, 67v°.
110. Même si Thérèse ne veut faire que la volonté de Dieu.
111. Cf. Ms A, 68r°.
112. Ms A, 64r°.
113. Ms A, 67v°.
114. Ms A, 66 r°.

La grâce de Noël 1886 avait fortifié sa volonté. Il fallait que l'épreuve de sa vocation assouplisse cette forte volonté, en même temps qu'elle affermissait sa foi [115].

Thérèse, sûre de la puissance de la Miséricorde, entrait au Carmel avec deux richesses : la Foi et l'abandon. Mais le travail de purification n'était pas terminé.

Au Carmel, l'entrée dans la nuit

Entrée en avril 1888, Thérèse se plonge dans la vie d'oraison [116]. Or elle n'y trouve habituellement plus les grandes grâces sensibles de l'année 1887 [117]. Dès juillet, elle partage avec Céline la souffrance de la maladie de Monsieur Martin. Souffrance dans la nuit :

Oui la vie coûte, il est pénible de commencer une journée de labeur, le faible bouton l'a vu comme le beau lis ; si encore on sentait Jésus, oh ! on ferait bien tout pour lui, mais non, il paraît à mille lieues, nous sommes seules avec nous-mêmes, oh ! l'ennuyeuse compagnie quand Jésus n'est pas là. Mais que fait-il donc ce doux ami, il ne voit donc pas notre angoisse, le poids qui nous oppresse ? Où est-il, pourquoi ne vient-il pas nous consoler, puisque nous n'avons que lui pour ami ? [118].

Thérèse associe le sentiment d'absence de Jésus à l'épreuve de Monsieur Martin. C'est l'amertume totale, mais il faut bien souffrir pour être récompensé :

Hélas ! il n'est pas loin, il est là tout près, qui nous regarde, qui nous mendie cette tristesse, cette agonie, il en a besoin pour les âmes, pour notre âme, il veut nous donner une belle récompense [119].

Et il suffit de prendre de la hauteur pour retrouver Jésus. Thérèse ne connaît pas encore les lois de la nuit :

---

115. Il est à noter que Thérèse connut au Carmel d'autres "tempêtes" de ce genre. On peut citer par exemple l'échec du projet de faire assister M. Martin à sa prise de voile, le 24 septembre 1890 (cf. Ms A, 77r°). Mais la volonté de Thérèse sera surtout purifiée et assouplie au Carmel, en particulier dans son obéissance héroïque aux ordres multiples et changeants de Mère Marie de Gonzague.

116. En fille authentique de S. Thérèse d'Avila, Thérèse sera toujours très libre dans son oraison qu'elle définit ainsi : "Pour moi, la prière, c'est un élan du cœur, c'est un simple regard jeté vers le Ciel, c'est un cri de reconnaissance et d'amour au sein de l'épreuve comme au sein de la joie ; enfin c'est quelque chose de grand, de surnaturel, qui me dilate l'âme et m'unit à Jésus" (Ms C, 25r°-v°). On trouve tout au long de ses écrits ses différentes façons de faire oraison : cf. par exemple Ms A, 74r°, Ms B, 3r°, Ms C, 22v°, 30v°, LT 122, LT 193. En fait, dans sa simplicité, tout pour elle est occasion de s'unir à Dieu et de faire oraison (cf. DE, p. 792).

117. Thérèse au Carmel aura de grandes consolations comme, par exemple, la neige le jour de sa prise d'habit (Ms A, 72v°), la grande ferveur au moment de la mort de Mère Geneviève (Ms A, 78v°), la réponse immédiate à son désir de savoir si son père est au Ciel (Ms A, 82v°), la découverte que le Père Roulland est celui qui a bénéficié de sa prière du 8 septembre 1890 (LT 201), etc... Mais le climat habituel de son oraison est désormais la sécheresse, même si elle y puise parfois des lumières fulgurantes comme celles du Ms B. Cf. *infra*.

118. LT 57, du 23 juillet 1888.

119. *Ibid.*

Élevons-nous au-dessus de ce qui passe, tenons-nous à distance de la terre, plus haut l'air est pur, Jésus se cache mais on le devine [120].

Cette "sécheresse" de juillet 1888 pourrait être une "tempête" liée aux événements extérieurs de la maladie de son père. Il semble, en fait, qu'il y ait quelque chose de nouveau, et que Thérèse commence à expérimenter ce que constate saint Jean de la Croix :

> *(Le Seigneur) leur ferme la porte de ses délices ; il tarit la source des eaux spirituelles dont ils goûtaient en lui la suavité, chaque fois et tout le temps qu'ils le désiraient (...). Leur sens intérieur est plongé dans cette nuit et en proie à une telle aridité que non seulement ils ne goûtent plus dans les choses spirituelles et les exercices de piété cette douceur et cette consolation où ils mettaient d'ordinaire leurs délices et leurs joies, mais au contraire ils n'y trouvent que dégoût et amertume* [121].

C'est une réelle croissance spirituelle :

> *La raison en est, je le répète, qu'ils ont déjà grandi quelque peu, et Dieu, pour les fortifier et les sortir de leurs langes, les sèvre du lait de ses consolations, il les pose à terre et leur enseigne à marcher par eux-mêmes. Voilà pourquoi ils sont extrêmement sensibles à une telle nouveauté qui est tout opposée à leur manière de traiter avec Dieu* [122].

Et il est normal que ces sécheresses arrivent à Thérèse si vite après son entrée au Carmel :

> *Ce changement arrive d'ordinaire aux personnes retirées du monde plutôt qu'aux autres et peu après leur entrée dans la voie spirituelle, car elles sont plus éloignées des occasions de retourner en arrière et réforment plus promptement leur attrait pour les biens d'ici-bas (...). D'ordinaire il ne se passe pas beaucoup de temps pour elles après leurs débuts, sans qu'elles entrent dans cette nuit des sens ; or la plupart d'entre elles y entrent, car on les voit généralement tomber dans ces aridités* [123].

Thérèse avait quitté depuis longtemps "les attraits pour les biens d'ici-bas", et la nuit du sens avait commencé pour elle, en particulier avec toutes les souffrances affectives qu'elle eut à porter dès sa petite enfance. Mais son entrée au Carmel lui donne de se plonger complètement dans la vie d'oraison, et l'apparition quasi-immédiate de sa sécheresse permet de vérifier la véracité de ce texte de saint Jean de la Croix.

La retraite de 1889

La sécheresse se confirme avec le temps. Elle devient son "pain quotidien" [124].

---

120. LT 57.
121. *Nuit Obscure*, 1-8, p. 510.
122. *Ibid.*
123. *Ibid.*, p. 511.
124. Ms A, 73v°.

Du 5 au 9 janvier 1889, Thérèse fait sa retraite de prise d'habit. Il vaut la peine de s'y arrêter un peu. Elle prie plus longuement, plusieurs heures chaque jour. Elle pressent que le silence n'est pas vide. Certes il protège des souffrances inévitables de la vie de communauté, mais il y a plus, mystérieusement il nourrit. Elle confie à Sœur Agnès :

> Rien auprès de Jésus, sécheresse !... Sommeil !... Mais au moins c'est le silence !... le silence fait du bien à l'âme... [125]

Elle avait été préparée à ce genre de silence par l'image de Jésus dormant dans sa nacelle :

> Puisque Jésus veut dormir, pourquoi l'en empêcherais-je ? Je suis trop heureuse qu'il ne se gêne pas avec moi, il me montre que je ne suis pas une étrangère en me traitant ainsi, car je vous assure qu'il ne fait pas de frais pour me tenir conversation !... [126]

Et ce silence semble creuser en elle ses désirs "infinis" :

> Je voudrais tant l'aimer !... L'aimer plus qu'il n'a jamais été aimé !... [127]

A sœur Marie du Sacré-Cœur, c'est la même confidence ; sa sécheresse est faite non seulement de manque de consolation, mais aussi d'impuissance :

> Le pauvre agnelet ne peut rien dire à Jésus et surtout Jésus ne lui dit absolument rien [128].

On sent que Thérèse n'est pas encore habituée à cet état :

> Priez pour lui (l'agnelet) afin que sa retraite plaise quand même au cœur de celui qui seul lit au plus profond de l'âme !... [129]

Le lendemain, c'est pire, la nuit est encore plus profonde. Jésus "paraît absent", et Thérèse livre à sœur Agnès les sentiments les plus intimes de son âme, un peu inquiète de ce que sa sœur va penser :

> Aujourd'hui, plus qu'hier, si cela est possible, j'ai été privée de toute consolation [130].

Elle semble déjà saisir que la sécheresse purifie la foi :

> Peut-être que s'il me consolait je m'arrêterais à ces douceurs, mais il veut que tout soit pour lui !... [131]

Bien consciente de toute la puissance affective de son cœur, elle comprend que Jésus veuille la purifier. Elle avait écrit un peu avant :

---

125. LT 74, du 6 janvier 1889.
126. *Ibid.*
127. *Ibid.*
128. LT 75, du 6 ou 7 janvier 1889.
129. *Ibid.*
130. LT 76, du 7 janvier 1889.
131. *Ibid.*

> *Il sait bien que s'il me donnait seulement une ombre de bonheur, je m'y attacherais avec toute l'énergie, toute la force de mon cœur ; cette ombre il me la refuse, il aime mieux me laisser dans les ténèbres que de me donner une fausse lueur qui ne serait pas lui !* [132]

Alors la soif d'absolu lui fera aller jusqu'au bout de cette purification :

> *Eh bien tout sera pour lui, tout, même quand je ne sentirai rien à pouvoir lui offrir, alors comme ce soir je lui donnerai ce rien !...* [133]

Sœur Agnès essaie de la convaincre qu'il doit bien y avoir un peu de lumière. Thérèse la détrompe :

> *L'agneau se trompe en croyant que le jouet de Jésus n'est pas dans les ténèbres, il y est plongé. Peut-être, et l'agnelet en convient, ces ténèbres sont-elles lumineuses, mais malgré tout ce sont des ténèbres...* [134]

Par contre Thérèse reconnaît que cette nuit est paisible :

> *Si Jésus ne me donne pas de consolation, il me donne une paix si grande qu'elle me fait plus de bien !...* [135]

> *Sa seule consolation est une force et une paix très grande* [136].

De plus elle sent déjà les fruits de cette purification :

> *Je crois que le travail de Jésus pendant cette retraite a été de me détacher de tout ce qui n'est pas lui...* [137]

En lisant ces textes, on comprend que Thérèse se sentira tellement à l'aise dans les œuvres de saint Jean de la Croix qu'elle découvrira probablement un an plus tard environ. La première strophe du poème de la *Montée du Carmel* ne pourra que la faire tressaillir :

> *Par une nuit profonde,*
> *Étant pleine d'angoisse et enflammée d'amour*
> *Oh ! l'heureux sort !*
> *Je sortis sans être vue,*
> *tandis que ma demeure était déjà en paix.*

Au sortir de sa retraite, la sécheresse reste son lot et elle commence même à l'enseigner à Céline et à Marie Guérin. Cette sécheresse est normale et il ne faut pas s'en désoler : peines de l'âme, aridités, angoisses, froideurs apparentes sont des souffrances qu'il faut "supporter avec amour" [138] :

> *La sainteté ne consiste pas à dire de belles choses, elle ne consiste pas même à les penser, à les sentir !...* [139]

---

132. LT 76.
133. *Ibid.*
134. LT 78, du 8 janvier 1889.
135. LT 76.
136. LT 78.
137. LT 78.
138. LT 93 et LT 94, du 14 juillet 1889.
139. LT 89, du 26 avril 1889.

C'est là un grand amour d'aimer Jésus sans sentir la douceur de cet amour [140].

D'ailleurs il est préférable de ne rien sentir. Si nous avions conscience de la flamme de notre amour, notre orgueil viendrait immédiatement l'éteindre [141]. Thérèse pressent ici que la sécheresse est le rempart dont a besoin l'esprit orgueilleux pour s'approcher humblement et pauvrement de Dieu.

Dans sa lettre à Céline du 14 juillet 1889, elle reconnaît que ne rien sentir est un "martyre" [142]. Elle n'est qu'au début de sa nuit et la sécheresse lui est même douloureuse.

La retraite de 1890

Nous la retrouvons en septembre 1890, à la veille de sa profession, dans une retraite de dix jours dont l'aridité encore plus profonde révèle un progrès dans le cheminement spirituel de Thérèse. Dans son *Manuscrit A*, elle se souvient que :

l'aridité la plus absolue et presque l'abandon furent mon partage. Jésus dormait comme toujours dans ma petite nacelle... [143]

Dans la fameuse lettre du 30-31 août 1890 Thérèse explique à sœur Agnès qu'elle avait demandé à Jésus de choisir lui-même le chemin qui la conduirait au sommet de la Montagne de l'Amour. Et voici le chemin voulu par Jésus :

Alors Jésus m'a prise par la main, et il m'a fait entrer dans un souterrain où il ne fait ni froid ni chaud, où le soleil ne luit pas et que la pluie ni le vent ne visitent pas, un souterrain où je ne vois rien qu'une clarté à demi voilée, la clarté que répandent autour d'eux les yeux baissés de la face de mon Fiancé !... [144]

C'est toujours la nuit, avec une sorte de calme plat, sans aucun sentiment. Il ne se passe plus rien, et c'est d'autant plus douloureux pour Thérèse que ses oraisons d'autrefois étaient remplies de la présence savoureuse du Bien-Aimé. Il n'y a ni vent ni pluie, rien par conséquent ne vient distraire et adoucir cette sécheresse qui ressemble à la "mort" [145]. Saint Jean de la Croix décrit cet état dans la *Vive Flamme* et conseille :

L'âme ne doit être attachée à rien, ni à un exercice de méditation discursive, ni à une saveur quelconque, sensible ou spirituelle ou à un autre mode d'agir quel qu'il soit [146].

Et pourtant, dans cette nuit où elle ne voit rien, elle se nourrit mystérieuse-ment de la Sainte Face de Jésus. Son activité est apaisée ; elle ne pense à rien [147], elle se contente d'aimer :

---

140. LT 94.
141. Cf. LT 81.
142. Cf. LT 94.
143. Ms A, 75v°.
144. LT 110.
145. Cf. P. MARIE-EUGÈNE DE L'E.J., *Je veux voir Dieu*, p. 586.'
146. Strophe 3, p. 998.
147. LT 112.

Mon Fiancé ne me dit rien et moi je ne lui dis rien non plus sinon que je l'aime plus que moi, et je sens au fond de mon cœur que c'est vrai (...) [148].

Jésus se tait et se cache et pourtant il se découvre aux profondeurs de son âme :

Il est si beau, si ravissant ! même quand il se tait... même quand il se cache !... [149]

Lui seul l'attire, et non ses dons [150]. C'est son mystère à lui qu'elle cherche dans la nuit.

Thérèse ne sait pas ce qu'elle fait, ni comment elle avance [151] ; elle n'y comprend rien [152], mais elle a quand même deux certitudes dans sa nuit :
– cette voie a été choisie par Jésus
– cette voie mène au sommet de la montagne, elle le pressent [153].

Dans ce souterrain obscur, elle se trouve "bien heureuse" [154] et y jouit d'une paix toute surnaturelle [155]. Depuis quelques mois elle lit saint Jean de la Croix et y trouve la description de ce qu'elle est en train de vivre. Cela explique peut-être que tout en restant dans une certaine angoisse [156], elle se sent moins dépaysée dans cet état, et en lisant les lettres écrites pendant cette retraite de 1890, on pense spontanément à la poésie du docteur mystique espagnol :

Je la connais la source qui coule et se répand,
Mais c'est de nuit ! [157].

Elle est prête à rester toute sa vie dans l'obscurité pourvu qu'elle arrive au sommet. Et elle devine déjà que la sécheresse sera désormais le climat de son oraison [158].

C'est bien ce qui se passe, car en 1895, elle écrit dans son *Manuscrit A* que les retraites qui suivirent furent aussi arides [159]. C'est même son état habituel, et comme elle est consentante, Jésus en profite, il dort dans sa nacelle :

---

148. LT 110.
149. LT 111.
150. Cf. LT 111.
151. Cf. LT 110.
152. Cf. LT 112.
153. Cf. LT 110.
154. LT 115.
155. Cf. LT 112.
156. "Priez aussi que je fasse une bonne retraite" (LT 112).
157. Poésie IX, p. 1115. L'influence de Jean de la Croix sur Thérèse de l'Enfant-Jésus est tout à fait certaine, et cela pendant toute sa vie au Carmel. Elle s'en nourrit exclusivement, à l'âge de 17-18 ans (Ms A, 83 r°) et vit sous sa lumière tout au long des années suivantes, le citant aux passages importants de ses manuscrits, ses lettres, ou autres écrits. On se souvient de son image-testament toute san-johannique de juin (?) 1897 (LT 245). Dans les derniers mois, elle reprend les œuvres du docteur mystique et marque d'une croix certains passages (DE, p. 491-495). Elle prononce les importantes paroles que l'on trouve en CJ 27.7.5 et 31.8.9. Aussi, même s'il n'a pas été interprété ainsi sur le moment, un geste nous paraît hautement symbolique : celui de Mgr Hugonin venu au Carmel le 24 novembre 1891 pour le troisième centenaire de saint Jean de la Croix, et faisant "mille caresses de toutes sortes" à son authentique disciple pour le monde moderne. Thérèse n'avait "jamais été aussi honorée" (Cf. Ms A, 72 v°).
158. Cf. LT 112.
159. Cf. Ms A, 76r°.

Il ne se réveillera pas sans doute avant ma grande retraite de l'éternité, mais au lieu de me faire de la peine cela me fait un extrême plaisir... [160]

III – "Ô NUIT, PLUS AIMABLE QUE L'AURORE..."

Accepter la nuit

Assurée dans son cheminement par son bienheureux père, Thérèse peut y entraîner les autres et leur expliquer leur propre état. En juillet 1893 Céline se plaint de ne rien comprendre à ce qui se passe dans son âme [161]. Thérèse décrit alors la nuit de Céline avec une précision qui ne peut venir que de sa propre expérience. Les mots tombent justes et Céline accuse le coup :

Ta lettre m'a reconsolée et m'a fait un bien si grand que j'en ai remercié Notre-Seigneur. Je ne comprends pas cela, mais tu me dis toujours juste ce qu'il faut me dire... [162]

Qu'avait donc dit Thérèse ? Elle s'était tout simplement décrite [163] :

Un petit enfant tout seul sur la mer, dans une barque perdue au milieu des flots orageux, pourrait-il savoir s'il est près ou loin du port ? [164]

Il en est bien ainsi : depuis son entrée au Carmel Thérèse est seule ; elle ne peut parler longuement avec sa prieure car elle est toujours dérangée. Novice, elle ne sait que raconter à sa maîtresse. Le Père Pichon est parti au Canada. Les prédicateurs de retraite parlent de tout sauf de la Miséricorde. Dans son oraison, la sécheresse contribue encore à rendre la solitude plus grande [165]. Dieu l'isole ainsi, lui fait quitter tout appui et devient son seul Directeur dans la nuit [166].

Le propre de cette sécheresse est de ne pas avoir d'impression surnaturelle. Dieu semble absent. Ne montent à la conscience que les distractions et le douloureux sentiment d'obscurité. Si l'on en n'a pas l'habitude, on est déconcerté :

La terre a disparu à ses yeux, elle ne sait pas où elle va, si elle avance ou si elle recule... La petite Thérèse sait bien, elle est sûre que sa Céline est en pleine mer, la nacelle qui la porte vogue à voiles déployées vers le port, le gouvernail que Céline ne peut pas même apercevoir n'est pas sans pilote. Jésus est là, dormant comme autrefois dans la barque des pêcheurs de la Galilée. Il dort... Et Céline ne le voit

---

160. Ms A, 75v°.
161. Cf. LT 144.
162. LC 155, du 27 juillet 1893, CG II, p. 713.
163. Il semble que la Providence ait permis que Thérèse trouve en Céline une âme sœur. Thérèse peut ainsi donner librement un enseignement qu'elle ne pourrait dispenser encore dans sa communauté qui vit tout autre chose.
164. LT 144.
165. Elle n'a que les lumières dont elle a besoin. Ainsi, en octobre 1891, le P. Prou la confirme dans sa voie et la lance à pleines voiles (cf. Ms A, 80v°).
166. Cf. Ms A, 80v°.

pas car la nuit est descendue sur la nacelle... Céline n'entend pas la voix de Jésus. Le vent souffle... elle l'entend ; elle voit les ténèbres... et Jésus dort toujours [167].

On pourrait demander au Seigneur de se réveiller et de se montrer un peu, mais alors on ne serait plus dans la voie qu'il préfère [168]. La fille de Jean de la Croix sait que la nuit est nécessaire jusqu'au lever de l'aurore où l'âme jouira des réveils du Verbe [169].

Il attend l'aurore et alors, oh alors quel réveil que celui de Jésus ! ! !... [170]

Rester paisible dans l'amour

Quelques jours auparavant, dans une très importante lettre à Céline, Thérèse avait jeté un regard sur son propre itinéraire. Ces quelques lignes sont très instructives. Ce sont d'abord les lumineux moments de l'année 1887, avant son entrée au Carmel :

Le matin de notre vie est passé, nous avons joui des brises embaumées de l'aurore, alors tout nous souriait, Jésus nous faisait sentir sa douce présence [171].

Puis dès l'entrée au Carmel, sont venus la sécheresse spirituelle, l'isolement et la souffrance sur bien des plans, communautaire et familial. Ce fut en particulier la douloureuse et humiliante épreuve de la maladie paternelle [172]. En ces années 1889-91, Thérèse est burinée, purifiée par la souffrance :

Mais quand le Soleil a pris de la force le bien Aimé nous a conduites dans son jardin, Il nous a fait recueillir la myrrhe de l'épreuve en nous séparant de tout et de lui-même, la colline de la myrrhe nous a fortifiées par ses parfums amers [173].

Fin 1891, Thérèse est accoutumée à la nuit ; Jean de la Croix et le Père Prou lui ont apporté les confirmations extérieures de tout ce qu'elle pressent au fond d'elle-même par cette science de connaturalité qui lui vient de sa contemplation. En ces années 1892-93, semble-t-il, la purification est déjà bien avancée. Alors Thérèse peut dire :

Aussi Jésus nous en a-t-il fait redescendre (de la colline de la myrrhe) et maintenant nous sommes dans la vallée, Il nous conduit doucement le long des eaux... [174]

Elle est maintenant paisiblement abandonnée, uniquement occupée à aimer, dans une passivité totale qui permet à Dieu d'agir par les dons du Saint-Esprit :

C'est Jésus qui fait tout et moi je ne fais rien [175].

---

167. LT 144, du 23 juillet 1893.
168. Cf. *ibid.*
169. Cf. *Vive Flamme*, str. 4.
170. LT 144.
171. LT 142, du 6 juillet 1893.
172. Cf. Ms A, 72-73.
173. LT 142.
174. *Ibid.*
175. *Ibid.*

C'est bien un état nouveau :

Le bon Dieu ne me demande plus rien... dans les commencements Il me demandait une infinité de choses. J'ai pensé quelque temps que maintenant, puisque Jésus ne demandait rien il fallait aller doucement dans la paix et l'amour en faisant seulement ce qu'Il me demandait... Mais j'ai eu une lumière. Ste Thérèse dit qu'il faut entretenir l'amour [176].

Elle est toujours dans la sécheresse (elle ne sent rien), dans l'impuissance (il lui arrive d'être "*incapable* de prier, de pratiquer la vertu" [177]), alors de petits actes d'amour, "une délicatesse qui fait plaisir" à Jésus sont sa petite collaboration, ses brindilles de paille ajoutées au feu que Jésus entretient. Il y jette lui-même "beaucoup de bois, nous ne le voyons pas, mais nous sentons la force de la chaleur de l'amour" [178].

Une connaissance amoureuse, fruit de la nuit

On remarque comment Thérèse signale de plus en plus l'action de Dieu dans sa prière. Elle la mentionne encore au sein de la sécheresse en avril 1894 :

Il dort presque toujours... Le Jésus de la pauvre Thérèse ne la caresse pas comme Il caressait sa Ste Mère. (...) Cependant les petits yeux fermés de Jésus en disent assez long à mon âme (...) [179].

Son âme est nourrie mystérieusement. Jésus l'instruit en secret [180]. Thérèse parle souvent des lumières précises qu'elle reçoit en dehors de l'oraison, ce que nous pourrions appeler des lumières distinctes. Mais elle expérimente aussi, et cela assez tôt, que la nuit de l'oraison lui apporte une connaissance confuse, intime. A la suite de saint Jean de la Croix, elle l'appelle "un je ne sais quoi" :

Nous ne savons rien... nous ne voyons rien... et pourtant Jésus a déjà découvert à nos âmes ce que l'œil de l'homme n'a pas vu !...oui notre cœur pressent ce que le cœur ne saurait comprendre puisque parfois nous sommes sans pensées pour exprimer un je ne sais quoi que nous sentons dans notre âme !... [181]

Pour Thérèse, il est clair que cette connaissance n'est pas naturelle puisqu'elle ne peut s'exprimer. C'est véritablement une connaissance de connaturalité qui, dans la nuit de la foi et l'intensité de l'amour, lui découvre confusément et globalement le mystère de Dieu. C'est la connaissance obscure et générale dont parle saint Jean de la Croix et qui est proprement "la contemplation obtenue par la foi" [182]. Il y a une réelle communication de Dieu à l'âme, et l'âme

---

176. LT 143, du 18 juillet 1893.
177. *Ibid.*
178. *Ibid.*
179. LT 160, du 3 avril 1894.
180. Les textes des *Manuscrits* à ce sujet sont bien connus : cf. par exemple Ms A, 32r°, 49r°, 70r°, 74r°, 76r°,83r° ; Ms B, 1r° ; Ms C, 4r°, 11v°, 19r°,26r°, 33v°-34r°. Cf. aussi LT 147, LT 226 ...
181. LT 124, du 20 octobre 1890.
182. *Montée du Carmel*, L. II, ch. IX, p. 136.

commence à percevoir son Dieu. C'est ce que semble vouloir suggérer Thérèse lorsqu'elle confie à Céline en vacances dans le beau parc de la Musse :

> *Moi je ne vois pas tout cela, mais je dis avec St Jean de la Croix : "j'ai en mon bien-aimé les montagnes, les vallées solitaires et boisées, etc"... Et ce bien-aimé instruit mon âme, Il lui parle dans le silence, dans les ténèbres...* [183]

Saint Jean de la Croix signale que cette grâce de communication correspond aux fiançailles spirituelles [184]. On trouve dans une lettre de Thérèse, datée du 7 juillet 1894 [185] un autre indice de ces communications très profondes qui jaillissent en expérience vivante.

Après avoir passé par l'épreuve qui purifie comme l'or au creuset, après avoir fait une expérience si douloureuse de la misère personnelle (expérience propre aux sixièmes demeures), au point que

> *nous n'osions même plus nous regarder tant nous pensions être sans éclat et sans parure,* voilà que *Jésus nous appelle, il veut nous considérer à loisir, mais Il n'est pas seul, avec Lui les deux autres personnes de la Sainte Trinité viennent prendre possession de notre âme...* [186]

Le Verbe, le Père, l'Esprit sont là.

> *Quel bonheur de penser que le bon Dieu, la Trinité tout entière nous regarde, qu'elle est en nous et se plaît à nous considérer* [187].

Et comme preuve que cette confidence, faite en un style rapide et haché, est à la fois bien intime et ineffable, Thérèse termine comme elle le fait toujours en ces cas-là :

> *Ma Céline chérie, je t'assure que je ne sais pas ce que je te dis* [188].

Thérèse n'a-t-elle pas reçu là une lumière annonciatrice de l'aurore ? Nous sommes en juillet 1894. Thérèse est prête désormais. En septembre Céline entrera au Carmel, et Thérèse, chargée de transmettre sa "sagesse" [189] aux novices, pourra communiquer ses audacieuses certitudes, dont elle trouvera bientôt confirmation dans l'Écriture [190]. Sa mission commence et l'année 1895 peut bien être une année d'assurance et de plénitude.

C'est pourtant toujours "la sécheresse habituelle" [191], mais sa très haute connaissance expérimentale du Dieu Miséricorde la pousse à faire son Acte d'offrande pour permettre à Dieu de laisser déborder en son âme "les flots de *tendresse infinie*" qu'elle voit en lui.

---

183. LT 135, du 15 août 1892.
184. Cf. *Cantique Spirituel B*, str. 14.
185. LT 165.
186. *Ibid.*
187. *Ibid.*
188. *Ibid.*
189. Comme elle l'appellera plus tard (Ms C, 4r°).
190. Cf. Ms C, 2v° - 3r°.
191. CJ 7.7.2.

Ô nuit plus aimable que l'aurore !

Thérèse est "inondée de lumière"[192], "environnée et pénétrée d'amour"[193], mais dans cette dernière étape de sa vie, elle aime la nuit, cette nuit qui était un martyre au début, est devenue plus aimable que l'aurore ! La nuit laisse l'âme pauvre et donc apte aux opérations de l'Amour transformant :

> *Aimons à ne rien sentir, alors nous serons pauvres d'esprit et Jésus viendra nous chercher*[194].

La nuit détache des biens qui retardent l'âme. "Je ne cueillerai pas de fleurs", dit Jean de la Croix[195].

> (Jésus) *aime mieux te voir heurter dans la nuit les pierres du chemin que marcher en plein jour sur une route émaillée de fleurs qui pourraient retarder ta marche*[196].

Mais surtout l'intensité d'amour est telle que Thérèse ne pourrait supporter des manifestations du Bien-Aimé sans mourir :

> *Jésus fait bien de se cacher, de ne me parler que de temps en temps et encore "à travers les barreaux"* (Cantique des Cantiques), *car je sens bien que je ne pourrais en supporter davantage, mon cœur se briserait étant impuissant à contenir tant de bonheur...*[197]

Elle prévient donc ses sœurs :

> *Ne vous étonnez pas si je ne vous apparais pas après ma mort, et si vous ne voyez aucune chose extraordinaire comme signe de mon bonheur. Vous vous rappellerez que c'est "ma petite voie" de ne rien désirer voir. Vous savez bien ce que j'ai dit tant de fois au bon Dieu, aux Anges et aux Saints :*
> > *Que mon désir n'est pas*
> > *De les voir ici-bas...*[198]

D'ailleurs elle ne veut aucune vision ici-bas car ce ne serait pas la vérité du Ciel, et sa contemplation ne peut se nourrir que de vérité :

> *J'ai plus désiré ne pas voir le bon Dieu et les Saints et rester dans la nuit de la foi que d'autres désirent voir et comprendre*[199].

Telle nous apparaît la contemplation de Thérèse pour autant que nous pouvons en déceler des traces tout au long de ses années carmélitaines. Mais à ceux qui veulent suivre sa petite voie, Thérèse a laissé un véritable traité d'oraison, en une parabole très suggestive : celle du petit oiseau, qu'il nous faut considérer maintenant, avant d'accompagner Thérèse dans la dernière phase de

---

192. Ms A, 32r°.
193. Cf. Ms A, 84r°.
194. LT 197, du 17 septembre 1896.
195. *Cantique Spirituel B*, str. 3.
196. LT 211 à Céline, du 24 décembre 1896.
197. LT 230, du 28 mai 1897.
198. CJ 4.6.1. Thérèse cite ses propres paroles de PN 24.
199. CJ 11.8.5 ; cf. CJ 5.8.4 ; LT 106. Thérèse y voit un aspect de sa spiritualité et, pour la suivre, il faut accepter de vivre de foi (cf. CSG, p. 154).

sa vie, marquée par l'épreuve de la foi. Ce que nous avons déjà vu de son cheminement nous permettra, espérons-le, de mieux saisir la portée des images employées dans cette parabole.

IV – LE "RAYON DE TÉNÈBRES"

Le petit oiseau

Cette parabole du petit oiseau est un des plus grands textes de sainte Thérèse [200].

Elle se compare à un faible petit oiseau n'ayant de l'aigle que les yeux et le cœur. Malgré sa petitesse extrême, elle veut fixer le Soleil Divin avec ce cœur et ces yeux d'Aigle. Le Soleil divin, c'est l'Astre d'Amour, au sein duquel se trouve le Verbe, Aigle adoré qui attire et fascine l'oiseau.

Que fait l'oiseau ?

Toujours il demeurera les yeux fixés sur toi, il veut être fasciné par ton regard divin, il veut devenir la proie de ton Amour.

La longue contemplation de Thérèse lui a donné la science de connaturalité, celle qui procède de l'amour et de la grâce, et cette science d'amour lui révèle les profondeurs de Dieu, la puissance de la Miséricorde qui veut se répandre. Thérèse s'est offerte pour en être la proie. Comment le fera-t-elle ? En se tenant en esprit devant ce soleil d'Amour, c'est-à-dire dans une attitude permanente de contact de foi. En effet, dit saint Jean de la Croix, la foi est le moyen premier pour établir l'union [201]. Comme le regard symbolise l'activité de la vertu théologale de foi, le petit oiseau aura pour unique tâche de fixer inlassablement son regard sur le Soleil divin. Fasciné par ce Soleil, il sait que le regard de foi est le seul moyen pour établir l'union et devenir ainsi la proie de l'Amour.

Dans cette parabole, le regard de foi, dans sa constance, a quelque chose de pathétique car il ne trouve aucun soutien en dehors de la fascination qu'exerce sur lui le Soleil. Les ailes du petit oiseau ? Elles sont incapables de voler : ce sont toutes les activités naturelles. Thérèse avait dit à Céline : une petite âme n'a pas de grandes pensées [202]. Ce n'est pas avec cela qu'elle s'unira à l'Astre d'Amour.

Parfois le soleil est visible, c'est donc que l'oraison ne se déroule pas dans une sécheresse douloureuse. L'oiseau reçoit quelques lumières ou comprend que son Bien-Aimé est là. Il arrive en effet à Thérèse d'avoir des grâces senties pendant l'oraison. Elle a expérimenté les vols d'esprit dont parle sainte Thérèse d'Avila [203]. Elle est restée aussi une semaine dans une "quiétude" telle qu'elle

---

200. Ms B, 4vᵒ - 5vᵒ.
201. *Montée du Carmel*, L. II, ch. 8 et *Cantique Spirituel B*, str. 12, 2.
202. Cf. DE/G, 3 août, p. 598.
203. Cf. *Livres des Demeures*, VIe Demeure, ch. V.

croyait être sous le voile de la Sainte Vierge [204]. Elle sent très fortement la miséricorde de Dieu dans certaines communions [205]. Elle reçoit la grande consolation du rêve d'Anne de Jésus au sein de la tempête de l'épreuve de la foi, le 10 mai 1896 [206]. Ces grâces l'aident, et elle en garde parfois une profonde impression surnaturelle [207]. Mais Thérèse avait donné ce conseil à Céline :

Détachons-nous des consolations de Jésus, pour nous attacher à Lui !... [208]

L'oiseau ne s'arrête donc pas aux effets du Soleil, il fixe seulement le Soleil.

Il trouve le plus souvent le vent, la pluie ou de sombres nuages qui cachent le Soleil.

Saint Jean de la Croix explique dans la *Montée du Carmel* de quoi il s'agit [209]. De même que l'œil humain n'est pas apte à fixer le soleil sans être ébloui, de même, Dieu étant transcendant à nos facultés, la lumière de la foi opprime et éblouit la lumière de notre entendement. Il est donc normal que la fidélité dans l'acte de foi conduise à un éblouissement ou à une obscurité sentie. L'entendement est ébloui par l'abondance de lumière divine qui descend sur lui grâce au regard de foi. Il est alors mal à l'aise, du moins au départ, car il n'a que l'impression immédiate de vent, de pluie, ou de sombres nuages. Devra-t-il arrêter le regard de foi ? Non,

le petit oiseau ne change pas de place, il sait que par-delà les nuages son Soleil brille toujours, que son éclat ne saurait s'éclipser un seul instant.

Cette attitude est douloureuse et les facultés naturelles doivent apprendre à rester paisiblement ainsi dans l'obscurité, c'est-à-dire sans avoir un aliment adapté à leur nature. La fidélité obstinée de l'oiseau consiste à rester à fixer Dieu malgré la souffrance de l'impuissance.

Les distractions, les petites infidélités, le sommeil ne doivent pas décourager le contemplatif [210]. Dès qu'il s'aperçoit qu'il s'est laissé détourner du Soleil, il doit reprendre paisiblement son poste, retrouver le contact par le regard de foi et recommencer son office d'amour.

La constance du regard de foi touche à l'héroïcité, car habituellement, plus le regard est perçant, plus l'obscurité est grande :

Parfois il est vrai, le cœur du petit oiseau se trouve assailli par la tempête, il lui semble ne pas croire qu'il existe autre chose que les nuages qui l'enveloppent ; c'est alors le moment de la joie parfaite pour le pauvre petit être faible. Quel bonheur pour lui de rester là quand même, de fixer l'invisible lumière qui se dérobe à sa foi ! ! !...

---

204. Cf. CJ, 11.7.2.
205. Cf. Ms A, 80r° ; CJ 6.6.1.
206. Cf. Ms B, 2r°.
207. Cf. CJ 26.5.
208. LT 105, du 10 mai 1890.
209. *Montée du Carmel*, L. II, ch. II, p. 98.
210. Cf. Ms A, 75v° ; 80r°.

Il est à remarquer que tout le mouvement ne vient pas de l'oiseau, car l'Aigle "l'attire". Thérèse sait que Dieu agit dans sa prière. Elle l'avait dit à Céline :

C'est Jésus qui fait tout et moi je ne fais rien [211].

Tant que le regard est fixé sur Dieu, il reçoit la lumière du Soleil, même s'il n'en a pas l'impression. De plus le soleil lui-même fascine le regard et le maintient fixé sur lui.

C'est ce qui rend possible la constance du regard de foi. C'est aussi ce qui lui permet d'être simple et paisible, au-delà de toutes les activités naturelles. Dans la *Vive Flamme*, saint Jean de la Croix explique :

(...) dans cet état, il ne faut jamais imposer à l'âme l'obligation de méditer, de s'exercer à produire des actes de raisonnement, de chercher de la suavité et de la ferveur. Ce serait mettre un obstacle à l'agent principal qui, je le répète, n'est autre que Dieu. C'est lui qui, d'une manière secrète et paisible, répand peu à peu dans l'âme une sagesse et une connaissance pleine d'amour, sans recourir à des actes particuliers, bien qu'il le fasse parfois durant quelque temps [212].

Ces actes particuliers sont d'ailleurs impossibles. C'est pourquoi Thérèse a toujours eu tant de mal à dire son chapelet :

J'ai beau m'efforcer de méditer les mystères du rosaire, je n'arrive pas à fixer mon esprit [213].

Saint Jean de la Croix poursuit :

L'âme doit se contenter alors d'élever avec amour son attention vers Dieu sans former d'autres actes particuliers. Elle doit, je le répète, se conduire d'une manière passive, sans faire par elle-même le moindre effort, et garder pour Dieu une attention pleine d'amour, simple, candide, comme fait quelqu'un qui ouvre les yeux pour regarder avec amour [214].

Cette description est exactement l'oraison de sainte Thérèse de l'Enfant-Jésus, telle que nous la lisons dans la parabole du petit oiseau. La simplicité du regard est l'élément essentiel de la contemplation de Thérèse [215]. Simplicité du regard sous l'influence de l'amour, car l'oiseau a les yeux et le cœur de l'Aigle, et son regard est un "office d'amour" [216].

---

211. LT 142, du 6 juillet 1893.
212. *Vive Flamme*, str. 3, p. 996-997.
213. Ms C, 25v° ; cf. CJ 20.8.16. On sait pourtant combien Thérèse aime la Sainte Vierge et recourt à elle. Elle aime dire la salutation angélique dans ses grandes sécheresses (cf. Ms C, 25v°). Il ne s'agit donc pas ici d'une mésestime de la pratique du chapelet, mais de l'incapacité de "méditer", c'est à dire de fixer son esprit sur tel ou tel mystère pour discourir à son sujet.
214. *Vive Flamme*, str. 3, p. 996-997.
215. Nous avons vu que Thérèse définit la prière comme "un simple regard" (Ms C, 25r°). Cette simplicité correspond à sa qualité d'âme. Dès le noviciat, on avait remarqué combien elle était simple : "Votre âme est extrêmement simple, mais quand vous serez parfaite,vous serez encore plus simple ; plus on s'approche du bon Dieu, plus on se simplifie" (Ms A, 70v°).
216. Le P. Marie-Eugène de l'Enfant-Jésus remarque que c'est exactement la définition théologique de la contemplation : *simplex intuitus veritatis sub influxu amoris* ; cf. son rapport : "Sainte Thérèse de l'Enfant-Jésus, docteur de la vie mystique" in *Ton amour a grandi avec moi. Un génie spirituel, Thérèse de Lisieux*, p. 81-169 ; texte repris dans le présent ouvrage, p. 313-361.

Cette contemplation est tellement dépouillée de tout ce qui n'est pas Dieu, que la lumière divine se donne en toute pureté. Elle fait toute son œuvre dans l'âme, mais les facultés naturelles ne peuvent pas la percevoir, dit saint Jean de la Croix [217]. Elles n'ont qu'une impression de ténèbre.

La sécheresse habituelle de sainte Thérèse de l'Enfant-Jésus est donc bien le signe d'une très haute contemplation, celle-même décrite par le docteur mystique.

Contemplation si haute que le "rayon de ténèbre" [218] la fait entrer dans l'épreuve de la foi.

L'épreuve de la foi

Le Vendredi Saint 1896, Thérèse reçoit, avec ses hémoptysies, la certitude de bientôt mourir. L'espoir d'aller au Ciel la transporte d'allégresse car sa foi est "si vive, si claire, que la pensée du Ciel fait tout (son) bonheur" [219].

Mais voici qu'assez subitement, pendant le temps pascal, les plus épaisses ténèbres envahissent son âme, comme un dense brouillard, et la pensée du Ciel ne devient plus qu'un sujet de combat et de tourment [220]. En plus d'une nuit tout à fait obscure, "les raisonnements des pires matérialistes" [221], lui viennent à l'esprit ainsi que toutes sortes de "pensées extravagantes" [222]. Ce sont comme de "vilains serpents" qui "sifflent" presque constamment à ses oreilles [223], et surtout le soir [224], pour lui suggérer l'impossibilité de l'existence de l'au-delà. Cette épreuve augmente avec le temps, et à mesure qu'elle avance, le Ciel lui "est de plus en plus fermé" [225].

Il semble que Thérèse se trouve par rapport à Dieu dans un "épais brouillard" [226]. C'est désormais le silence de Dieu et aussi des Saints : "Jusqu'aux Saints qui m'abandonnent !" [227] Cependant son amour reste intense à leur égard et même transparaît encore plus fortement, en particulier dans le *Manuscrit B* ou

---

217. Cf. *Nuit Obscure*, II, 8, p. 578.
218. Cf. JEAN DE LA CROIX, *Montée du Carmel* II, 7, p. 130 ; *Nuit Obscure*, 2, 5, p. 559 ; *Cantique Spirituel*, str. 13 et 14, p. 762 ; *Vive Flamme* B, 3, 49. Sans qu'elle emploie cette expression qui provient de Denys l'Aréopagite (*Théologie mystique*, ch 1, par. 1 ; P.G. 3, 999), il n'y a aucun doute que Thérèse, en fille authentique de saint Jean de la Croix, la vérifie pleinement dans sa vie et son enseignement, s'inscrivant ainsi au XIXe siècle dans la plus pure tradition spirituelle de l'Eglise, représentée par Denys, moine du Ve siècle au Moyen-Orient, et Jean de la Croix, le docteur castillan du XVIe siècle. Sur les liens entre Denys et Jean de la Croix, voir EULOGIO DE LA VIERGE DU CARMEL, in *Dictionnaire de Spiritualité*, tome III, col. 401 et ss.
219. Ms C, 5r°.
220. Ms C, 5v°. Déjà en octobre 1891, au moment de la retraite du P. Alexis Prou, elle avait eu de "grandes épreuves intérieures",allant jusqu'à se "demander parfois s'il y avait un Ciel" (Ms A, 80v°).
221. DE, p. 525.
222. CJ 4.6.3.
223. CJ 9.6.2.
224. Cf. CJ 29.6.3.
225. CJ 8.8.2. Il existe quelques accalmies ou éclaircies : cf. CJ 9.6.2. ; 22.7.1.
226. Ms C, 5v°.
227. CJ 3.7.6. ; cf. CJ 25.8.7, *passim*.

encore dans les lettres de cette époque où elle demande la grâce d'aimer Jésus "non d'un amour ordinaire mais comme les Saints qui faisaient pour Lui des folies" [228]. La Sainte Vierge ne semble pas cachée pour Thérèse [229], ce qui est assez typique de la nuit [230].

Ses tentations ne portent pas sur l'existence de Dieu ou de la Sainte Vierge, mais semblent mettre seulement [231] en cause la possibilité d'une vie éternelle après la mort [232]. Ses voix négatrices lui parlent de néant [233]. Dans la même ligne, le Père Godefroy Madelaine témoignera qu'elle se croyait damnée [234].

> Ah ! mais je crois bien au Voleur (Dieu) ! C'est sur le ciel que tout porte. Comme c'est étrange et incohérent ! [235]

Ce ne sont pas des doutes volontaires, et quand Thérèse parle, elle reste sous le régime de la foi, affirmant l'existence du Ciel [236] et ce qu'elle y fera [237]. Elle chante ce qu'elle veut croire [238].

Cette "épreuve d'âme qu'il est impossible de comprendre" [239], commence en avril 1896, et durera dix-huit mois, jusqu'à sa mort. Thérèse est déconcertée par ce phénomène nouveau qu'elle n'aurait jamais pu imaginer. C'est une épreuve profonde et douloureuse [240]. Quand elle la décrit dans son *Manuscrit C*, elle craint de blasphémer et même d'en avoir trop dit [241]. Elle n'est pas aidée par l'aumônier du Carmel qui qualifie ses tentations de très dangereuses [242].

Le 10 août 1897, on lui demande si elle souffre beaucoup de cette épreuve :

> Oui ! répond-elle. Faut-il tant aimer le bon Dieu et la Sainte Vierge et avoir ces pensées là !... [243]

Thérèse comprend maintenant que des gens n'aient pas la foi. Son épreuve devient rédemptrice car elle accepte de prendre sur elle le péché de l'incrédulité pour que la lumière soit donnée à ceux qui sont dans les ténèbres [244]. Elle porte tout particulièrement dans sa souffrance son cousin Tostain, non-croyant [245].

---

228. LT 225.
229. Cf. Ms C, 26r° ; CJ 8.7.11 ; PN 54, *Pourquoi je t'aime, ô Marie*, où les strophes 15 et 16 évoquent la nuit de la foi par rapport à Jésus, mais rien ne laisse deviner une pareille nuit par rapport à Marie.
230. Cf. P. MARIE-EUGÈNE DE L'E.J., *Je veux voir Dieu*, p. 894.
231. Mère Agnès dit "principalement" (PA, p. 150).
232. CJ 5.9.1.
233. Ms C, 6v°.
234. PA, p. 559.
235. CJ 3.7.3.
236. Cf. CJ 5.9.1.
237. Parole du 18 juillet à Marie de l'Eucharistie ; DE, p. 777.
238. Ms C, 7v° ; cf. CJ 11.9.4 où elle s'abandonne dans la foi après s'être précisément posée la question de la séparation de l'âme et du corps.
239. CJ 21/26.5.10.
240. Ms C, 4v°.
241. Ms C, 7r°. Et pourtant c'est la vérité toute pure qu'elle décrit. Mère Agnès dira au procès que le *Manuscrit C* exprime au mieux ce que Thérèse disait habituellement de cette épreuve (PO, p. 152).
242. Cf. CJ 6.6.2.
243. CJ 10.8.7.
244. Cf. Ms C, 6r°.
245. CJ 2.9.7. Il ne nous appartient pas de développer ici cet aspect rédempteur, qui est pourtant la dimension la plus importante de l'épreuve de la foi de Thérèse. C'est l'aspect purifiant de l'épreuve qui va nous retenir.

Ultime préparation

Mais cette épreuve est aussi une ultime préparation. Il faut ici rapporter le rêve que sœur Thérèse de Saint-Augustin fit le 8 janvier 1897 [246] :

> *Je me trouvais dans un appartement très sombre, fermé par une lourde porte noire, sous laquelle perçait une raie de lumière éclatante. De l'appartement voisin, que je devinai éblouissant de clarté, une voix s'éleva :*
> *– On demande Sœur Thérèse de l'Enfant-Jésus !*
> *Et j'eus alors l'impression qu'à mes côtés, dans une partie plus obscure encore du sombre appartement, on préparait ma chère petite Sœur pour répondre à cet appel. Que lui faisait-on, je l'ignore, mais j'entendis la même voix insister :*
> *– Il faut qu'elle soit très belle !*
> *Et là-dessus, je m'éveillai, persuadée que ma Sœur Thérèse de l'Enfant-Jésus allait bientôt nous quitter pour le Ciel.*

Thérèse y reconnut exactement l'état de son âme :

> *La préparation qu'on me fait et surtout la porte noire est si bien l'image de ce qui se passe en moi. Vous n'avez vu que du rouge dans cette porte si sombre, c'est-à-dire que tout a disparu pour moi et qu'il ne me reste plus que l'amour.*

Il faut qu'elle soit très belle ! Il faut que sa foi soit parfaitement pure avant que Thérèse n'entre dans la vision. Or, Thérèse reconnaît qu'il y a encore une purification à subir : cette épreuve "enlève tout ce qui aurait pu se trouver de satisfaction naturelle dans le désir que j'avais du Ciel..." [247]

La purification ultime de la foi consiste dans la disparition de toutes les assises naturelles sur lesquelles l'âme pourrait encore appuyer sa foi. Dieu seul doit être l'objet et le motif de la vertu théologale. La disparition de ces assises est une réelle nuit car l'âme ne peut plus s'appuyer sur rien de naturel. Elle ne peut croire, désirer et aimer Dieu qu'à cause de Dieu.

S'il y a un point où l'éducation familiale et communautaire avait fortement marqué Thérèse, c'est bien le Ciel, qui était pour elle une certitude quasi-naturelle [248]. Depuis sa petite enfance, ses regards sont tournés vers le Ciel, où se trouve le bon Dieu, la Sainte Vierge, les Saints qui nous aiment, les quatre petits frères et sœurs décédés. Thérèse a toujours été éduquée dans la perspective que la vie était un *exil* et que le vrai bonheur se trouverait dans la *Patrie*.

"Il faut qu'elle soit très belle !" Alors Thérèse voit cette dernière assise naturelle tomber pour que sa foi s'élève comme une flamme toute pure. Cela se réalise par une certaine purification de la mémoire :

> *Lorsque je veux reposer mon cœur fatigué des ténèbres qui l'entourent, par le souvenir du pays lumineux vers lequel j'aspire, mon tourment redouble* [249].

---

246. DE, p. 786.
247. Ms C, 7v°.
248. Cf. Ms C, 5v°.
249. Ms C, 6v°.

Il n'y a pas de repos possible en-dehors d'une foi et d'une espérance toute nues.

Comment réagit Thérèse ?

Elle est obligée de *subir* ces tentations[250], mais elle ne s'y arrête pas[251]. Se défiant d'elle-même[252], elle n'y répond pas par des raisonnements naturels et s'enfuit dans la foi[253], seul lieu où elle trouve la paix :

> *Il faut que je chante bien fort dans mon cœur : "Après la mort, la vie est immortelle" ou bien sans ça, ça tournerait mal...*[254]

Elle porte sur elle le *Credo* écrit avec son sang[255] et refait sans cesse des actes de foi[256]. Elle reconnaît que grâce à cette épreuve l'esprit de foi a beaucoup augmenté en elle[257].

Identifiée à Jésus

C'est dans ce contexte de purification totale qu'il faut voir Thérèse dans ses derniers moments. Sa foi, parfaitement surnaturelle dans son exercice, rend son regard complètement simplifié. C'est pourquoi, en plus des tentations, les ténèbres sont les plus épaisses. Son âme est plongée dans la nuit, celle de la présence transcendante de Dieu : la nuée. La preuve en est sa paix étonnante[258] :

> *Tenez, voyez-vous là-bas le trou noir (sous les marronniers près du cimetière) où l'on ne distingue plus rien ; c'est dans un trou comme cela que je suis pour l'âme et pour le corps. Ah ! oui, quelles ténèbres ! Mais j'y suis dans la paix*[259].

Cette "paix intime", qui ne l'a pas quittée depuis qu'elle est entrée au Carmel[260] est le signe de l'action de Dieu. Maintenant c'est une "très grande paix"[261], sans joies vives[262] ou délirantes[263] :

> *Mon cœur est paisible comme un lac tranquille ou un ciel serein*[264].

Sa prière est alors un simple regard d'amour dans la paix. Mère Agnès a surpris cet échange silencieux : c'est en juillet 1897, quelques jours avant de

---

250. PA, p. 151.
251. Cf. CJ, 10.8.7.
252. CJ 7.8.4.
253. Ms C, 7r°.
254. CJ 15.8.7. ; cf. PA, p. 263.
255. PA, p. 151.
256. Ms C, 7r°.
257. Ms C, 11r° ; voir aussi CJ 4.8.4. ; 6.8.1. ; 25.8.6 ; 22.9.6 ; DE/G, 16 août, p. 605.
258. Cf. CJ 24.9.10.
259. CJ 28.8.3.
260. Ms A, 69r° ; Ms A, 76v° ; 78r°.
261. CJ 11.7.8.
262. Cf. CJ 13.7.17.
263. Ms B, 3v°.
264. LT 245, de Juin (?) 1897.

descendre à l'infirmerie. Thérèse va pour la dernière fois devant le Saint-Sacrement à l'oratoire, mais elle est à bout de force.

Je la vis regarder l'Hostie longtemps et je devinais que c'était sans aucune consolation mais avec beaucoup de paix au fond du cœur [265].

Le 30 août, on a roulé son lit sous le cloître jusqu'à la porte du chœur :

On l'a laissée là toute seule assez longtemps. Elle priait avec un regard si profond vers la grille. Ensuite elle y a jeté des pétales de rose [266].

Ce long regard est silencieux car elle ne peut penser à rien [267]. Comment prie-t-elle alors ?

Je ne lui dis rien, je l'aime [268].

C'est assurément la contemplation la plus haute et la plus pure : un regard simple sous l'influence de l'amour. Thérèse n'a plus rien à envier à Marie-Madeleine ; l'audace l'a aussi poussée auprès de Jésus miséricordieux pour y être élevée "jusqu'aux plus hauts sommets de la contemplation" [269].

Elle devient ainsi de plus en plus belle, complètement purifiée et désormais lorsqu'on lui parle de la béatitude du Ciel, elle répond :

– *Ce n'est pas cela qui m'attire...*
– *Quoi donc ?*
– *Oh ! C'est l'Amour ! Aimer, être aimée et revenir sur la terre* [270].

Tout a disparu pour elle, avait-elle répondu au récit du rêve de sœur Thérèse de Saint-Augustin, il ne lui restait plus que l'amour :

Il me semble maintenant que rien ne m'empêche de m'envoler, car je n'ai plus de grands désirs si ce n'est celui d'aimer jusqu'à mourir d'amour... [271]

Une seule attente fait battre mon cœur, c'est l'amour que je recevrai et celui que je pourrai donner [272].

En juillet 1887, elle avait entrevu sa mission : se tenir en esprit dans la foi auprès de Dieu pour le laisser verser tout son amour en elle et, par elle, sur le monde. A la fin de sa vie, cette mission est l'unique occupation de Thérèse.

Mais, et ce sont là les antinomies propres à la vie spirituelle, cet état si élevé ne va pas sans la souffrance et l'impression de délaissement. Le contraste est d'autant plus fort que l'amour est plus intense :

---

265. CJ 2.7.
266. CJ 30.8.3.
267. Cf. CJ 30.7.8 et 16.
268. DE/G, septembre-2, DE, p. 610 ; un jour de juillet 1896, après une communion et l'action de grâce : "c'était comme si on avait mis deux enfants ensemble et les petits enfants ne se disent rien (...)" (DE, p. 616).
269. LT 247.
270. DE/G, juillet-4, p. 596.
271. Ms C, 7v°.
272. Autres paroles à Mère Agnès, juillet, DE/annexes, p. 448, et JEV, p. 223.

Notre Seigneur au Jardin des Oliviers, jouissait de toutes les délices de la Trinité, et pourtant son agonie n'en était pas moins cruelle. C'est un mystère, mais je vous assure que j'en comprends quelque chose par ce que j'éprouve moi-même [273].

Sa connaissance de connaturalité, fruit de sa foi toute pure, lui faisait communier aux mystères divins les plus profonds. Et parce que le théologal a tout pris en elle, son identification au Christ la conduira à la vraie mort d'amour, c'est-à-dire celle de Jésus en croix [274], dans une "agonie toute pure, sans aucun mélange de consolation" [275]. Elle avait prévenu ses sœurs qu'il en serait ainsi ; c'est dans la ligne de sa petite voie [276].

Le 30 septembre, elle était donc très oppressée et souffrait plus qu'il n'était possible. Lorsque l'Angelus du soir sonna à six heures, elle regarda longuement la statue de la Sainte Vierge. Enfin vers 7 h 20, elle eut une extase : "ses yeux étaient fixés en haut, brillants de paix et de joie, dans un regard sublime. Elle faisait certains beaux mouvements de tête, comme si Quelqu'un l'eût divinement blessée d'une flèche d'amour, puis retiré la flèche pour la blesser encore (...) Cette extase dura à peu près l'espace d'un *Credo* et elle rendit le dernier soupir" [277].

CONCLUSION

Cette étude sur le cheminement de foi de sainte Thérèse de l'Enfant-Jésus nous permet de tirer trois corollaires [278].

1.   La contemplation est la base de l'enfance spirituelle.

En effet, c'est dans son union avec Dieu, par le regard de foi inlassablement fixé sur lui, que Thérèse a reçu cette connaissance vivante et profonde de la Miséricorde qui veut se donner. Et Thérèse a compris que cette Miséricorde pourrait se déverser sur elle dans la mesure où elle se tiendrait en esprit au pied de la Croix. Sa foi devra donc être en permanence amoureusement éveillée ; c'est le seul moyen de se mettre et de rester en état de réceptivité. La confiance et l'abandon sont une conséquence de la connaissance expérimentale de l'Amour divin qui veut se donner.

Vouloir suivre Thérèse dans sa petite voie sans mettre l'oraison dans sa propre vie serait une erreur de départ qui empêcherait de comprendre les enseignements les plus importants de la Sainte.

---

273. CJ 6.7.4.
274. Cf. CJ 4.6.1.
275. CJ 30.9.
276. Cf. CJ 4.6.1.
277. DE, p. 383-384.
278. Nous suivons ici le P. Marie-Eugène de l'Enfant-Jésus, en particulier dans son important rapport : "Sainte Thérèse de l'Enfant-Jésus, docteur de la vie mystique" (cf. *supra*, note 216), et dans une conférence inédite du 18 mai 1958 sur "Foi et pauvreté chez sainte Thérèse de l'Enfant-Jésus".

Thérèse est une carmélite, dont la vocation est de se livrer complètement à l'oraison. Le Carmel a pour mission dans l'Église de vivre, avec sa caractéristique propre, de ce contact prolongé avec Dieu, auquel est appelé tout chrétien. Fille du Carmel, Thérèse de l'Enfant-Jésus rappelle à tous les baptisés la nécessité de rester en présence du Dieu vivant et elle les entraîne dans la découverte contemplative de la Miséricorde auprès de laquelle les plus pauvres sont les plus comblés.

2. L'oraison est une collaboration de Dieu et de l'homme.

Le rôle de l'homme dans l'oraison est de fixer son regard de foi en Dieu. En ce sens l'oraison est un exercice continuel de la foi qui doit, telle une antenne, se dresser pour "toucher Dieu".

"La foi nous communique et nous donne Dieu même", dit saint Jean de la Croix [279]. Chaque fois que je touche Dieu par le regard de foi, il se donne en m'illuminant. Je suis ébloui mais transformé de clarté en clarté jusqu'à la ressemblance du Verbe [280]. Je ne puis pas rester longtemps par moi-même sous cet éblouissement qui me plonge dans l'obscurité. Mon intelligence n'est pas adaptée à ce genre de nuit, et je trouve normalement dans ce contact obscur énervement, dégoût ou impuissance. Mais Dieu "qui fait tout" m'accroche à lui-même, me soutient, m'apaise, pas toujours dans la saveur mais bien souvent dans la souffrance. Cependant, bien que ce soit de nuit, le contact de l'âme avec Dieu est certain et l'âme en retire le désir de plonger en Dieu.

Grâce à cette saisie par Dieu, à son action apaisante — même si elle est douloureuse —, le regard de foi peut poursuivre son acte de pénétration en Dieu, et c'est cela seul qui importe.

Lorsque le regard de foi est soutenu par l'action de Dieu, c'est la contemplation. Plus l'action de Dieu se fait opérante, plus le regard se simplifie et devient pénétrant.

3. La contemplation n'est pas faite d'impressions qui descendent sur les sens.
On doit la distinguer de tous les phénomènes sensibles, psychologiques et même des grâces extraordinaires qui peuvent l'accompagner dans certains cas.

Dans le regard simplifié, l'âme ne reçoit rien, semble-t-il, de lumineux ou de savoureux, cependant le contact est efficace et transformant. Car Dieu est un foyer d'Amour, un brasier ardent, et on ne peut pas pénéter en lui par la foi sans en être brûlé, mystérieusement mais certainement.

En acceptant la sécheresse de la nuit, dans la fidélité de la foi amoureuse, sainte Thérèse est parvenue aux plus hauts sommets de la contemplation, à la plénitude de l'amour.

---

279. *Cantique Spirituel B*, 12.4.
280. Cf. *2 Co* 3, 18.

Par sa vie, ses paroles et ses écrits, sainte Thérèse de l'Enfant-Jésus enseigne à l'Église la réalité et la possibilité de la contemplation accessible à tous car habituellement dépourvue de toute modalité extraordinaire. Avec sa simplicité d'enfant, qui peut cacher sa sagesse de vieillard [281], elle met en valeur de façon étonnamment lumineuse l'importance vitale des vertus théologales, et la réalité de l'action de Dieu dans l'homme. "Ma mission est de les conduire à Dieu", écrit Thérèse au sujet de ses novices [282]. N'a-t-elle pas également reçu la mission d'enseigner à tous et à chacun comment fixer audacieusement son regard sur le Dieu d'Amour dont le désir est d'embraser en fascinant ?

---

281. Cf. Ms C, 4r°.
282. Ms C, 23v°. Elle aurait pu le dire aussi au sujet de ses deux frères missionnaires.

L'ESPÉRANCE AVEUGLE
EN LA MISÉRICORDE DIVINE

Charles NIQUEUX *

Lorsque Thérèse découvre sa place dans l'Église, elle s'identifie à l'Amour qui en est le Cœur : "Dans le Cœur de l'Église (...) je serai l'Amour" [1]. Un tel désir d'identification personnelle avec l'Amour, témoigne de la très grande charité qui anime Thérèse, mais aussi de la très grande *compréhension* [2] qu'elle avait de Dieu-Amour. Ce désir manifeste surtout ce qu'est la grâce de Thérèse. En découvrant l'Amour comme "Cœur de l'Église", Thérèse ne fait qu'approfondir et exprimer la qualité de la grâce qui l'habite, de l'Amour qui l'a saisie. Cette grâce lui dit ce qu'elle est, l' "enfant de l'Église" [3], lui impose sa mission, *aimer et faire aimer l'Amour*, et lui en désigne l'ampleur qui est universelle car elle est identiquement celle de l'Amour qui s'étend à "tous les temps et à tous les lieux".

La grâce est le don gratuit de la participation à la vie de Dieu. La grâce porte en elle, dès son principe, toutes les virtualités que Dieu y a déposées en vue de la place que chacun doit occuper dans l'Église et de la fonction qu'il doit y remplir. "Occuper cette place, réaliser cette mission — écrit le Père Marie-Eugène dans *Je veux voir Dieu* — sont choses inséparables de notre perfection, ou plutôt la constituent et la précisent" [4].

---

* Prêtre de Notre-Dame de Vie.

1. Ms B, 3v°.

2. D'un point de vue théologique, la compréhension du mystère de Dieu signifie sa pleine possession, au terme de la vie terrestre. C'est pourquoi la compréhension du mystère de Dieu est l'objet de la vertu théologale d'espérance, mais elle est aussi ce qui lui mettra un terme, de même que la vision de Dieu face à face mettra un terme à la foi. Mais alors que la vision s'oppose radicalement à la foi, l'espérance qui, en cette vie, tend à la pleine possession de Dieu, dans et par l'Amour, en permet déjà une certaine compréhension ; cf. S. THOMAS, *Somme Théologique*, I ª, q. 12, a. 7, ad 1.

   Thérèse n'utilise pratiquement pas le verbe *voir* dans un contexte théologique sinon pour affirmer, comme elle le fera durant sa dernière maladie, qu'elle n'a jamais désiré voir les saints ou avoir des visions (cf. CJ 4.6.1. ; 5.8.4. ; 11.8.5. ; 11.9.7). Dans le premier manuscrit, elle n'emploie le mot vision que pour parler de la vision prophétique de la maladie de son père (cf. Ms A, 20r° ; le fait est à situer en 1879 ou 1880). Par contre, Thérèse, douée d'un grand sens théologique, utilise volontiers le mot comprendre, chaque fois qu'elle veut exprimer comment se réalise pour elle une nouvelle pénétration importante des choses de Dieu. L'emploi qu'elle en fait déborde la simple compréhension notionnelle et comporte une connotation d'appropriation de la réalité elle-même au plan de la charité ; par exemple : Ms A, 2r°-v° ; 10r°-v° ; Ms B, 3v° et ss ; Ms C, 5v°-6r° ; 11v°, etc.

3. Cf. Ms B, 4v°.

4. P. MARIE-EUGÈNE DE L'E.J., *Je veux voir Dieu*, p. 662.

Comment Thérèse est-elle parvenue à la sainteté ? A chaque étape de sa vie, nous voyons Thérèse se "livrer sans réserve" à Jésus, "s'abandonner" à son Amour [5] et réaliser progressivement, sous la conduite de cet Amour, tout ce que Dieu a mis en elle de lumière et de vie pour l'Église. Comment a-t-elle pu offrir une telle docilité et une si grande disponibilité à l'action *purifiante* et *tranformante* de l'Esprit d'Amour ? En s'offrant à cet Amour et en ne mettant aucune limite, aucune "borne" [6] à son action en elle. Car si Thérèse s'offre à l'Amour Miséricordieux, c'est parce qu'elle se sait et se veut toujours davantage sous l'emprise de l'Esprit Saint qui lui fait réaliser toutes ses espérances, tous ses désirs d'aimer en lui découvrant sa place dans l'Église et sa mission d'éternité.

Thérèse met aussi toute son énergie spirituelle, intérieure, dans la pratique des vertus théologales de foi, d'espérance et de charité [7], se porte vers Dieu dans la prière et se nourrit de l'Eucharistie. De plus, elle complète cette activité théologale en offrant à Dieu l'humble collaboration de sa bonne volonté dans toutes les occasions de renoncement et de service que les événements, les circonstances et les personnes ont prodiguées dans sa vie comme ils le font dans toute vie.

La vertu théologale d'espérance a une place considérable dans le développement de la vie spirituelle du chrétien. Malheureusement, cette vertu est peu connue et peu enseignée, alors que sa pratique s'avère indispensable pour la fidélité et la progression dans l'Amour qui unit au Christ Jésus. Thérèse répond à ce manque : elle nous apporte l'exemple lumineux de sa vie et son enseignement. La doctrine de la "petite voie" nous découvre l'espérance parfaite de Thérèse. Elle montre la puissance de l'espérance sur le cœur de Dieu. Et, pour parvenir à la sainteté, la doctrine de la petite voie apprend à s'abandonner, dans la pauvreté, la confiance et l'humilité du cœur, à l'action transformante de l'Amour.

I – LE MOUVEMENT DE L'ESPÉRANCE

L'espérance, vertu de marche

La vertu théologale d'espérance est toute tendue vers son but : la possession de Dieu et le salut promis en son Fils. Saint Paul parle de l'espérance dans l'épitre aux Romains :

---

5. Cf. LT 142.
6. Cf. LT 83 : "(Jésus) ne veut pas mettre de borne à la SAINTETÉ de son Lys, sa borne à Lui c'est qu'il n'y en ait pas !..."
7. Avant d'entrer au Carmel, Thérèse s'est réjouie de pouvoir enseigner des enfants, de les ouvrir aux richesses de leur grâce baptismale : "(...) c'était un grand plaisir pour moi de voir avec quelle candeur elles croyaient tout ce que je leur disais. Il faut que le saint Baptême dépose dans les âmes un germe bien profond des vertus théologales puisque dès l'enfance elles se montrent déjà et que l'espérance des biens futurs suffit pour faire accepter des sacrifices" (Ms A, 52v°).

Nous avons été sauvés, mais c'est en espérance. Or, voir ce qu'on espère n'est plus
espérer : ce que l'on voit, comment l'espérer encore ? Mais espérer ce que nous ne
voyons pas, c'est l'attendre avec constance [8].

Saint Jean de la Croix, dont Thérèse a profondément recueilli la doctrine,
parle de l'espérance comme d'une puissance de dépassement, de détachement de
tout ce qui n'est pas Dieu lui-même, pour se porter vers Dieu seul. "Par l'espérance
— nous dit-il —, l'âme détache son cœur de toutes choses, elle n'espère plus rien de
ce que le monde donne ou peut donner ; elle ne vit que de l'attente des biens éternels" [9]. Et encore : "Elle est tellement dénuée de toute possession et tout appui
qu'elle ne se soucie que de Dieu, elle ne lève les yeux que vers Dieu" [10]. Mais surtout, saint Jean de la Croix montre comment l'espérance parfaite, parce que pauvre de tout, conquiert Dieu et "obtient autant qu'elle espère" [11]. Et il ajoute :

Sans cette livrée verte de l'espérance en Dieu seul, c'est en vain que l'âme se serait
élancée à la conquête de l'amour. Elle n'aurait rien obtenu, parce que seule
l'espérance à toute épreuve triomphe [12].

Des trois vertus théologales, seule l'espérance réalise cet élan vers Dieu, ce
mouvement de la volonté pour le posséder [13] : "L'espérance implique un mouvement vers ce que l'on n'a pas" [14]. Aussi l'espérance permet la progression vers le
but : "La foi découvre ; la charité possède dans l'étreinte ; l'espérance est toute
tendue vers l'objet qu'elle connaît par la foi et qu'elle ne possède pas dans toute la
mesure du désir de la charité", écrit le Père Marie-Eugène [15]. L'espérance est
vraiment "la vertu de marche dans la vie spirituelle ; elle est le moteur qui
l'actionne, les ailes qui la soulèvent" [16].

"Une course de géant"

Ce mouvement de l'espérance, toute tendue vers la possession de l'Amour,
domine la vie de Thérèse ; elle en fait tout le dynamisme. Pourtant, Thérèse n'est
pas parvenue à la pleine possession de l'amour de Dieu, qu'elle manifeste à la fin
de sa vie, sans rencontrer de nombreux obstacles sur sa route. Elle a connu des
difficultés de tous ordres [17], des échecs, et la souffrance a marqué chaque étape de
sa vie.

---

8. *Rm* 8, 24-25.
9. *Nuit Obscure*, Liv. 2, ch. 21, 6, p. 1046. Les références aux textes de S. Jean de la Croix sont
   données d'après l'édition des *Œuvres Complètes*, Cerf, 1990.
10. *Ibid.*, 9, p. 1047.
11. *Ibid.*, 8, p. 1047.
12. *Ibid.*
13. S. THOMAS, *Somme Théologique*, I ª-II ᵉ, q. 62, a. 3, ad 3 : "Deux choses relèvent de l'appétit :
    le mouvement vers la fin et la conformité avec l'amour. Ainsi faut-il qu'il y ait dans l'appétit
    humain deux vertus théologales, l'espérance et la charité".
14. S. THOMAS, *Somme Théologique*, I ª-II ᵉ, q. 67, a. 4.
15. P. MARIE-EUGÈNE DE L'E.J., *Je veux voir Dieu*, p. 825.
16. *Ibid.*, p. 835.
17. Thérèse a connu bien des difficultés d'ordre relationnel avec son entourage. Elle a aussi
    souffert de ce qu'elle était ; elle parlera de l'épreuve de la timidité qu'elle a connue : "... Cela
    me coûtait beaucoup de demander à faire des mortifications au réfectoire, parce que j'étais

Son enfance est marquée par la mort de sa maman alors que Thérèse n'a encore que quatre ans ; par le départ pour le Carmel de sa sœur Pauline que Thérèse avait choisie comme seconde mère ; vient ensuite cette maladie étrange, qui fait suite à toutes ces blessures affectives, dont Thérèse sera guérie par le sourire de la Vierge, le 13 mai 1883. Thérèse connaît les nombreux échecs qui jalonnent toutes ses démarches pour réaliser sa vocation au Carmel. Quand l'autorisation lui sera donnée, elle devra encore attendre trois mois. Au Carmel elle sera retardée pour sa prise d'habit, pour sa profession. La seule charge qu'elle recevra sera de seconder le noviciat. Elle ne deviendra jamais capitulaire [18].

Mais par-dessus tout, Thérèse a rencontré la souffrance. Souffrance pour ceux qu'elle aimait, particulièrement lorsque se déclare la maladie de son père : "Ah ! ce jour-là je n'ai pas dit pouvoir souffrir encore davantage" [19] ; souffrances personnelles aussi et plus cachées [20] qu'ont été pour elle, une grande aridité dans la prière, la privation volontaire des liens affectifs avec ses sœurs et plus encore cette épreuve de la foi qui l'atteint à partir de Pâques 1896 ; enfin les "grandes souffrances" [21] physiques et morales qu'elle a endurées tout au long de sa dernière maladie [22].

Toujours nous la voyons réagir par un surcroît de confiance en Dieu, d'espérance dans son action toute-puissante :

> *Le bon Dieu m'a toujours secourue ; il m'a aidée et conduite par la main dès ma plus tendre enfance... je compte sur lui. Je suis assurée qu'il me continuera son secours jusqu'à la fin* [23].

---

timide, je rougissais, mais j'y étais bien fidèle mes deux fois par semaine" (CJ 2.9.3 ; cf. CJ 30.6.2. : "Ma timidité vient d'une gêne extrême que j'éprouve quand on s'occupe de moi"). Elle exprime aussi la gêne que lui procurait son corps, étant petite : "... Toujours mon corps m'a gênée, je ne me trouvais pas à l'aise dedans... toute petite même, j'en avais honte" (CJ 30.7.1).

18. Dans les *Derniers Entretiens*, Thérèse revient sur tous ces retards qu'elle a connus et qui lui ont été douloureux : "Je pense que pour ma mort, ce sera la même patience à avoir que pour les autres grands événements de ma vie. Regardez : je suis entrée jeune au Carmel, et pourtant, après que tout a été décidé, il a fallu attendre trois mois ; pour ma prise d'Habit, la même chose ; pour ma Profession, la même chose encore. Eh bien, pour ma mort, il en sera de même, elle arrivera bientôt, mais il faudra encore attendre" (CJ 6.7.2).
19. Ms A 73rº.
20. Cf. Ms A, 69vº : "Les *illusions* le bon Dieu m'a fait la grâce de n'en avoir AUCUNE en entrant au Carmel ; j'ai trouvé la vie religieuse *telle* que je me l'étais figurée, aucun sacrifice ne m'étonna et cependant, vous le savez ma Mère chérie, mes premiers pas ont rencontré plus d'épines que [de] roses !... Oui,la souffrance m'a tendu les bras et je m'y suis jetée avec amour..."
21. C'est ainsi que, le 3 août 1897, Thérèse qualifie les souffrances de sa maladie : "Il y a longtemps que je souffre, mais de petites souffrances. Depuis le 28 juillet, ce sont de grandes souffrances" (CJ 3.8.8.).
22. Thérèse, même si elle a manifesté et expérimenté une grande capacité à la souffrance, n'a cependant jamais recherché volontairement la souffrance ni de plus grandes souffrances. Mais quand la souffrance se présentait à elle, elle a désiré l'accueillir comme un signe de l'amour de Dieu et le moyen d'être unie à Jésus pour le salut des âmes. "... Je ne voudrais jamais demander au bon Dieu des souffrances plus grandes. S'Il les augmente, je les supporterai avec plaisir et avec joie puisque ça viendra de lui. Mais je suis trop petite pour avoir la force par moi-même. Si je demandais des souffrances, ce seraient mes souffrances à moi, il faudrait que je les supporte seule, et je n'ai jamais rien pu faire toute seule (CJ 11.8.3).
23. CJ 27.5.2.

Elle dit encore durant sa dernière maladie :

Qu'est-ce que cela fait ! la souffrance pourra atteindre des limites extrêmes, mais je suis sûre que le bon Dieu ne m'abandonnera jamais [24].

Pourtant Thérèse n'est pas arrivée immédiatement à cette acceptation de la souffrance [25]. Et elle reconnaît avoir versé bien des larmes lorsque la souffrance la surprenait [26]. Et si Thérèse a trouvé "le bonheur et la joie sur la terre", c'est cependant au milieu de la souffrance que cela lui a été donné [27]. Mais cette souffrance, elle l'a toujours vécue dans l'amour, dans la communion aux souffrances de Jésus, pour avoir part à la fécondité de la rédemption. Elle l'a toujours vécue dans son grand désir de sauver des âmes.

Comment comprendre cette capacité de dépassement, de dégagement, d'acceptation que manifeste Thérèse tout au long de sa vie et qui n'est pas d'abord une question de volonté, mais qui est fondée sur la certitude que "Dieu ne l'abandonnera jamais" ?

Il faut pour cela revenir à la grâce de Noël 1886. Thérèse dit qu'elle reçut alors la grâce de sa "complète conversion", qui la fit sortir des "langes de l'enfance". Thérèse en effet était paralysée par son extrême sensibilité qu'elle ne maîtrisait pas. Voici que, par ce grand effort, elle retrouve un équilibre foncier qui va lui permettre de progresser sur tous les plans et commencer ce qu'elle-même appellera une "course de géant" :

... en cette nuit *lumineuse qui éclaire les délices de la Trinité Sainte, Jésus, le doux* petit *Enfant d'une heure, changea la nuit de mon âme en torrents de lumière... En cette* nuit *où Il se fit faible et souffrant pour mon amour, Il me rendit* forte *et courageuse, Il me revêtit de ses armes et depuis cette nuit bénie, je ne fus vaincue en aucun combat, mais au contraire je marchai de victoires en victoires et commençai pour ainsi dire, "une course de géant !..."* [28]

Ce qui domine chez Thérèse, à travers le récit qu'elle donne de la grâce de Noël, c'est la certitude que cette conversion, si elle s'est produite à l'occasion d'un acte de courage de sa part, est avant tout un don de Dieu, un don de sa

---

24. CJ 4.7.3.

25. CJ 29.5 : "Oui, c'est bien cela ! Je ne suis plus, en effet, comme dans mon enfance, accessible à toute douleur ; je suis comme ressuscitée, je ne suis plus au lieu où l'on me croit... Oh ! ne vous faites pas de peine pour moi, j'en suis venue à ne plus pouvoir souffrir, parce que toute souffrance m'est douce !"

26. "Depuis ma première Communion, depuis que j'avais demandé à Jésus de changer pour moi en amertume toutes les consolations de la terre, j'avais un perpétuel désir de souffrir. Je ne pensais pas cependant à en faire ma joie ; c'est une grâce qui ne m'a été accordée que plus tard. Jusque là c'était comme une étincelle cachée sous la cendre, et comme les fleurs d'un arbre qui doivent devenir des fruits en leur temps. Mais voyant toujours tomber mes fleurs, c'est-à-dire me laissant aller aux larmes quand je souffrais, je me disais avec étonnement et tristesse : Mais ce ne sera donc jamais que des désirs !" (CJ 31.7.13).

27. CJ 31.7.13 : "J'ai trouvé le bonheur et la joie sur la terre, mais uniquement dans la souffrance, car j'ai beaucoup souffert ici-bas ; il faudra le faire savoir aux âmes..."

28. Ms A, 45r°.

miséricorde infinie [29]. "En un instant l'ouvrage que je n'avais pu faire en 10 ans, Jésus le fit se contentant de ma *bonne volonté* qui jamais ne me fit défaut" [30]. Cette action de Dieu s'impose à Thérèse dans son instantanéité. Dans cette transformation que Dieu réalise en elle en un instant, Thérèse découvre tout le rapport entre le temps humain, celui de ses efforts, et le temps de Dieu qui se donne à chaque instant ; pour elle, seul compte l'instant dans lequel Dieu agit pour la transformer et où elle-même peut se donner [31].

Désormais, pour Thérèse, l'action toute-puissante et miséricordieuse de Dieu est associée à son expérience d'une extrême pauvreté. C'est cette union expérimentée de sa faiblesse dans laquelle se manifeste la force de Dieu qui fait tout le dynamisme de la vie de Thérèse. Il ne s'agit pas d'une conviction acquise mais d'une certitude fondée sur son expérience et qui jaillit des profondeurs de sa grâce et de sa vie. Aussi Thérèse qui a toujours été la petite dans la famille Martin, qui a connu la fragilité affective, la souffrance intérieure, l'impuissance, va utiliser son impuissance pour attirer l'action de Dieu. Tel est le fruit le plus profond de la grâce de ce Noël 1886 dans le cœur de Thérèse. C'est sur cette base que va se développer son espérance et la doctrine de la petite voie. La conversion du criminel Pranzini, qu'elle obtient par sa prière, est la première réalisation, la première vérification de cette confiance absolue en la puissance miséricordieuse et infinie de Jésus [32].

Thérèse est désormais habitée par cette confiance absolue en la miséricorde infinie de Dieu, en la toute-puissance de son Amour qui peut réaliser les désirs les plus secrets de son âme : "Plus que jamais, je comprends que les plus petits événements de notre vie sont conduits par Dieu, c'est lui qui nous fait désirer et qui comble nos désirs..." [33]. Thérèse a la certitude que Dieu-Amour guide chacun des pas de sa vie et que cet amour est prévenant : c'est l'amour d'un Père pour son enfant. Dieu Amour ne veut que le bien de son enfant. Thérèse répond à cet amour par la confiance absolue et un abandon complet à cet Amour miséricordieux.

Comment comprendre non seulement le dynamisme que Thérèse a gardé tout au long de sa vie pour traverser toutes les difficultés et la force qu'elle a

---

29. Cf. CJ 8.8.3 "J'ai pensé aujourd'hui à ma vie passée, à l'acte de courage que j'avais fait autrefois à Noël, et la louange adressée à Judith m'est revenue à la mémoire : 'Vous avez agi avec un courage viril et votre cœur s'est fortifié'. Bien des âmes disent : Mais je n'ai pas la force d'accomplir tel sacrifice. Qu'elles fassent donc ce que j'ai fait : un grand effort. Le bon Dieu ne refuse jamais cette première grâce qui donne le courage d'agir ; après cela le cœur se fortifie et l'on va de victoire en victoire".
30. Ms A, 45v°.
31. Pour Thérèse, l'Amour ne manifeste jamais aussi bien ce qu'il est que lorsqu'il transforme en un instant : "Céline, il me semble que le bon Dieu n'a pas besoin d'années pour faire son œuvre d'amour dans une âme, un rayon de son cœur peut en un instant faire épanouir sa fleur pour l'éternité !..." (LT 124).
32. Ms A, 46r° : "Je sentais au fond de mon cœur la certitude que nos désirs seraient satisfaits, mais afin de me donner du courage pour continuer à prier pour les pécheurs, je dis au Bon Dieu que j'étais bien sûre qu'il pardonnerait au pauvre malheureux Pranzini, que je le croirais même s'il ne se confessait pas et ne donnait aucune marque de repentir tant j'avais de confiance en la miséricorde infinie de Jésus, mais je demandais seulement 'un signe' de repentir pour ma simple consolation... Ma prière fut exaucée à la lettre !"
33. LT 201, au Père Roulland, 1er novembre 1896.

manifestée pour porter la souffrance, mais aussi un tel déploiement de ses aspirations et une telle certitude dans sa mission, dont témoignent maintes paroles rapportées dans les *Derniers Entretiens* ? Thérèse nous apporte elle-même la réponse : elle a beaucoup espéré et désiré, *beaucoup attendu* de Dieu, et "Dieu a dépassé son attente, il a réalisé toutes ses espérances"[34].

II - L'ESPÉRANCE AU SERVICE DE L'AMOUR

Le désir du Ciel et le désir d'aimer

Le Ciel a toujours été pour Thérèse l'objet d'une profonde espérance. Depuis sa toute petite enfance, elle a appris à se tourner vers le Ciel pour y découvrir le bon Dieu. Et jusqu'au terme de sa vie, elle se fera une très haute idée du Ciel[35]. Le Ciel est avant tout pour elle le lieu de la parfaite communion entre tous ; c'est le lieu où se retrouvent tous les êtres chers qui ont déjà quitté cette *terre d'exil*. Et c'est vers lui que tous doivent tendre.

Plus encore, le Ciel est pour Thérèse le temps de tout accomplissement. Thérèse, très fine et pénétrante, a expérimenté douloureusement l'imperfection qui entache les relations humaines même dans les intentions les plus généreuses. Au Ciel, tous les malentendus de cette vie, toutes les incompréhensions cesseront. Ce sera le temps où toutes choses apparaîtront dans leur pleine vérité et sous leur vrai visage.

Mais le Ciel représente aussi pour Thérèse l'espérance de la réalisation de ses désirs personnels les plus intenses. Comme elle n'a jamais fait sa volonté sur la terre, Dieu devra tout lui permettre lorsqu'elle sera au Ciel[36]. C'est pourquoi ce sera le temps de sa "vengeance" pour tout l'amour qu'elle n'a pu rendre ici-bas et dont elle disposera alors sans mesure[37] ; après avoir été "dans les fers", ne pouvant agir aussi librement qu'elle l'aurait désiré, le Ciel sera aussi pour elle le temps de ses conquêtes[38].

On se tromperait beaucoup en jugeant cette représentation du Ciel comme purement idéale. Elle est accompagnée d'une expérience croissante de l'amour qui en réalise l'intériorisation. Au jour de sa première communion, Thérèse reçoit Jésus pour la première fois ; c'est une fusion dans l'amour et l'unité entre Thérèse et Jésus qui vient à elle et à qui elle se donne sans retour :

> *Depuis longtemps, Jésus et la pauvre petite Thérèse s'étaient regardés et s'étaient compris... Ce jour-là ce n'était plus un regard mais une fusion, ils n'étaient plus*

---

34. Cf. Ms C, 3r°.
35. Cf. CJ 15.5.2.
36. Cf. CJ 13.7.2.
37. Cf. Ms A, 29v° : "Heureusement, j'aurai le Ciel pour me venger, mon Époux est très riche et je puiserai dans ses trésors d'amour afin de vous rendre au centuple tout ce que vous avez souffert à cause de moi..."
38. Cf. CJ 10.8.4.

deux, Thérèse avait disparu, comme la goutte d'eau qui se perd au sein de l'océan [39].

Thérèse parle de ce jour comme d'une "journée du Ciel". Mais c'est en elle qu'elle découvre désormais toutes les richesses du Ciel. Après la grâce de Noël 1886, cette intériorisation se fera plus forte. Thérèse constate, comme effet essentiel de cette grâce, qu'elle grandit "dans l'amour du bon Dieu" ; plus que le Ciel, c'est la réalité même de l'amour qui l'attire :

> *... ce n'était pas que le Ciel n'excitât mon envie, mais alors mon Ciel à moi n'était autre que l'Amour et je sentais comme St Paul que rien ne pourrait me détacher de l'objet divin qui m'avait ravie !...* [40]

L'espérance de Thérèse se porte donc tout à la fois sur le Ciel dont elle pressent les richesses et la beauté, et sur l'Amour qui l'habite et qui l'a saisie. Les deux réalités ne lui sont pas données selon le même ordre. La première appartient à l'intelligence qu'elle se fait des réalités futures à la lumière de sa foi mais aussi de sa grande sensibilité et de son affection. La seconde, l'amour divin ou amour de Jésus, est l'envahissement de la charité en elle qui l'unit à Dieu lui-même. La représentation du Ciel que se fait Thérèse sera balayée par la vision même de Dieu dans la gloire. La charité qui se communique à elle restera toujours, car elle est ce qui l'unit à Dieu ; elle ne passera pas. Thérèse a senti toute la distance qui sépare l'idée qu'elle se fait du Ciel, si haute soit-elle, et la réalité qu'elle perçoit plus profondément dans l'amour et qu'elle espère. Elle l'exprime de façon paradoxale :

> *Je me fais une si haute idée du Ciel, que, parfois, je me demande comment, à ma mort, le bon Dieu fera pour me surprendre. Mon espérance est si grande, elle m'est un tel sujet de joie, non par le sentiment, mais par la foi, qu'il me faudra quelque chose au-dessus de toutes pensées, pour me satisfaire pleinement. Plutôt que d'être déçue, j'aimerais mieux garder un espoir éternel* [41].

Thérèse exprimera tout aussi paradoxalement son inquiétude de ne pas pouvoir aimer au Ciel autant qu'elle le désire sur la terre :

> *Cependant je le sens, ô Jésus, après avoir aspiré vers les régions les plus élevées de l'Amour, s'il me faut ne pas les atteindre un jour, j'aurai goûté plus de douceur dans mon martyre, dans ma folie, que je n'en goûterai au sein des joies de la patrie, à moins que par un miracle tu ne m'enlèves le souvenir de mes espérances terrestres* [42].

L'espérance de Thérèse s'exprime donc dans cette double attente : celle du Ciel et celle de l'amour. Les deux réalités se recouvrent. Mais la première est acquise au terme de son existence comme récompense des bonnes œuvres, alors que l'amour est déjà actuel et est au principe des bonnes œuvres. La charité vécue

---

39. Ms A, 35r°.
40. Ms A, 52v° ; Thérèse s'inspire de *Rm* 8, 39.
41. CJ 15.5.2.
42. Ms B, 4v°.

ici-bas sera la même qui poursuivra son œuvre au Ciel, alors que la foi laissera place à la vision de Dieu et que l'espérance cessera avec la possession dans l'amour.

Le 9 juin 1895, Thérèse prononce son *Acte d'Offrande à l'Amour Miséricordieux*. Dans cette prière, elle s'offre totalement à l'Amour divin, manifesté en Jésus. Afin d'exprimer la perfection du don dans l'amour, cet Acte emprunte le langage de l'espérance. En le lisant attentivement, on découvre toute l'espérance théologale de Thérèse qui, animée par l'amour, tend vers la source d'où il provient : Jésus dans la Trinité.

Thérèse exprime en tout premier lieu le grand désir qui l'anime dans cette offrande :

> *Ô mon Dieu ! Trinité Bienheureuse, je désire vous aimer et vous faire aimer.*

Dans l'avant-dernier paragraphe, Thérèse revient encore sur cet unique désir d'aimer dont elle veut désormais vivre "à chaque battement de son cœur" :

> *Afin de vivre dans un acte de parfait Amour, je m'offre comme victime d'holocauste à votre Amour miséricordieux* [43].

L'espérance du Ciel est aussi présente dans l'Acte d'Offrande. Thérèse n'ignore pas cet élément essentiel de la foi chrétienne, à savoir que "Dieu se fait le rémunérateur de ceux qui le cherchent" [44]. Et le Ciel, comme participation au bonheur de Dieu, est pleinement l'objet de son espérance :

> *J'espère aller jouir de vous dans la Patrie.*

Mais Thérèse espère surtout recevoir la glorification à venir comme ressemblance avec Jésus. Lorsqu'elle prononce son Acte d'Offrande, elle a déjà beaucoup souffert et, à travers son amour de la Sainte Face, elle a communié à la Passion et à la Croix :

> *J'espère au Ciel vous ressembler et voir briller sur mon corps glorifié les sacrés stigmates de votre Passion.*

Aussi Thérèse n'attend-elle pas la glorification de ce qu'elle est, ou de ses bonnes actions ; ce qu'elle désire, c'est d'être associée à la gloire de Jésus lui-même pour le seul amour de qui elle se donne et veut agir :

> *Je ne veux point d'autre trône et d'autre couronne que vous, ô mon Bien-Aimé.*

---

43. Le 8 août 1897, Thérèse, que l'on avait surprise en train de regarder le ciel, se souvient que, depuis son Acte d'Offrande, tout ce qu'elle fait, même les choses les plus insignifiantes comme regarder le ciel, est fait par amour : "Ah ! elle croit que je regarde le firmament en pensant au vrai Ciel ! Mais non, c'est tout simplement parce que j'admire le ciel matériel ; l'autre m'est de plus en plus fermé. Puis aussitôt je me suis dit avec une grande douceur : Oh ! mais si, c'est bien par amour que je regarde le ciel, oui, c'est par amour pour le bon Dieu, puisque tout ce que je fais, les mouvements, les regards, tout, depuis mon offrande, c'est par amour" (CJ 8.8.2).
A travers cette simple réflexion nous percevons mieux comment Thérèse a vécu cet Acte d'Offrande et comment il s'inscrit surtout au plan de la volonté en laissant la sensibilité dans une impression de pauvreté.

44. Cf. *He* 11, 6.

Ainsi l'Acte d'Offrande nous révèle un aspect essentiel de l'espérance qui porte Thérèse à se donner à cet Amour miséricordieux : elle espère avant tout être consumée ici-bas dans l'amour. Ce désir ne vise pas d'abord sa sanctification personnelle même si Thérèse a "toujours désiré d'être une grande sainte" [45]. Mais ce désir a pour but de laisser déborder en elle "les flots de tendresse infinie" qui sont en Dieu et qui trouvent peu d'âmes en qui se déverser [46]. Quant à l'espérance qui porte sur le Ciel, Thérèse s'abandonne totalement à l'Amour lui-même ; seule s'exprime l'impatience de son amour :

Que ce martyre après m'avoir préparée à paraître devant vous me fasse enfin mourir et que mon âme s'élance sans retard dans l'éternel embrassement de Votre Miséricordieux Amour !...

Le Manuscrit B : *"L'amour qui espère tout"*

Le *Manuscrit B* est un texte essentiel dans la connaissance de l'espérance de Thérèse en lien avec le désir d'aimer [47]. Dans le second volet de ce texte, Thérèse s'adresse à Jésus lui-même :

Ah ! pardonne-moi Jésus si je déraisonne en voulant redire mes désirs, mes espérances qui touchent à l'infini.

Dans la suite du texte Thérèse va exprimer l'objet de ses espérances et le désir de leur accomplissement :

Pardonne-moi et guéris mon âme en lui donnant ce qu'elle espère ! ! ! [48]

Thérèse va d'abord exprimer ses désirs d'embrasser toutes les vocations pour manifester à Jésus son désir d'aimer. Ce n'est que par cette surenchère dans les désirs que Thérèse trouve la démesure propre à traduire l'intensité de son amour. La démesure de ses désirs est cependant entièrement portée par l'unique volonté d'agir pour Jésus seul. Le "pour toi" est ici essentiel. Il manifeste la pureté de

---

45. Cf. Ms A, 2v°.
46. Au terme de son premier manuscrit, Thérèse offre un commentaire de son Acte d'Offrande qui en souligne le motif. Voici le dernier paragraphe de ce texte qu'il faudrait citer en entier : "Ô mon Dieu ! votre Amour méprisé va-t-il rester en votre Cœur ? Il me semble que si vous trouviez des âmes s'offrant en Victimes d'holocaustes à votre Amour, vous les consumeriez rapidement, il me semble que vous seriez heureux de ne point comprimer les flots d'infinies tendresses qui sont en vous... Si votre Justice aime à se décharger,elle qui ne s'étend que sur la terre, combien plus votre Amour Miséricordieux désire-t-il embraser les âmes, puisque votre Miséricorde s'élève jusqu'aux Cieux... Ô mon Jésus ! que ce soit moi cette heureuse victime, consumez votre holocauste par le feu de votre Divin Amour !..." (Ms A, 84r°).
47. Pour la structure de ce texte et son analyse détaillée, voir F.M. LÉTHEL, *Connaître l'amour du Christ qui surpasse toute connaissance*, p. 528-553.
48. Cette perspective est celle que développe S. JEAN DE LA CROIX dans les strophes 9 à 11 du *Cantique Spirituel B* (celui que Thérèse a eu entre les mains) : "L'âme, dans cette strophe, s'adresse de nouveau à son Bien-Aimé et lui porte encore sa plainte. C'est que l'amour impatient tel qu'est celui qui la tourmente, ne laisse ni trêve ni repos : il renouvelle sans cesse l'expression de son angoisse, espérant toujours rencontrer un remède" (str. 9, 2, p.1256).

l'intention de Thérèse dans son désir d'aimer [49]. Car Thérèse n'ignore pas sa faiblesse, sa totale impuissance qu'elle exprimera de façon tout aussi impressionnante que ses désirs d'aimer dans la parabole du petit oiseau. Mais elle ne veut pas d'autre mesure à son amour que l'amour même de Jésus. Elle sait avec saint Jean de la Croix que "l'Amour ne se paie que par l'Amour" [50] et que, pour aimer Jésus, il lui faudra emprunter l'amour même dont Jésus l'aime [51]. Cette pureté dans l'amour fonde la perfection de l'espérance en Thérèse et lui fait expérimenter sa pauvreté.

Thérèse trouve donc la réponse à ses immenses désirs dans l'amour lui-même. La structure organique de l'Église, où chaque membre se découvre dans sa complémentarité au sein de l'ensemble du corps, ne lui suffit pas et la laisse insatisfaite. "La réponse était claire mais ne comblait pas mes désirs, elle ne me donnait pas la paix" écrit Thérèse. Seule la charité, dont saint Paul dit qu'elle est la "voie excellente qui conduit sûrement à Dieu", répond à son espérance et lui apporte la "clé de sa vocation" [52] :

> *Oui j'ai trouvé ma place dans l'Église et cette place, ô mon Dieu, c'est vous qui me l'avez donnée... dans le Cœur de l'Église, ma Mère, je serai l'*Amour*... ainsi je serai tout... ainsi mon rêve sera réalisé ! ! !...*

Thérèse a trouvé dans la charité la réalité de ce qui l'anime et lui fait désirer être tout. Elle n'est pas encore en pleine possession du terme de son espérance, puisqu'ici-bas l'amour peut toujours croître et s'approfondir. Mais une nouvelle certitude s'est fait jour en elle, qui lui apporte la paix :

> *Pourquoi parler d'une joie délirante ? non, cette expression n'est pas juste, c'est plutôt la paix calme et sereine du navigateur apercevant le phare qui doit le conduire au port...*

La paix qui accompagne l'espérance traduit la certitude d'être proche du terme de l'espérance. Et Thérèse poursuit :

> *Ô Phare lumineux de l'amour, je sais comment arriver jusqu'à toi, j'ai trouvé le secret de m'approprier ta flamme.*

Cette dernière phrase est la clé de l'espérance thérésienne et en révèle la perfection : c'est l'Amour seul qui doit la guider jusqu'à la pleine réalisation de ses désirs d'aimer [53]. Et Thérèse sait par expérience qu'elle possède cet Amour de façon stable :

---

49. Dans la suite du manuscrit, Thérèse reviendra sur cette inquiétude concernant la pureté de son amour : "(...) mais le PUR AMOUR est-il bien dans mon cœur ?... Mes immenses désirs ne sont-ils pas un rêve, une folie ?... Ah ! s'il en était ainsi, Jésus éclaire-moi, tu le sais, je cherche la vérité..." (Ms B, 4v°).
50. Cf. Ms B, 4r°, qui s'inspire de S. JEAN DE LA CROIX, *Cantique Spirituel*, strophe 9 : "Or, la rétribution de l'amour, c'est l'amour, et l'âme tant qu'elle n'a pas atteint la perfection de l'amour, ne peut désirer autre chose que l'accroissement de son amour" (str. 9, 7, p. 1258).
51. Cf. Ms C, 35r° : "Pour vous aimer comme vous m'aimez, il me faut emprunter votre propre amour, alors seulement je trouve le repos".
52. *1 Co* 12, 31 ; Ms B, 3v°.
53. "Dans le mariage spirituel, l'âme continue donc sa marche vers Dieu. Son amour ne le possède encore que dans la pénombre. La foi vive qui l'éclaire devient chaque jour plus

Ah! depuis cet heureux jour — celui de son Offrande à l'Amour miséricordieux — *il me semble que l'Amour me pénètre et m'environne, il me semble qu'à chaque instant cet Amour Miséricordieux me renouvelle, purifie mon âme et n'y laisse aucune trace de péché* [54].

Or cet amour qui agit parce qu'il est amour, est aussi celui qui "espère tout" [55] selon l'expression de saint Paul. Depuis longtemps déjà, l'espérance dont Thérèse vit n'est pas une espérance qui la porte à aimer Dieu pour ses dons [56] ni même pour la gloire promise [57] ; mais elle est une espérance parfaite qui jaillit de son amour pour Dieu et l'associe à sa vie [58]. Thérèse découvre que l'amour de Dieu qui est infini ne met aucune limite à ses espérances, ne met aucune frontière à ses désirs d'aimer. Ainsi les désirs de Thérèse, "plus grands que l'univers" [59], qui vont "jusqu'à l'infini", ne sont ni des rêves, ni une folie ; ils sont les désirs de l'amour. Ils lui découvrent sa mission et la portent à s'y livrer dans un don encore plus complet d'elle-même.

Dans la dernière partie de cette étude, nous verrons comment Thérèse, plongée dans l'épreuve de la foi, va être associée au mystère de la rédemption. Dans cette nuit, son amour et son espérance vont se porter vers les hommes pécheurs. Mais pour saisir cet élargissement de son espérance personnelle au service de l'amour, il nous faut d'abord voir comment l'épreuve de la foi est aussi une épreuve de l'espérance. Épreuve qui conduit Thérèse à vivre une pauvreté personnelle encore plus grande, qui la pousse à affirmer de façon encore plus explicite la primauté de son désir d'aimer sur le désir du Ciel et lui fait ainsi accomplir totalement sa mission d'*aimer et faire aimer l'Amour.*

"La pensée du Ciel si douce pour moi..."

L'épreuve de la foi que connaît Thérèse, peu après la fête de Pâques 1896, représente une épreuve intérieure très douloureuse qui se prolongera jusqu'à sa mort.

---

désireuse de lumière. L'espérance qu'il a purifiée se fait plus ardente bien que paisible.Il reste lui-même le bien diffusif de soi dont rien désormais ne saurait briser l'élan. Il est plus dynamique que jamais. De fait, la foi vive lui fournit des certitudes pour s'éclairer dans la pénombre. L'espérance met à son service ses ailes agiles pour franchir d'un vol sûr et rapide les distances qui le séparent de son objet infini. L'amour éclate et fuse de toutes parts pour réaliser le don toujours plus complet de lui-même" (P. MARIE-EUGÈNE DE L'E.J., *Je veux voir Dieu*, p. 982-983).
54. Ms A, 84r°.
55. *1 Co* 13, 7.
56. Cf. LT 145 : "Il ne veut pas que nous l'aimions pour ses dons, c'est *Lui même* qui doit être notre *récompense*".
57. Cf. Ms C, 4r° : "Ce ne sont pas les richesses et la Gloire (même la Gloire du Ciel) que réclame le cœur du petit enfant (...) Ce qu'il demande c'est l'Amour..."
58. Saint Thomas montre que l'espérance parfaite est atteinte quand celle-ci est en totale dépendance de la charité ; en effet, puisque seule la charité a valeur d'éternité, elle seule est susceptible de communiquer sa perfection à toutes choses. Cf. *Somme Théologique*, Iª-IIæ, q. 17, a. 8.
59. Ms B, 3r°.

Avant d'entrer dans cette épreuve, Thérèse avait connu dès 1891 des doutes par rapport à l'existence du Ciel : "J'avais alors de grandes épreuves de toutes sortes (jusqu'à me demander parfois s'il y avait un Ciel)" [60]. Thérèse va confier ses doutes et ses épreuves au Père Alexis Prou, venu au Carmel pour prêcher la retraite annuelle. La réponse qu'il lui donne l'invite à s'abandonner à l'amour de Dieu. Et Thérèse écrit :

Il me lança à pleines voiles sur les flots de la confiance *et de l'*amour *qui m'attiraient si fort mais sur lesquels je n'osais avancer...* [61].

Thérèse progresse dans l'amour et la confiance à l'occasion de ces épreuves et de ces doutes sur l'existence du Ciel qui motivait si profondément son espérance.

Dans l'épreuve de la foi, c'est toujours l'existence du Ciel qui devient objet de sa souffrance et de sa nuit.

Je jouissais alors d'une foi si vive, si claire que la pensée du Ciel faisait tout mon bonheur, je ne pouvais croire qu'il y eût des impies n'ayant pas la foi. Je croyais qu'ils parlaient contre leur pensée en niant l'existence du Ciel, du beau Ciel où Dieu Lui-Même voudrait être leur éternelle récompense [62].

Et Thérèse poursuit en précisant bien l'objet de cette épreuve :

Aux jours si joyeux du temps pascal, Jésus m'a fait sentir qu'il y a véritablement des âmes qui n'ont pas la foi, qui par l'abus des grâces perdent ce précieux trésor, source des seules joies pures et véritables. Il permit que mon âme fût envahie par les plus épaisses ténèbres et que la pensée du Ciel si douce pour moi ne soit plus qu'un sujet de combat et de tourment...

Dans les lignes suivantes, Thérèse revient à plusieurs reprises sur cette souffrance que provoque désormais en elle la pensée du Ciel. Il lui devient impossible "de retrouver en elle l'image si douce de la patrie" ; son tourment redouble lorsqu'elle cherche à "reposer son cœur fatigué des ténèbres qui l'entourent par le souvenir du pays lumineux" vers lequel se portent ses désirs.

Cette épreuve porte sur la foi de Thérèse dans la réalité même du Ciel, sur son existence. Le voile de la foi qui exprime l'obscurité inhérente à cette vertu, est devenu "un mur qui s'élève jusqu'aux cieux et couvre le firmament étoilé..." [63]. Or, "le Ciel, c'est le salut éternel, c'est l'œuvre du Sauveur, c'est la consommation de l'amour de Jésus" [64]. Il ne s'agit donc pas seulement de la représentation que Thérèse pouvait se faire du Ciel, mais de la réalité elle-même, de l'espérance de la possession de Dieu :

Lorsque je chante le bonheur du Ciel, l'éternelle possession de Dieu, je n'en ressens aucune joie, car je chante simplement ce que JE VEUX CROIRE [65].

---

60. Ms A, 80v°.
61. *Ibid.*
62. Ms C, 5r°-v°.
63. Ms C, 7v°.
64. F.M. LÉTHEL, *Connaître l'amour du Christ...*, p. 523.
65. Ms C, 7r°. Dans ces pages, tous les mots de Thérèse ont une grande signification. Ainsi cette affirmation que sa foi et son espérance relèvent de la seule volonté : je chante ce que je *veux* croire.

Par ailleurs Thérèse dira, au cours de sa maladie, que c'est bien sur l'existence du Ciel que porte son épreuve et non pas sur l'existence de Dieu [66]. Cette épreuve de la foi est donc aussi, et peut-être encore plus radicalement, une épreuve de l'espérance [67].

La profondeur de cette épreuve se manifeste dans ces paroles que Thérèse sent monter en elle comme l'expression de la voix des pécheurs :

– Tu rêves la lumière, une patrie embaumée des plus suaves parfums, tu rêves la possession éternelle *du créateur de toutes ces merveilles, tu crois sortir un jour des brouillards qui t'environnent ! Avance, avance, réjouis-toi de la mort qui te donnera, non ce que tu espères, mais une nuit plus profonde encore, la nuit du néant* [68].

L'espérance de Thérèse est mise à l'épreuve à la fois dans son objet (la possession éternelle du Créateur de toutes ces merveilles) et dans son acte (la marche : *avance* !). Ces paroles sont comme une parodie de l'espérance et de son mouvement qui porte vers Dieu pour recevoir de lui l'accomplissement de sa promesse. Dans cette épreuve, Thérèse est invitée à continuer sa marche avec la certitude d'être trompée sur le but qu'elle poursuit [69].

Thérèse réagit avec vaillance dans cette épreuve. Elle n'affronte pas en face son "ennemi" mais par la foi et l'amour se porte vers Jésus :

... sachant que c'est une lâcheté de se battre en duel, je tourne le dos à mon adversaire sans daigner le regarder en face ; mais je cours vers mon Jésus, je Lui dis être prête à verser jusqu'à la dernière goutte de mon sang pour confesser qu'il y a un Ciel [70].

En se tournant ainsi vers Jésus au moment de l'épreuve, Thérèse ne réalise pas seulement cet acte de foi anagogique que saint Jean de la Croix invite à pratiquer dans les tentations. Dans cet élan vers Jésus s'exprime le parfait amour de celle qui n'a plus d'autre appui que Jésus lui-même pour proclamer sa foi et confesser l'existence du Ciel [71].

L'épreuve est réelle et profonde. Thérèse reconnaît que, plus tôt, elle l'aurait "plongée dans le découragement", elle aurait brisé son espérance [72]. Durant les

---

66. Cf. CJ 3.7.3 : "Ah ! mais, je crois bien au Voleur ! C'est sur le ciel que tout porte. Comme c'est étrange et incohérent !"
67. La foi et l'espérance s'unissent dans l'amour de leur objet qui est Dieu, connu et désiré : "Croire en des biens à venir n'est pas autre chose que les espérer", écrit S. AUGUSTIN, *Enchiridion*, II, 8. L'épreuve qui atteint Thérèse dans sa foi en l'existence du Ciel, l'atteint aussi dans son espérance. Mais surtout cette épreuve la porte à manifester un plus grand amour de Dieu et des hommes.
68. Ms C, 6v°.
69. Le mensonge sur le terme de l'espérance relève de l'épreuve de la foi puisque la foi se fonde sur la Parole de Dieu qui ne peut ni se tromper ni nous tromper.
70. Thérèse a vécu symboliquement cette confession de foi en portant sur elle le Credo écrit avec son sang.
71. Parvenu au seuil de sa passion, Jésus disait : "Nul ne prend ma vie mais c'est moi qui la donne" (*Jn* 10, 18). Dans cette nuit de la foi Thérèse offre pleinement la souffrance de ce nouveau dépouillement qui lui enlève toute jouissance de son propre salut alors qu'elle aussi entre dans sa passion.
72. Cf. Ms C, 7v°. L'Église enseigne que le découragement et le désespoir sont des fautes contre la vertu d'espérance.

derniers mois de sa vie, Thérèse laisse entrevoir, en effet, combien la pensée du Ciel a perdu de son évidence pour elle et lui est devenue douloureuse [73]. Mais elle reconnaît aussi les fruits spirituels de cette épreuve : "Maintenant elle enlève tout ce qui aurait pu se trouver de satisfaction naturelle dans le désir que j'avais du Ciel" [74]. Peu avant que ne débute cette épreuve, elle s'était interrogée sur la voie qu'elle suivait. Cette voie, faite de confiance et d'abandon à Dieu, mais aussi de l'humble acceptation de la vie ordinaire du Carmel, paraissait devoir la maintenir dans le repos. Thérèse constatait :

> Vraiment je n'ai pas de grandes épreuves extérieures et pour en avoir d'intérieures il faudrait que le bon Dieu change ma voie, je ne crois pas qu'Il le fasse, pourtant je ne puis toujours vivre ainsi dans le repos... quel moyen donc Jésus trouvera-t-Il pour m'éprouver ? [75]

L'épreuve de la foi sera la réponse au désir de l'amour qui s'exprime en Thérèse par cette insatisfaction :

> La réponse ne se fit pas attendre et me montra que Celui que j'aime n'est pas à court de moyens ; sans changer ma voie, Il m'envoya l'épreuve qui devait mêler une salutaire amertume à toutes mes joies [76].

"Mon Ciel sur la terre"

Mais plus profondément que cet aspect personnel de purification, Thérèse laisse comprendre comment, dans cette épreuve, son espérance s'élargit définitivement aux dimensions de la charité qui la possède. Le 13 juillet 1897, elle dit :

> Je ne puis pas penser beaucoup au bonheur qui m'attend au Ciel ; une seule attente fait battre mon cœur, c'est l'amour que je recevrai et celui que je pourrai donner [77].

---

73. Cf. CJ 7.9.1 : A Mère Agnès qui lui demande si elle n'a pas de chagrin de la quitter, Thérèse répond : "Non !... S'il n'y avait pas de vie éternelle, oh ! oui !... mais il y en a une peut-être... et même c'est sûr !" ; de même CJ 15.8.7 : "Je me demande comment le bon Dieu peut se retenir si longtemps de me prendre... ... et puis, on dirait qu'il veut me faire 'accroire' qu'il n'y a pas de Ciel !... ... Et tous les saints que j'aime tant, où sont-ils donc 'nichés' ? ...... Ah ! je ne feins pas, c'est bien vrai que je n'y vois goutte. Mais enfin, il faut que je chante bien fort dans mon cœur : 'Après la mort la vie est immortelle' ou bien sans ça, ça tournerait mal...".
Mère Agnès avait compris la profondeur de cette épreuve et alors que Thérèse entrait en agonie, elle est allée prier devant une statue du Sacré-Cœur pour que Thérèse ne meure pas dans le désespoir.
74. Ms C, 4v°.
75. Ms C, 31r°.
76. Ibid. Cette dernière affirmation de Thérèse s'éclaire à la lumière de l'enseignement de S. Jean de la Croix sur la joie spirituelle. Le saint rappelle en effet que le chrétien doit ramener toute joie à Dieu seul et désirer uniquement lui plaire en tout ce qu'il fait : "Il doit vouloir que Dieu seul ait la joie de ses bonnes œuvres et les goûte dans le secret, ne se réservant à lui-même d'autre contentement que celui de procurer l'honneur et la gloire de Dieu" (Montée du Carmel, Liv. 3, ch 27, 5, p. 856).
77. CJ 13.7.17. Chez Thérèse, la pensée du Ciel a toujours été accompagnée de cette espérance de pouvoir enfin aimer sans limites : "Oh ! que notre religion est belle, au lieu de rétrécir les cœurs (comme le croit le monde) elle les élève et les rend capables d'aimer, d'aimer d'un amour presqu'infini puisqu'il doit continuer après cette vie mortelle, qui ne nous est donnée que pour acquérir la Patrie des Cieux où nous retrouverons les êtres chéris que nous aurons aimés sur la terre !" (LT 166, 16 juillet 1894, à Céline Maudelonde).

Le lendemain, elle écrit au Père Roulland :

> *... la pensée de la béatitude éternelle fait à peine tressaillir mon cœur, depuis longtemps la souffrance est devenue mon Ciel ici-bas (...) Ce qui m'attire vers la Patrie des Cieux, c'est l'appel du Seigneur, c'est l'espoir de l'aimer enfin comme je l'ai tant désiré et la pensée que je pourrai le faire aimer d'une multitude d'âmes qui le béniront éternellement* [78].

Dépouillée de tout ce que le Ciel représentait d'attente et de joie personnelle, l'espérance de Thérèse prend la mesure de son amour, en découvre toute l'ampleur, toute la grandeur, l'immensité. Elle se porte entièrement sur le mystère de la Rédemption et le salut des âmes :

> *Je sens que je vais entrer dans le repos... Mais je sens surtout que ma mission va commencer, ma mission de faire aimer le bon Dieu comme je l'aime, de donner ma petite voie aux âmes. Si le bon Dieu exauce mes désirs, mon Ciel se passera sur la terre jusqu'à la fin du monde. Oui, je veux passer mon Ciel à faire du bien sur la terre. Ce n'est pas impossible, puisqu'au sein même de la vision béatifique, les Anges veillent sur nous.*
>
> *Je ne puis pas me faire une fête de jouir, je ne peux pas me reposer tant qu'il y aura des âmes à sauver... Mais lorsque l'Ange aura dit : "Le temps n'est plus !" alors je me reposerai, je pourrai jouir, parce que le nombre des élus sera complet et que tous seront entrés dans la joie et le repos. Mon cœur tressaille à cette pensée...* [79]

Cet épanouissement de l'espérance dans l'amour, que vit alors Thérèse, atteint son universalité dans cette nuit de la foi qui l'accompagne jusqu'à sa mort. Dans cette nuit, qui l'unit si profondément à la Passion de Jésus, Thérèse réalise mystiquement sa vocation d'*aimer et faire aimer l'Amour*, avant qu'elle ne la réalise dans la gloire après sa mort. Dans la dernière partie de cette étude, nous reviendrons sur cette dimension mystique de l'espérance de Thérèse qui embrasse toute l'Église. Avant cela, il nous faut considérer l'espérance de Thérèse en elle-même pour comprendre comment cette espérance atteint sa perfection en se prêtant à toutes les aspirations de l'amour.

III – "SOYEZ VOUS-MÊME, Ô MON DIEU, MA SAINTETÉ"

Thérèse exprime très justement la nature de l'espérance théologale lorsqu'elle écrit dans l'Acte d'Offrande :

> *Je veux donc me revêtir de votre propre Justice et recevoir de votre Amour la possession éternelle de Vous-même. Je ne veux point d'autre Trône et d'autre Couronne que Vous, ô mon Bien-Aimé !...* [80]

---

78. LT 254.
79. CJ 17.7.
80. Acte d'offrande, Pri 6.

L'espérance est une vertu théologale parce qu'elle fait désirer Dieu lui-même que nous ne possédons pas encore pleinement en cette vie. L'espérance fait désirer Dieu à la fois comme le but vers lequel nous marchons ("la pleine possession de Vous-même") et comme le motif sur lequel nous devons nous appuyer pour parvenir à ce but ("recevoir de votre Amour"). Le rapport entre le double objet de l'espérance va de l'aide divine à la possession de Dieu : on espère en cette vie l'aide de Dieu pour obtenir de Lui le bonheur éternel [81]. On ne peut en effet désirer posséder Dieu qui est infini, qu'en s'appuyant sur son aide qui, elle aussi, est de vertu, de puissance, infinie. Ainsi saint Jean de la Croix dira que l'âme parvenue à l'amour parfait n'espère qu'en Dieu [82].

C'est pourquoi "plus l'âme espère de Dieu, plus elle obtient et elle espère davantage à proportion qu'elle se dépouille davantage" dit encore saint Jean de la Croix. Seule l'espérance qui espère uniquement en Dieu, dans son amour, sans autre appui, obtiendra de Dieu la pleine possession de Lui-même. L'espérance devient plus parfaite et s'élance plus profondément en Dieu à mesure que se purifie dans l'âme le motif qui fait son mouvement. Saint Jean de la Croix montre encore que la perfection de l'espérance est dans sa pureté et non pas dans l'intensité du désir. Et l'espérance sera d'autant plus pure qu'elle ne s'appuiera que sur Dieu seul [83].

Thérèse a recueilli cet enseignement de saint Jean de la Croix ; elle l'a fait sien, l'a vécu jusqu'à la perfection pour le redonner sous une forme adaptée qui porte les traits de sa grâce et de son génie.

Les "bras de Jésus"

Ce qui caractérise le plus la vie de sainte Thérèse de l'Enfant-Jésus est cette primauté accordée à l'action de Dieu, primauté qui se retrouve explicitée dans sa doctrine de la petite voie. Il y a chez elle une expérience de l'action de Dieu par la charité, et conséquemment par les dons du Saint-Esprit, qui ne date pas seulement de sa vie religieuse au Carmel mais remonte à son enfance [84].

Comment Thérèse traduit-elle à partir de son expérience la primauté de cette aide divine ?

---

81. Le P. Servais Pinckaers explique ainsi le dédoublement de l'objet de l'espérance : "L'espérance, ainsi que la foi, est une vertu d'imperfection, à l'encontre de la charité qui unit effectivement à Dieu. La foi et l'espérance président au passage de l'imperfection à la perfection. Elles doivent donc contenir un élément de perfection, d'union à Dieu : c'est l'adhésion de la foi à la Vérité première et l'appui de l'espérance sur le secours divin ; ensuite un élément d'imperfection dirigé vers la perfection : c'est l'état de l'homme, imparfait encore, qui cherche son achèvement dans l'ordre de la vérité — ce sera la vision béatifique — et dans l'ordre de l'appétit — ce sera la béatitude parfaite. L'élément principal est l'adhésion à Dieu qui commande tout le mouvement" (S-Th. PINCKAERS, *Le renouveau de la morale*, Téqui, 1978, p. 230).
82. S. JEAN DE LA CROIX, *Cantique Spirituel B*, str. 28, 4 : "L'âme ne se réjouit qu'en Dieu, elle n'espère qu'en Dieu, elle ne craint que Dieu, elle ne s'afflige que selon Dieu" (p. 1370).
83. S. JEAN DE LA CROIX, *Montée du Carmel*, Liv. 3, chap. 15,1,p. 819 ; P. MARIE-EUGÈNE DE L'E.J., *Je veux voir Dieu*, p. 827.
84. Cf. P. MARIE-EUGÈNE DE L'E.J., *Je veux voir Dieu*, p. 310-311.

Un texte majeur du troisième manuscrit [85] donne toute sa doctrine sur cette question de l'aide divine dans son rapport à l'espérance. Il s'agit de la comparaison toute simple que lui a inspirée la nouveauté de l'ascenseur.

La logique de son expression est à la fois toute naturelle et absolument rigoureuse. Thérèse part de la certitude de l'espérance qui est en elle, des grands désirs de sainteté qu'elle a depuis toujours :

Vous le savez, ma Mère, j'ai toujours désiré d'être une grande sainte.

Elle confronte cette certitude à sa faiblesse et à son imperfection naturelle pour constater qu'elle ne peut absolument pas s'appuyer sur ses propres forces :

Le Bon Dieu ne saurait inspirer des désirs irréalisables, je puis donc malgré ma petitesse aspirer à la sainteté ; me grandir c'est impossible, je dois me supporter telle que je suis avec toutes mes imperfections.

Elle se met alors en quête d'un moyen qui soit proportionné aux aspirations qu'elle porte en elle. L'image de l'ascenseur lui permet d'exprimer l'aide qui vient d'un autre que soi :

Moi je voudrais aussi trouver un ascenseur pour m'élever jusqu'à Jésus, car je suis trop petite pour monter le rude escalier de la perfection. (...) ... l'ascenseur qui doit m'élever jusqu'au Ciel, ce sont vos bras, ô Jésus !

L'image des *bras de Jésus* dit le caractère divin de cette aide et en indique la toute-puissance. Pour correspondre à cette action de Dieu, Thérèse sait alors que, non seulement elle ne doit pas chercher à grandir, mais que c'est pour elle un devoir, une obligation de rester petite.

Sa petitesse n'est plus un obstacle à la sainteté ; elle n'est pas non plus un moyen pour recourir à une aide divine qui viendrait seulement soutenir ses efforts : Thérèse ne demande pas simplement à Jésus de l'aider à gravir l'escalier de la perfection, en lui faisant gravir progressivement chacune des marches. Thérèse va beaucoup plus loin dans la perception de la primauté de l'action de Dieu. Elle attend de Dieu qu'il la conduise au sommet de la perfection selon une action qui soit proprement et quasi exclusivement divine. Dans une telle perspective, l'action de Dieu n'a plus pour seul but de qualifier l'activité vertueuse de l'âme ; mais elle se substitue à cette activité comme principe de réalisation de cette activité.

L'impuissance n'est plus alors un obstacle mais, au contraire, une condition nécessaire, une disposition essentielle de son âme pour que l'action de Dieu soit plus totale et l'œuvre de transformation plus parfaite. Et si Thérèse doit fournir une certaine activité, faire des efforts, ils seront une simple collaboration à cette activité de Dieu. Efforts ordinairement impuissants, ils manifesteront la bonne volonté, garderont dans l'humilité et feront désirer plus ardemment le secours du bon Dieu.

---

85. Cf. Ms C, 2v°-3r°.

Thérèse a trouvé une réponse tout à fait théologale à ses aspirations tout ordonnées à la seule possession de l'Amour : pour parvenir à la sainteté, elle mettra toute son espérance, toute sa confiance dans la toute-puissance de l'action de Dieu en elle et dans une acceptation toujours plus paisible de sa pauvreté.

"Il agit ici en Dieu..."

L'espérance n'est vraiment chrétienne et théologale que lorsqu'elle s'appuie sur Dieu seul et qu'elle lui laisse la primauté dans l'œuvre de transformation et d'union par l'amour, ce qu'exprime l'image des bras de Jésus que nous venons de voir.

Dans les *Derniers Entretiens*, Thérèse dira en commentant un verset du livre de Job :

> Cette parole de Job : "Quand Dieu me tuerait j'espérerais encore en lui", m'a ravie dès mon enfance. Mais j'ai été longtemps avant de m'établir à ce degré d'abandon. Maintenant j'y suis ; le bon Dieu m'y a mise, il m'a prise dans ses bras et m'a posée là [86].

Ce texte est cité ici non pas tant pour le verset de Job, que pour souligner la passivité de Thérèse prise par l'action de Dieu, et que traduit la dernière phrase : "... le bon Dieu m'y a mise, il m'a prise dans ses bras et m'a posée là".

Une telle passivité appartient à la charité elle-même. L'amour dans l'ordre naturel rend l'homme capable d'aimer et d'être aimé, de saisir et d'être saisi. La charité que Dieu nous donne nous permet de l'aimer véritablement et nous rend aimable à ses yeux.

Saint Jean de la Croix le dit dans son *Cantique Spirituel* : plus Dieu "honore et relève" une âme par sa grâce plus "il s'éprend d'amour pour elle" et lui renouvelle le don de sa grâce. "Pour Dieu, en effet, aimer davantage, c'est accorder plus de grâces" [87].

Et le saint docteur ajoute :

> Qui pourra dire jusqu'où Dieu élève une âme en laquelle il a une fois mis ses complaisances ? Le concevoir même est impossible. Disons seulement qu'ici il agit en Dieu et dans le dessein de montrer sa magnificence [88].

Thérèse de l'Enfant-Jésus a merveilleusement compris cette loi de l'amour surnaturel et elle en a abondamment usé.

Toute sa petite voie est bâtie sur cette passivité de la charité pour attirer toujours davantage l'amour de Dieu et son action. Son espérance, parfaite parce que pauvre de tout, va laisser à Dieu toute liberté de répandre en elle son amour et sa vie.

---

86. CJ 7.7.3.
87. S. JEAN DE LA CROIX, *Cantique Spirituel B*, str. 33, 7, p. 1397.
88. *Ibid.*

La perfection de l'espérance que Thérèse traduit en termes d'abandon, est le fruit de l'action divine qu'elle constate en elle. Seule cette action de Dieu règle la marche de l'âme, en lui donnant une mesure, non plus humaine, mais divine. Elle purifie l'espérance théologale en la privant de tout autre appui que Dieu lui-même.

La marche de l'âme qui est qualifiée par la vertu d'espérance va être "réglée", selon l'expression de saint Thomas, par l'action de Dieu. L'action divine se fait par les dons du Saint-Esprit comme l'enseigne saint Jean de la Croix, tout particulièrement à propos de la vertu d'espérance. C'est pourquoi l'espérance doit être purifiée de tout appui autre que Dieu lui-même, c'est-à-dire s'exercer dans la pauvreté absolue, pour qu'elle puisse être mise en mouvement par cette action surnaturelle de l'Esprit Saint :

Si l'âme voulait alors agir avec ses puissances, loin de retirer quelque profit de l'œuvre qu'elle s'efforcerait d'accomplir, elle ne ferait qu'entraver, par sa grossière opération naturelle, l'œuvre surnaturelle que Dieu accomplit en elle au moyen de ses dons [89].

S'appuyant sur *Rm* 8, 26 Thérèse énonce à sa manière cette loi de l'action divine :

Nous ne savons rien demander comme il faut mais c'est l'Esprit qui demande en nous avec des gémissements qui ne se peuvent exprimer *(St Paul). Nous n'avons donc qu'à livrer notre âme, à l'*abandonner *à notre grand Dieu. Qu'importe alors qu'elle soit sans dons qui brillent à l'extérieur puisqu'au-dedans brille le Roi des rois avec toute sa gloire !* [90]

Entrer dans cette passivité où domine l'action de Dieu est nécessaire, puisque Dieu seul peut conduire l'âme au but qu'il lui a fixé, lui seul connaît pleinement la place et la mission qu'il fixe à chacun dans son amour.

Thérèse a retrouvé, à partir de son expérience et d'une connaissance vivante des réalités surnaturelles en elle, la grande théologie de l'espérance, celle qui donne à Dieu la primauté absolue dans le mouvement vers le Bien qu'il est lui-même : seul Dieu peut disposer l'homme à la pleine possession de lui-même. Aucune action, aucune œuvre humaine, si sainte soit-elle, ne peut y disposer ; pas même les grands désirs du Ciel ; pas même les mérites acquis : "Ce sont, à vrai dire, les richesses spirituelles qui rendent injustes, lorsqu'on s'y repose avec complaisance et que l'on croit qu'ils sont quelque chose de grand..." écrit Thérèse dans la lettre du 17 septembre 1896 adressée à Marie du Sacré-Cœur [91].

Aussi Thérèse écrit-elle à Céline :

"Ne crains pas, plus tu seras pauvre et plus Jésus t'aimera. Il ira loin, bien loin pour te chercher" [92].

---

89. S. JEAN DE LA CROIX, *La Montée du Carmel*, Liv. 3, chap. 13,3, p. 813.
90. LT 165, 7 juillet 1894, à Céline.
91. LT 197.
92. LT 211, 24 décembre 1896.

Et à une novice qui s'attriste de ses défaillances, elle enseigne :

On est heureux de se sentir faible et misérable parce que, plus on le reconnaît humblement, attendant tout gratuitement du bon Dieu sans aucun mérite de notre part, plus le bon Dieu s'abaisse pour nous combler de ses dons avec magnificence [93].

La pauvreté, l'absence de désir, la faiblesse reconnue et étalée devant Dieu, attirent presque irrésistiblement l'Amour de Dieu. Car le propre de l'Amour est de se donner, de se répandre, et il le fait d'autant plus qu'il trouve une pauvreté, une faiblesse qui lui permettent de manifester ce qu'il est par nature : le don gratuit de lui-même.

C'est ce dernier point qu'il nous faut maintenant développer pour comprendre comment Thérèse enseigne la perfection de l'espérance.

Le rôle de la pauvreté : "recevoir de votre Amour la possession éternelle de Vous-même"

C'est la pauvreté en effet qui fait la perfection de l'espérance ou plus exactement qui crée les dispositions nécessaires à la perfection de l'espérance. Car seule une action de Dieu peut perfectionner la vie théologale dans ce qu'elle a d'essentiel. Dieu seul peut parfaire cette activité théologale à la mesure de son objet.

Rappelons-nous que l'espérance est une vertu théologale, c'est-à-dire qu'elle a Dieu pour objet et pour motif. Nous espérons obtenir la vie éternelle qui sera la vision de Dieu et la source de notre bonheur. Nous espérons aussi que Dieu nous donnera sa grâce pour marcher vers ce but. Cette aide nous l'attendons de Dieu lui-même, c'est-à-dire qu'elle devient objet de notre espérance.

L'espérance sera d'autant plus parfaite que nous n'espérerons que Dieu en ne comptant que sur lui pour parvenir à la sainteté. Or, nous le savons tous par expérience, notre espérance est loin d'avoir cette pureté. S'il est vrai que nous espérons bien la vie éternelle, nous attendons aussi de notre vie chrétienne qu'elle nous fortifie, qu'elle nous donne une certaine assurance, des certitudes, une certaine stabilité dans notre vie personnelle, sociale et familiale, un équilibre. Tous ces dons sont bien sûr désirables et nous ne devons pas les refuser lorsque nous les recevons ou que nous parvenons à les acquérir. Ce qui va affaiblir l'espérance chrétienne, c'est l'attachement à ces dons. Et cet attachement est d'autant plus nuisible que les dons sont spirituels : biens de l'intelligence, biens de la volonté, biens du cœur, et même biens surnaturels que sont les dons de la grâce.

Cet attachement fait que nous n'espérons plus Dieu pour lui-même mais pour ses dons. Il y a une conséquence qui est peut-être encore plus grave : nous

---

93. Sr MARIE DE LA TRINITÉ, *Une novice de sainte Thérèse*, p. 110.

nous appuyons sur ces dons pour prétendre à la sainteté, pour avoir des droits sur Dieu. En effet, si nous agissons bien, Dieu, en toute justice, se doit de nous récompenser à la mesure de notre action.

Seule la pauvreté de cœur va permettre à l'espérance d'atteindre sa perfection, sa pureté.

Ici encore, Thérèse a profondément recueilli l'enseignement de saint Jean de la Croix. Elle a vraiment fait sienne sa doctrine sur la pauvreté totale qui seule peut obtenir le tout de Dieu. Dieu se donne toujours librement mais il se donne d'autant plus qu'il trouve le cœur dégagé de toute attache.

> *L'âme* — écrit saint Jean de la Croix dans la *Montée du Carmel* — *doit donc se dégager de tout ce qui n'est pas Dieu pour s'unir à Dieu (...) Toute possession en effet est opposée à l'espérance ; et cette vertu a pour objet, dit saint Paul, "ce que l'on ne possède pas". Aussi plus l'âme (la mémoire) se dépouille, plus elle acquiert d'espérance ; par suite, plus elle a d'espérance, et plus elle est unie à Dieu. Car plus une âme espère en Dieu, plus elle obtient de Lui. Or, je le répète, son espérance grandit en proportion de son renoncement ; c'est quand elle est parfaitement dépouillée de tout, qu'elle jouit parfaitement de la possession de Dieu et est unie à Dieu*[94].

Cet enseignement ne diffère pas de celui que Jésus donne au jeune homme riche de l'Évangile : "Si tu veux être parfait, va, donne tout ce que tu as aux pauvres puis viens et suis-moi"[95]. Jésus enseigne ainsi ce qu'il est et ce qu'il vit lui-même : "Le Fils de l'homme n'a pas où reposer sa tête"[96]. Saint Paul reprendra cette grande antinomie de la vie spirituelle :

> *Vous connaissez, en effet, la libéralité de notre Seigneur Jésus Christ, qui pour vous s'est fait pauvre, de riche qu'il était, afin de vous enrichir par sa pauvreté*[97].

Comment Thérèse vit la pauvreté

C'est cette pauvreté que Thérèse désire, puisqu'elle lui donne Dieu plus sûrement que si elle le voyait.

Cette pauvreté sera le résultat de son activité mais aussi de celle de Dieu. Les vertus théologales sont les moyens que Dieu nous a donnés pour le rejoindre, le connaître, l'aimer. Nous devons vivre de ces puissances, les exercer afin qu'elles se fortifient et se purifient. Mais quelles que soient notre bonne volonté et notre fidélité, sans une intervention particulière de Dieu ces vertus resteront toujours très imparfaites dans leur activité.

---

94. *Montée du Carmel*, Liv. III, ch. VI, p. 328 (traduction du P. Grégoire de S. Joseph, éd. du Seuil).
95. Cf. *Mt* 19, 16.
96. *Lc* 9, 57.
97. *2 Co* 8, 9.

Afin de rester pauvre, de rester petite, Thérèse va renoncer à tout ce qui pourrait la grandir à ses yeux ou aux yeux des autres. Elle ne veut agir que pour faire plaisir à Jésus.

Sur le plan matériel, elle va vivre la pauvreté avec beaucoup d'exigence et de délicatesse, préférant les objets les plus laids et les moins commodes. En cela elle accomplira pleinement les exigences de la règle carmélitaine, en y ajoutant une note de délicatesse et de discrétion.

Mais c'est surtout au plan moral que se révèle son besoin intense de pauvreté. Elle sait que ce qui plaît au bon Dieu en elle, ce ne sont pas les grands désirs de travailler pour sa gloire ou même ses grands désirs du martyre :

> *Ah ! je sens bien que ce n'est pas cela du tout qui plaît au Bon Dieu dans ma petite âme, ce qui lui plaît* c'est de me voir aimer ma petitesse *et* ma pauvreté, c'est l'espérance aveugle que j'ai en sa miséricorde... Voilà mon seul trésor* [98].

Pour que l'amour de cette petitesse, de cette pauvreté grandisse, Thérèse va pratiquer une ascèse tout orientée vers l'humilité du cœur. Elle bannira toute recherche de l'extraordinaire dans ce domaine. "Pour Thérèse est extraordinaire tout ce qui brille ou demande une grande dépense de forces, en n'étant pas dans la ligne du devoir ordinaire" [99]. En même temps Thérèse manifestera une très grande générosité dans l'accomplissement de ses tâches, cherchant en toutes choses à faire plaisir à ses sœurs et à leur rendre de menus services. Le *Manuscrit C* est rempli de faits et de détails qui montrent comment s'épanche la charité de Thérèse dans les moindres détails.

Cette attitude, Thérèse la développe en toute occasion. Ce qui la réjouit particulièrement, c'est de se découvrir faible et imparfaite malgré tous ses efforts.

> *Quand j'ai commis une faute qui me rend triste, je sais bien que cette tristesse est la conséquence de mon infidélité. Mais croyez-vous que j'en reste là ? ! Oh ! non, pas si sotte ! Je m'empresse de dire au bon Dieu : Mon Dieu, je sais que ce sentiment de tristesse je l'ai mérité, mais laissez-moi vous l'offrir tout de même comme une épreuve que vous m'envoyez par amour. Je regrette mon péché, mais je suis contente d'avoir cette souffrance à vous offrir* [100].

Pour Thérèse, le découragement devant les efforts qui se révèlent inutiles manifeste que l'on n'est pas encore assez confiant dans la miséricorde de Dieu. Car, même dans toute cette activité à la portée de tous, Thérèse affirme la **primauté de l'action de Dieu**. Il faut inlassablement recommencer les mêmes efforts, sachant bien que l'on n'arrivera pas à gravir seulement la première marche de l'escalier de la perfection, qui conduit à la sainteté. Mais — et nous sommes ici

---

98. LT 197, à sœur Marie du Sacré-Cœur, 17 septembre 1896.
99. P. MARIE-EUGÈNE DE L'E.J., *Je veux voir Dieu*, p. 852.
100. CJ 3.7.2.

au cœur de l'enseignement de Thérèse —,

Dieu ne demande de vous que la bonne volonté ! Du haut de l'escalier, Il vous regarde avec amour. Bientôt, vaincu par vos efforts inutiles, Il descendra Lui-même et vous prenant dans ses bras, vous emportera pour toujours dans son royaume où vous ne Le quitterez plus [101].

Purification passive de l'espérance

L'espérance de Thérèse ne serait pas aussi puissante et aussi pure si Dieu n'intervenait lui-même par une action directe pour la rendre parfaite.

A côté des vertus théologales, parfaites en elles-mêmes pour atteindre Dieu, mais dont l'exercice en nous reste imparfait, Dieu a mis dans notre grâce le moyen qui lui permette d'agir pour parfaire cette activité théologale. Ces moyens, la tradition chrétienne les a appelés les dons du Saint-Esprit. Ce sont des passivités de notre grâce qui nous permettent d'être mis en mouvement par Dieu pour rendre parfaite notre vie d'enfant de Dieu.

Thérèse, avec une extrême intuition des réalités surnaturelles, a su trouver les dispositions essentielles pour attirer à elle cette action de Dieu, infiniment plus efficace que toute notre activité vertueuse et méritoire. Elle ne voudra pas acquérir de mérite pour elle-même ; ce sera toujours pour les autres.

Comment cette action de Dieu se traduit-elle chez elle du point de vue de l'espérance ? Par une expérience du vide, du rien qu'elle découvre en elle. Thérèse constate en elle cette pauvreté qui n'est pas le fruit de ces efforts :

... Je ne puis m'appuyer sur rien, sur aucune de mes œuvres pour avoir confiance [102].

Cette connaissance profonde qu'elle a de sa faiblesse est toute contemplative. Elle est le fruit de la rencontre de sa pauvreté avec la transcendance de Dieu qui développe en elle cette crainte toute filiale ; Thérèse se sait enfant sous la totale dépendance de Dieu. Par-dessus tout, elle craint de s'appuyer sur ses propres forces, ce serait une réelle infidélité qui lui ferait perdre l'union avec Dieu.

Je ne cesse de dire au bon Dieu : "Ô mon Dieu, je vous en prie, préservez-moi du malheur d'être infidèle"
– De quelle infidélité voulez-vous parler ?
– D'une pensée d'orgueil entretenue volontairement. Si je me disais, par exemple : j'ai acquis telle vertu, je suis certaine de pouvoir la pratiquer. Car alors ce serait s'appuyer sur ses propres forces, et quand on en est là, on risque de tomber dans l'abîme. Mais j'aurai le droit sans offenser le bon Dieu de faire de petites sottises jusqu'à ma mort, si je suis humble, si je reste toute petite. Voyez les petits enfants : ils ne cessent de casser, de déchirer, de tomber, tout en aimant beaucoup, beaucoup

---

101. Sr MARIE DE LA TRINITÉ, *Une novice de sainte Thérèse*, p. 111.
102. CJ 6.8.4.

leurs parents. Quand je tombe ainsi, cela me fait voir encore plus mon néant et je me dis : Qu'est-ce que je ferais, qu'est-ce que je deviendrais, si je m'appuyais sur mes propres forces ? !...

Et Thérèse illustre ces réflexions par l'exemple de saint Pierre qui a renié le Christ parce qu'il "s'appuyait sur lui-même au lieu de s'appuyer uniquement sur la force du bon Dieu" [103]

Thérèse reconnaît que tout ce qu'elle fait de bien ou de bon lui vient de Dieu au moment présent ; elle reconnaît "que le bon Dieu pose ce trésor dans la main de son petit enfant pour qu'il s'en serve quand il en a besoin". Et elle ajoute : "Mais c'est toujours le trésor du bon Dieu" [104]. C'est la pauvreté qui a créé le besoin constant de Dieu [105]. Et c'est de l'amour que jaillit cette crainte toute filiale de s'éloigner de ce Père source de tout bien. L'espérance, purifiée par la pauvreté, affermie par l'action de Dieu, devient l'abandon du petit enfant dans les bras de son Père.

IV – LE RÔLE DE L'ESPÉRANCE DANS LA PETITE VOIE

Essayons de préciser la place qu'occupe la vertu d'espérance dans la découverte de Thérèse. Le rôle de la vertu théologale d'espérance dans la petite voie se dégage de son fondement théologique ou plus exactement christologique [106].

"Il s'humilia plus encore..."
L'abaissement du Fils de Dieu

Pour nous sauver du péché, des conséquences du péché, et nous unir à lui, Verbe de Dieu, le Fils de Dieu s'est abaissé en devenant homme et en prenant notre condition humaine de faiblesse, de souffrance. Plus encore, nous dira l'épître aux Philippiens, "il s'est abaissé, se faisant obéissant jusqu'à la mort et la mort de la Croix. Aussi Dieu l'a-t-il exalté..." [107]. C'est par ce mouvement d'abaissement extrême, signe du trop grand amour de Dieu pour les hommes, que le Christ a mérité sa résurrection et sa glorification. Nous sommes associés aux fruits de sa passion et de sa résurrection par une communion de grâce et d'amour.

---

103. CJ 7.8.4.
104. CJ 6.8.8.
105. Un exemple : lorsqu'on admire sa patience dans les épreuves, elle répond : "Je n'ai pas encore eu une minute de patience. Ce n'est pas ma patience à moi !... On se trompe toujours !" (CJ 18.8.4 ; cf. 20.9.1).
106. Pour une étude détaillée de la petite voie voir : Conrad DE MEESTER, *Dynamique de la Confiance, Genèse et structure de la "voie d'enfance spirituelle" chez Ste Thérèse de Lisieux*, Paris, 1969, et plus particulièrement p. 359 et suivantes pour le caractère théologal de l'espérance et de la confiance.
107. *Ph* 2, 4.

Thérèse a ainsi compris que plus l'amour s'abaissait pour se donner, plus il manifestait sa nature profonde : "Le propre de l'amour est de s'abaisser" écrit Thérèse dans les premières pages de son *Manuscrit A*, et elle continue en montrant que Dieu n'a pas seulement créé de grandes âmes, les saints Docteurs, les martyrs, mais qu'il a aussi créé des âmes plus petites, plus simples. Tel est l'enfant qui ne sait rien ou encore − et c'est sa propre expression − "le pauvre sauvage n'ayant pour se conduire que la loi naturelle et c'est jusqu'à leurs cœurs qu'il daigne s'abaisser, ce sont là ses fleurs des champs dont la simplicité Le ravit... **En descendant ainsi le Bon Dieu montre sa grandeur infinie**" [108].

Dans l'allégorie du petit oiseau, qui termine le *Manuscrit B*, Thérèse exprime comment toute son espérance repose sur cette capacité qu'a l'amour de se porter vers celui qui est faible et confiant :

Aussi longtemps que tu le voudras, ô mon Bien-Aimé, ton petit oiseau − il s'agit de Thérèse − *restera sans forces et sans ailes, toujours il demeurera les yeux fixés sur toi, il veut être fasciné par ton regard divin, il veut devenir la proie de ton Amour...*

Ces premières lignes nous disent la foi, la fidélité de Thérèse à demeurer dans l'attente de l'action de Dieu et quelles dispositions de petitesse elle entretient dans cette attente.

Puis vient le mouvement de l'espérance elle-même :

*Un jour, **j'en ai l'espoir**, Aigle adoré, tu viendras chercher ton petit oiseau, et remontant avec lui au Foyer de l'Amour, tu le plongeras pour l'éternité dans le brûlant Abîme de Cet Amour auquel il s'est offert en victime* [109].

Ce mouvement est vraiment une loi de la présence de l'amour de Dieu ici-bas et de son action transformante dans les cœurs. C'est pourquoi "toute son espérance (de Thérèse) repose en ce mouvement habituel du Verbe incarné" [110].

La communion de Thérèse à cet abaissement

Mais Thérèse va encore plus loin. Elle a expérimenté que plus l'abaissement est grand, plus l'amour de Dieu manifeste ce qu'il est :

Oui, pour que l'Amour soit pleinement satisfait, il faut qu'Il s'abaisse, qu'il s'abaisse jusqu'au néant et qu'il transforme en feu ce néant [111].

Thérèse va donc communier à cet abaissement par sa propre petitesse,en s'abaissant elle aussi.

Dans une lettre du 25 avril 1893 à sa sœur Céline, elle exprime cette communion à l'abaissement de Jésus en le comparant à une fleur des champs qui

---

108. Ms A, 3rº (c'est nous qui soulignons).
109. Ms B, 5vº.
110. P. MARIE-EUGÈNE DE L'E.J., *Je veux voir Dieu*, p. 1031.
111. Ms B, 3vº.

recueille une goutte de rosée. Thérèse s'adresse à Céline, mais elle est elle-même cette goutte de rosée qui, cachée dans la fleur des champs, doit la rafraîchir par sa simple présence.

> *Pendant la nuit de la vie elle devra rester cachée à tout regard humain, mais quand les ombres commenceront à décliner, que la fleur des champs sera devenue le Soleil de justice, alors qu'Il viendra pour accomplir sa course de géant, oubliera-t-il sa petite goutte de rosée ?... Oh non ! dès qu'Il paraîtra dans la gloire, la compagne de son exil y paraîtra aussi. Le divin Soleil arrêtera sur elle un de ses rayons d'amour, et aussitôt se montrera aux regards des anges et des saints éblouis la pauvre petite goutte de rosée qui scintillera comme un diamant précieux qui, reflétant le Soleil de justice, sera devenu semblable à Lui. Mais ce n'est pas tout. L'astre divin en regardant sa goutte de rosée l'attirera vers Lui, elle montera comme une légère vapeur et ira se fixer pour l'éternité au sein du foyer brûlant de l'amour incréé, et toujours elle sera unie à Lui. De même que sur la terre elle fut la fidèle compagne de son exil, de ses mépris, de même au Ciel elle règnera éternellement* [112].

Pour avoir part à cette intime communion aux mystères de Jésus, Thérèse sait qu'elle doit rester toute petite comme la goutte de rosée. Elle sait aussi que cette petitesse, lorsqu'elle est vécue dans l'amour, attire puissamment l'action transformante de Dieu.

Pour Thérèse, être petit, "c'est reconnaître son néant, attendre tout du bon Dieu, comme un petit enfant attend tout de son père ; c'est ne s'inquiéter de rien, ne point gagner de fortune" [113]. Petitesse et pauvreté sont étroitement liées dans sa pensée. Elles sont les dispositions essentielles du cœur, qui font l'humilité et attirent le don de Dieu.

Thérèse sait que la sanctification n'est pas à la mesure de l'homme ; que tout ce qu'elle pourrait faire de bien et de bon sera toujours totalement insuffisant à mériter la sainteté qu'elle désire, que toutes les œuvres humaines sont entachées d'imperfection [114]. Ce n'est donc ni sur ses forces, ni sur ses bonnes œuvres qu'elle va s'appuyer pour gagner le Ciel, mais uniquement sur l'amour de Dieu qui donne d'autant plus que la pauvreté lui offre une plus grande réceptivité.

Dans la lettre qu'elle adresse à sœur Marie du Sacré-Cœur, Thérèse exprime ce lien si intense entre l'amour transformant et la pauvreté du cœur :

> *Ô ma Sœur chérie, je vous en prie, comprenez votre petite fille, comprenez que pour aimer Jésus, être sa victime d'amour, plus on est faible, sans désirs, ni vertus, plus on est propre aux opérations de cet Amour consumant et transformant... Le seul désir d'être victime suffit, mais il faut consentir à rester toujours pauvre et sans force et voilà le difficile car "Le véritable pauvre d'esprit, où le trouver ? il faut le chercher bien loin" a dit le psalmiste... Il ne dit pas qu'il faut le chercher parmi les grandes âmes, mais "bien loin", c'est-à-dire dans la* bassesse, *dans le* néant...

---

112. LT 141.
113. CJ 6.8.8.
114. Cf. Acte d'offrande à l'Amour miséricordieux, Pri 6.

Ah ! restons donc bien loin de tout ce qui brille, aimons notre petitesse, aimons à ne rien sentir, alors nous serons pauvres d'esprit et Jésus viendra nous chercher, si loin *que nous soyons il nous transformera en flammes d'amour...* [115]

Ainsi est l'espérance théologale que nous découvre la sainteté de Thérèse. Animée par l'amour, l'espérance devient confiance. Vécue ordinairement dans la pauvreté, elle se tourne vers Dieu comme vers son Père et crée l'attitude filiale d'abandon :

La confiance — écrit le Père Marie-Eugène *— c'est l'espérance théologale toute imprégnée d'amour ; l'abandon, c'est la confiance qui ne s'exprime plus seulement par des actes distincts mais qui a créé une attitude d'âme* [116].

La petite voie nous indique comment nous disposer à une telle transformation en nous mettant sous l'action de Dieu. Elle nous dit surtout comment maintenir vivantes cette espérance et cette confiance à travers les épreuves et la lassitude des tâches quotidiennes, au sein de la souffrance même. Plus encore, Thérèse nous montre comment offrir notre pauvreté à Dieu pour qu'il vienne à nous. Elle nous apprend à paraître devant Dieu "les mains vides" afin de "recevoir de son Amour la possession éternelle de Lui-même" [117].

V – L'ESPÉRANCE MATERNELLE DE THÉRÈSE

On a pu reprocher à l'espérance chrétienne d'être trop individuelle. L'aspiration au bonheur, à la "possession du Ciel", selon l'expression de Thérèse, semble en effet souligner le caractère très personnel d'une telle aspiration. Pourtant l'espérance chrétienne s'ouvre très largement à autrui, à la mesure même de l'amour du Christ vers lequel elle oriente les aspirations et les désirs du cœur. Par l'espérance, le chrétien est conduit à communier dans l'amour aux "sentiments du Christ" [118] selon l'expression de saint Paul, qui ajoute que "le Christ est mort pour nous alors que nous étions encore pécheurs" [119]. Si un tel amour enveloppe tous les hommes dans un unique dessein de salut, comment espérer recevoir ce salut pour soi sans l'attendre d'une même espérance pour tous ?

Thérèse, qui a vécu jusqu'à l'extrême du don de soi les exigences de l'amour, nous apporte la réponse lumineuse de son exemple. L'espérance qui l'a animée se développe à partir de l'Amour miséricordieux. Cet amour l'a saisie, "l'a prévenue dès son enfance" et s'est manifesté à elle comme "un abîme insondable" [120]. La charité, sans laquelle tout serait vain, est à la racine de son espérance et la fait

---

115. LT 197.
116. *Je veux voir Dieu*, p. 837.
117. Cf. Acte d'offrande, Pri 6.
118. Cf. *Ph* 2, 5.
119. Cf. *Rm* 5, 8.
120. Cf. Ms C, 35r°.

communier aux mouvements de la vie du Christ dans l'Église. Au cœur de l'Église, Thérèse a désiré être identifiée à l'Amour. Cet Amour a soif de se répandre, de se donner.

"Mon premier enfant"

L'expérience fondamentale de Thérèse, dans la grâce de Noël 1886, est celle de l'Amour miséricordieux de Dieu sur elle. Elle reçoit cet amour dans la lumière du mystère de Noël. L'amour de Dieu ne prend possession d'une âme que pour l'associer à sa fécondité :

> *Plus miséricordieux encore pour moi qu'Il ne le fut pour ses disciples, Jésus prit* Lui-même *le filet, le jeta et le retira rempli de poissons... Il fit de moi un pêcheur d'*âmes, *je sentis un grand désir de travailler à la conversion des pécheurs* [121].

Et Thérèse prend soin de préciser que ce désir, s'il n'est pas nouveau en elle, reçoit cependant une nouvelle intensité.

Dans le *Manuscrit A*, Thérèse place le récit de la conversion de Pranzini quelques lignes après celui de la grâce de Noël. Entre ces deux récits relativement détaillés, elle rapporte brièvement comment son grand désir de travailler à la conversion des pécheurs se rattache plus explicitement au mystère de la Passion et de la Croix de Jésus.

> *Un Dimanche en regardant une photographie de Notre-Seigneur en Croix, je fus frappée par le sang qui tombait d'une de ses mains Divines, j'éprouvai une grande peine en pensant que ce sang tombait à terre sans que personne ne s'empresse de le recueillir, et je résolus de me tenir en esprit au pied de la Croix pour recevoir la Divine rosée qui en découlait, comprenant qu'il me faudrait ensuite la répandre sur les âmes...* [122]

Dans ces premières lignes, Thérèse regarde le mystère de la Croix et comprend quelle doit être son attitude face à la Croix. Pour communier à ce mystère et en recueillir la fécondité, elle se tiendra en esprit au pied de la Croix. Mais Thérèse nous dit aussi comment elle s'associe à cette fécondité : elle comprend qu'il lui faudra répandre cette "divine rosée" sur les âmes. Par son amour, elle pénètre le sens de l'offrande du Christ : tout l'amour de Jésus lui est offert pour qu'elle l'offre à son tour. En recueillant dans la solitude [123] cet amour méprisé, Thérèse veut le répandre sur ceux qui ne se tiennent pas au pied de la

---

121. Ms A, 45v°.
122. *Ibid.*
123. A partir des textes d'Isaïe sur le Serviteur souffrant, et plus particulièrement *Is* 63, 3-5, Thérèse a ressenti que le mystère de la souffrance et de la Croix ne se découvre que dans la solitude : "Les épreuves de Jésus, quel mystère ! Il a donc des épreuves, Lui aussi ? Oui, Il en a et souvent Il est seul à fouler le vin dans le pressoir, Il cherche des consolateurs et ne peut pas en trouver... Beaucoup servent Jésus quand Il les console, mais peu consentent à tenir compagnie à Jésus dormant sur les flots ou souffrant au jardin de l'agonie !... Qui donc voudra servir Jésus pour Lui-même ?..." (LT 165, 7 juillet 1894, à Céline).

Croix. Son amour est déjà maternel : il ne reçoit que pour donner, il porte en lui l'espérance de la fécondité.

A cette première explicitation de la charité qui l'habite et que lui procure l'image de Jésus en Croix, Thérèse rattache aussi le cri de Jésus en Croix : "J'ai soif" :

> *Ces paroles allumaient en moi une ardeur inconnue et très vive...Je voulais donner à boire à mon Bien-Aimé et je me sentais moi-même dévorée de la* soif *des* âmes... *Ce n'était pas encore les âmes de prêtres qui m'attiraient, mais celles des* grands pécheurs, *je* brûlais *du désir de les arracher aux flammes éternelles...* [124]

La conversion de Pranzini vient la confirmer dans la profondeur et la nature de son désir. Pranzini, quelques instants avant son exécution, baise par trois fois le crucifix qu'on lui tendait. Pour Thérèse, ce signe est une confirmation du désir si puissant de sauver les âmes qu'elle porte en elle :

> *J'avais obtenu le "signe" demandé et ce signe était la reproduction fidèle des grâces que Jésus m'avait faites pour m'attirer à prier pour les pécheurs. N'était-ce pas devant les* plaies [de] Jésus, *en voyant couler son* sang *Divin que la soif des âmes était entrée dans mon cœur ? Je voulais leur donner à boire ce* sang immaculé *qui devait les purifier de leurs souillures, et les lèvres de "*mon premier enfant" *allèrent se coller sur les plaies sacrées ! ! !... Quelle réponse ineffablement douce !...* [125]

En désignant Pranzini comme son "premier enfant", Thérèse nous découvre le caractère maternel de l'amour qui l'anime. L'amour est essentiellement maternel parce qu'il est prévenant. N'est-ce pas ainsi que Thérèse désigne l'amour que Dieu a manifesté pour elle ? [126] Thérèse connaît cet amour de Dieu qui manifeste sa tendresse lorsqu'il associe à la souffrance : car ainsi il conduit à la ressemblance [127].

La table des pécheurs

L'espérance par laquelle Thérèse a espéré la conversion de Pranzini va s'étendre aux hommes pécheurs dans l'épreuve de la foi. Dans cette épreuve, Thérèse partage l'expérience des ténèbres de ceux qui ne croient pas au Ciel, au salut : "Aux jours si joyeux du temps pascal, Jésus m'a fait sentir qu'il y a véritablement des âmes qui n'ont pas la foi, qui par l'abus des grâces perdent ce précieux trésor, source des seules joies pures et véritables" [128]. C'est en étant, elle aussi, privée de la joie que lui procurait l'espérance prochaine du Ciel que Thérèse partage leur condition. Elle reçoit cette épreuve comme un don de Jésus par lequel il l'associe à la rédemption et à l'espérance de sa fécondité.

---

124. Ms A, 45v°.
125. Ms A, 46r°-v°.
126. Cf. Ms A, 80v° : "... le Bon Dieu est plus tendre qu'une Mère...".
127. Cf. LT 173 : "Il te trouve digne de souffrir pour son amour et c'est la plus grande preuve de tendresse qu'Il puisse te donner, car c'est la souffrance qui nous rend semblables à Lui..."
128. Ms C, 5v°.

Thérèse exprime très nettement la valeur rédemptrice de cette épreuve. Elle a compris la lumière de la rédemption : pour sauver les hommes de leur péché, Jésus n'est pas resté extérieur à ce monde, mais il est venu parmi les hommes et, pour eux, il s'est fait péché, lui qui était sans péché [129]. Thérèse comprend qu'elle doit accepter d'entrer dans ce mouvement de la rédemption, afin d'intercéder pour les hommes pécheurs et demander pardon en leur nom.

Aussi, cette épreuve revêt le visage de l'obéissance du Christ qui, pour notre salut, "s'est fait obéissant jusqu'à la mort et la mort de la Croix" [130] : Thérèse "accepte de manger (...) le pain de la douleur" ; elle "ne veut point se lever de cette table remplie d'amertume (...) avant le jour" fixé par Dieu ; elle "veut bien y manger seule le pain de l'épreuve jusqu'à ce qu'il plaise à Dieu de l'introduire dans son lumineux royaume". Dans cette épreuve, elle implore comme seule grâce de ne jamais offenser Dieu. C'est pourquoi, elle peut s'autoriser de cette épreuve pour demander la justification de tous ceux dont elle partage les ténèbres :

> Mais aussi ne peut-elle pas dire en son nom, au nom de ses frères : Ayez pitié de nous Seigneur, car nous sommes de pauvres pécheurs !... Oh ! Seigneur, renvoyez-nous justifiés... Que tous ceux qui ne sont point éclairés du lumineux flambeau de la Foi le voient luire enfin... [131]

Au cœur de l'épreuve, Thérèse confesse sa foi dans le Ciel et donc son espérance ; elle espère ainsi mériter aux hommes pécheurs la possession du Ciel :

> Je Lui dis (à Jésus) que je suis heureuse de ne pas jouir de ce beau Ciel sur la terre afin qu'Il l'ouvre pour l'éternité aux pauvres incrédules [132].

Dans son espérance du Ciel, Thérèse entraîne avec elle les hommes pécheurs, "ses frères", auxquels l'Amour l'a liée.

"Attirez-moi, nous courrons"

Cette espérance pour tous a son fondement dans l'amour. L'espérance qui fait désirer un bien qu'on ne possède pas encore ne concerne que celui qui espère. L'espérance théologale, considérée en elle-même, fait désirer pour soi l'éternelle possession de Dieu. Cet aspect du "pour soi" est essentiel à l'espérance chrétienne et à son universalisme. En effet c'est lui qui permet l'envahissement progressif de tout l'être par l'amour et réalise l'union avec Dieu. L'espérance pour les autres se développe à partir de l'amour que nous avons pour eux. C'est en les aimant que nous espérons, pour eux, ce que nous espérons pour nous. Mais puisque l'amour de Dieu ne saurait être vrai sans l'amour des autres, l'espérance pour soi est aussi en même temps espérance pour les autres.

---

129. Cf. *2 Co* 5, 21.
130. Cf. *Ph* 2, 8.
131. Ms C, 6r°.
132. Ms C, 7r°.

Dans la deuxième partie de son dernier manuscrit, le *Manuscrit C*, Thérèse parle surtout de la charité fraternelle. Avec une étonnante clarté, elle va exposer cette connexion entre l'espérance pour les autres et l'amour.

Tout d'abord, Thérèse explique comment Dieu lui a donné de mieux comprendre la charité fraternelle : "Cette année, ma Mère chérie, le bon Dieu m'a fait la grâce de comprendre ce que c'est que la charité" [133]. Thérèse explicite alors cet approfondissement du second commandement "semblable au premier" en se référant au discours de Jésus pendant la dernière Cène. Pour Thérèse, dont le cœur est plus brûlant d'amour que celui des disciples au soir du jeudi saint, le commandement de l'amour fraternel est vraiment le commandement nouveau : "– Oh ! que je l'aime puisqu'il me donne l'assurance que votre volonté est d'*aimer en moi* tous ceux que vous me commandez d'aimer !..." [134]. Pour Thérèse toute la nouveauté du commandement réside dans l'assurance que c'est Jésus lui-même qui aime en elle lorsque, malgré sa faiblesse et son imperfection, elle aime ceux que Dieu lui a confiés [135].

Dans la suite du *Manuscrit C*, Thérèse reprend ce point de vue de l'espérance en lien avec l'amour. Un verset du Cantique des Cantiques lui permet de comprendre comment elle réalisera sa mission [136] :

Jésus m'a donné un moyen simple *d'accomplir ma mission. Il m'a fait comprendre cette parole des Cantiques : "Attirez-moi, nous courrons à l'odeur de vos parfums". (...) Seigneur, je le comprends, lorsqu'une âme s'est laissée captiver par l'*odeur enivrante de vos parfums, *elle ne saurait courir seule, toutes les âmes qu'elle aime sont entraînées à sa suite ; cela se fait sans contrainte, sans effort, c'est une conséquence naturelle de son attraction vers vous* [137].

Thérèse complète cette interprétation du Cantique des Cantiques par deux images : celle du torrent qui emporte tout sur son passage ; celle du fer qui, embrasé par le feu, devient incandescent comme lui.

---

133. Ms C, 11v°.
134. Ms C, 12v°. "Ah ! Seigneur, je sais que vous ne commandez rien d'impossible, vous connaissez mieux que moi ma faiblesse, mon imperfection, vous savez bien que jamais je ne pourrais aimer mes sœurs comme vous les aimez, si vous-même, ô mon Jésus, ne les aimiez encore en moi. C'est parce que vous vouliez m'accorder cette grâce que vous avez fait un commandement nouveau" (*ibid.*).
135. Nous retrouvons encore chez Thérèse ce souci de donner à l'action de Dieu, à son influence, la première place sur sa propre activité. Celle-ci, imparfaite en elle-même, trouve une nouvelle perfection lorsque Thérèse est unie à Jésus : "Oui je le sens, lorsque je suis charitable, c'est Jésus seul qui agit en moi ; plus je suis unie à Lui, plus aussi j'aime toutes mes sœurs" (Ms C, 12v°). Après avoir souligné cette primauté de l'action de Dieu, Thérèse nous dit comment elle apporte sa contribution à cette action, comment elle tâche de se persuader des bonnes intentions de celles qui l'entourent.
136. Thérèse parle alors de la mission qu'elle doit remplir très concrètement auprès des novices qui lui sont confiées et des deux missionnaires qu'elle soutient par sa prière et ses lettres. Mais nous pouvons élargir le sens de cette mission au plan spirituel puisque Thérèse écrivait à propos du second missionnaire qu'on lui demandait de prendre en charge : "Dans le fond, ma Mère, je pensais comme vous et même, puisque 'le zèle d'une carmélite doit embrasser le monde' j'espère avec la grâce du bon Dieu être utile à plus de deux missionnaires..." (Ms C, 33v°).
137. Ms C, 33v°-34r°.

La prière de Jésus

Mais d'une façon encore plus profonde que ces comparaisons, c'est dans la prière sacerdotale de Jésus que Thérèse va trouver la mesure de son espérance. Pour exprimer son espérance, elle va reprendre cette prière sacerdotale de Jésus et la faire sienne [138]. Elle va s'en approprier toutes les paroles et, avec elles, l'espérance même de Jésus, espérance qui atteint la réalisation du mystère de l'Église.

Thérèse sait que Dieu seul connaît la gloire qu'il réserve à chacun.Aussi ne peut-elle pas demander, comme Jésus, que ceux que Dieu lui a confiés partagent sa gloire. Ce n'est donc pas d'abord de ce point de vue qu'elle se place pour reprendre la demande de Jésus, mais du point de vue de l'unité qui est la première note de l'Église [139] : "Je veux demander simplement qu'un jour nous soyons tous réunis dans votre beau Ciel" [140].

Mais le fondement de cette espérance, et de la prière qui l'exprime,c'est l'amour que Dieu a manifesté à Thérèse et dont elle ne peut mesurer la profondeur. En quelques lignes Thérèse ramasse du point de vue de l'amour tout le mouvement de sa vie :

> Vous le savez, ô mon Dieu, je n'ai jamais désiré que vous aimer, je n'ambitionne pas d'autre gloire. Votre amour m'a prévenue dès mon enfance, il a grandi avec moi, et maintenant c'est un abîme dont je ne puis sonder la profondeur. L'amour attire l'amour, aussi, mon Jésus, le mien s'élance vers vous, il voudrait combler l'abîme qui l'attire, mais hélas ! ce n'est pas même une goutte de rosée perdue dans l'océan !... Pour vous aimer comme vous m'aimez, il me faut emprunter votre propre amour, alors seulement je trouve le repos. O mon Jésus, c'est peut-être une illusion, mais il me semble que vous ne pouvez combler une âme de plus d'amour que vous n'en avez comblé la mienne ; c'est pour cela que j'ose vous demander d'aimer ceux que vous m'avez donnés comme vous m'avez aimée moi-même [141].

L'espérance de Thérèse est portée par l'amour que Dieu lui a manifesté et qu'elle a voulu lui rendre. Elle n'est aussi universelle, aussi large, que parce que Thérèse s'est pleinement laissée attirer par cet amour de Jésus. Et c'est en lui qu'elle a découvert sa mission et l'étendue de sa mission.

"Toutes mes espérances se sont réalisées"

Thérèse a vécu son désir d'aimer dans l'espérance et l'attente de son plein accomplissement. C'est à ce grand désir d'aimer, "de sauver les âmes", que

---

138. Thérèse n'hésite pas à transposer au féminin les extraits du chapitre 17 de l'évangile de saint Jean, qu'elle cite longuement, s'appliquant pour cela la parole du père de l'enfant prodigue à son fils aîné : "Tout ce qui est à moi est à toi" (Cf. Ms C, 34v°).
139. Cf. Symbole de Nicée-Constantinople.
140. Ms C, 34r°.
141. Ms C, 34v°-35r°.

Thérèse attribue les souffrances des derniers mois de sa vie [142]. Elle y voit la réalisation de toutes ses espérances :

> *Ah! c'est incroyable comme toutes mes espérances se sont réalisées. Quand je lisais St Jean de la Croix, je suppliais le bon Dieu d'opérer en moi ce qu'il dit, c'est-à-dire la même chose que si je vivais très vieille; enfin de me consommer rapidement dans l'Amour, et je suis exaucée!* [143]

Mourir d'amour sera le cœur de l'espérance de Thérèse et comme son foyer le plus intense. Elle a désiré la mort d'amour qui, pour elle, était la mort de Jésus en Croix, c'est-à-dire la mort obscure, cachée, dans les souffrances et l'angoisse [144]. La mort vécue dans l'amour de Jésus réalise le mystère pascal. C'est en lui que se concentre toute l'espérance chrétienne puisque, sous le triomphe apparent de la mort, se cache le triomphe de l'amour. C'est cette tension vers le mystère pascal que Thérèse exprime dans la dernière strophe de la poésie *Vivre d'Amour* :

> *Mourir d'Amour voilà mon espérance*
> *Quand je verrai se briser mes liens*
> *Mon Dieu sera ma Grande Récompense*
> *Je ne veux point posséder d'autres biens.*
> *De son Amour je veux être embrasée*
> *Je veux le voir m'unir à Lui toujours*
> *Voilà mon Ciel... voilà ma destinée :*
> *Vivre d'amour!!!...* [145]

---

142. Cf. CJ 30.9 : "Jamais je n'aurais cru qu'il était possible de tant souffrir! jamais! jamais! Je ne puis m'expliquer cela que par les désirs ardents que j'ai eus de sauver des âmes".
143. CJ 31.8.9.
144. Cf. CJ 4.8.2 : "Notre-Seigneur est mort sur la Croix, dans les angoisses, et voilà pourtant la plus belle mort d'amour. C'est la seule qu'on ait vue, on n'a pas vu celle de la Sainte Vierge. Mourir d'amour, ce n'est pas mourir dans les transports. Je vous l'avoue franchement, il me semble que c'est ce que j'éprouve".
145. PN 17, strophe 15.

AU-DELÀ DES FRONTIÈRES :

UNE DOCTRINE UNIVERSELLE

LA DOCTRINE DE THÉRÈSE DE LISIEUX DANS LA CONVERGENCE ŒCUMÉNIQUE

Francis FROST *

Comme ce titre l'indique, le présent exposé s'efforcera de montrer comment la doctrine de Thérèse éclaire de façon significative ce mouvement de convergence entre les Églises divisées, qui, à l'heure actuelle, s'étend au monde entier. Pour se rendre compte de la portée d'une œuvre qui est, avant tout, d'ordre spirituel, il faut avoir compris, au préalable, à quel point l'enjeu le plus profond de la convergence œcuménique est lui-même d'ordre spirituel. Dès lors, le chemin à suivre est tout tracé. Notre exposé abordera successivement trois points :

I. L'enjeu spirituel de la Réforme Protestante.
II. L'enjeu spirituel du Mouvement Œcuménique.
III. La portée œcuménique de la doctrine de Thérèse.

I - L'ENJEU SPIRITUEL DE LA RÉFORME PROTESTANTE

A la suite de la visite de Jean-Paul II en Allemagne en 1980, une commission œcuménique représentant, d'un côté, l'Église Évangélique d'Allemagne (EKD) et, de l'autre, l'Église Catholique Romaine, a été constituée en vue d'approfondir, chez les catholiques et les protestants allemands, le témoignage de leur foi commune au Christ. A la lumière de la convergence actuelle entre luthéro-calvinisme et catholicisme dans le contexte des dialogues bilatéraux, il apparaît que les condamnations mutuelles qui figurent, des deux côtés, dans les textes officiels, constituent un obstacle majeur — à la fois spirituel et pratique — au progrès théologique de ce témoignage commun. C'est pourquoi, en 1981, la commission œcuménique commune a confié à un groupe mixte de théologie (en existence depuis 1946) la tâche de réexaminer la portée de ces condamnations dans le nouveau contexte œcuménique. L'accord doctrinal réalisé entre Églises issues de la Réforme, à la Concorde de Leuenberg en 1973, a permis à ce groupe

---

* Prêtre, Délégué du Saint-Siège à l'Institut Œcuménique de Bossey (Suisse) et Professeur titulaire à la faculté de théologie de la Fédération Universitaire et Polytechnique de Lille.

mixte de mettre sur le même plan les textes symboliques des deux traditions luthérienne et réformée. Les résultats de ces travaux furent publiés en 1989.

Il ne relève pas de la présente étude de porter un jugement d'ensemble sur ces travaux. Quoi qu'il en soit des résultats obtenus, ces travaux montrent que les problèmes épineux que posent, pour le progrès de la convergence œcuménique, des déclarations confessionnelles mutuellement exclusives, ne peuvent être résolus au seul niveau conceptuel du contenu de ces déclarations, quelle que soit la rigueur avec laquelle on en situe le langage par rapport à des contextes historiques qui le conditionnent, en le confrontant au langage biblique partagé en commun par delà les séparations confessionnelles. La raison en est que ce langage divergent cristallise des divergences qui ont été d'abord vécues.

Les formules dogmatiques du luthéro-calvinisme, bien qu'elles se soient différenciées selon les particularités des diverses Églises nationales qui ont rédigé leurs confessions de foi, remontent à une première génération de réformateurs dont la prédication, à des degrés plus ou moins accentués de dépendance, subit l'influence directe de la pensée du plus grand réformateur, Martin Luther. Or, la pensée de Luther se présente sous la forme d'intuitions puissantes, d'idées maîtresses, revenant sans cesse sous sa plume au fil de la controverse et de ses commentaires de l'Écriture. Elle prend cette forme, justement, parce qu'elle s'alimente directement à son expérience spirituelle. C'est de cette expérience qu'elle tire l'originalité et l'intensité qui lui ont permis de s'imposer, en quelques années, à la majeure partie de l'Europe du Nord. Elle en est l'explicitation théologique, s'appuyant, pour une bonne part, sur le langage concret et imagé de l'Écriture, mais s'inspirant aussi de présupposés anthropologiques qui, dans un deuxième temps, la gauchissent et, en la gauchissant, l'opposent à des données fondamentales de la tradition catholique garantie par l'autorité du Magistère.

Du côté catholique, la réplique à la cristallisation de ce gauchissement en propositions conceptuelles luthéro-calvinistes, a été l'enseignement dogmatique du Concile de Trente. En particulier, le contenu de sa Session VI constitue la catéchèse la plus complète que le Magistère ait jamais proposée sur la nature de l'intériorité spirituelle du chrétien élevé à l'intimité avec les Trois Personnes Divines par la grâce sanctifiante.

Adéquate sur le plan dogmatique, cette réponse n'est pourtant pas complète. Du côté catholique aussi, il fallait un langage qui se situât à la jonction entre le conceptuel et le vécu, comme les intuitions foisonnantes de Luther. Il fallait une réponse qui nouât en une synthèse vitale, absolument cruciale pour la santé spirituelle de l'Église comme telle, la formulation dogmatique et le vécu théologal le plus ordinaire de la masse des fidèles. Il fallait une théologie spirituelle capable de parvenir, et de faire parvenir par son enracinement dans un vécu, à une claire saisie de la façon dont les propositions conceptuelles de la théologie dogmatique traduisent, ou trahissent, la structure de l'intériorité spirituelle du chrétien, telle qu'avec sa collaboration la grâce de Dieu la réalise dans le concret de la vie.

C'est pourquoi le complément indispensable de l'œuvre accomplie par le Concile de Trente est celle de saint Ignace de Loyola et de ses fils. L'historien catholique Joseph Lortz, probablement le meilleur spécialiste (chez les catholiques) de la réforme luthérienne, affirme :

> ... *On peut considérer comme symbolique que la renaissance religieuse d'Ignace commença justement dans l'année où la profession de foi de Luther à Worms provoqua la déchirure inguérissable de la chrétienté. En un sens très riche Ignace (et son œuvre) apparaît comme le grand anti-Luther* [1].

Cette affirmation n'a rien d'exagéré. L'œuvre de rééducation spirituelle de la chrétienté entreprise par Ignace et ses fils, en même temps que par d'autres familles spirituelles fondées à la Contre-Réforme, se concrétisa, pour les premiers, dans la diffusion et la pratique assidues, à une échelle massive, des *Exercices Spirituels*, fruit de l'expérience spirituelle privilégiée d'Ignace lui-même. Ce programme de rééducation comportait ainsi deux grands axes, capables de faire face à la crise spirituelle, là où la controverse théologique s'était révélée piteusement impuissante : au niveau théorique d'abord, une synthèse de psychologie spirituelle mettant au clair la véritable nature de notre intériorité spirituelle et ses liens, d'une part, avec les grandes vérités de notre salut : Création, Trinité, Incarnation, Église, et, d'autre part, avec la vie sacramentelle et institutionnelle de cette Église ; au niveau pratique ensuite, par la pratique même des *Exercices*, la purification de cette intériorité spirituelle et, partant, des intuitions spirituelles qui en jaillissent et donnent une connaissance expérimentale de sa structure intime.

Le défi luthérien ne fut pas seulement d'ordre moral et disciplinaire ; il ne fut pas limité à une mise en question des conceptions qui, du haut en bas de l'échelle, grevaient les structures institutionnelles de l'Église ; il fut aussi une interrogation sur la nature du rapport religieux de l'homme à Dieu en tant que tel. La pédagogie spirituelle de saint Ignace fut, sous l'inspiration de l'Esprit Saint, une réponse merveilleusement ajustée à ce défi, parce qu'elle alliait à la justesse de la perception spirituelle du rapport religieux de l'homme à Dieu, une obéissance constructive et héroïquement fidèle à des institutions ecclésiales que la corruption n'empêchait pas d'être la garantie autorisée de la rectitude de ce rapport.

De telles considérations, cependant, n'épuisent pas toute la signification que revêt, sous la plume de Lortz, la désignation d'Ignace de Loyola comme l'anti-Luther par excellence. A l'origine des déviations de celui-ci se trouve sa conception du péché. Pour lui, la nature humaine est ruinée par le péché originel au point de ne plus disposer du pouvoir de poser quelque acte de volonté que ce soit dans l'ordre de la grâce, soit pour accueillir celle-ci, soit pour collaborer avec elle en vue d'un progrès spirituel ultérieur. Dès lors, l'homme pécheur reste irréversiblement enfermé dans sa séparation d'avec Dieu. Toute justification réelle, ou intrinsèque, devient impossible. Il n'y a plus, chez le pécheur, une capacité d'aimer, un vouloir-aimer, dont Dieu pourrait se saisir pour l'élever vers Lui dans la sainteté et la réciprocité d'amour. Séparé de Dieu, le pécheur reste irréversiblement à la merci du désordre de toutes les tendances qu'il porte en lui.

---

1. J. LORTZ, *La Réforme de Luther*, t. 2, Paris, Cerf, 1970, p. 208.

En un contraste saisissant avec ce pessimisme luthérien, Ignace, lui, prône une éducation du vouloir-aimer qui, sous la lumière de la foi, enracine ce vouloir profondément en Dieu, par la médiation de l'obéissance inconditionnelle aux autorités légitimes de l'Église. De ce fait, s'opère un redressement de tout ce qui est désordonné dans les composantes spirituelles, psychiques et même physiques, de notre vie spirituelle, débouchant ainsi sur un progrès spirituel continu.

> *... Il y a ici,* dit Lortz, *quelque chose de nouveau : l'un des moyens les plus fructueux qui aient jamais existé pour la libération des forces psychiques et, avant tout, de la volonté. C'est par ce signe que les Jésuites remportèrent la victoire*[2].

Ainsi Ignace, sous la motion de l'Esprit Saint, avait-il cerné l'essentiel de l'enjeu spirituel des divergences doctrinales entre protestants et catholiques à l'époque de la Réforme.

II – L'ENJEU SPIRITUEL DU MOUVEMENT ŒCUMÉNIQUE

Pour juste qu'elle soit, l'optique ignatienne répond-elle adéquatement à la requête spirituelle de notre époque ? Les perspectives œcuméniques qui s'ouvrent devant nous, de par l'extension au monde entier du mouvement de convergence entre Églises divisées, n'appellent-elles pas une nouvelle avancée sur le plan de la théologie spirituelle ? Si, comme l'a montré l'analyse précédente, la source profonde des oppositions dogmatiques entre catholicisme et luthéro-calvinisme est le clivage douloureux entre deux manières de concevoir la structure intime de notre intériorité spirituelle et d'en vivre, suffit-il, du côté catholique, de mobiliser toute sa lucidité théologique pour cerner les négations qui, du côté protestant, en seraient la cause ? L'actuel rapprochement œcuménique n'exige-t-il pas, par définition, le dépassement de ces blocages ?

Il semble qu'il conviendrait de poursuivre une piste de recherche déjà bien entamée : mettre davantage en relief les intuitions qui, chez Luther, dérivent de ce qu'il y avait de meilleur dans son expérience spirituelle. L'objectif de cette nouvelle orientation, loin de passer sous silence le gauchissement qui affecta la deuxième phase de l'itinéraire spirituel de Luther, serait, au contraire, de montrer, si possible, que le dynamisme propre à la première phase pourrait éventuellement conduire à une plénitude qui écarte jusqu'au moindre soupçon de gauchissement.

Le résultat d'une telle réflexion dans le domaine de la théologie spirituelle rejaillirait sur celui de la dogmatique où, dans le cadre de conversations bilatérales, théologiens protestants et catholiques cherchent à s'accorder sur un langage doctrinal commun. Dans un entretien accordé à la revue catholique *Communio*, le Cardinal Ratzinger déclare :

---

2. *La Réforme de Luther*, p. 212.

Le véritable problème est donc de savoir dans quelle mesure il nous est aujourd'hui possible d'aller au-delà des positions d'autrefois et d'atteindre une connaissance qui dépasse celle d'alors. En d'autres termes, la réalisation de l'unité nécessite l'accomplissement de nouveaux progrès. Elle n'est pas réalisable au moyen d'artifices d'interprétation. Si la séparation à cette époque (de la Réforme) *s'est produite à travers des expériences religieuses qui ne pouvaient plus trouver place dans l'espace vital de la doctrine ecclésiale traditionnelle, on ne peut pas non plus créer aujourd'hui l'unité par l'enseignement et la discussion seuls, mais seulement à travers une force d'origine religieuse*[3].

Ces remarques de Ratzinger font bien ressortir que c'est dans la nature de l'expérience spirituelle que se trouve la clef du grave problème que posent à l'effort de convergence œcuménique les oppositions doctrinales. La seule discussion théologique, quelle que soit la qualité de l'ouverture ou de l'écoute de l'autre que l'on y apporte, ne viendra jamais à bout de ce problème.

De plus, ces remarques ne se situent pas seulement au niveau théorique de la théologie spirituelle. La "force religieuse" dont il est question dans la dernière phrase implique une expérience religieuse, ou spirituelle, réellement vécue. Le Cardinal nous renvoie ainsi à la conformité aux exigences de l'authenticité spirituelle, l'une théorique, l'autre pratique, dont, dans l'histoire de la spiritualité catholique, la pratique des *Exercices Spirituels* de saint Ignace a été un exemple insigne.

Les paroles du Cardinal visent surtout cette connexion intime entre les deux exigences : à savoir que, dans l'acte même où la conversion et la purification intérieures s'orientent selon la juste perception de la structure de l'intériorité spirituelle, elles garantissent à celle-ci sa justesse et sa pureté. Mais elles la visent surtout dans son aptitude à rendre l'intelligence théologique capable de la créativité spirituelle exigée par la nouvelle conjoncture œcuménique. A ce point de vue, un passage d'une lettre adressée par le Cardinal à la *Theologische Quartalsskrift* de Tübingen est particulièrement éclairant :

Logiquement une unité négociée par des hommes ne pourrait être qu'une affaire juris humani. *Elle ne concernerait donc nullement l'unité théologique exposée dans Jn 17. Elle ne pourrait constituer un témoignage du Mystère de Jésus-Christ, mais montrerait seulement l'habileté diplomatique et la capacité de compromis des négociateurs. Ce n'est pas négligeable, mais cela n'a rien à voir avec le niveau proprement religieux, le seul essentiel pour l'œcuménisme. Les déclarations de consensus théologique demeurent donc nécessairement au niveau de l'intellection humaine (scientifique), qui peut préparer les conditions essentielles à l'acte de foi, mais ne concerne pas l'acte de foi proprement dit. En regardant vers l'avenir, il me semble important de reconnaître les limites de l'"œcuménisme de négociation", afin de ne pas attendre de lui plus que ce qu'il peut donner, à savoir des rapprochements dans des domaines humains importants, mais non pas l'unité elle-même*[4].

---

3. J. Cardinal RATZINGER, *Eglise, Œcuménisme et Politique*, Paris, Fayard, 1987, p. 145.
4. *Ibid.*, p. 186-187.

En définitive, ces propos du Cardinal Ratzinger apportent des précisions éclairantes à cette affirmation du pape Paul VI que l'œcuménisme spirituel est l'âme du mouvement œcuménique. Car l'approfondissement de la vie théologale, dans un esprit de pénitence et d'humilité, apporte à ce mouvement l'oxygène spirituel dont il a besoin. Sans cet oxygène spirituel, l'œcuménisme doctrinalo-institutionnel, ou le dialogue théologique, se fourvoie dans un langage de consensus plein d'ambiguïtés et de compromis douteux et l'œcuménisme séculier, c'est-à-dire la promotion des droits de l'homme et de son bien-être social par des chrétiens d'appartenance confessionnelle diverse, s'enlise dans l'activisme socio-politique.

III - LA PORTÉE ŒCUMÉNIQUE DE LA DOCTRINE DE THÉRÈSE

Où trouver, dans notre tradition catholique, cette synthèse de perceptions spirituelles renouvelées et de vie théologale intensément vécue, si nécessaire au progrès œcuménique, mais surtout à celui de l'œcuménisme doctrinalo-institutionnel ? Pour nous, à la lumière des analyses précédentes, la réponse s'impose : cette synthèse se trouve chez celle que le Magistère de l'Église catholique a désignée comme la plus grande parmi tous les saints des temps modernes. Autrement dit, elle se trouve dans la vie et les écrits de Thérèse de Lisieux.

S'agissant du niveau pratique de l'enjeu spirituel dégagé précédemment, non seulement les grands saints comme Thérèse, mais toutes les âmes en état de grâce, ont une part de responsabilité, si modeste soit-elle, dans cette intensification de la force religieuse, ou théologale, qui, au dire du Cardinal Ratzinger, est si nécessaire au progrès du mouvement de convergence œcuménique. Sans oublier donc la connexion intime entre les deux niveaux de cet enjeu, nous devons porter notre attention sur les perceptions spirituelles nouvelles qui touchent directement à ce qu'il y a de plus original dans la vie et les écrits de Thérèse.

Il nous faut esquisser brièvement comment elle rejoint si profondément le meilleur des intuitions spirituelles de Luther, qu'elle les porte à une plénitude que leur gauchissement ultérieur, chez leur auteur, n'a pas permis à celui-ci d'atteindre. D'autre part, dans son origine, la théologie spirituelle de Luther, s'était articulée selon deux grands axes : l'expérience spirituelle de la foi justifiante, et le rapport intime entre vie de foi et Parole de Dieu. Nous aborderons donc successivement les trois points suivants :

1. L'expérience spirituelle de la foi justifiante.
2. Le rapport intime entre vie de foi et Parole de Dieu.
3. Thérèse et le dépassement du solifidéisme.

1. L'expérience spirituelle de la foi justifiante

La similitude entre les intuitions de Luther sur la foi justifiante et les perceptions originales de Thérèse apparaît d'autant plus clairement que les recherches les plus autorisées ont démontré que Thérèse elle-même n'a pas désigné sa petite voie comme voie d'enfance spirituelle, du moins de prime abord, mais l'a décrite en termes de dispositions théologales. D'après la première édition de l'*Histoire d'une Âme* (1898), à la question de Mère Agnès : "Quelle voie voulez-vous enseigner aux âmes ?", Thérèse répond : "Ma Mère, c'est le chemin de la confiance et du total abandon". Cela s'accorde parfaitement à d'autres paroles de Thérèse. A un mois et demi de sa mort, en regardant la photographie de l'abbé Bellière en soldat, elle commente :

> *A ce soldat-là qui a l'air si fringant, je donne des conseils tout comme à une petite fille. Je lui indique la voie de l'amour et de la confiance* [5].

Chez Luther, justement, le tournant décisif de son cheminement spirituel se présente sous la forme d'une illumination libératrice qu'il reçoit de Dieu sur la confiance et l'abandon de soi à Lui, comme fondement de toute la vie de foi. Le contenu théologique de cette illumination est une découverte, intensément vécue, de la véritable signification du verset 17 de la première épître aux Romains : "... Car en lui (l'Évangile) la justice se révèle de la foi à la loi, comme il est écrit : 'le juste vivra de la foi' ". La bonne nouvelle libératrice que Luther y découvre est que la justice de Dieu dont il est question n'est pas un jugement porté par Dieu sur nos œuvres, bonnes ou mauvaises, mais la miséricorde infinie de Dieu, qui se manifeste dans une offre de salut entièrement gratuite.

Ce qui constitue, cependant, l'originalité de l'expérience spirituelle de Luther n'est pas son interprétation exégétique du texte scripturaire en tant que telle, mais l'intensité avec laquelle il vit, au plus intime de lui-même, la corrélation entre cette miséricorde indicible de Dieu et l'acte par lequel nous la découvrons pour qu'elle devienne notre salut. Car cette miséricorde ne se laisse découvrir qu'à celui qui, se sentant incapable, par ses propres moyens, d'observer les commandements, s'abandonne à Dieu dans un acte où il s'ouvre, avec toute l'audace spirituelle dont il est capable, au mystère incontrôlable de l'amour de Dieu, qui échappe totalement à son empire.

Cet acte, Luther le découvre partout dans les écrits de saint Paul. A la suite de l'Apôtre, il l'appelle la foi. Mais, comme lui, il désigne sous ce vocable non seulement la foi dogmatique, c'est-à-dire l'adhésion de l'intelligence à des vérités à croire, mais un acte de retournement existentiel de soi, où toutes les dispositions de la vie théologale sont indissociablement unies au plus intime de nous-mêmes.

Comment ne pas voir la similitude frappante entre un tel langage et l'insistance de Thérèse sur la confiance ? Peut-être sa parole la plus catégorique à ce propos est-elle celle de la lettre à sœur Marie du Sacré-Cœur, où elle essaie de lui réexpliquer ce qu'elle avait déjà exposé dans la lettre devenue le *Manuscrit B* : "C'est la confiance et rien que la confiance qui doit nous conduire à l'Amour" [6].

---

5. CJ 12.8.2.
6. LT 197, CG II, p. 895.

Plus encore, la similitude porte directement sur le noyau de l'expérience spirituelle de Luther : la corrélation étroite entre miséricorde de Dieu et foi-confiance. Dans une conférence intitulée "L'actualité théologique de Thérèse de Lisieux", le Père Bro affirme :

Nous voyons que pour Thérèse, peu à peu le problème n'est plus de tendre vers une plénitude de soi-même, même selon une image spirituelle achevée. Nous dirions selon la "nature intègre" avec l'aide de la grâce, selon des degrés... Non, mais de supporter l'excès de miséricorde à laquelle Dieu veut nous conduire[7].

Les paroles qui illustrent une telle affirmation foisonnent dans les écrits de Thérèse. Une des plus audacieuses est celle par laquelle elle répond à Mère Agnès, préoccupée de ne pas avoir de bonnes œuvres à offrir à Dieu à sa mort. Thérèse ose mettre la doctrine paulinienne de la foi-confiance en la gratuité de la miséricorde de Dieu en opposition, en quelque sorte, avec l'immensité de l'œuvre missionnaire de l'Apôtre :

Eh bien ! vous n'êtes pas comme "bébé" qui se trouve pourtant dans les mêmes conditions... Quand même j'aurais accompli toutes les œuvres de saint Paul, je me croirais encore "serviteur inutile", mais c'est justement ce qui fait ma joie, car n'ayant rien, je recevrai tout du Bon Dieu[8].

De telles paroles n'auraient-elles pas réjoui le cœur du grand commentateur de saint Paul que fut Luther ? Se serait-il étonné de se voir, non seulement rejoint, mais dépassé ?

2. Le rapport intime entre vie de foi et Parole de Dieu

Philippe Mélanchthon, le plus fidèle disciple de Luther et le premier à tenter une présentation systématique de sa pensée, a qualifié de *principe formel* de toute la théologie de la Réforme la souveraineté de la Parole de Dieu consignée dans l'Écriture. Par *formel* il entend *objectif*, par contraste avec le principe *matériel*, ou *subjectif* : la justification par la foi.

Or, dans la corrélation étroite entre les deux principes, le *subjectif* est premier par rapport à l'*objectif*. L'expérience privilégiée qu'a faite Luther de la foi qui justifie n'a pas découlé d'une exégèse objective de *Romains* 1, 17. C'est l'inverse qui a eu lieu : Luther découvre un sens nouveau dans ce verset à partir de son expérience spirituelle privilégiée.

Tout en restant solidement enracinée dans la tradition catholique, Thérèse, aux moments les plus décisifs de son cheminement spirituel, procède exactement de la même manière. Sa vocation d'être l'Amour au cœur de l'Église, elle ne la découvre pas à partir d'une réflexion théologique sur le sens des chapitres 12 et 13 de la première épître de saint Paul aux Corinthiens. Elle porte en elle, d'abord, à

7. *Thérèse de Lisieux, Conférences du Centenaire 1873-1973*, Institut Catholique de Paris, 1973, p. 144.
8. CJ 23.6.

l'état de formulation implicite, une intuition sur sa vocation qui lui brûle le cœur, un peu comme brûlait le cœur des disciples sur le chemin d'Emmaüs. Ensuite elle découvre, dans les paroles de saint Paul, l'explication providentielle et merveilleuse de son intuition. Ainsi remarque-t-elle à propos de l'enseignement du chapitre 12 sur la diversité des dons : "La réponse était claire mais ne comblait pas mes désirs, elle ne me donnait pas la paix" [9]. Elle ne trouve le soulagement qu'à la lecture du dernier verset (31) : "Aspirez aux dons supérieurs. Et je vais encore vous montrer une voie qui les dépasse toutes". Car c'est ce verset qui coïncide, en l'explicitant, avec sa conviction personnelle qu'elle écrit en majuscules : "MA VOCATION, C'EST L'AMOUR !..." [10].

Elle fait la même démarche pour expliciter son enseignement sur la petite voie. Elle se sert de deux textes de l'Ancien Testament qui, à eux seuls, ne lui auraient jamais suggéré le contenu explicite de l'intuition qu'elle portait en elle. C'est cette intuition qui illumine, non seulement pour elle, mais aussi pour nous, le sens de ces textes.

> ... *J'ai lu ces mots sortis de la bouche de la Sagesse Éternelle :* "Si quelqu'un est *TOUT PETIT,* qu'il vienne à moi". *Alors je suis venue, devinant que j'avais trouvé ce que je cherchais et voulant savoir, ô mon Dieu ! ce que vous feriez au* tout petit *qui répondrait à votre appel, j'ai continué mes recherches et voici ce que j'ai trouvé..."*

Suit la citation d'Isaïe 66, 13 et 12. Et Thérèse de conclure : "Ah !jamais paroles plus tendres, plus mélodieuses, ne sont venues réjouir mon âme..." [11]. Evidemment ! Puisque ces paroles donnent raison à l'intuition de Thérèse !!

A cette démarche similaire, le fait que Luther et Thérèse subissent tous deux partiellement l'influence d'une même source historique permet d'apporter des précisions supplémentaires. Encore enfant, Luther passa une année (l'année 1496) chez les Frères de la Vie Commune. Or, cette famille spirituelle avait donné à l'Église une spiritualité, appelée la *Devotio Moderna*, dont le chef-d'œuvre est l'*Imitation de Jésus-Christ*. Il n'est guère possible de déterminer dans quelle mesure ce contact prolongé avec les Frères de la Vie Commune influença le cheminement spirituel ultérieur de Luther. Mais il est certain que, pendant la période où il puisait volontiers dans les œuvres mystiques du Moyen Âge, il fut marqué par cette personnalisation de la vie de foi que favorisaient les méthodes de méditations de l'Écriture, préconisées par la *Devotio Moderna*. De son côté, Thérèse, à la fin du *Manuscrit A*, s'explique sur son approche existentielle de l'Écriture, en s'appuyant sur l'autorité de l'*Imitation de Jésus-Christ* que, encore toute jeune fille et avant son entrée au Carmel, elle avait pratiquement appris par cœur.

> Mais c'est par-dessus tout l'Évangile qui m'entretient pendant mes oraisons, en lui je trouve tout ce qui est nécessaire à ma pauvre petite âme. J'y découvre toujours de nouvelles lumières, des sens cachés et mystérieux... Je comprends et je

---

9. Ms B, 3r°.
10. Ms B, 3v°.
11. Ms C, 2v°.

sais par expérience "Que le royaume des Cieux est au-dedans de nous". Jésus n'a pas besoin de livres ni de docteurs pour instruire les âmes ; Lui, le Docteur des docteurs, il enseigne sans bruit de paroles [12].

C'est la dernière incise de ce passage : "Il enseigne sans bruit de paroles" qui est une citation de l'*Imitation de Jésus-Christ*. L'édition critique des *Manuscrits Autobiographiques* renvoie au Livre 3, chap. 43, v. 3. Mais il est vraisemblable qu'il s'agit également de l'en-tête du chapitre 2 du livre 3, tel que le donne la traduction de l'abbé de Lamennais. Car, au dire de l'abbé Descouvemont, Thérèse se servait de cette traduction. Cet en-tête s'énonce ainsi : "La Vérité parle au-dedans de nous sans aucun bruit de parole". Le début de cet énoncé rendrait compte de la manière dont Thérèse associe l'enseignement de l'*Imitation* à un verset de l'évangile de saint Luc : "Le royaume de Dieu est au-dedans de nous" (17, 21). Quoi qu'il en soit de ces nuances, le renforcement d'une citation de l'*Imitation* par Luc 17, 21 rejoint pleinement la conviction intime de Luther que l'intériorité spirituelle du croyant, dans la mesure de sa docilité à l'Esprit Saint, est une clef d'interprétation de l'Écriture, incomparablement supérieure à toutes les approches par l'extériorité conceptuelle de la théologie scolastique d'alors.

Les catholiques latins mesurent encore assez mal à quel point le *texte* de l'Écriture, et non pas des idées *sur* le texte, est, pour la piété authentique du protestantisme, le moyen privilégié de la personnalisation intime de la vie de foi. On a dit de George Fox, fondateur du mouvement spirituel appelé le quakerisme, que si, par impossible, toutes les bibles étaient venues, de son vivant, à disparaître du sol anglais, les contemporains auraient pu, à partir de sa prédication et de ses écrits, reconstituer le texte biblique dans sa totalité. C'est qu'à la différence de beaucoup d'experts en exégèse, qui sortent de nos institutions catholiques d'enseignement supérieur, Fox ne citait pas l'Écriture en intellectuel ; il l'exhalait, un peu à la manière du Seigneur Jésus sur la Croix. Il en va de même pour Thérèse : la fréquentation assidue des livres bibliques auxquels elle avait accès — donc, surtout du Nouveau Testament — a tellement imprégné sa vie qu'elle exhale, elle aussi, le texte sacré plus qu'elle ne le cite.

3. Thérèse et le dépassement du solifidéisme

Chez elle, le dynamisme de la foi-confiance n'est pas entravé par un gauchissement qui, comme l'a montré la comparaison précédente entre Ignace et Luther, exclut de la foi l'amour de charité. Notons bien qu'il ne s'agit pas d'exclure la charité avec laquelle le Dieu de miséricorde nous aime, mais de considérer qu'il nous est impossible d'entrer dans une réciprocité d'amour avec Dieu après avoir accueilli la grâce qui rectifie notre vouloir-aimer.

Après les exposés qui ont précédé celui-ci, point n'est besoin d'insister sur le trésor incomparable que constitue, pour la spiritualité catholique, la manière

---

12. Ms A, 83r°.

thérésienne d'exprimer et de vivre l'amour de réciprocité avec la Personne de Jésus. Il a également été question de l'absence, chez elle, de quiétisme. Ajoutons à ce propos que son cheminement spirituel manifeste une parfaite cohérence dont ses écrits rendent parfaitement compte. Parlant de sa vie jusqu'à l'âge de quatorze ans, à sa sœur Céline, elle s'exprime ainsi : "... j'ai pratiqué la vertu sans en sentir la douceur, je n'en recueillais pas les fruits". Et d'en tirer, pour sa sœur, la leçon suivante :

> *Faites au Bon Dieu le sacrifice de ne jamais cueillir de fruits, c'est-à-dire de sentir toute votre vie de la répugnance à souffrir, à être humiliée, à voir toutes les fleurs de vos bons désirs et de votre bonne volonté tomber à terre sans rien produire* [13].

Sur son lit de mort, la leçon qu'elle tire de l'expérience de toute sa vie, elle nous demande de la mettre en pratique :

> *Bien des âmes disent : Mais je n'ai pas la force d'accomplir tel sacrifice. Qu'elles fassent alors ce que j'ai fait : un grand effort. Le bon Dieu ne refuse jamais cette première grâce qui donne le courage d'agir ; après cela, le cœur se fortifie et l'on va de victoire en victoire* [14].

Tout comme saint Ignace, et en fidélité à la plus pure tradition catholique, Thérèse a insisté sur le fait que notre vouloir-aimer peut collaborer efficacement avec la grâce de Dieu.

Plus important pour notre sujet, cependant, est le réalisme avec lequel elle regarda en face le problème de la disproportion scandaleuse entre l'immensité de l'amour de Dieu pour nous et la petitesse de nos efforts. C'est justement dans ce réalisme que consiste la solution géniale de sa petite voie :

> *... j'ai toujours constaté, lorsque je me suis comparée aux saints, qu'il y a entre eux et moi la même différence qui existe entre une montagne qui se perd dans les cieux et le grain de sable obscur foulé sous les pieds des passants ; au lieu de me décourager, je me suis dit : le Bon Dieu ne saurait inspirer des désirs irréalisables, je puis donc malgré ma petitesse aspirer à la sainteté ; me grandir, c'est impossible, je dois me supporter telle que je suis avec toutes mes imperfections ; mais je veux chercher le moyen d'aller au Ciel, par une voie bien droite, bien courte, une petite voie toute nouvelle* [15].

"Nous supporter", nous dit-elle, "tels que nous sommes". Oui, la médiocrité spirituelle, en soi si différente de la sainteté que nous désirons, peut, néanmoins, s'intégrer à la courte voie qui y conduit. Car elle nous conduit à cette humilité qui provoque, en quelque sorte, le cœur de Dieu.

> *... aimons notre petitesse, aimons à ne rien sentir, alors nous serons pauvres d'esprit et Jésus viendra nous chercher,* si loin *que nous soyons il nous transformera en flammes d'amour...* [16].

---

13. CSG, p. 33.
14. CJ 8.8.3.
15. Ms C, 2v°.
16. LT 197, CG II, p. 895.

Le *si loin* est souligné. C'est que, dans l'esprit de Thérèse, aucun péché, si grave soit-il, n'empêche la conversion qui permettrait au pécheur d'accéder à la petite voie. Etant non-amour, le péché ne peut pas nous rapprocher de Dieu. Mais la souffrance que ce non-amour provoque en nous, elle, le peut.

> *Mon Dieu, je sais que ce sentiment de tristesse, je l'ai mérité, mais laissez-moi vous l'offrir tout de même, comme une épreuve que vous m'envoyez par amour. Je regrette mon péché, mais je suis contente d'avoir cette souffrance à vous offrir* [17].

Et Thérèse de tirer la conclusion générale qui est au cœur du message évangélique :

> *Dites bien, ma Mère, que, si j'avais commis tous les crimes possibles, j'aurais toujours la même confiance, je sens que toute cette multitude d'offenses serait comme une goutte d'eau jetée dans un brasier ardent* [18].

Ainsi Thérèse rejoint-elle, en le dépassant, ce qu'il y a de vérité évangélique dans les paradoxes luthériens, même durcis par le solifidéisme.

En même temps, le dynamisme d'amour, qui est la source de ce dépassement, rend sa petite doctrine on ne peut plus actuelle pour la convergence œcuménique du christianisme contemporain. Car cette convergence est déterminée, en partie, par ce que le monde anglico-protestant doit à des mouvements spirituels qui, depuis le piétisme allemand du XVIIe siècle et le méthodisme anglo-saxon de la même époque, n'ont cessé de tendre vers un dépassement du solifidéisme par l'amour.

Conclusion

Les perceptions spirituelles de Thérèse, vécues avec l'intensité théologale qui caractérise sa vie entière, ne pouvaient pas ne pas libérer des énergies spirituelles, d'une puissance inouïe, au bénéfice du Corps-Épouse de Jésus qu'est l'Église. Peut-être cette modeste analyse a-t-elle contribué à faire comprendre que ces mêmes perceptions permettent de concentrer quelque chose de cette "force religieuse" (comme l'appelle le Cardinal Ratzinger) là où le mouvement de convergence œcuménique en a le plus besoin. Puisse cette force théologale imprimer à tout l'enchevêtrement complexe d'activités et d'institutions du mouvement œcuménique l'élan vers cette unité qui est don de Jésus.

---

17. CJ 3.7.2.
18. CJ 11.7.6.

LA VOIE D'ENFANCE
ET LA PIÉTÉ FILIALE CONFUCÉENNE

Monseigneur Stanislaus LOKUANG *

NOTE DE L'ÉDITEUR : *On peut préciser que les Chinois du Continent comme ceux de Taïwan ont une dévotion toute particulière à sainte Thérèse de l'Enfant-Jésus.*

L'île de Taïwan possède deux sanctuaires dédiés à sainte Thérèse de l'Enfant-Jésus : l'un se trouve dans la capitale, à Taïpeh, l'autre dans la métropole du Sud, Kaoshiung.

Par ailleurs, plus de la moitié des fidèles reçoivent le prénom de Thérèse comme nom de baptême ou de confirmation.

*En ce qui concerne les traductions, la première traduction de l'*Histoire d'une Âme, *par Leo Ma — grand écrivain chinois — date de 1928. Le Professeur Su a fait paraître en 1940 une deuxième traduction, sous le titre* Une petite fleur blanche. *La troisième traduction de Chang Hsiu-ya date de novembre 1962. Et enfin, le premier livre sorti des presses catholiques de Shanghaï qui viennent d'être tout récemment réautorisées à fonctionner est une réédition de la première traduction de l'*Histoire d'une Âme, *de Leo Ma.*

I – LA VOIE D'ENFANCE

La spiritualité de sainte Thérèse de l'Enfant-Jésus peut se résumer en un mot : l'amour. Sa caractéristique est d'aimer Dieu-Père comme un enfant aime ses parents. Thérèse donne à cette spiritualité le nom de voie d'enfance.

Jésus se plaît à me montrer l'unique chemin qui conduit à cette fournaise Divine, ce chemin c'est l'abandon du petit enfant qui s'endort sans crainte dans les bras de son Père... [1]

A travers l'histoire, tous les saints enseignent comment se sanctifier : les uns quittent le monde et vivent dans le désert ; d'autres se cachent dans un monastère,

---

* Archevêque émérite de Taïpeh (Taïwan), Recteur de l'Université catholique de Fu-Jen (Taïpeh)
1. Ms B, 1r°.

y observant jeûnes et mortifications ; certains se consacrent au service des autres ; d'autres enfin mènent une vie silencieuse et contemplent Dieu. Thérèse expérimente sa faiblesse physique et, ne pouvant faire siennes les grandes mortifications, elle cherche une méthode simple et adaptée à ce qu'elle est.

> *Le Bon Dieu ne saurait inspirer des désirs irréalisables, je puis donc malgré ma petitesse aspirer à la sainteté ; me grandir, c'est impossible, je dois me supporter telle que je suis avec toutes mes imperfections ; mais je veux chercher le moyen d'aller au Ciel par une petite voie bien droite, bien courte, une petite voie toute nouvelle. Nous sommes dans un siècle d'inventions, maintenant ce n'est plus la peine de gravir les marches d'un escalier, chez les riches un ascenseur le remplace avantageusement. Moi je voudrais aussi trouver un ascenseur pour m'élever jusqu'à Jésus, car je suis trop petite pour monter le rude escalier de la perfection. Alors j'ai cherché dans les livres saints l'indication de l'ascenseur, objet de mon désir et j'ai lu ces mots sortis de la bouche de la Sagesse Éternelle :* Si quelqu'un est TOUT PETIT, qu'il vienne à moi. *Alors je suis venue, devinant que j'avais trouvé ce que je cherchais* [2].

Thérèse a découvert sa petite voie, et elle s'élance vers le bon Dieu avec un cœur d'enfant. Cette *petite voie* est très simple : l'enfant aime ses parents d'un amour inné, sans raisonnement ni détour, sans chercher pourquoi ni comment. Un enfant de quatre ou cinq ans est plein de simplicité : il dit ce qu'il pense, demande ce dont il a besoin, refuse ce qu'il n'aime pas. C'est précisément cette simplicité que les parents aiment. Si au contraire l'enfant n'a pas ce cœur candide, ses parents ne savent comment le prendre. Thérèse aime Dieu avec un vrai cœur d'enfant :

> *En dehors de l'Office divin que je suis bien indigne de réciter, je n'ai pas le courage de m'astreindre à chercher dans les livres de belles prières, cela me fait mal à la tête, il y en a tant !... et puis elles sont toutes plus belles les unes que les autres... Je ne saurais les réciter toutes et ne sachant laquelle choisir, je fais comme les enfants qui ne savent pas lire, je dis tout simplement au Bon Dieu ce que je veux lui dire, sans faire de belles phrases, et toujours Il me comprend...* [3]

> *Je devrais me désoler de dormir (depuis 7 ans) pendant mes oraisons et mes actions de grâces ; eh bien, je ne me désole pas... je pense que les petits enfants plaisent autant à leurs parents lorsqu'ils dorment que lorsqu'ils sont éveillés, je pense que pour faire des opérations, les médecins endorment leurs malades. Enfin je pense que : "Le Seigneur voit notre fragilité, qu'Il se souvient que nous ne sommes que poussière"* [4].

Par sa psychologie, l'enfant sait profiter de la bonté de ses parents qui, non seulement ne le lui reprochent pas, mais s'en montrent heureux. La voie d'enfance nous enseigne à avoir une telle attitude, car c'est certainement ainsi que nous recevrons l'Amour de Dieu.

---

2. Ms C, 2v°-3r°.
3. Ms C, 25r°.
4. Ms A, 75v°.

L'enfant possède toujours cette confiance totale. Jésus nous dit :

Quel est d'entre vous l'homme auquel son fils demandera du pain, et qui lui remettra une pierre ? ou encore, s'il lui demande un poisson, lui remettra-t-il un serpent ? Si donc vous, qui êtes mauvais, vous savez donner de bonnes choses à vos enfants, combien plus votre Père qui est dans les cieux en donnera-t-il de bonnes à ceux qui l'en prient ! [5]

Thérèse a parfaitement compris cet enseignement. Aussi sa confiance en Dieu est sans limite, et elle se montre disposée à accepter tous les vouloirs de Dieu ; elle ne doute pas que Dieu ne veut que son bien. Elle déclare que même si elle avait beaucoup péché, elle ne perdrait pas confiance :

On pourrait croire que c'est parce que je n'ai pas péché que j'ai une confiance si grande dans le bon Dieu. Dites bien, ma Mère, que, si j'avais commis tous les crimes possibles, j'aurais toujours la même confiance, je sens que toute cette multitude d'offenses serait comme une goutte d'eau jetée dans un brasier ardent [6].

Cette confiance, pure et vraie, plaît beaucoup à Dieu. Touchés par la confiance filiale, les parents prennent encore plus soin de leurs enfants et vont même au-devant de leurs besoins non exprimés. Ainsi agit Dieu. Jésus nous dit :

Votre Père sait bien ce qu'il vous faut avant que vous le lui demandiez [7].

Ce qui afflige le plus des parents, c'est le refus que leurs enfants opposent à leur amour, surtout parce que ce refus implique un sentiment d'ingratitude. Thérèse a senti ce qui déplaît au bon Dieu et le fait "souffrir" : les hommes ne le connaissent pas et refusent son Amour. Pour réparer cette offense, Thérèse ouvre son cœur en priant le Père d'y verser tout l'Amour refusé par les hommes ; elle s'offre en victime à l'Amour pour en être consumée.

O mon Dieu ! votre Amour méprisé va-t-il rester en votre Cœur ? Il me semble que si vous trouviez des âmes s'offrant en victimes d'holocaustes à votre Amour, vous les consumeriez rapidement, il me semble que vous seriez heureux de ne point comprimer les flots d'infinies tendresses qui sont en vous... (...) Ma Mère chérie, vous qui m'avez permis de m'offrir ainsi au bon Dieu, vous savez les fleuves ou plutôt les océans de grâces qui sont venus inonder mon âme... Ah ! depuis cet heureux jour, il me semble que l'Amour me pénètre et m'environne, il me semble qu'à chaque instant cet Amour Miséricordieux me renouvelle, purifie mon âme et n'y laisse aucune trace de péché [8].

La voie d'enfance se caractérise par cet amour : être aimé par Dieu et l'aimer en retour de tout son cœur, et cela même à la place des autres. Thérèse demande d'autant plus à recevoir cet Amour que les hommes le refusent ; elle veut aimer encore davantage parce que les hommes aiment moins. Supposons une famille de huit enfants dont tous sauf un la quittent par ingratitude. Le seul enfant restant

---

5. *Mt* 7, 9-11.
6. CJ 11.7.6.
7. *Mt* 6, 8.
8. Ms A, 84r°.

aimera ses parents à la place des autres. L'amour de Thérèse envers le Père fait en quelque sorte penser à Meng-tzeu (Meng-tzeu est le premier écrivain de talent de l'école confucéenne[9]) qui voulait pour lui-même un esprit immense, remplissant le monde, et capable d'aimer toute l'humanité. Thérèse voulait être tous les membres de l'Église. Elle comprit que l'Amour était sa vocation, car l'Amour réalise tout :

> *Je compris que si l'Église avait un corps, composé de différents membres, le plus nécessaire, le plus noble de tous ne lui manquait pas, je compris que l'Église avait un Cœur, et que ce Cœur était brûlant d'Amour. Je compris que l'Amour seul faisait agir les membres de l'Église (...) Je compris que l'Amour renfermait toutes les vocations, que l'Amour était tout, qu'il embrassait tous les temps et tous les lieux... un un mot, qu'il est éternel !...*[10]

Cet amour ne peut venir que d'un enfant ; en effet un enfant est seul capable d'une telle sincérité pure et spontanée. Et en même temps cet amour est un acte de haute valeur et de grande efficacité car il ne cherche que la gloire de Dieu, et il est prêt à aller jusqu'à l'effusion du sang.

> *Ah ! malgré ma petitesse, je voudrais éclairer les âmes comme les Prophètes, les Docteurs, j'ai la vocation d'être Apôtre... je voudrais parcourir la terre, prêcher ton nom et planter sur le sol infidèle ta Croix glorieuse, mais, ô mon Bien-Aimé, une seule mission ne me suffirait pas, je voudrais en même temps annoncer l'Évangile dans les cinq parties du monde et jusque dans les îles les plus reculées... Je voudrais être missionnaire non seulement pendant quelques années, mais je voudrais l'avoir été depuis la création du monde et l'être jusqu'à la consommation des siècles... Mais je voudrais par-dessus tout, ô mon Bien-Aimé Sauveur, je voudrais verser mon sang pour toi jusqu'à la dernière goutte...*
> *Le Martyre, voilà le rêve de ma jeunesse, ce rêve il a grandi avec moi sous les cloîtres du Carmel... Mais là encore, je sens que mon rêve est une folie, car je ne saurais me borner à désirer un genre de martyre... Pour me satisfaire, il me les faudrait tous...*[11]

L'authenticité de son amour vient de ce que Thérèse veut faire tous les vouloirs de son Bien-Aimé. Elle est tellement remplie de zèle qu'elle voudrait accomplir pour le Père tout ce qu'il est possible de faire à travers le monde. Mais ce zèle est une folie : elle ne peut pas tout réaliser. Tout homme qui veut travailler pour le Père, le fait normalement avec une bonne intention. Thérèse sait bien qu'il lui est impossible de tout faire concrètement, mais elle garde au fond de son cœur le désir de tout réaliser. Elle fait sien l'amour du monde entier car son cœur est sans limites et peut tout contenir. En voulant, par amour, tout faire pour le Père, c'est comme si elle faisait réellement toutes choses, car son amour embrasse non seulement les autres, mais encore toutes les actions des autres :

---

9. Vers 372-289 av. J.-C.
10. Ms B, 3v°.
11. Ms B, 3r°.

Je compris que l'Amour renfermait toutes les vocations, que l'Amour était tout, qu'il embrassait tous les temps et tous les lieux... En un mot qu'il est éternel!... [12]

Amour le plus vivant qui soit, le plus positif, car rien n'est pour soi, tout est pour Dieu !

Thérèse imite là l'amour de Jésus pour son Père. Le Fils s'est fait homme pour attirer tous les hommes au Père.

Comme image du Père, il manifeste l'amour du Père ; car le Père est Amour, il aime tous les hommes comme le soleil qui illumine chacun sans distinction ; comme le père de la parabole reçoit avec joie le fils prodigue, ainsi le Père céleste, dans son amour, accueille avec bonté tous ceux qui reviennent vers lui.

Comme représentant de l'humanité, le Christ aime le Père de tout son cœur. La volonté du Père est sa nourriture. Il prêche selon ce qu'il entend auprès du Père ; il fait tout ce qu'il voit le Père faire ; il ne cherche que la gloire de son Père, jamais la sienne propre. Il obéit jusqu'à offrir sa vie pour le salut du monde.

La vie de Jésus se résume en un seul mot : l'Amour. Il est venu en ce monde pour aimer le Père, et c'est encore par amour qu'il est mort. C'est pourquoi le Père a déclaré deux fois que Jésus est le Fils bien-aimé.

Par le baptême, les fidèles ne forment qu'un seul Corps avec le Christ, et deviennent fils adoptifs du Père. C'est donc avec un amour véritable qu'ils doivent aimer le Père. En ressemblant à Jésus, Thérèse aime le Père d'un amour filial. Connaissant sa petitesse, elle n'aspire pas aux grands exploits, mais se contente de faire plaisir au Père par des actes d'enfant. Son amour est donc celui d'un enfant : simple, authentique, empreint de confiance. Thérèse veut tout faire pour l'amour du Père.

II – LA PIÉTÉ FILIALE CONFUCÉENNE

La pensée morale de Confucius se résume en un mot : l'*humanité* (au sens de *bienveillance*). Elle consiste à aimer la vie ; notre propre vie, celle de tous les hommes, la vie de l'univers. Les confucéens vivent l'*humanité* par la pratique de la *piété filiale* qui comprend concrètement toutes les vertus. Dans les *Entretiens de Confucius*, Iou Tzeu, un disciple de Confucius, dit :

L'affection envers nos parents et le respect envers ceux qui sont au-dessus de nous sont comme la racine de la vertu [13].

Meng tzeu dit à son tour :

L'affection envers les parents est un effet de la bienveillance [14].

---

12. Ms B, 3vº.
13. *Hio Eul* ; cf. *Les quatre livres de Confucius*, traduction intégrale, notes et préface du P. Séraphin Couvreur, s.j., Paris, Jean de Bonnot Editeur, 1981, p. 71.
14. *Tsin Sin* ; cf. *Les quatre livres*, p. 613.

La piété filiale apparaît donc dans la civilisation chinoise comme un sommet très caractéristique. L'ouvrage bien classique, qu'est *La Piété*, débute par cette phrase :

La piété filiale est la base de la morale et de l'éducation.

Deux livres de Confucius, *les Entretiens* et *l'Invariable Milieu*, traitent des vertus de base : la prudence, l'humanité et la force. Meng tzeu, lui, parle de quatre vertus fondamentales : l'humanité, la justice, la civilité (ou l'urbanité), la sagesse. Les confucéens de la dynastie Han comptent cinq principes : l'humanité, la justice, la civilité, la sagesse et la fidélité. Ces différentes énumérations montrent que, pour tous, l'humanité (ou bienveillance) est le premier fondement. Autant Meng tzeu que *l'Invariable Milieu* disent :

La vertu d'humanité est ce qui fait l'homme[15].

L'humanité est l'amour de la vie ; toutes les autres vertus trouvent en elle leur racine. Aimer la vie revient à aimer la source de la vie, que sont les parents. L'amour des parents est donc la racine de toutes les vertus. L'éducation chinoise commence toujours dans la famille ou auprès d'un maître choisi par plusieurs familles ; les enfants y sont formés à la piété filiale et au respect envers les aînés. Cette piété filiale confucéenne, basée sur la vie, enseigne aux enfants que leur vie provient de leurs parents ; et même, elle ne fait qu'un avec la vie de leurs parents ; les corps des enfants sont considérés comme les corps continus des parents. Zen tzeu le dit ainsi :

Le corps des enfants ne fait qu'un avec le corps des parents. On agit toujours avec le corps de ses parents ; oserait-on le faire sans respect !
Ne pas se comporter correctement, même lorsqu'on est seul ;
être infidèle vis-à-vis de l'empereur ;
ne pas assumer ses fonctions avec respect ;
ne pas tenir ses promesses envers ses amis ;
combattre au front sans courage ;
tout cela est manquer de piété.
Même l'empereur, s'il n'arrive pas à remplir ces devoirs, porte tort à ses parents ; alors, qui oserait ne pas pratiquer la piété filiale ! (*Liki*, chiyi)

Les enfants doivent vivre en fonction de leurs parents ; faire le bien est piété, agir mal va contre la piété.

Zen tzeu m'a dit ce qu'il avait entendu proclamer par Confucius : de tout ce que le ciel a fait naître et la terre a nourri, l'homme est le plus grand. Mais la vie de l'homme vient tout entière de ses parents, aussi doit-il tout leur rendre (*Liki*, le Sacrifice).

La vie et le corps des enfants viennent donc des parents ; les parents représentent le "Ciel" qui est comme une mère engendrant tout, y compris les enfants. Ceux-ci ont le devoir de prendre soin de leur corps et de leur vie qui

---

15. *Invariable Milieu*, ch. 20 ; Meng tzeu, *Tsin Sin*, cf. *Les quatre livres*, p. 637.

appartiennent et aux parents et au Ciel. Toute la vie des enfants est donc orientée en fonction des parents. Zen tzeu dit :

> *La piété a trois degrés : le plus haut consiste à vénérer les parents ; le deuxième revient à ne pas les déshonorer ; le troisième demande de les nourrir* (Liki, le Sacrifice).

Les enfants font le bien pour honorer les parents, évitent le mal pour ne pas les couvrir de honte, les nourrissent pour leur assurer une vie heureuse. Le livre de *La Piété* dit :

> *Il faut tenir ferme dans la pratique de la vertu pour avoir une bonne réputation* [16].

Les enfants étudient pour se former une personnalité, puis développent leurs connaissances pour apprendre comment se comporter : il s'agit d'abord d'être plein de bonté dans le milieu où l'on vit, puis sage dans sa nation. On devient ensuite rhéteur, et encore éducateur, selon le mot : "Pour former les autres, il faut être formé soi-même ; pour enseigner les autres, il faut être savant soi-même." La dernière étape consiste à devenir haut fonctionnaire, pour œuvrer grandement au bénéfice de la Patrie, élargir la renommée de son propre nom et obtenir une haute dignité. Tout cela honorera le nom des parents. Ainsi est accomplie la piété. L'*Invariable Milieu* dit :

> *Que la piété filiale de Chouenn fut remarquable ! Il fut doué de la plus haute sagesse, obtint la dignité impériale, posséda toutes les richesses comprises entre les quatre mers ; ses ancêtres ont agréé ses offrandes ; ses descendants ont perpétué sa race* [17].

> *Quelle n'était pas l'étendue de la piété filiale de Ou wang et de Tcheou koung ! Ils savaient admirablement poursuivre les projets et continuer les œuvres de leurs pères. Au printemps et en automne, ils nettoyaient et préparaient la salle des ancêtres ; ils exposaient rangés en ordre les objets et les vêtements dont leurs pères s'étaient servis ; ils leur offraient les mets et les fruits de la saison. (...) Leur rendre les mêmes devoirs après leur mort que pendant leur vie, après qu'ils avaient disparu que quand ils étaient présents ; c'était la perfection de la piété filiale* [18].

Remplir le devoir de piété est, pour les enfants, de première importance. Cela passe au-dessus de tout et reste un souci de toute la vie. Les enfants doivent être parfaits, tant dans leurs paroles que dans leurs actions. Ils gagnent ainsi le respect des autres, d'abord à leur profit, mais également à celui de leurs parents. Plus hautes seront les vertus et la renommée des enfants, plus hautes seront celles des parents. C'est ainsi que les enfants accomplissent leur responsabilité à l'égard de la piété. Chouenn, revêtu de la dignité impériale, sert ses parents comme empereur ; c'est pourquoi il est appelé : celui qui eut la piété suprême. Ou wang et Tcheou koung ont poursuivi les projets de Wen wang, et ont gouverné le pays avec humanité et sagesse. Par là leur piété s'est révélée immense. Confucius dit :

---

16. Le livre de *La Piété*, premier chapitre.
17. Tchoung Ioung, ch. 17 ; cf. *Les quatre livres*, p. 39.
18. Ch. 19 ; cf. *Les quatre livres*, pp. 41-43.

Si durant trois ans après la mort de son père, un fils imite sa conduite en toutes choses, on pourra dire qu'il pratique la piété filiale[19].

Les confucéens attachent une grande importance à la vie de l'esprit. C'est pourquoi ils enseignent que la vertu d'humanité est ce qui distingue l'homme de tous les autres êtres. La piété filiale consiste à servir les parents, spirituellement par l'acquisition de l'honneur et de la renommée (cela augmente leur gloire), et aussi matériellement en rendant leur cœur joyeux. Confucius dit :

La piété filiale qu'on pratique maintenant ne consiste qu'à fournir le nécessaire aux parents. Or, les animaux, tels que les chiens et les chevaux, reçoivent aussi des hommes ce qui leur est nécessaire. Si ce que l'on fait pour les parents n'est pas accompagné de respect, quelle différence met-on entre eux et les animaux ?[20]

L'esprit de la piété filiale consiste à faire plaisir aux parents, et en même temps à ne pas contrarier leurs projets. Si l'on découvre des défauts dans l'agir des parents, on doit les avertir respectueusement. Confucius dit :

Si vos parents tombent dans une faute, avertissez-les avec une grande douceur. Si vous les voyez déterminés à ne pas suivre vos avis, redoublez vos témoignages de respect, et réitérez vos remontrances. Quand même ils vous maltraiteraient, n'en ayez aucun ressentiment[21].

Lorsque des parents sont en faute, la renommée en est altérée. Les enfants ne peuvent pas rester indifférents. Ils doivent mettre leurs parents en garde avec une grande révérence, et si ceux-ci refusent de les écouter, les enfants doivent conserver à leur égard la même piété filiale. En effet, la piété confucéenne consiste avant tout à vénérer les parents. Meng tzeu dit :

Il y a trois choses que l'on considère partout comme respectables : la dignité, l'âge et la vertu. Ce qui obtient le plus de respect à la cour, c'est la dignité ; dans les villages et les bourgs, c'est l'âge ; en ceux qui travaillent à réformer les mœurs et dirigent le peuple, c'est la vertu[22].

Mais honorer les parents reste au-dessus de ces trois valeurs respectables. La piété filiale consommée est une vertu d'adulte, car elle demande un grand effort dans tous les domaines.

III – COMPARAISON ET INTERPÉNÉTRATION

L'amour que Thérèse a pour Dieu, et la piété confucéenne pour les parents se basent tous les deux sur la "Vie". Thérèse aime Dieu, Source de la vie ; les confucéens respectent leurs parents, car la vie vient d'eux. On aime Dieu pour toute la vie : on évite le mal qui déplaît à Dieu, on pratique le bien qui *honore* Dieu.

---

19. *Hio Eul* ; cf. *Les quatre livres*, p. 73.
20. Wei tcheng ; cf. *Les quatre livres*, p. 79.
21. Li jenn ; cf. *Les quatre livres*, p. 105.
22. Koung Suenn Tch'eou ; cf. *Les quatre livres*, p. 385.

De même on aime les parents comme le devoir de toute une vie : "toujours les honorer, ne jamais les peiner, veiller à les nourrir". La piété filiale confucéenne peut s'appliquer à Dieu, et même, en définitive, ne doit s'appliquer qu'à lui. Car la vie vient des parents, mais les parents sont aussi des hommes, et ils dépendent à leur tour de la Source de la vie. Ils ne peuvent être le but ultime de leurs enfants. Si on applique la piété filiale au service de Dieu, le principe "honorer les parents et ne jamais les peiner" peut correspondre avec la petite voie de Thérèse, et même avec la piété filiale de Jésus qui consiste à *honorer* le Père.

Actuellement, la société chinoise évolue dans sa règle de vie comme dans sa morale et sa piété filiale traditionnelle, qui disparaissent peu à peu. Même si certains essayent de conserver ces valeurs, les enfants ne se considèrent plus comme le corps continu de leurs parents et éprouvent des difficultés à les servir de tout leur cœur. Cependant, si l'on pouvait élever la piété filiale confucéenne à un plus haut niveau (celui de Dieu : aimer et servir Dieu comme Source de la vie), non seulement on pourrait aider les Chinois à comprendre facilement la relation entre l'homme et Dieu, mais de plus on pourrait contribuer à créer une spiritualité qui conviendrait parfaitement à la culture chinoise. Si cette nouvelle forme de piété filiale peut être harmonisée avec l'enfance spirituelle, ce serait une grande richesse, une lumière d'Extrême-Orient pour l'Église actuelle.

L'enfance spirituelle et la piété confucéenne se distinguent dans le fait que la première insiste sur *l'amour* tandis que la seconde exige le *respect*. L'amour peut produire l'égalité réciproque ; le respect introduit une distance entre le supérieur et l'inférieur. Thérèse aime Dieu comme un enfant qui se trouve dans les bras d'un Père plein de tendresse. Par la grâce, le Père élève l'âme de Thérèse à la participation de la vie divine, à la ressemblance ; l'union devient possible. La piété filiale confucéenne considère les parents comme les supérieurs : il faut les aimer et les respecter. Le respect crée la distance. La civilité confucéenne insiste beaucoup sur ce point. Chou Hi dit :

> *Chaque fois qu'ils le peuvent, les enfants doivent être au service de leurs parents, de leurs oncles ou de leurs tantes ; ils doivent manifester une attitude toute respectueuse, agir avec beaucoup d'attention, parler avec déférence et à voix basse. Ils aident leurs parents à se lever ou à se mouvoir, ne se mouchent pas en leur présence, ni ne font aucun bruit. Ils ne s'assoient ou se retirent qu'après y avoir été invités* [23].

Les *Morales intérieures* de Liki donne des règles encore plus sévères pour la vie à la maison, mais elles ne sont observées que par les familles princières ; les paysans ont tous une vie très simple. Cependant tous gardent le respect envers les parents : c'est la grande règle. Les enfants occidentaux recherchent surtout l'intimité avec leurs parents, et les adultes se montrent très simples à leur égard. La caractéristique de Thérèse est de se présenter devant Dieu avec un cœur d'enfant. Elle ne veut pas grandir devant Dieu, mais rester toujours une enfant pour garder son intimité avec Dieu. En réalité, qu'est-ce qu'avoir soixante-dix ou quatre-vingts

---

23. *Le Rituel* de Chou Hi.

ans devant l'Éternel ? Dieu n'est pas dans le temps, mais dans le présent ; un jour, pour lui, est comme mille ans. Dans la tradition chinoise, nous aimons évoquer Lao-lei-tzeu qui voulut, à l'âge de soixante-dix ans, plaire à ses parents en dansant avec de beaux vêtements. Il serait bon que les personnes âgées cherchent à plaire à Dieu en l'aimant avec un cœur d'enfant. Que sont, devant Dieu, le savoir, la puissance, les œuvres des adultes ou des personnes âgées ? Dieu regarde le cœur, il apprécie tout simplement le cœur pur et sincère des enfants. Jésus dit :

> *Si vous ne retournez à l'état des enfants, vous n'entrerez pas dans le Royaume des Cieux*[24].

Dans la doctrine confucéenne, le respect demande que les enfants imitent les grandes personnes, et même, que les jeunes aient une attitude d'adulte mûr. Qu'ils sachent respecter leurs parents, et par conséquent garder leurs distances. En réalité, les relations entre les petits enfants et leurs parents sont plus empreintes d'amour et d'intimité que de respect. C'est pourquoi les Chinois peuvent comprendre qu'on aime ses parents avec un cœur d'enfant.

Il existe cependant un point difficile de la culture chinoise : on parle de respect et non d'amour à l'égard du Ciel. Respecter le Ciel est, pour la Chine, un très ancien enseignement. De plus le culte à l'égard du Ciel est strictement réservé à l'empereur. Il a le privilège d'accomplir le sacrifice qui s'effectue hors de la Cité impériale. Ce sacrifice est la plus somptueuse cérémonie de la cour. Mais avant de l'offrir, l'empereur doit se demander si le pays est en prospérité, le peuple en paix, et la volonté du Ciel respectée. Depuis la fondation de la République chinoise, il n'existe plus d'empereur, ni par conséquent de culte envers le Ciel.

Si l'on demande aux Chinois de vivre une intimité d'enfant avec Dieu, ils en éprouvent un sentiment d'irrespect. Par exemple, en Occident, l'amour entre l'époux et l'épouse représente l'amour entre le Christ et les fidèles. Les Chinois ne peuvent l'accepter car ils voient là une insulte à l'égard du Christ. Mais les Chinois peuvent envisager une piété filiale envers Dieu. Actuellement les familles, ainsi que la société chinoise, perdent graduellement le respect traditionnel envers les parents ; elles commencent à imiter les Occidentaux en vivant d'intimité. Ainsi la psychologie traditionnelle des Chinois évolue peu à peu, et l'amour envers Dieu pourra être accepté, cependant toujours avec respect.

Après son ordination sacerdotale à l'Abbaye Saint-André de Bruges, Don Lou n'osait pas célébrer la messe quotidiennement. En effet il avait longtemps été ambassadeur et ministre, et chaque fois qu'il devait être reçu en audience par les rois, il tremblait à la perspective de manquer de respect. La messe étant le culte envers Dieu, sa crainte s'en trouva d'autant plus augmentée. Des amis lui expliquèrent qu'on célèbre la messe *in persona Christi* ; le Christ est le Fils de Dieu, c'est donc en qualité de Fils que l'on célèbre la messe. Il ne faut pas avoir peur ! Depuis lors, Don Lou eut le courage de monter à l'autel. En effet nous ne faisons qu'un Corps avec le Christ ; en lui, nous devenons des fils adoptifs. Nous devons

---

24. *Mt* 18, 3.

aimer le Père en faisant nôtres les sentiments du Christ lui-même. Il nous est alors possible d'approcher Dieu sans commettre de sacrilège.

Alors que la science se développe, et que le matérialisme touche à son apogée, le cœur humain éprouve un sentiment de vide et de sécheresse. Après deux guerres mondiales, devant la terreur et la haine engendrées par le nazisme et le communisme, le monde crie sa soif de respect mutuel et d'humanité. L'amour que Thérèse éprouve envers Dieu avec son cœur d'enfant est le meilleur remède pour l'Église d'aujourd'hui. L'enfance spirituelle permet aux hommes de notre temps de s'élancer vers le Père ; ils expérimenteront alors au cœur une immense chaleur. Et nous, Chinois, qui avons vécu quatre-vingts ans de guerre civile, le conflit sino-japonais, la persécution communiste, levons les yeux vers le Ciel et, avec un cœur d'enfant, crions vers le Père. Shi-Ki dit :

> *Le Ciel est le commencement des hommes ; les parents sont leur fondement. Aussi quand l'homme se trouve dans une extrême pauvreté, il aspire à rentrer dans la maison paternelle ; s'il éprouve un épuisement total, il ne peut s'empêcher de crier vers le Ciel. S'il est accablé de maladies, il appelle instinctivement ses parents.*

Aimons donc le Père avec un cœur d'enfant. Alors, notre esprit trouvera un appui, notre vie son but, notre cœur la paix.

THÉRÈSE DE LISIEUX : LA FORCE DE L'AMOUR POUR LE MONDE DE L'INCROYANCE

Cardinal Paul POUPARD *

J'éprouve une grande joie à me mettre avec vous à l'école de Thérèse de Lisieux. Laissons-nous enseigner par sa vie et son message qui ne font qu'un. Elle-même l'a dit de manière décisive : sa vocation, c'est l'amour. "Dans le cœur de l'Église, ma mère, je serai l'Amour". C'est le titre que vous avez donné comme référence essentielle à cette Rencontre spirituelle et théologique du Centre Notre-Dame de Vie à laquelle je suis très heureux de participer.

"Quelle énigme, quel phénomène que cette présence de Thérèse !" déclarait Jean Guitton en 1973 à Notre-Dame de Paris, où je l'avais invité à parler, lors de la célébration du centenaire de sainte Thérèse par l'Institut Catholique dont j'étais recteur. Quelle énigme ! Petite, sans relief personnel ni actions notoires et, dans le même temps, lumineuse et rayonnante : son influence et j'ose dire, son efficacité ne cessent de se manifester à travers le monde chez tant et tant d'hommes et de femmes de notre temps. Cette énigme, c'est tout simplement le mystère agissant de l'Amour.

Sa mort, à vingt-quatre ans à peine, c'est en apparence une vie dramatiquement tronquée, une existence vide : une carmélite se demande ce que sa notice nécrologique pourra bien dire ! Les temps ont certes bien changé depuis Thérèse. Si cette brave carmélite revenait aujourd'hui, elle pourrait dire plutôt comme saint Jean, de Jésus, au terme de son Évangile : "Il a fait encore beaucoup d'autres choses. Si elles étaient écrites une à une, le monde entier lui-même, je crois, ne saurait contenir les livres qui les raconteraient" [1].

Parmi ces *mirabilia Dei*, ces merveilles que Dieu fit par Thérèse, il en est une, étonnante, extraordinaire, c'est son rapport avec l'incroyance. Docteur de l'Amour, Thérèse connaît l'épreuve de la foi au milieu d'un monde assailli par l'incroyance.A cet égard, Thérèse est plus que jamais d'actualité. Certes, il s'est produit une inversion de tendance entre son époque et la nôtre. Alors que le scientisme et le rationalisme de la fin du XIXᵉ siècle incitaient à l'incroyance,

---

* Président du Conseil pontifical pour le dialogue avec les non-croyants et du Conseil pontifical de la culture.
1. *Jn* 23, 25.

aujourd'hui les savants, devenus des chercheurs, sont dans l'ensemble plus modestes. Nombre d'incroyants découvrent la vacuité des systèmes philosophiques athées. La catastrophe sociale et culturelle, politique et économique du marxisme-léninisme athée a engendré une immense frustration, un vide abyssal, un appel angoissé. Beaucoup sentent confusément l'appel du Dieu d'Amour, celui qui seul pourra combler les attentes de leur cœur et de leur intelligence.

Les non-croyants d'aujourd'hui ne sont plus ceux de Thérèse. Ils sont souvent des mal-croyants, plus souvent encore des agnostiques, et en apparence des indifférents. Mais l'enquête du "Conseil pontifical pour le dialogue avec les non-croyants" sur le bonheur, le révèle : au seuil du troisième millénaire, l'homme, plus que jamais, a besoin de retrouver des raisons de vivre. Or, quel est le message de Thérèse ? C'est qu'il n'est pas de raison de vivre plus fondamentale que l'Amour. Le mur même de l'incroyance, plus bétonné en apparence que le mur de Berlin, ne pourra être démantelé que par la force de l'Amour.

I – THÉRÈSE OU LA VOCATION DE L'AMOUR

"Qui donc se fera petit comme cet enfant-là, sera le plus grand dans le Royaume des cieux" [2]. Pour nous, cette enfant-là se nomme Thérèse de l'Enfant-Jésus. Pourquoi se faire petit ? Pour suivre une petite voie, celle même de l'Évangile, redécouverte par Thérèse, qui l'a tracée en découvrant l'amour de Dieu. Sa grande vision de l'Église est géniale et audacieuse : "Au cœur de l'Église, ma Mère, je serai l'Amour". Il faut à Thérèse, quand elle écrit ainsi à sa sœur Marie du Sacré-Cœur, le 8 septembre 1896, à peine un an avant sa mort, une connaissance profonde de Dieu et de l'Église pour affirmer sans hésiter : l'Église a un cœur et ce cœur est brûlant d'amour.

> Je compris que l'Amour seul *faisait agir les membres de l'Église, que si l'*Amour *venait à s'éteindre, les Apôtres n'annonceraient plus l'Évangile, les Martyrs refuseraient de verser leur sang... Je compris que l'*Amour renfermait toutes les vocations, que l'Amour était Tout. (...) *Alors, je me suis écriée : Ô Jésus, mon* Amour... ma vocation, *enfin je l'ai trouvée,* ma vocation, c'est l'Amour. *Oui j'ai trouvé ma place dans l'Église, et cette place, ô mon Dieu, c'est vous qui me l'avez donnée... dans le Cœur de l'Église, ma Mère, je serai l'*Amour [3].

Pour Thérèse, une unique préoccupation : l'union à Dieu, l'union d'amour dans l'offrande de soi en réponse au don du Christ.

Cet amour grandit en Thérèse. Il est prouvé par ses "pratiques", comme elle dit, mais surtout nourri par son regard sur Jésus : que ce soit à la pêche avec son père, sur les genoux de sa marraine, ou cachée derrière le rideau de son lit, elle "pense" à Jésus, au Ciel, en vivant le moment présent, sans regarder en arrière ni

---

2. *Mt* 18, 4.
3. Ms B, 3vº.

en avant : "C'est parce qu'on pense au passé et à l'avenir qu'on se décourage et qu'on désespère"[4]. Elle vit intensément l'instant fugitif comme un éternel présent où elle aime : "Quel bonheur de rester là, de fixer l'invisible lumière qui se dérobe à ma foi"[5].

Plus tard, elle comprendra qu'elle faisait déjà oraison : "Le Bon Dieu m'instruisait en secret"[6]. Thérèse vit et grandit en présence de Dieu. Le jour de sa première communion, elle sait Qui elle va recevoir :

Depuis longtemps, Jésus et la pauvre petite Thérèse s'étaient regardés et s'étaient compris... Ce jour-là, ce n'était plus un regard, mais une fusion, ils n'étaient plus deux, Thérèse avait disparu, comme la goutte d'eau qui se perd au sein de l'océan[7].

Envahie par l'Amour divin, Thérèse est emportée par cet océan d'Amour toujours en mouvement, qui n'aspire qu'à se donner :

Je sentis la charité entrer dans mon cœur, le besoin de m'oublier pour faire plaisir et depuis lors je fus heureuse[8].

Dans le temps, déjà elle expérimente l'Éternité :

Notre Seigneur au Jardin des Oliviers jouissait de toutes les délices de la Trinité, et pourtant son agonie n'en était pas moins cruelle. C'est un mystère, mais je vous assure que j'en comprends quelque chose par ce que j'éprouve moi-même[9].

Véritable bilocation : Thérèse vit sur cette terre comme n'y vivant pas, tout entière présente à Dieu : "Je faisais les choses comme ne les faisant pas, c'était comme si on m'avait prêté un corps. Je suis restée ainsi pendant une semaine entière"[10]. Thérèse aime Dieu, de l'Amour même dont le Père aime le Fils dans le Saint-Esprit. Elle porte le même regard sur les autres, regard tout chargé d'amour, et pourtant si souvent méprisé par l'âme que le péché enchaîne : "Je sentis un grand désir de travailler à la conversion des pécheurs"[11]. Thérèse vit en profondeur ce mystère d'amour qu'est l'Église, le mystère de la communion des saints, où l'amour est bien plus grand encore que celui de la famille, même de la famille la plus idéale de la terre.

Un dimanche, elle regarde une image de Jésus en croix. Frappée par le sang qui coule de ses plaies, elle sent résonner en son cœur le cri de Jésus : "J'ai soif".

Ces paroles allumaient en moi une ardeur inconnue et très vive... (...) Je me sentais moi-même dévorée de la soif des âmes. Ce n'était pas encore les âmes de prêtres qui m'attiraient, mais celles des grands pécheurs[12].

---

4. CJ 19.8.10.
5. Cf. Ms B, 5r°.
6. Ms A, 33v°.
7. Ms A, 35r°.
8. Ms A, 45v°.
9. CJ 6.7.4.
10. CJ 11.7.2.
11. Ms A, 45v°.
12. *Ibid.*

Et Thérèse décide d'entrer au Carmel "où Jésus l'attire". Là, la dimension apostolique de son amour se déploie. Elle aide à former les novices et prend en charge spirituelle deux missionnaires : "Jésus me révèle ce mystère afin d'augmenter encore en mon cœur le désir de l'aimer et de Le faire aimer" [13]. Le cœur brûlant d'amour, elle répond, le 18 août 1897, à sa sœur Pauline qui lui demande : "Voulez-vous donc acquérir des mérites ? – Oui, mais pas pour moi, pour les pauvres pécheurs, pour les besoins de toute l'Église" [14]. Ses désirs sont-ils un rêve, une folie ? Non, c'est la réalité évangélique, le grand commandement laissé par Jésus : "Aimez-vous les uns les autres comme je vous ai aimés" [15]. C'est le commandement qui est "vraiment nouveau, car il renouvelle l'homme qui aime" (saint Augustin). C'est le mystère de l'Amour, cœur de l'Église.

Thérèse ne se prend pas pour autant comme une âme exceptionnelle.

Rangeons-nous humblement parmi les imparfaits, écrit-elle à Céline, *estimons-nous de petites âmes. (...) Oui, il suffit de s'humilier, de supporter avec douceur ses imperfections. Voilà la vraie sainteté* [16].

Au cours de l'hiver 1896, Mère Marie de Gonzague lui permet l'usage d'une chaufferette, qu'elle n'utilise qu'avec parcimonie. A sœur Marie de la Trinité, elle dit en guise de commentaire : "Le monde tourne à l'envers : les saints jusqu'à maintenant sont entrés au Ciel avec leurs instruments de pénitence, et maintenant, voici que j'y entrerai avec ma chaufferette" [17].

Thérèse qui sait les limites du cœur humain, a compris le secret de l'amour parfait : la source de l'amour, c'est Dieu. Aimer ! Aimer comme Dieu nous aime, telle est la vocation, mais aussi le défi qu'il nous propose. Elle est certaine de la vocation, elle mesure l'ampleur du défi. Elle l'affronte dans la certitude que la solution sera dans l'amour ou mieux sera l'amour même. Elle prie : "Pour vous aimer comme vous m'aimez, il me faut emprunter votre propre amour" [18]. C'est le fruit de la prière : "La prière, nous confie-t-elle, c'est un élan du cœur, (...) un cri de reconnaissance et d'amour au sein de l'épreuve comme au sein de la joie" [19]. Elle se compare au petit oiseau : alors que les grandes âmes, les aigles, planent dans les hauteurs, elle n'est qu'un petit oiseau mais, de l'aigle, elle a les yeux et le cœur, c'est-à-dire la foi et l'amour.

Thérèse nous introduit au cœur du mystère de l'Église, la communion des Saints. Seul, celui qui est pris par Dieu et son amour, devient instrument de l'Esprit Saint, pour construire l'Église. Thérèse est tellement certaine de la puissance de l'amour, qu'elle est prête à affronter toutes les épreuves. Pour la profession de la dernière de ses novices, sœur Marie de l'Eucharistie, elle compose le chant *Mes armes*, dans lequel elle se révèle passablement guerrière. Le

---

13. LT 201, 1/11/1896.
14. CJ 18.8.3.
15. *Jn* 13, 34.
16. LT 243, 7/6/1897.
17. Cf. CSG, p. 64.
18. Ms C, 35r°.
19. Ms C, 25r°.

soir même, la cousine à la voix si harmonieuse, chante devant la communauté cette composition :

> *Je dois lutter sans repos et sans trêve,*
> *De tout l'enfer je brave la fureur.*

Et elle conclut ainsi les cinq strophes :

> *En souriant, je brave la mitraille*
> *Et dans tes bras, ô mon Époux divin*
> *En chantant je mourrai, sur le champ de bataille*
> *Les Armes à la main !* [20]

Sans le savoir, la communauté entendait ce soir-là le testament de Thérèse. Ce sont les dernières paroles qu'elle adressa à ses sœurs réunies dans le chauffoir.

La vie quotidienne passée dans l'intimité de l'amour de Dieu fait de la mort même un moment privilégié d'amour. N'est-il pas surprenant de l'entendre dire :

> *Après tout, cela m'est égal de vivre ou de mourir. Je ne vois pas bien ce que j'aurai de plus après la mort que je n'aie déjà en cette vie. Je verrai le Bon Dieu, c'est vrai ! mais pour être avec lui, j'y suis déjà tout à fait sur la terre* [21].

La mort en elle-même ne la préoccupe pas. Seule l'union d'amour lui importe : "Je ne désire pas plus mourir que vivre" [22], ou "Ne s'inquiéter de rien, ne vouloir ni vivre, ni mourir" [23], ou encore dans cette poésie dont Thérèse dit à Mère Agnès : "Toute mon âme est là" :

> *L'amour, ce feu de la patrie*
> *Ne cesse de me consumer.*
> *Que me font la mort ou la vie ?*
> *Jésus, ma joie, c'est de t'aimer !* [24]

Aimer jusqu'à mourir d'amour : "Ce n'est pas la peine que ça paraisse, pourvu que ce soit" [25]. Thérèse connaît toutes les humiliations d'une infirme. Contrainte à dépendre en tout de celles qui l'entourent, elle laisse échapper : "Comme c'est facile de se décourager quand on est bien malade !" [26] Très affaiblie, elle reconnaît : "Je suis comme un vrai petit enfant pendant ma maladie je ne pense rien" [27]. Comment pourrait-elle prier ? "Je ne lui dis rien, JE L'AIME" [28].

---

20. PN 48, 25/3/1897.
21. CJ 15.5.7.
22. CJ 27.5.4.
23. CJ 6.6.9.
24. PN 24, 7, 21/1/1897.
25. CJ 14.7.4.
26. CJ 4.8.4.
27. CJ 25.7.11.
28. DE/G, septembre 2.

II - LA NUIT DE LA FOI ÉCLAIRÉE PAR L'AMOUR

Soudain, ou plutôt brutalement, la joie de Thérèse sombre en avril 1896. L'entrée dans les "ténèbres", les "brouillards", a transformé sa joie en inquiétude. L'enfant de lumière entre dans la "nuit". Sa maladie n'avait pas affecté sa bonne humeur. Quelques semaines auparavant, elle se réjouissait à la pensée de rejoindre le Ciel sans tarder, "parce que le Ciel, c'est Jésus lui-même". C'est précisément durant la semaine de Pâques, temps lumineux par excellence, que Thérèse entre dans la nuit épaisse du doute :

Il me semble que les ténèbres, empruntant la voix des pécheurs, me disent en se moquant de moi : "(...) Avance, avance, réjouis-toi de la mort qui te donnera, non ce que tu espères, mais une nuit plus profonde encore, la nuit du néant" [29].

Elle dira un jour à Mère Agnès : "C'est le raisonnement des pires matérialistes qui s'impose à mon esprit" [30].

A l'évidence, Thérèse ne lit ni les livres ni les journaux qui colportent alors les prétentions de la science naturaliste et les sarcasmes de l'anticléricalisme. Au cours des mois précédents, elle a connu de nombreuses consolations spirituelles. Rien ne semblait contrarier l'ascension rapide de cette âme d'élite dont l'itinéraire spirituel est comblé des grâces les plus variées. Soudain, c'est la "nuit" de la foi.

A l'extérieur, rien ne transparaît de ses violentes luttes intérieures. Ses compagnes ne perçoivent pas le moins du monde l'épreuve que vit Thérèse, dont le sourire continue de voiler les souffrances. Elles lui demandaient souvent de composer des poésies ou des cantiques. Avec le recul du temps, il est possible de dire que des auditrices plus perspicaces auraient pu y découvrir le secret de Thérèse, par exemple lorsqu'elle commente saint Jean de la Croix :

> *Appuyée sans aucun appui,*
> *Sans lumière et dans les Ténèbres,*
> *Je vais, me consumant d'Amour* [31].

ou encore lorsqu'elle chante :

> *Mon ciel, c'est sourire à ce Dieu que j'adore*
> *Quand il veut se cacher pour éprouver ma foi* [32].

Ses auditrices n'ont retenu de ces compositions que la lumière, le ciel, le sourire.

Si vous jugez d'après les sentiments que j'exprime dans les petites poésies que j'ai composées cette année, dit-elle, *je dois vous sembler une âme remplie de consolations...* [33], et pourtant, (son) *âme envahie par les plus épaisses ténèbres...,*

---

29. Ms C, 6v°.
30. JEV, p. 223.
31. Cf. PN 30, 30/4/1896.
32. PN 32, 5, 7/6/1896.
33. Ms C, 7v°.

la pensée du Ciel si douce pour (elle) n'est plus qu'un sujet de combat et de tourment [34].

Le contraste est total entre ces ténèbres et la lumière antécédente. Depuis son enfance, elle avait la certitude de vivre un jour auprès de Dieu. Une aspiration profonde à la patrie du Ciel a toujours éclairé de sa lumière les moindres recoins de l'âme.

Mais tout à coup les brouillards qui m'environnent deviennent plus épais, ils pénètrent dans mon âme et l'enveloppent de telle sorte qu'il ne m'est plus possible de retrouver en elle l'image si douce de ma Patrie, tout a disparu ! [35]

Cette épreuve spirituelle, en privant Thérèse de son bien le plus cher, aurait dû provoquer un cataclysme intérieur, une révolte du "moi" blessé par le sentiment d'avoir été trompé, abandonné. Il n'en est rien. Le 30 avril 1896, un mois après le commencement de la "nuit", ces vers témoignent que Thérèse accepte son épreuve :

> *Bien que je souffre sans lumière*
> *En cette vie qui n'est qu'un jour,*
> *Je possède au moins sur la terre*
> *La vie céleste de l'Amour...*
> *Dans le chemin qu'il me faut suivre*
> *Se rencontre plus d'un péril,*
> *Mais par Amour je veux bien vivre*
> *Dans les Ténèbres de l'exil* [36].

Comme en réponse à l'acte d'amour par lequel elle accepte l'épreuve de la "nuit", Thérèse reçoit une consolation, un rayon de lumière dont le souvenir lui sera d'un grand secours pendant les derniers mois de sa vie terrestre. Au milieu de l'orage qui assaille son âme, elle se prend à évoquer les consolations accordées parfois aux âmes éprouvées, par le moyen de songes réconfortants. Elle ne demande aucune grâce de cette sorte, renonce à cette éventualité et s'endort en paix. Et voici qu'au cours de la nuit, Thérèse rêve qu'une carmélite dont elle n'a que rarement entendu parler, Anne de Lobera, compagne de Thérèse d'Avila et fondatrice du Carmel en France, la couvre de caresses. En réponse à ses demandes, la religieuse espagnole lui annonce qu'elle mourra "très bientôt" et que le Seigneur est "très content" d'elle [37]. Dans sa nuit, Thérèse reçoit cette unique consolation, qui lui permettra de persévérer et de demeurer fidèle jusqu'au bout : Au Ciel, dans ce Ciel, objet de ses doutes, ELLE EST AIMÉE !

Ce réconfort ne supprime certes pas l'épreuve, mais dans sa souffrance, Thérèse ne cesse pas d'aimer l'Époux, prête à accepter même son absence. L'amour soutient son espérance et la rend invincible. Il transforme sa souffrance et la rend lumineuse. A la demande de sa jeune cousine, sœur Marie de

---

34. Ms C, 5v°.
35. Ms C, 6v°.
36. PN 30, 2, 30/4/96.
37. Cf. Ms B, 2r° et v°.

l'Eucharistie (Marie Guérin), elle compose, le 15 août 1896, un petit poème, *Jésus seul*, dont voici la quatrième strophe :

> *Ton Cœur qui garde et qui rend l'innocence*
> *Ne saurait pas tromper ma confiance !* (...)
> *Lorsqu'en mon cœur s'élève la tempête*
> *Vers toi, Jésus, je relève la tête ;*
> *En ton regard miséricordieux*
> *Je lis : "Enfant, pour toi, j'ai fait les Cieux"* [38].

Pour sœur Saint-Vincent de Paul, elle compose *Mon Ciel à moi*, titre significatif au moment même où Thérèse vit une épreuve qui porte précisément sur son existence.

> *Mon Jésus me sourit quand vers lui je soupire*
> *Alors je ne sens plus l'épreuve de la foi*
> *Le regard de mon Dieu, son ravissant sourire,*
> *Voilà mon Ciel à moi !* (...)
> *Mon Ciel est de sourire à ce Dieu que j'adore*
> *Lorsqu'il veut se cacher pour éprouver ma foi*
> *Souffrir en attendant qu'Il me regarde encore,*
> *Voilà mon Ciel à moi !...* [39]

A l'époque de sa première communion, Thérèse avait appris une prière. Elle aime la réciter quotidiennement : "Ô Jésus, douceur ineffable, changez pour moi en amertume toutes les consolations de la terre" [40]. Le 21 juillet 1897, elle explique sa motivation : "Je ne priais pas pour être privée des consolations divines, mais seulement des illusions et des joies qui peuvent détourner du bon Dieu" [41]. L'épreuve de la foi, même en ses heures les plus obscures, ne peut éteindre l'amour. Dieu, ressenti comme lointain ou absent, n'est jamais mis en doute, et elle ne cesse de l'aimer. Bien loin de conduire Thérèse à l'athéisme, son épreuve douloureuse et purifiante suscite une communion plus intense et plus intime avec son Seigneur. Thérèse ne se laisse pas effrayer au milieu de sa nuit, car elle sait que "par-delà les nuages son Soleil brille toujours, que son éclat ne saurait s'éclipser un seul instant" [42]. C'est au cœur de l'épreuve qu'elle a eu la révélation de "sa" vocation : "Ma vocation, enfin, je l'ai trouvée, ma vocation, c'est l'Amour !" [43].

Le Père Godefroid Madelaine, alors prieur de l'abbaye des Prémontrés de Mondaye, appelé plus tard "le Parrain de l'*Histoire d'une Âme*", connaissait Thérèse de longue date. Il pouvait déclarer au Procès de l'Ordinaire, en 1910 :

> *J'ai été le confident de son âme, tout particulièrement dans ces épreuves par lesquelles Dieu purifiait son âme. Je sais pertinemment qu'elle a dit la vérité,*

---

38. PN 36, 4, 15/8/96.
39. PN 32, 7/6/96.
40. Im III, 26, 3.
41. NV, 21/7, p. 88.
42. Ms B, 5r°.
43. Ms B, 3v°.

quand elle s'exprime ainsi dans son manuscrit : "J'ai prononcé plus d'actes de foi, depuis un an, que pendant toute ma vie". J'ai été frappé de la paix qui régnait dans la partie supérieure de son âme, au milieu de toutes ses angoisses et je me souviens très bien qu'elle ne perdait rien alors, ni de sa gaieté, ni de son expansion habituelles [44].

En 1915, au Procès Apostolique, il pouvait ajouter :

Dieu l'a éprouvée pendant dix-huit mois. Son âme traversa une crise de ténèbres spirituelles où elle se croyait damnée et c'est alors qu'elle multipliait ses actes de confiance, d'abandon à Dieu (...) Je la vis à cette époque de sa vie : extérieurement, personne ne pouvait se douter de ses peines intérieures. Et comme je lui demandais comment elle pouvait ainsi cacher ses peines, elle me répondit : "Je tâche que personne ne souffre de mes peines". Seuls, la prieure et son confesseur étaient à les connaître [45].

Ainsi, au cœur de sa "nuit", Thérèse peut douter d'elle-même, mais non pas de la fidélité de Dieu. Comme la fiancée du Cantique des Cantiques, elle est conduite par l'amour. A son tour, elle erre à la recherche de Celui que son cœur aime. Elle trébuche sur le chemin, elle doute de ses pauvres forces. Mais plus fort que tout, son cœur lui donne l'assurance de retrouver l'Époux. Même lorsqu'il se cache et qu'il semble absent aux sens du cœur humain, il ne cesse d'être présent et de faire la joie de Thérèse. *Ma joie*, c'est précisément le titre d'un poème composé par Thérèse en 1897, pour la fête de Mère Agnès. Ces brèves strophes portées par un amour brûlant traduisent la joie de l'âme qui ne vit désormais que pour Jésus et par Lui.

> *Lorsque le Ciel bleu devient sombre*
> *Et qu'il semble me délaisser*
> *Ma joie, c'est de rester dans l'ombre*
> *De me cacher, de m'abaisser.*
>   *Ma joie, c'est la Volonté Sainte*
>   *De Jésus mon unique amour.*
> *Ainsi je vis sans nulle crainte*
> *J'aime autant la nuit que le jour.*
> *Et je redouble de tendresses*
> *Lorsqu'Il se dérobe à ma foi.*
>   *Si parfois je verse des larmes*
>   *Ma joie c'est de les bien cacher.*
>   *Oh ! que la souffrance a de charmes*
>   *Quand de fleurs on sait la voiler !*
> *Je veux bien souffrir sans le dire*
> *Pour que Jésus soit consolé.*
> *Ma joie c'est de le voir sourire*
> *Lorsque mon cœur est exilé* [46].

---

44. PO, p. 518.
45. PA, p. 559.
46. PN 45, 21/1/1897.

A quelques mois de la mort, Thérèse, broyée par la souffrance, mais transfigurée par l'amour, peut dire :

Nous qui courons dans la voie de l'Amour, je trouve que nous ne devons pas penser à ce qui peut nous arriver de douloureux dans l'avenir, car alors, c'est manquer de confiance et c'est comme se mêler de créer [47].

Au cœur de sa nuit, Thérèse nous laisse un message d'une étonnante actualité : AIMER de tout son être, avec toutes ses capacités et ses puissances, quitte à en souffrir et à en mourir, SANS VOULOIR AUTRE CHOSE QU'AIMER, tel est le secret du bonheur.

En ce mystère du Temple où Jésus est retrouvé par ses parents angoissés, Thérèse dialogue avec la Vierge Marie :

Puisque le Roi des Cieux a voulu que sa Mère
Soit plongée dans la nuit, dans l'angoisse du cœur ;
Marie, c'est donc un bien de souffrir sur la terre ?
Oui, SOUFFRIR EN AIMANT, C'EST LE PLUS PUR BONHEUR !...
Tout ce qu'Il m'a donné, Jésus peut le reprendre
Dis-lui de ne jamais se gêner avec moi...
Il peut bien se cacher, je consens à l'attendre
Jusqu'au jour sans couchant où s'éteindra ma foi... [48]

De l'angoisse et du doute, Thérèse s'élève à la prière. Elle implore la miséricorde de Celui qui est l'Amour. Elle a redouté toute sa vie le péché : son directeur l'a assurée plusieurs fois qu'elle n'a jamais commis un péché mortel. Mais elle s'asseoit humblement à la table des pécheurs, pour partager avec eux le pain de la douleur. Dans son amertume, l'amour ne lui fait pas défaut et lui révèle le sens profond de son épreuve : Thérèse vit un mystère de solidarité avec le monde pécheur et avec le monde de l'incroyance.

Le 3 août, à quelques semaines de la mort, assaillie en même temps par les souffrances physiques et les épreuves de l'âme, elle écrit :

Ô mon Dieu que vous êtes doux pour la petite victime de votre Amour Miséricordieux ! Maintenant même que Vous joignez la souffrance extérieure aux épreuves de mon âme, je ne puis dire : "Les angoisses de la mort m'ont environnée" mais je m'écrie dans ma reconnaissance : "Je suis descendue dans la vallée de l'ombre de la mort, cependant je ne crains aucun mal : parce que vous êtes avec moi, Seigneur !" [49].

Quelques rares paroles nous font percevoir l'acuité du combat soutenu par Thérèse au cours des mois qui ont précédé sa mort. Le 15 août, ne dit-elle pas :

On dirait que le bon Dieu veut me faire accroire qu'il n'y a pas de Ciel (...) Ah ! je ne feins pas, c'est bien vrai que je n'y vois goutte. Mais enfin, il faut que je chante bien

---

47. CJ 23.7.3.
48. PN 54, 16.
49. LT 262.

fort dans mon cœur : "Après la mort la vie est immortelle" ou bien sans çà, ça tournerait mal [50].

Si le 22 septembre, Thérèse avait pu dire : "Quelle grâce d'avoir la foi ! Si je n'avais pas eu la foi, je me serais donné la mort sans hésiter un seul instant" [51], le 30 septembre, au cœur d'une agonie particulièrement dure, aux prises avec les questions ultimes, elle gémit : Est-ce là l'aboutissement d'une vie offerte à l'Amour Miséricordieux ? La petite voie de confiance et d'amour va-t-elle aboutir à cet anéantissement ?

Finalement, Thérèse s'abandonne :

Ah ! mon bon Dieu ! Oui, il est bien bon (...) Ô ma Mère, je vous assure que le calice est plein jusqu'au bord ! Mais le bon Dieu ne va pas m'abandonner bien sûr... IL NE M'A JAMAIS ABANDONNÉE [52].

Et Thérèse signe à nouveau une profession de foi irrévocable :

Je ne me repens pas de m'être livrée à l'Amour... Oh ! non, je ne m'en repens pas, au contraire !... Jamais, je n'aurais cru qu'il était possible de tant souffrir ! jamais ! jamais ! Je ne puis m'expliquer cela que par les désirs ardents que j'ai eus de sauver des âmes [53].

A 19 h 20, regardant son crucifix, elle dit : "Mon Dieu... je vous aime !" Thérèse venait de franchir l'étape décisive, celle de la foi vivifiée par l'amour, qui comble l'espérance.

III – LORSQUE L'AMOUR ÉCLAIRE LE NÉANT

Jean Guitton a justement écrit :

*(C'est) un problème fondamental qui s'exprime dans ces deux mots : le **ciel** et la **terre**. Dans cette expression, le plus important, c'est la conjonction "et". Car ce qui fait mystère, c'est le rapport du ciel et de la terre... Ce que nous appelons le ciel, n'est-il pas (...) une aliénation, (...) une illusion, une projection de notre paresse ou de notre déception ?* [54]

A lire les écrits de Thérèse, comment ne pas être frappé par la manière dont elle affronte le problème suprême, celui de l'angoisse liée à la mort : le drame de l'humanisme athée ? Dieu existe-t-il ? Existe-t-il un Paradis, une autre vie ? Contre toute attente, ces questions sont devenues les angoisses de Thérèse. Elle ressent le désespoir, le goût amer, l'attrait et l'horreur du néant. Sans la foi, nous

---

50. CJ 15.8.7.
51. CJ 22.9.6.
52. CJ 30.9.
53. CJ 30.9.
54. J. GUITTON "Le génie spirituel chez Thérèse de l'Enfant-Jésus",dans *Thérèse de Lisieux, Conférences du Centenaire 1873-1973*, n° spécial des *Nouvelles de l'Institut catholique de Paris*, mai 1973, p. 33.

confie-t-elle, elle se serait suicidée. Mais en même temps, parmi les objets de la foi qui se trouvent éloignés d'elle par un véritable mur, c'est surtout l'éternité, la persistance du moi, la survie qui sont affectées. "Le doute touche ce qui était chez elle la conviction la plus intime : l'intuition du ciel" [55].

Cette épreuve de la foi prive Thérèse de ce qu'elle appelait "la jouissance de la Foi", ou encore : "jouir de ce beau Ciel sur la terre" [56]. Elle a beau vouloir adoucir ses souffrances par le souvenir de ses convictions antérieures sur le Ciel, elle ne réussit qu'à augmenter ses tourments. Elle jouissait d'un bonheur qu'elle ne connaît plus ! Elle éprouve l'épaisseur des ténèbres qui l'entourent :

> Tu crois sortir un jour des brouillards qui t'environnent ! Avance, avance, réjouis-toi de la mort qui te donnera, non ce que tu espères, mais une nuit plus profonde encore, la nuit du néant [57].

S'il faut insister sur la réalité des tourments de Thérèse, il est nécessaire de préciser aussitôt que cet état n'est pas l'incroyance : elle ne connaît plus la joie qu'elle éprouvait auparavant dans sa foi, le dynamisme d'une certitude sentie qui s'attache ordinairement à la foi, mais elle garde la foi, car elle garde l'AMOUR. Hans Urs Von Balthasar a justement écrit :

> A Thérèse est retirée toute joie, toute certitude sentie, mais non la foi elle-même. Si l'amour reste et si Thérèse sait qu'il reste, cela n'est pas la nuit obscure de l'âme [58].

Cette expérience mystique originale vécue par Thérèse se révèle providentielle devant le monde de l'incroyance. Elle est profondément liée à l'histoire de la fin du XIXe siècle français où l'athéisme s'installe massivement. Ainsi, entre 1874 et 1886, soit pendant douze ans, Charles de Foucauld demeure incroyant, d'abord pour des raisons philosophiques. L'incroyance moderne prend son visage autour de ces années 1880-1890. Ce sont les années de l'anticléricalisme militant et du positivisme triomphant.

L'expérience douloureuse de Thérèse est indéniablement liée à la prise de conscience de l'existence concrète de l'athéisme. **Avant** l'épreuve, "Je ne pouvais croire, dit-elle, qu'il y eût des impies n'ayant pas la foi. Je croyais qu'ils parlaient contre leur pensée en niant l'existence du Ciel". **Après**, elle écrit : "Aux jours si joyeux du temps pascal, Jésus m'a fait sentir qu'il y a véritablement des âmes qui n'ont pas la foi" [59]. Non seulement Thérèse découvre qu'il existe d'authentiques non-croyants, mais elle estime que cette ouverture de son regard est une grâce qui lui vient de Jésus lui-même.

L'incroyance de ses contemporains provoque la jeune Carmélite. C'est une interrogation et non une destruction de sa foi. Dans les plus opaques ténèbres de l'incroyance, elle ne cesse pas d'aimer Celui à qui elle confie : "Seigneur, votre enfant l'a comprise, votre divine lumière" [60]. Le drame que vit Thérèse tient au

---

55. *Ibid.*, p. 45.
56. Ms C, 7r°.
57. Ms C, 6v°.
58. H.U. VON BALTHASAR, *Thérèse de Lisieux*, Paris, 1973, p. 406.
59. Ms C, 5v°.
60. Ms C, 6r°.

fait qu'elle se trouve dans une situation contradictoire, au moins à première vue :
elle participe et à la lumière de la foi et aux ténèbres des incroyants, elle éprouve
une souffrance qu'elle n'aurait jamais imaginée avec une joie plus profonde que
jamais :

> *Malgré cette épreuve qui m'enlève toute jouissance, je puis cependant m'écrier :*
> *"Seigneur, vous me comblez de joie par tout ce que vous faites"* [61].

Seul l'amour nous permet d'entrer dans cette expérience de Thérèse.
Pourquoi cette épreuve ? A quoi bon tant de souffrances en apparence inutiles
pour une Thérèse déjà très avancée sur le chemin de la sainteté ? Elle-même est
convaincue que si Dieu lui a fait voir la réalité de l'incroyance, c'est pour qu'elle
retourne la situation, qu'elle vive cet état de ténèbres pour les incroyants eux-
mêmes, par amour. Son amour qui ne fait défaut à aucun moment de son
épreuve, renverse la situation par l'offrande des ténèbres auxquelles elle
participe :

> *Je Lui dis que je suis heureuse de ne pas jouir de ce beau Ciel sur la terre, afin qu'Il*
> *l'ouvre pour l'éternité aux pauvres incrédules* [62].

Elle sait dès lors quelle est sa mission : AIMER ceux qui n'aiment pas Dieu,
ceux qui nient son existence, ceux qui ne le reconnaissent pas comme source de
l'unique amour. Elle est prête à demeurer aussi longtemps que le Seigneur
voudra, à "cette table remplie d'amertume", jusqu'à ce que "tous ceux qui ne sont
point éclairés du lumineux flambeau de la foi le voient luire enfin".

> *Seigneur, votre enfant l'a comprise, votre divine lumière, elle vous demande*
> *pardon pour ses frères, elle accepte de manger aussi longtemps que vous le*
> *voudrez le pain de la douleur. (...) Je veux bien y manger seule le pain de l'épreuve*
> *jusqu'à ce qu'il vous plaise de m'introduire dans votre lumineux royaume* [63].

Par amour, elle se fait commensale des incroyants, avec la certitude que c'est
Jésus lui-même qui l'a conduite à cette fraction du pain avec ceux qui rejettent le
Christ de leur propre table. Dans la nuit qu'elle partage avec ceux qui ne
connaissent pas Dieu, elle continue imperturbablement de "fixer l'invisible
lumière qui se dérobe à sa foi".

Thérèse nous laisse un témoignage saisissant : une jeune Carmélite que rien
ne prédestinait à exercer quelque influence particulière, est littéralement prise,
ravie, offerte, sacrifiée au nom de l'amour par l'amour même, pour que de nombreuses âmes s'ouvrent à l'amour. Pour affronter l'incroyance la plus radicale,
c'est une Carmélite sans expérience, que Dieu choisit. Une santé déficiente, une
modeste culture, une rigoureuse clôture, tout concourait à l'enfermer dans les
limites étroites de son cloître, recluse inconnue et insignifiante, loin d'un monde
en pleine révolution idéologique et culturelle, industrielle et économique. "Dieu
a choisi ce qui était faible pour confondre les forts", nous dit saint Paul [64]. Il a

---

61. Ms C, 7r°.
62. Ms C, 7r°.
63. Ms C, 6v°.
64. Cf. *1 Co* 1, 27.

renouvelé ce choix en la personne de Thérèse. Face aux maîtres du soupçon, il n'a fait appel ni aux maîtres du raisonnement ni aux experts de la réussite sociale. C'est à l'amour, à l'amour immolé qu'il a confié le monde de l'incroyance.

En Dieu, Thérèse a découvert la source de l'amour. Dans l'Église, elle a saisi le flot incessant qui s'écoule par son canal. C'est au cœur de l'Église qu'elle se désaltère. C'est du cœur de l'Église qu'elle veut contribuer à répandre ces flots d'amour infini sur les plus éloignés, sur ceux qui en sont privés, les pécheurs ; sur ceux qui le rejettent, les athées ; sur ceux qui l'ignorent, les indifférents. Seule la force de l'amour peut abattre le mur de l'indifférence et faire s'écrouler toutes les incroyances, toutes les mal-croyances, tous les athéismes. Comment révéler à nos contemporains la présence agissante de l'amour de Dieu pour eux ? Comment dire à l'homme assoiffé de bonheur, que Dieu, et Dieu seul, veut et peut lui donner en plénitude ce à quoi aspirent son cœur et son esprit, sans jamais pouvoir le conquérir ? Aux questions du monde de l'incroyance, Thérèse apporte la seule réponse qui vaille, parce qu'elle vient de Dieu : l'Amour, un amour crucifié, l'amour immolé.

CONCLUSION : L'ESPÉRANCE OU LA FOI EN L'AMOUR

Dans ce combat nocturne où l'amour et l'incroyance s'affrontent, Thérèse vit intensément l'espérance chrétienne : elle espère contre tout espoir. Quand elle compare sa vie à celle des saints, elle la caractérise ainsi : "Les saints ont fait des folies, ils ont fait de grandes choses... Ma folie à moi, c'est d'espérer". Jésus a aimé les hommes, tous les hommes, y compris ses ennemis et les indifférents, et ce, jusqu'à la folie. Thérèse lui dit : "Comment veux-tu, devant cette folie, que mon cœur ne s'élance pas vers toi ? Comment ma confiance aurait-elle des bornes ?" [65] Elle ajoute, comme pour donner l'ampleur de son espérance confiante :

> *Si j'avais commis tous les crimes possibles, j'aurais toujours la même confiance, je sens que toute cette multitude d'offenses serait comme une goutte d'eau jetée dans un brasier ardent* [66].

Devant le monde de l'incroyance, Thérèse nous apprend l'espérance, qui est la foi en l'amour.

Thérèse a osé regarder en face ce que Jésus lui faisait voir dans la foi : l'incroyance existe. Aussitôt, elle appelle les incrédules : "mes frères". Pour eux, elle se consumera d'amour dans "la nuit de cette vie". Elle a découvert soudainement l'existence des incroyants : "Je croyais qu'ils parlaient contre leur pensée en niant l'existence du Ciel". Elle doit se rendre à l'évidence : ceux qui ne croient pas pensent être dans la vérité. Thérèse comprend alors l'infinie liberté de Dieu, l'extrême autonomie de l'homme que Dieu a voulue et qu'il respecte parce qu'il

---

65. Ms B, 5v°.
66. CJ 11.7.6.

aime vraiment l'homme, et l'infinie tendresse de Jésus venu chercher la brebis perdue. Au cœur de la condition humaine, contrairement à nombre de ses contemporains pour lesquels l'incroyance était un signe de faiblesse intellectuelle ou un signe d'immoralité plus ou moins cachée, Thérèse prend au sérieux le drame de la liberté de l'homme qui a la puissance, au cœur même de sa raison, de nier Dieu. Être Dieu avec Dieu, ou être Dieu sans Dieu, écrira Maurice Blondel en Prologue de l'*Action*, en 1893 : "la méta-tentation", dira Jean-Paul II, voici dix ans, aux Evêques français, à Issy-les-Moulineaux,où j'avais le privilège de l'entendre.

Thérèse de Lisieux nous ouvre la seule voie d'accès possible au monde de l'incroyance : l'AMOUR. Quand elle parle de l'amour, la Carmélite se réfère spontanément à sa fondatrice, Thérèse d'Avila : "Que m'importe à moi de rester jusqu'à la fin du monde en purgatoire, si par mes prières je sauve une seule âme" [67]. La "petite Thérèse" nous le redit : ce ne sont ni les raisonnements intellectuels, ni les discussions apologétiques qui convertiront les incroyants. Ils ont certes leur importance pour enlever les pierres du sépulcre qui pèsent sur l'intelligence. Mais l'amour seul est susceptible d'ouvrir un cœur à la foi : "C'est à ce signe que vous vous aimerez les uns les autres, que l'on vous reconnaîtra pour mes disciples" [68], dit Jésus. Aimer du plus grand amour suppose de "donner sa vie pour ceux que l'on aime". Thérèse a aimé les incroyants jusqu'à donner sa vie de foi, dans son offrande sacrificielle, pour qu'ils découvrent la présence de l'amour. Car l'amour seul est digne de foi (Hans Urs Von Balthasar). Nul ne peut vivre sans amour (Jean-Paul II, *Redemptor Hominis* [69]).

Je relisais ces jours-ci la quatrième lettre de Thérèse, du 19 mars 1897, au Père Adolphe Roulland, dans le *Bulletin de l'Union Sacerdotale de Lisieux* :

> *Je voudrais sauver des âmes et m'oublier pour elles ; je voudrais en sauver après ma mort, aussi je serais heureuse que vous disiez (...)* : *"Mon Dieu, permettez à Thérèse de vous faire encore aimer". Si Jésus vous exauce, je saurai bien vous témoigner ma reconnaissance* [70].

Cette confidence de Thérèse à la veille de sa mort m'émeut profondément : "Je serais heureuse que vous disiez : Mon Dieu, permettez à Thérèse de vous faire encore aimer".

Faire aimer l'amour, l'amour miséricordieux. Telle fut, telle est la mission de Thérèse, docteur de l'Amour pour le monde de l'incroyance. "Croyez à la vérité de mes paroles", nous dit-elle. N'est-ce pas une affirmation doctorale ? "On n'a jamais trop de confiance envers le bon Dieu si puissant et si miséricordieux" [71]. "Je voudrais éclairer les âmes, comme les prophètes, comme les docteurs" [72].

Le Pape Pie XI, dont elle fut l'étoile du pontificat, disait, lors de l'approbation de ses miracles, le 11 février 1923 : "Que veut nous dire la petite Thérèse qui s'est

---

67. THÉRÈSE D'AVILA, *Chemin de la Perfection*, ch. III.
68. *Jn* 13, 35.
69. *Redemptor Hominis*, 10.
70. LT 221. Cf. *Bulletin de l'Union Sacerdotale*, Lisieux, avril 1990, n° 167, p. 14-15.
71. Sr MARIE DE LA TRINITÉ, *Une novice de sainte Thérèse*, p. 107.
72. Ms B, 3r°.

faite, elle aussi, une parole de Dieu ?" Et, deux mois plus tard, le 30 avril 1923, le Pape Ratti insistait, en recevant des pèlerins français : "Le Bon Dieu nous dit bien des choses par elle qui fut comme sa parole vivante" : une parole de foi, cette foi qui est l'espérance dans l'amour. Thérèse nous enseigne l'authentique espérance. Elle répond ainsi à l'appel secret de nos contemporains, dont l'angoisse existentielle a son écho dans la vie spirituelle, marquée par un manque tragique d'espérance, qui va jusqu'à désespérer de tout, et de tous, y compris de soi-même et de Dieu. En proie à la modernité, Prométhée déchaîné n'est plus que Sisyphe désenchanté.

Devant le drame de l'humanisme athée, nombre de chrétiens sont pris d'angoisse. Thérèse à l'avance, par son amour évangélique et plus encore sa compassion mystique, nous montre la voie en portant la déréliction même de ce monde qui est le nôtre au cœur de la sainte agonie partagée avec le Seigneur. Cet Amour est vraiment un abîme sans fond, un océan sans rivage. Oui, "Dieu est Amour" [73].

Thérèse nous a été donnée, en ce temps d'incroyance, pour ranimer en nous la flamme de l'espérance, qui est la foi en l'Amour.

On n'a jamais trop de confiance envers le bon Dieu si puissant et si miséricordieux. On obtient de lui tout autant qu'on en espère [74].

Vous l'avez compris, c'est à Thérèse, Docteur de l'Amour, que je confie le monde de l'incroyance dont Jean-Paul II m'a donné la charge. "Mon Dieu, permettez à Thérèse de vous faire encore aimer !"

---

73. 1 *Jn* 4, 8.
74. *Une novice de sainte Thérèse...*, p. 107.

SAINTE THÉRÈSE DE L'ENFANT-JÉSUS

DOCTEUR DE LA VIE MYSTIQUE

Sainte Thérèse de l'Enfant-Jésus, docteur de la vie mystique : c'est sous ce titre que le Père Marie-Eugène de l'Enfant-Jésus prononça la conférence de clôture du Congrès thérésien de 1947 à l'Institut Catholique de Paris. Elle fit grande impression. Nous donnons, à titre d'exemple, la réaction de Mère Françoise-Thérèse qui, sous-prieure du Carmel de Lisieux, secondait Mère Agnès de Jésus. Elle écrivait alors au Père Marie-Eugène :

"Il me semble que ces pages sont parmi les plus vraies, les plus belles, les plus profondes qui aient été écrites sur Ste Thérèse de l'E.J. (...) C'est d'une telle densité de pensée en même temps que d'une telle ampleur de vue (...) Quelle connaissance de notre Sainte cela suppose et quel amour pour elle ! (...) J'en étais émue. La montrer si grande et si accessible... La synthèse de sa spiritualité me paraît d'une justesse admirable (...) Vraiment une telle étude, si lumineuse et si riche de vues pénétrantes, nouvelles, me paraît devoir faire un bien immense. Puisse-t-elle avoir la plus large diffusion (...) La documentation est parfaite, les citations admirablement choisies (...) C'est l'œuvre, non de quelques jours, mais de longues années d'approfondissement, sous la lumière du Saint-Esprit. On y sent toute votre pensée de théologien, toute votre expérience du divin, tout votre culte personnel pour Thérèse" (Lettre au Père Marie-Eugène, 18 septembre 1947).

Publiée dans la revue *Carmel* (Tarascon, septembre-octobre 1947, p. 137-153 ; mars-avril 1948, p. 1-16 ; septembre-octobre 1948, p. 129-143) et dans *Ton amour a grandi avec moi. Un génie spirituel, Thérèse de Lisieux* (Éd. du Carmel, Venasque, 1987 [2]), ce texte majeur de la théologie thérésienne connaît en effet une large diffusion. Il a donc paru utile d'insérer ici cette conférence comme synthèse des axes théologiques de la doctrine de Thérèse. Et cela d'autant plus que les études contenues dans le présent ouvrage, comme l'ensemble des Rencontres théologiques et spirituelles de Venasque, trouvent leur inspiration profonde dans le charisme du Père Marie-Eugène de l'Enfant-Jésus, fondateur de Notre-Dame de Vie.

Les compléments ajoutés entre crochets dans les notes ont été rédigés par l'Éditeur, en 1987. De même, les citations de Thérèse et leurs références selon l'édition critique du Centenaire avaient été rétablies dans cette publication.

SAINTE THÉRÈSE DE L'ENFANT-JÉSUS, DOCTEUR DE LA VIE MYSTIQUE

Père Marie-Eugène de l'E.J.

Ce titre audacieux ne veut pas soulever le problème d'une déclaration possible du doctorat de sainte Thérèse de l'Enfant-Jésus. Il se propose simplement de constater un fait, de redire une vérité affirmée en plusieurs circonstances par les Souverains Pontifes et d'une façon bien explicite par Benoît XV en son discours pour la proclamation de l'héroïcité des vertus de la Servante de Dieu :

> *Disciple d'un Ordre religieux dans lequel la gloire des docteurs est même l'apanage du sexe faible, elle ne fut cependant pas nourrie de fortes études : néanmoins elle eut tant de science par elle-même qu'elle sut indiquer aux autres la vraie voie du salut* [1].

Commenter cette déclaration pontificale en recueillant et en assemblant en gerbe les conclusions des études précédentes pour montrer la qualité et la portée du message thérésien : tel est notre but.

Pour établir sa valeur, il nous suffira de montrer comment il est ancré dans la tradition et sous quelles formules et illustrations nouvelles il nous présente ces richesses anciennes. *Vetera* et *Nova* [2].

I - VETERA : RICHESSES ANCIENNES

Des études pénétrantes nous ont souligné l'inspiration évangélique et paulinienne dans le message thérésien [3]. On ne saurait l'authentiquer et l'exalter plus heureusement qu'en nous le découvrant comme l'interprète fidèle de la pensée de Notre Maître, le Christ Jésus, et de son premier théologien, l'apôtre saint Paul. Pour suggestives que soient ces études, elles ne nous paraissent pas

---

1. Discours du 14 août 1921. [Cf. dans *Vie Thérésienne* (supplément aux *Annales de Sainte Thérèse*), 92 (oct. 1983), p. 270].
2. "... semblable au maître de maison qui tire de son trésor du neuf et du vieux" (*Mt* 13, 52).
3. Cf. FRANÇOIS DE SAINTE-MARIE, *L'Évangile, aliment de sa vie*, conférence donnée au début du Congrès. [Voir l'article "Sainte Thérèse de l'E.J. et la Sainte Écriture" dans les cahiers *Évangile*, Paris, nouvelle série n° 2, 1952, p. 41-56] ; L. GIRARD "La Spiritualité Paulinienne et la Petite Voie d'Enfance Spirituelle", série de 11 articles parus dans *Études et Documents* de 1936 à 1939.

cependant embrasser en toute son ampleur le problème des sources spirituelles auxquelles a puisé sainte Thérèse de l'Enfant-Jésus. Dans les paroles déjà citées, Benoît XV aiguille discrètement nos recherches : "Disciple d'un Ordre religieux, dit-il de notre Sainte, dans lequel la gloire des docteurs est même l'apanage du sexe faible". De fait, en considérant le problème des sources thérésiennes à la lumière de ces paroles, nous nous rendons compte que c'est en fonction et à travers sa vocation et sa formation carmélitaine que sainte Thérèse de l'Enfant-Jésus s'est nourrie de la tradition chrétienne, si bien qu'il ne semble pas excessif d'affirmer que c'est surtout, sinon exclusivement, par la tradition carmélitaine qu'elle a communié au passé.

Thérèse n'avait que neuf ans lorsque le Carmel lui fut présenté d'une façon concrète par sa sœur Pauline qui se disposait à y entrer (octobre 1882).

Je me souviendrai toujours, ma Mère chérie, écrit-elle dans l'Histoire d'une Âme, avec quelle tendresse vous m'avez consolée... Puis vous m'avez expliqué la vie du Carmel qui me sembla bien belle ! En repassant dans mon esprit tout ce que vous m'aviez dit, je sentis que le Carmel était le désert où le Bon Dieu voulait que j'aille aussi me cacher... Je le sentis avec tant de force qu'il n'y eut pas le moindre doute dans mon cœur : ce n'était pas un rêve d'enfant qui se laisse entraîner, mais la certitude d'un appel Divin ; je voulais aller au Carmel non pour Pauline mais pour Jésus seul... Je pensai beaucoup de choses que les paroles ne peuvent rendre, mais qui laissèrent une grande paix dans mon âme [4].

De la vocation on a pu dire qu'elle est une harmonie entre l'être et la vie. Cette harmonie préétablie dans le plan divin, entre les exigences profondes de son être et les possibilités d'épanouissement que lui offrait la vie du Carmel, Thérèse enfant l'avait saisie suivant un mode qui lui deviendra habituel, par un simple regard intuitif qui atteint les réalités profondes. Paix, certitude, équilibre déjà trouvé dans la lumière, volonté ferme de réalisation apportaient à cette découverte un sceau divin d'authenticité.

L'enfant va aussitôt faire confidence de son "secret à Pauline qui regardant mes désirs comme la volonté du Ciel, me dit que bientôt j'irais avec elle voir la Mère Prieure du Carmel et qu'il faudrait lui dire ce que le Bon Dieu me faisait sentir..." [5].

Cette enfant de neuf ans est aussitôt adoptée par sa famille spirituelle. Elle devra attendre toutefois d'avoir seize ans pour être reçue dans le monastère. Déception dont une délicatesse surnaturelle vient adoucir la peine : sans avoir été prévenue, la Mère Prieure confirme le désir secret de l'enfant, de porter au Carmel le nom de Thérèse de l'Enfant-Jésus [6].

---

4. Ms A, 26r°.
5. *Ibid.*
6. Cf. Ms A, 31v°.

La vocation de Thérèse est fixée. Ses relations avec le Carmel deviennent étroites, mais non exclusives. D'autres influences spirituelles s'exercent sur son âme. Par l'intermédiaire de la sainte tante visitandine, l'esprit de saint François de Sales et sainte Jeanne de Chantal a pénétré dans l'atmosphère familiale des Buissonnets et l'a imprégnée d'un amour qui rayonne la force et la tendresse. L'action exercée par les maîtresses bénédictines de l'Abbaye sera semble-t-il moins marquée ; Thérèse cependant recueillera avec soin leurs leçons pratiques de spiritualité liturgique. C'est une enfant docile ; elle reste très ouverte à tous bons enseignements et influences, d'où qu'ils viennent, mais il apparaîtra plus tard, qu'ainsi qu'il arrive pour les esprits puissants, elle enchâsse, à mesure qu'elle les reçoit, ces trésors spirituels dans la synthèse qui se construit en son âme sous la lumière du but déjà irrévocablement fixé.

Voici la grâce de Noël 1886 dont on ne saurait trop souligner l'influence psychologique et spirituelle. Grâce de conversion, grâce de libération qui la "fait sortir des langes et des imperfections de l'enfance"[7], et lui permet de marcher désormais "de victoires en victoires, (commençant) pour ainsi dire une course de géant"[8]. Le petit papillon, eût dit Thérèse d'Avila, débarrassé de la chrysalide au sein de laquelle s'est opérée sa transformation, peut maintenant prendre librement son vol vers les hauteurs[9]. Habituellement de tels changements jettent au moins un voile sur les aspirations nourries précédemment. Après la grâce de Noël, au contraire, la vocation carmélitaine de Thérèse s'affirme plus nette et déjà impérieuse en ses désirs de réalisation prochaine.

J'avais résolu, écrit-elle, *d'entrer [au Carmel] à l'heure même où l'année précédente j'avais reçu "ma grâce"* [de conversion][10].

Cette volonté ferme impose ses certitudes autour d'elle, à sa sœur Céline, à son père, à son oncle, entreprend les démarches les plus audacieuses auprès de l'Évêque de Bayeux et du Saint Père lui-même. La prudence des Supérieurs s'effraie de son jeune âge mais personne n'émet un doute sur sa vocation, pas même le Supérieur qui en ouvrant les portes du monastère à cette enfant de quinze ans laisse sa mauvaise humeur prophétiser[10 bis].

Enfin mes désirs étaient accomplis, écrit la Sainte, *mon âme ressentait une PAIX si douce et si profonde qu'il me serait impossible de l'exprimer et depuis 7 ans et*

---

7. LT 201, (1-11-1896), au P. Roulland.
8. Ms A, 44v°.
9. Cf. V^es *Demeures*, ch. II, dans *Œuvres Complètes,*Seuil 1949, p. 901-910. Cf. aussi VIes *Demeures*, ch. II, p. 938.
10. Ms A, 50r°.
[10 bis. "Eh bien, mes révérendes Mères, vous pouvez chanter un Te Deum ! Comme délégué de Monseigneur l'Évêque, je vous présente cette enfant de quinze ans dont vous avez voulu l'entrée. Je souhaite qu'elle ne trompe pas vos espérances mais je vous rappelle que s'il en est autrement, vous en porterez seules la responsabilité". (PO, p. 141)] [Note de l'Éd.].

demi cette paix intime est restée mon partage, elle ne m'a pas abandonnée au milieu des plus grandes épreuves.

... Tout me semblait ravissant... ah ! j'étais pleinement récompensée de toutes mes épreuves... Avec quelle joie profonde je répétais ces paroles : "C'est pour toujours, toujours que je suis ici !"... [11]

Il faut recourir au contexte pour comprendre les impressions de la jeune postulante et saisir la portée du langage de la religieuse arrivée presque à la fin de sa vie. Ce bonheur ne vient pas de consolations intérieures ou de gâteries de la communauté. La sécheresse habite en son âme et les petits coups d'épingle, pas plus que les épreuves les plus graves ne manqueront à sa sensibilité affinée.

Cela même répond aux exigences de son âme et fait partie du cadre de perfection qu'elle a rêvé et qui comporte comme éléments essentiels : une vie régulière et silencieuse dont une règle et une discipline austères ont réglé tous les détails extérieurs, une ambiance toute pénétrée de l'esprit et de la doctrine forte et vivante des maîtres du Carmel, une clôture rigoureuse qui protège la solitude et élimine toutes influences contraires. Or c'est en ce cloître fermé que va s'élaborer, obscurément d'abord, la doctrine de Thérèse de l'Enfant-Jésus, que cette doctrine trouvera peu à peu sa formule et que commencera la mission prodigieuse.

Vérité qui s'impose à l'attention du théologien aussi bien que de l'historien et que nous devons souligner : c'est en devenant Carmélite jusqu'au bout des ongles que Thérèse de l'Enfant-Jésus est devenue une sainte et une maîtresse de vie spirituelle, c'est en gravissant la montée du Carmel avec amour qu'elle a trouvé la voie d'enfance spirituelle et qu'elle en a crayonné le tracé lumineux [12].

Que lui a fourni le Carmel pour cette tâche magnifique ? Un esprit, une discipline de vie et une doctrine spirituelle. L'esprit est celui d'Élie, la discipline est celle de Thérèse d'Avila, la doctrine de saint Jean de la Croix. Cloisonner trop rigoureusement ces influences serait sacrifier la vérité à la clarté logique. Toutefois cette classification nous semble caractériser la part de chacun des Maîtres du Carmel dans la formation de sainte Thérèse de l'Enfant-Jésus.

1. L'esprit d'Élie

N'est-ce pas une gageure que de vouloir établir des liens de parenté entre le plus rude des prophètes de l'Ancien Testament, Élie à l'accoutrement

---

11. Ms A, 69r°-v°.
12. Dieu nous préserve de faire de sainte Thérèse de l'E.J. une sainte de petite chapelle, cette chapelle serait-elle comme le Carmel, aux dimensions de l'Église universelle ! D'autre part ce serait méconnaître la vérité historique et les lois de l'économie providentielle que de négliger l'influence considérable du milieu dans la formation des saints.

pittoresque [13], au regard chargé d'une flamme vengeresse [14], et la plus moderne des saintes, Thérèse de l'Enfant-Jésus qui répand inlassablement la miséricorde et qui disparaissait si bien sous des formes ordinaires que nous ne l'aurions reconnue, nous non plus, parmi ces moniales qui se présentent souriantes, modestes et un peu mystérieuses à la grille de nos monastères. Et cependant seule cette parenté peut nous expliquer certaines attitudes caractéristiques de l'âme et nous livrer le secret de la synthèse de sa spiritualité.

C'est en ses sources vivantes qu'un Ordre religieux puise les caractères essentiels de sa tradition. Les changements ou revêtements extérieurs que les siècles lui imposent, sont à ce noyau vivant ce que sont à l'être humain ses développements successifs et les vêtements adaptés à son âge ; loin de détruire l'identité foncière ils affirment sa permanence en une croissance régulière.

Or Élie est le père du Carmel ; des siècles de vie carmélitaine en portent un témoignage constant, donc irrécusable. La jeune Carmélite de notre siècle est par conséquent sa fille. Voyons comment.

Élie, le type des prophètes de l'Ancien Testament, est un homme de Dieu dans le sens plein du mot. Il a été pris par Dieu et arraché à sa famille et à sa tribu par une emprise puissante et probablement soudaine. "Il se leva comme une flamme", dit le texte sacré [15]. Il vit habituellement au désert. Un ordre de Dieu l'y a conduit [16], ou plutôt c'est son emprise qui l'y a jeté en laissant dans son âme une soif ardente de Dieu et un besoin impératif de se tenir à sa disposition.

Élie est un voyant qui se tient constamment en présence du Dieu vivant. Son cri de guerre : *"Vivit Dominus... in cujus conspectu sto :* il est vivant le Seigneur en présence de qui je me tiens", exprime l'attitude habituelle de son âme [16 bis]. C'est un contemplatif, non pas occasionnel, mais de race. Qu'est-ce, en effet, que la contemplation, sinon cette recherche anxieuse de Dieu et cette découverte reposante de sa présence ? La puissance du prophète sur les éléments [17], son audace tranquille [18], sa familiarité avec Dieu nous laissent deviner la qualité de sa contemplation, tandis que ses exigences sur l'Horeb nous en découvrent la pureté et la pénétration : le Seigneur lui ayant annoncé son passage [19], Élie récuse successivement les manifestations sinaïtiques du vent qui brise les rochers, du

---

13. "C'était un homme qui portait un vêtement de poils (*Vulgate* : "poilu") et un pagne de peau autour des reins" (*2 R* 1,8).
14. "Élie le prophète se leva comme une flamme et sa parole brûlait comme une torche" (*Si* 48,1). En effet cette flamme consume successivement deux groupes de cinquante hommes envoyés par le roi Ochozias pour le saisir (*2 R* 1).
15. *Si* 48,1.
16. *1 R* 17, 3-6.
[16 bis. *1 R* 17,1.]
17. *Ibid.*
18. *1 R* 18, 23-38.
19. "Sors et tiens-toi sur la montagne devant le Seigneur, car voici que le Seigneur passe" (*1 R* 19,11).

tremblement de terre qui ébranle et du feu qui embrase [20]. Il ne se déclare satisfait que lorsque dans un souffle léger [21] Dieu lui a donné une vision substantielle de lui-même [22].

Or ce contemplatif est classé par l'histoire parmi les prophètes d'action. Il a été choisi pour remplir une mission. Représentant de Dieu auprès de son peuple, il est chargé d'Israël et en porte douloureusement le poids.

Après la manifestation de l'Horeb, le Seigneur questionne : "Que fais-tu Élie ?" et celui-ci de répondre : "Je suis consumé par le zèle pour le Seigneur Dieu des armées, parce que les fils d'Israël ont brisé ton alliance, ils ont détruit tes autels et massacré tes prophètes" [23]. Le péché d'Israël oppresse l'âme du prophète. Il y rencontre la pureté et la justice de Dieu, leur livre combat, en accroît les ardeurs. La souffrance est profonde et ardente. C'est déjà Gethsémani, un Gethsémani il est vrai de l'Ancien Testament. En attendant qu'il se répande en flammes vengeresses, le feu de la justice divine consume le prophète. Par ce drame intérieur Israël continue la mission à lui confiée : son péché attise un foyer dont la flamme monte pure, belle, ardente vers le Ciel comme celle d'un sacrifice d'holocauste réparateur.

Homme de Dieu et toujours à sa disposition, le prophète quitte sa solitude sur un ordre divin ; il va et vient ici et là, porter un message, convoquer le peuple, sacrer un roi, choisir un disciple. Ce contemplatif solitaire est mêlé étroitement à la vie de son peuple. Ses gestes extérieurs sont les plus importants dans l'histoire d'Israël de son temps.

Tel est Élie, le prophète, à la fois lumière, flamme et action. Son esprit est une réalité vivante qui passe à Élisée [24], et dont Jésus signale la survivance en Jean-Baptiste [25] ; patrimoine spirituel que réclame la tradition carmélitaine et qu'elle se fait un devoir de conserver et de transmettre.

De fait nous en retrouvons les traits caractéristiques en sainte Thérèse de l'Enfant-Jésus.

Thérèse est prise elle aussi par Dieu ; avec quelle précocité et en quelles profondeurs, les études précédentes nous l'ont montré [26]. Cette maîtrise d'elle-

---

20. "Le Seigneur n'est pas dans le vent... dans le bruit... dans le feu" (*1 R* 19, 11-12).
21. "Et l'ayant entendu, Elie se couvrit la face de son manteau" (*1 R* 19,13).
22. Cf. JEAN DE LA CROIX, *Montée du Carmel*, II, XXII, Seuil, 1947, p. 252 ; *Cantique Spirituel* A, str. XIII, *ibid.*, p. 760 (B str. XIV).
23. *1 R* 19,13-14.
24. *2 R* 2.
25. *Mt* 11,14.
26. Cf. surtout la conférence qui a précédé de LOUIS DE SAINTE-THÉRÈSE, "La Vie Spirituelle de Sainte Thérèse de l'E.J. est une vie mystique". [On peut en retrouver l'essentiel dans ses publications comme par exemple la trilogie : *Mon Ciel, c'est l'Amour* ; *Confiants jusqu'à l'audace* ; *Ma vocation dans l'Église*, Éd. Pyrénéennes, Bagnères de Bigorre, 1963, 1965, 1966].

même et sa fidélité constante depuis l'âge de trois ans ne s'expliquent que par une emprise divine réalisée dès l'éveil de la raison.

Effet aussi et témoignage de cette emprise, ce besoin de Dieu qui se manifeste indéterminé et puissant dès l'âge le plus tendre et qui en se précisant se concrétisera en une intimité unissante avec Jésus. Elle appelle de "beaux jours", ceux où son père l'emmenait toute petite avec lui à la pêche.

Quelquefois, écrit-elle, j'essayais de pêcher avec ma petite ligne, mais je préférais aller m'asseoir seule sur l'herbe fleurie, alors mes pensées étaient bien profondes et sans savoir ce que c'était de méditer, mon âme se plongeait dans une réelle oraison... La terre me semblait un lieu d'exil et je rêvais le Ciel... [27]

La foudre, qui éclate un jour dans un pré voisin, ne produit pas la moindre frayeur, mais lui donne l'impression que le Bon Dieu est tout près d'elle [28]. Voilà une oraison qui doit s'appeler contemplation.

D'ailleurs, lorsque avec sa petite cousine Marie, elle peut choisir les jeux à son goût,

Marie et Thérèse devenaient deux solitaires n'ayant qu'une pauvre cabane... Leur vie se passait dans une contemplation continuelle, c'est-à-dire que l'un des solitaires remplaçait l'autre à l'oraison lorsqu'il fallait s'occuper de la vie active [29].

Goûts d'enfant! disons plus justement réflexes qui nous ouvrent les profondeurs du subconscient et nous permettent d'y découvrir un besoin de solitude silencieuse commandé par une obscure présence divine. Nous comprenons que cette enfant prise ainsi par le fond paraisse un peu inadaptée au milieu de ses petites compagnes de l'Abbaye tout extérieures et sensibles.

Souvent, pendant les récréations, écrit-elle, je m'appuyais contre un arbre et là je contemplais le coup d'œil, me livrant à de sérieuses réflexions [30].

Par contre, elle confie que les jours de congé, bien souvent elle va se cacher dans un espace libre de sa chambre qu'elle peut aisément fermer avec les rideaux de son lit et que là elle "pense", faisant une véritable oraison, dans laquelle le divin Maître instruit doucement son cœur [31].

Jean de Yépès enfant, malgré ses talents manuels, avait paru aussi ne pas pouvoir s'adapter dans les milieux d'artisans où la pauvreté de sa mère l'avait placé pour apprendre un métier ; il trouvait son équilibre intérieur en ses longues stations à l'église pour y servir des messes.

N'exagérons pas, mais ne minimisons pas non plus ce qui advint à ces deux enfants, Thérèse Martin et Jean de Yépès ; appels au silence et une certaine

---

27. Ms A, 14v°.
28. Ms A, 14v°-15r°.
29. Ms A, 23r°.
30. Ms A, 37r°.
31. Cf. Ms A, 33v°.

inaptitude extérieure peuvent être des indices convergents qui révèlent une emprise de Dieu et une vie intérieure de fond déjà puissante.

La première communion de Thérèse va transformer cette union de fond en une "fusion"[32] débordante, en attendant que la grâce de Noël, en décapant en quelque sorte l'âme de Thérèse, mette au jour cette grâce de fond et en découvre les exigences précises.

Mais avant qu'elle ne trouve au Carmel le désert désiré[33], Thérèse a reçu une faveur surnaturelle qui a réalisé en elle la synthèse élianique.

Un dimanche en regardant une photographie de Notre-Seigneur en Croix, je fus frappée par le sang qui tombait d'une de ses mains Divines, j'éprouvai une grande peine en pensant que ce sang tombait à terre sans que personne ne s'empresse de le recueillir, et je résolus de me tenir en esprit au pied de [la] Croix pour recevoir la Divine rosée qui en découlait, comprenant qu'il me faudrait ensuite la répandre sur les âmes... Le cri de Jésus sur la Croix retentissait aussi continuellement dans mon cœur : "J'ai soif !" Ces paroles allumaient en moi une ardeur inconnue et très vive... Je voulais donner à boire à mon Bien-Aimé et je me sentais moi-même dévorée de la soif des âmes... Ce n'était pas encore les âmes de prêtres qui m'attiraient, mais celles des grands pécheurs, je brûlais du désir de les arracher aux flammes éternelles...[34]

En un instant s'était allumée en Thérèse la flamme du zèle qui lui faisait dépasser le cercle étroit où elle avait vécu jusqu'alors[35]. Elle porte désormais le poids des âmes : leur salut, leur sanctification deviennent la préoccupation dominante de sa vie, le motif solennellement affirmé de son entrée au Carmel :

Ce que je venais faire au Carmel, écrit-elle, *je l'ai déclaré aux pieds de Jésus-Hostie, dans l'examen qui précéda ma profession : "Je suis venue pour sauver les âmes et surtout afin de prier pour les prêtres"*[36].

Contemplation et zèle marchent de pair désormais en Thérèse de l'Enfant-Jésus, se soutiennent mutuellement, trouvant en cette aide réciproque une force prodigieuse pour leur développement. Nous n'avons pas ici à marquer les étapes de leur progression ; qu'il nous suffise d'en indiquer le sommet.

La contemplation de notre Sainte aboutit à la découverte de l'Amour miséricordieux dont les hommes refusent les effusions et à l'offrande à cet

---

32. Cf. Ms A, 35r°.
33. Cf. Ms A, 69v°.
34. Ms A, 45v°. Cette grâce lui fut accordée en juillet 1887.
35. Cf. Ms A, 46v°.
36. Ms A, 69v°.

Amour dans le double but de soulager le cœur du Bon Dieu en mal d'amour et de permettre à cet Amour de descendre par elle sur le monde. Le feu de l'Amour vient blesser en effet l'âme et en faire désormais sa victime [37].

En cette apogée de sa vie spirituelle, sainte Thérèse de l'Enfant-Jésus nous rappelle à la fois Élie consumé sur l'Horeb par le zèle pour le Seigneur, Dieu des armées [37 bis], et sainte Thérèse d'Avila gémissant amoureusement dans le chœur de son monastère devant les blessures que font à l'amour de son Dieu l'ignorance des peuplades païennes et la malice des hérétiques [38].

Ces brasiers qui flamboient dans la nuit se ressemblent étrangement.C'est la justice, il est vrai, qui brûle Élie, l'amour qui consume Thérèse de Jésus, la miséricorde qui a choisi Thérèse de l'Enfant-Jésus comme victime. La flamme qui apparaît présente, il est vrai, des reflets différents suivant les époques, mais l'attitude d'offrande est identique, c'est le même Esprit qui les a saisis, c'est le même sacrifice d'holocauste qui par eux se perpétue à travers les temps sur les hauts lieux du Carmel.

Comme Élie, sainte Thérèse de l'Enfant-Jésus a une mission extérieure, posthume il est vrai ; sa puissance d'action merveilleusement efficace, libérée par la mort des fers qui l'immobilisaient pendant sa vie, fait d'elle un des grands chefs de notre temps. Les titres de maîtresse de vie spirituelle, de patronne des Missions et patronne de la France sont plus que des appels à son intercession, ils sont une reconnaissance officielle de services rendus et d'une mission en cours de réalisation. Fille authentique d'Élie, la sainte Carmélite de Lisieux a une mission prophétique complète.

Cette mission extérieure que nous ne faisons qu'énoncer évoque sainte Thérèse d'Avila et nous conduit à étudier l'influence de la Réformatrice du Carmel sur la plus illustre de ses filles.

2. La discipline de vie de sainte Thérèse d'Avila

Parmi les souvenirs de sa première enfance, sainte Thérèse de l'Enfant-Jésus note que lorsqu'on parlait de sainte Thérèse d'Avila dans les sermons, son père se penchait vers elle et lui disait tout bas : "Écoute bien, ma petite reine, on parle de ta Sainte Patronne" [39]. Plus tard elle lut la vie de sainte Thérèse d'après les Bollandistes [40]. Au Carmel elle entendit au réfectoire la lecture des Lettres de sa sainte Mère. Mère Agnès témoigne en sa déposition que sa sœur s'attacha à

---

37. Cf. Ms A, 84r°.
[37 bis. Dieu des "armées célestes", selon une expression biblique qui voulait inclure sous sa souveraineté tous les êtres célestes, parfois divinisés par les religions à l'entour. C'est le "Dieu de l'univers" que l'on chante dans le *Saint, Saint, Saint* de la Prière eucharistique]. [Note de l'Ed.]
38. Cf. THÉRÈSE D'AVILA, *Chemin de la Perfection*, ch. I, p.583-584.
39. Ms A, 17v°.
40. Mère MARIE DU SACRÉ-CŒUR (Carmélite de Caen), *Histoire de Sainte Thérèse* d'après les Bollandistes, ses divers historiens et ses œuvres complètes, Retaux-Bray, Paris, 1885.

étudier les œuvres de sainte Thérèse et de saint Jean de la Croix, et la Bible [41]. Son image était en son bréviaire et parmi ses notes intimes se trouvait un feuillet sur lequel sont inscrits trois textes sur les grands désirs, le zèle et l'humilité et le signet bien connu "que rien ne te trouble" [42]. Dans l'*Histoire d'une Âme*, il y a quelques citations ou plutôt des réminiscences des écrits de la Réformatrice [43].

Témoignages autorisés et documents nous permettent de douter que sainte Thérèse de l'Enfant-Jésus ait lu intégralement les œuvres de sa sainte Mère [44] et surtout qu'elle s'en soit nourrie avec la ferveur qu'elle professe pour les écrits de saint Jean de la Croix. Aussi n'est-il pas téméraire d'affirmer que la pensée écrite de la Réformatrice a eu moins d'influence sur la vie spirituelle de sainte Thérèse de Lisieux que les traités du Docteur du Carmel réformé.

D'aucuns sont allés plus loin dans leurs affirmations, soulignant entre la Mère et la fille des différences et jusqu'à des oppositions qui justifieraient un conflit.

Certes, des différences existent, mais elles ne peuvent prendre une importance capitale qu'aux yeux d'un certain formalisme religieux ou d'un amour de l'antique qui s'attache plus à la forme qu'à la vie, plus à la lettre qu'à l'esprit. Quant au conflit, existe-t-il ailleurs que chez certains esprits qui, transposant sur le plan spirituel de la sainteté les rivalités jalouses assez communes dans le domaine de l'humaine faiblesse, pensent que les grâces conquérantes de la fille portent ombrage à la plénitude splendide et géniale de la mère ? La vérité est que sainte Thérèse de l'Enfant-Jésus est le fleuron le plus brillant de la couronne qui ceint le front royal de Thérèse, la Mère du Carmel réformé, parce qu'elle est le plus beau parmi les fruits de sa fécondité.

Rechercher uniquement dans les écrits et sur le plan strictement intellectuel l'influence de sainte Thérèse d'Avila sur sainte Thérèse de Lisieux est une erreur

---

41. Cf. PO, p. 150.
42. Documentation du Carmel de Lisieux. [Les textes sont les suivants :
   "Ce n'est pas présomption de concevoir le désir de pratiquer des vertus héroïques à l'imitation des saints, ni même de souhaiter le martyre" (Cf. *Vie*, ch. XIII, p. 124).
   "Je donnerais volontiers mille vies pour sauver une seule âme" (Cf. *Chemin de la Perfection*, ch. I, p. 583).
   "L'âme que Dieu attire à Lui ne se soucie pas plus d'être estimée que méprisée. S'il est bon que l'âme connaisse que d'elle-même elle ne peut rien, il est (... bon aussi qu'elle sache qu'elle peut tout en Dieu)". (Cf. *Chemin de la Perfection*, ch. XXXVIII, p. 774 ; et *Vie*, ch. XIII, p. 123. La citation inachevée est complétée à l'aide d'un autre document possédé par Thérèse).
   "Que rien ne te trouble, que rien ne t'épouvante, Tout passe. Dieu ne change point. La patience tout obtient. A qui possède Dieu, rien ne manque. Dieu seul suffit". (Cf. *Œuvres Complètes*, p. 1564-1565).
   Cf. Note Documentaire émanant sans doute du Carmel de Lisieux (non datée ; vers 1945 ?) : *Sainte Thérèse de l'E.J. et Notre Mère Sainte Thérèse - Quelques documents*, Archives du Carmel de Lisieux].
43. Voir par exemple : Ms A, 70r° ; Ms C, 33v° ; cf. CJ 4.6.1 ; CJ 22.6 ; LT 201, (1-11-96), au Père Roulland.
44. Documentation du Carmel de Lisieux. [Cf. dans le même sens : *Correspondance Générale* II, p. 1350].

de perspective que nous commettons aisément, nous qui connaissons la Réformatrice du Carmel surtout par ses traités. C'est oublier que Thérèse de Jésus est avant tout Mère, et qu'elle n'écrivit que pour remplir une fonction particulière de sa maternité.

Or la fonction essentielle de la Mère est de contribuer à la production et au développement de la vie. Son influence se situe donc dans les régions profondes de la vie d'où jaillissent les comportements intérieurs, les modes naturels d'être et d'agir.

Il ne nous semble pas déplacé de transposer ces vérités sur le plan spirituel et de les appliquer, toutes proportions gardées, à la maternité spirituelle de sainte Thérèse d'Avila pour mettre en lumière son action sur le Carmel réformé et spécialement sur sainte Thérèse de Lisieux.

Après avoir pris conscience de la grâce filiale qui la rattachait à ces ermites qui vivaient sur le Mont-Carmel [45] et l'avoir fait triompher dans sa vie, Thérèse d'Avila a recréé dans son âme l'esprit d'Élie retrouvé en sa pureté primitive et, l'incarnant dans une organisation adaptée génialement aux besoins de son temps, l'a présenté au monde sous un visage nouveau. Dans les monastères de Thérèse c'est l'esprit de contemplation et de zèle d'Élie en toute sa force et plénitude parce qu'elle a tout organisé pour son parfait épanouissement.

Thérèse a tout prévu et tout organisé jusque dans les moindres détails pour favoriser l'intimité silencieuse avec Dieu. Choix du lieu et du cadre, humbles bâtisses et grand jardin avec ermitages solitaires, clôture rigoureuse, grilles et voiles épais, cellules individuelles et façon de prendre les récréations, tout contribue à porter les âmes, dans un équilibre humain magnifique vers les sommets de l'union à Dieu et à faire de ces monastères un paradis de Jésus ici-bas.

Nous savons déjà la joie profonde de Thérèse de l'Enfant-Jésus en son premier contact avec la vie organisée par la sainte Mère. Elle se laisse prendre complètement par cette discipline de vie dont l'austérité répond tant à ses désirs de sainteté qu'à sa soif des âmes. Elle entre avec ferveur dans cette vie régulière dont tous les détails sont marqués par la forte pensée de la sainte Mère, elle est fidèle jusqu'au scrupule aux moindres prescriptions de la règle et des usages. Formalisme qui tue la pensée ? Automatisme qui anémie la vie ? Qui oserait le soutenir ? Il faut certes savoir distinguer la lettre et l'esprit, mais veiller aussi à ne pas les séparer ; ils doivent cheminer ensemble ici-bas comme l'âme et le corps auxquels ils s'adaptent, et ne divorcer jamais dans une formation qui veut être complète.

Par son amoureuse et silencieuse fidélité à tous les détails de l'observance, Thérèse de l'Enfant-Jésus recueille la lumière et la grâce dont chacun est chargé,

---

45. Cf. THÉRÈSE D'AVILA, V ᵉˢ *Demeures*, ch. I, p. 893.

elle se laisse guider et est portée dans la voie de l'amour qu'ils tracent, vers les sommets où ils conduisent. Et alors que l'analyse la plus pénétrante des écrits de Thérèse d'Avila ne peut faire que des disciples, par ces humbles gestes carmélitains de chaque jour, Thérèse de Lisieux réalise la pensée de la sainte Mère, pénètre en son âme et devient véritablement sa fille.

Il est d'autant plus difficile de préciser cette influence maternelle qu'elle est plus étendue et plus profonde. Elle s'accuse plus dans l'ensemble de la vie que dans les traits particuliers, beaucoup plus dans les modes de penser et d'agir que dans les pensées et les actes eux-mêmes. Essayons cependant de la saisir en quelques points particuliers.

Sainte Thérèse d'Avila a établi si fortement le cadre qui protège la solitude de ses monastères, elle a tracé d'une main si ferme la ligne de la régularité quotidienne que sa réforme est jugée l'une des plus austères de l'Église. Et cependant, contradiction apparente, cette grande âme a un besoin impérieux de liberté. Cette liberté elle la réclame pour elle et pour ses filles et elle la protège contre toutes les contraintes et contre les disciplines humaines trop étroites qui pourraient gêner l'action de Dieu et limiter l'épanouissement de l'amour. Elle écrit avoir frémi en lisant le règlement imposé à un monastère pour les jours de communion, par un Père Carme trop zélé ; que serait-ce, ajoute-t-elle, si elle avait à l'observer. Sa règle ne contraint que pour nourrir et libérer l'amour. L'austérité devient ainsi joyeuse et derrière les grilles qu'elle a dressées règne la liberté des cœurs.

Des contacts répétés avec les monastères peuvent seuls révéler parfaitement cette note caractéristique de l'œuvre thérésienne. Sa doctrine sur l'oraison permet toutefois de la découvrir. Ses enseignements en effet sur l'oraison de recueillement actif [46] montrent comment une discipline forte en ses exigences et précise en ses directives laisse cependant le champ libre aux manifestations les plus diverses de l'amour pour qu'il puisse s'épanouir sous tous les climats.

De cette liberté thérésienne, sainte Thérèse de l'Enfant-Jésus a tout d'abord largement profité pour elle-même. Que ce soit pendant les premières années de sa vie religieuse alors que s'élabore en son âme sa doctrine et qu'elle ne peut presque rien confier de ce travail intérieur à ses Supérieures, que ce soit plus tard lorsqu'elle peut exprimer et confier sa pensée personnelle, elle ne sera jamais inquiétée ; ces nouveautés ne troubleront pas les Carmélites ses sœurs, spécialistes cependant, si l'on peut dire, des choses spirituelles. La Sainte Mère a demandé la liberté pour les âmes, pourvu qu'elles soient humbles. Thérèse est humble et en cette ambiance thérésienne cela lui assure toute liberté pour marcher en ses voies. Mère Marie de Gonzague, que l'on dit autoritaire, tient en

---

46. Cf. THÉRÈSE D'AVILA, *Chemin de la Perfection*, ch. XXX et suivants, p. 721 ss.

haute estime la jeune religieuse [47] et lui confiera le Noviciat en attendant que plus tard elle se mette à son école.

Cette atmosphère bienfaisante de liberté que sainte Thérèse de l'Enfant-Jésus a trouvée en son monastère, elle l'a fait passer dans sa doctrine. On l'y retrouve en effet à un tel degré que certains en sont surpris et comme déroutés [48].

L'Enfance spirituelle en effet échappe, sinon à toute définition, du moins à toute codification. Elle n'est pas une méthode pas plus qu'une dévotion ; elle n'est attachée à aucun exercice particulier ni à une attitude extérieure ou forme de langage ; elle s'adapte à tous les milieux et à tous les états. Elle est à la fois plus et moins que tout cela : elle est la réalisation d'une attitude d'âme, elle

> consiste en une disposition du cœur qui nous rend humbles et petits entre les bras de Dieu, conscients de notre faiblesse, et confiants jusqu'à l'audace en sa bonté de Père [49].

Elle n'a d'autres exigences, mais celles-ci impérieuses et absolues, que celles de l'humilité et de la confiance, dans l'âme qu'elle doit transformer.

On le voit, c'est le même climat de fidélité rigoureuse et de liberté que réclament et que créent les deux Thérèse pour l'épanouissement des âmes sous les rayons du Soleil divin de l'Amour. Trait subtil peut-être, mais riche de conséquences pratiques, chargé de ces impondérables qui font l'atmosphère d'une vie et d'un milieu.

Plus facile peut-être à saisir de l'extérieur est la mission commune que les deux saintes remplissent dans l'Église.

Après avoir fondé le monastère de Saint-Joseph d'Avila pour satisfaire ses besoins d'intimité avec Notre-Seigneur, sainte Thérèse n'étendit sa réforme [50] que pour répondre aux ardeurs d'amour que Dieu avait mises en son âme. Les nouvelles qui lui parviennent sur les ravages opérés en France par les Luthériens et les récits du Franciscain Maldonado sur l'ignorance qui cause la perte de millions de païens dans les Indes occidentales enflamment ses ardeurs : elle

---

47. Le 9 sept. 1890, au lendemain de la profession de sainte Thérèse de l'E.J., Mère Marie de Gonzague écrivait à la Prieure du Carmel de Tours : "Ma vénérée Mère Geneviève change et elle est bien fatiguée depuis 8 jours, enfin [Dieu] a permis que son cœur puisse encore être témoin du bonheur d'une enfant que j'ai immolée hier, cette Ange d'enfant a 17 ans 1/2, et la raison de 30 ans, la perfection religieuse d'une vieille novice consommée et la possession d'elle-même, c'est une parfaite religieuse. Hier pas un œil n'a pu rester sec à la vue de sa grande et entière immolation" (Archives du Carmel de Tours). [Cf. *Correspondance Générale*, I, p. 580-581)].

48. Habitués que nous sommes aux systématisations raisonnables et ordonnées en spiritualité, lorsque nous revenons aux sources thérésiennes où notre spiritualité française a si largement puisé, nous sommes étonnés de la spontanéité de la vie qui en jaillit et de la liberté aisée et simple avec laquelle elle se répand et s'exprime.

49. *Novissima Verba* (NV), 3.8.5 [b], Ed. 1927, p. 113. [Cf. *Derniers Entretiens*, I, p. 582].

50. Cf. THÉRÈSE D'AVILA, *Chemin de la Perfection*, ch. I, p. 584-585.

répand des larmes en abondance et supplie Notre-Seigneur à grands cris de lui procurer le moyen de travailler un peu à lui gagner quelques âmes[51].

Il semble désormais qu'elle ait pris l'Église en charge pour panser ses plaies et servir ses besoins d'expansion. A ses filles, réunies dans ses monastères, elle passe sa sollicitude ardente et douloureuse :

C'est pour [cette œuvre], leur écrit-elle, que [Dieu] vous a réunies ici : c'est là votre vocation ; ce sont là vos affaires ; tel doit être l'objet de vos désirs le sujet de vos larmes, le but de vos prières[52].

Ces "affaires" qui leur sont désormais confiées, c'est le secours spirituel nécessaire aux défenseurs de la foi et aux prédicateurs de l'Évangile pour remplir efficacement leur mission.

Sa sollicitude pour les ouvriers apostoliques est toute maternelle. Quels tressaillements dans son âme lorsqu'elle en découvre un qui, par ses dons naturels et surnaturels, est plus spécialement "digne de devenir de nos amis", dit-elle à Notre-Seigneur. Ses directeurs, les Balthazar Alvarez, Garcia de Toledo, Bañez et autres deviennent les fils de sa grâce en restant ses guides. Parmi les "grandes choses" que Dieu lui avait annoncées[53], la plus grande lui paraît être l'extension de sa réforme aux religieux, les Carmes Déchaussés qui doivent prolonger l'action de son zèle, l'armer de la puissance de la parole et des écrits. Parmi eux elle trouvera de fidèles héritiers de sa pensée, qui en découvriront toute l'ampleur dans leurs œuvres et deviendront ainsi les plus actifs promoteurs du mouvement missionnaire au début du XVIIe siècle.

Tel est le zèle de Thérèse de Jésus, tel est son amour pour l'Église qui a capté toutes ses énergies et dont le souvenir suffit pour éclairer d'une joie céleste son visage de mourante[54].

Le monastère de Lisieux avait recueilli fidèlement le précieux héritage de la Réformatrice, les aspirations apostoliques que Thérèse de l'Enfant-Jésus y apportait en entrant trouvèrent un climat particulièrement favorable à leur épanouissement. La sanctification des prêtres sera la plus chère de ses intentions. Elle la rappellera à ses novices pour stimuler leur ferveur et sa dernière communion sera offerte pour le malheureux Père Hyacinthe dont la chute attriste l'Église et sa famille religieuse[55].

Le Carmel de Lisieux avait eu l'honneur de fonder le premier monastère des Missions en Indochine, à Saïgon. Le monastère lointain était entouré d'une sollicitude affectueuse et active. On s'intéressait à tous ses projets, à ses fondations surtout. Bref, on vivait à Lisieux en plein climat missionnaire. Il fut

---

51. Cf. THÉRÈSE D'AVILA, Fondations, ch. I, p. 1074-1075.
52. Chemin de la Perfection, ch. I, p. 585
53. Cf. Fondations, ch. I, p. 1075.
54. Cf. Déposition de Sœur Marie de S. François citée dans : MÈRE MARIE DU SACRÉ-CŒUR, Histoire de Ste Thérèse..., Lethielleux, Paris, 1938, t. II, p. 411-412.
55. Sur la conversion du P. Hyacinthe [Loyson, ocd], voir A. COMBES, Introduction à la spiri- tualité de Sainte Thérèse de l'E.J., Vrin, Paris, 1946, p. 189, n° 2 1948, p. 227, n° 2.

question d'envoyer sainte Thérèse de l'Enfant-Jésus au monastère d'Hanoï récemment fondé. Si le projet ne put être réalisé, il contribua du moins à orienter plus directement sa pensée et son cœur vers cet apostolat.

Gardons-nous cependant d'attribuer uniquement à l'influence du milieu le développement du zèle apostolique de notre Sainte. Ce zèle jaillit de sources plus profondes. Le jour où sa Mère Prieure lui donne comme frère spirituel un futur missionnaire, elle en éprouve, dit-elle, une joie que

> j'appellerai enfantine ; car il me faut remonter aux jours de mon enfance pour trouver le souvenir de ces joies si vives que l'âme est trop petite pour les contenir ; jamais depuis des années, je n'avais goûté ce genre de bonheur. Je sentais que de ce côté mon âme était neuve, c'était comme si l'on avait touché pour la première fois des cordes musicales restées jusque-là dans l'oubli [56].

De même qu'autrefois le récit du P. Maldonado avait révélé à Thérèse de Jésus la nature des ardeurs qui la consumaient, ainsi ce petit fait découvrait à Thérèse de l'Enfant-Jésus les fibres aux vibrations puissantes que Dieu avait créées en son cœur pour en faire la patronne des Missions.

Deux incidents qui nous montrent en quelles profondeurs de vie divine s'affirme la ressemblance entre ces deux âmes et se nouent les liens de la filiation spirituelle. C'est parce que Thérèse de Lisieux a reçu l'amour ardent et conquérant de Thérèse d'Avila que, comme elle, elle devient maîtresse de vie spirituelle et missionnaire aux grandes aspirations, qu'elle entre dans le sillage lumineux de sa mission, qu'elle prolonge sa fécondité en l'étendant comme une fille prolonge la fécondité de sa mère.

3. La doctrine de saint Jean de la Croix

Parlant du secours qu'elle trouve en saint Jean de la Croix en une période décisive de sa vie, sainte Thérèse de l'Enfant-Jésus écrit :

> Ah ! que de lumières n'ai-je pas puisées dans les œuvres de Notre P. St Jean de la Croix !... A l'âge de 17 et 18 ans je n'avais pas d'autre nourriture spirituelle [57].

D'aucuns n'ont pas vu l'importance de ce témoignage. Un élément d'une importance capitale leur a manqué pour établir la progression spirituelle de la Sainte et découvrir la structure intérieure de sa doctrine. Cette influence sanjohannique ne révèle toute sa portée que si on la place dans le cadre thérésien où elle s'exerça.

Lorsqu'en 1571 sainte Thérèse fut nommée par le Visiteur apostolique prieure du monastère de l'Incarnation qu'elle avait quitté neuf ans auparavant pour entreprendre sa Réforme, elle demanda après quelques mois saint Jean de la

---

56. Ms C, 32r°.
57. Ms A, 83r°.

Croix pour l'aider dans sa tâche. Ce dernier lui fut accordé et vint s'installer aux abords du monastère comme confesseur et directeur des moniales.

L'humilité qui inspirait la demande rejoignait la vérité ; de fait, le ministère du P. Jean de la Croix était nécessaire pour la rénovation du monastère. Mais dans le plan divin il s'agissait de beaucoup plus que de cela. Dieu voulait rapprocher ces deux âmes en pleine maturité spirituelle, les mettre en contacts quotidiens pendant près de trois ans pour qu'elles puissent confronter leurs expériences complémentaires, s'aider ainsi mutuellement à franchir les dernières étapes vers les sommets [58], unifier leur enseignement et constituer un corps de doctrine carmélitaine [59].

La richesse de la synthèse qu'ils construisaient est faite autant de la diversité de leur génie que de la sublimité de leur grâce commune. Thérèse est la Mère ; Jean de la Croix est le Docteur. Thérèse, après avoir organisé la vie, dit son expérience, décrit les chemins suivis, les régions parcourues en donnant à mesure les conseils appropriés. Jean de la Croix semble impersonnel, il organise la science mystique : il abstrait pour expliquer, rattacher tout à des principes lumineux comme des phares qui projettent leurs rayons en faisceau sur la route à suivre jusqu'à l'infini, jusqu'à Dieu qu'il faut atteindre.

La montée vers les sommets est donc éclairée sous deux angles différents par deux lumières distinctes, mais convergentes. Ne cédons pas au jeu facile de les opposer. On ne peut même pas isoler l'un de l'autre ces deux enseignements sans dommages sérieux. Ils se complètent, s'expliquent mutuellement, ne livrent toutes leurs richesses et n'ont toute leur fécondité que dans la fusion de leur double lumière. Ne pas retrouver le lien vivant que Dieu a établi entre Thérèse d'Avila et Jean de la Croix, indiquerait qu'un élément important de leur âme et de leur doctrine nous a échappé et une interprétation de l'un qui exclurait l'autre devrait paraître suspecte.

Cette unité les laisse cependant assez différents pour qu'on puisse préférer l'un ou l'autre. C'est ce qui advint à sainte Thérèse de l'Enfant-Jésus qui, par inclination, fréquenta beaucoup plus les écrits du Docteur que ceux de la Mère. Leur diversité procède non seulement de leur mode d'exposition, mais aussi de leur expérience spirituelle. Sainte Thérèse expérimente surtout l'amour et en dit les débordements savoureux. Saint Jean de la Croix insiste sur l'expérience dépouillée et souvent douloureuse de la lumière divine qui éblouit la faiblesse de notre regard.

Plus encore que la Réformatrice du Carmel, sainte Thérèse de l'Enfant-Jésus avait besoin de l'enseignement de saint Jean de la Croix : de la lumière de son

---

58. C'est en effet pendant son séjour au monastère de l'Incarnation (nov. 1572) que la Sainte reçoit la grâce du mariage spirituel (*Relation* XXVIII, dans *Œuvres Complètes*, p. 551-552).
59. C'est après cette confrontation que sainte Thérèse écrit le *Château Intérieur* ou *Livre des Demeures*, le traité le mieux ordonné et son chef-d'œuvre (1578).

expérience pour être rassurée sur la sienne [60] ; de la lumière de ses principes pour éclairer sa marche dans les régions nouvelles.

Notons qu'elle fréquente très assidûment les écrits du Docteur mystique à l'âge de dix-sept et dix-huit ans, en ces années 1890 et 1891 qui sont douloureuses et décisives en son évolution spirituelle. L'Esprit de Dieu qui plane sur son âme en a fermé les abords pour y travailler seul ; il l'enveloppe d'obscurité et dans une angoisse dont elle ne peut rien dire, en ce chaos apparent où se réalisent les fécondations heureuses, l'Esprit creuse et construit les fondements solides de cette doctrine de l'enfance spirituelle, en inscrit les principes dans les profondeurs d'où ils jailliront plus tard en formules lumineuses. Le "Docteur des nuits" est le seul guide de la jeune Carmélite, le seul coopérateur que Lui-même tolère en cette période de fermentation intérieure et d'engendrement douloureux qui se termine à la retraite du P. Alexis (1891).

Que trouve-t-elle en ces écrits ? Un climat qui est celui où elle vit : ce qui lui donne l'impression en sa solitude douloureuse d'avoir retrouvé la patrie de ses pères, les ermites de la montagne ; une doctrine qui fait sa nuit aussi lumineuse qu'elle peut l'être sans que les ténèbres se dissipent. Cette doctrine répond à ses exigences d'absolu, confirme ses intuitions sur la nécessité de la purification de la foi dans l'obscurité et le calme plat, sur le perfectionnement de l'espérance dans le renoncement à toutes choses et la pauvreté complète, elle explicite lumineusement ses certitudes sur l'existence au-delà de ces ténèbres et de cette pauvreté, d'un océan infini d'amour qui déborde obscurément sur son âme.

La jeune Carmélite subit l'emprise de cette pensée puissante, de cette logique rigoureuse et aimante, de ces descriptions sublimes qui précisent ce qu'elle sent, de cette musique harmonieuse des mots et de cette audacieuse poésie des symboles qui rendent ce je ne sais quoi d'ineffable laissé en l'âme par les contacts divins. Elle se nourrit de ces pages savoureuses et se laisse emporter, recueillie par elles, vers ces régions où se renouvellent les contacts. Si aisément et si profondément en sa mémoire se sont fixés ces textes san-johanniques qu'ils afflueront sur ses lèvres plus tard dans ses entretiens avec ses novices chaque fois qu'elle voudra instruire, justifier une affirmation ou enflammer d'amour.

Les principes fondamentaux de la doctrine de saint Jean de la Croix deviennent ainsi ceux de la doctrine de sainte Thérèse de l'Enfant-Jésus. Certes, sainte Thérèse a assimilé et traduit en son langage personnel, mais il reste que la doctrine de l'enfance spirituelle ne découvre la charpente puissante de sa structure qu'à la lumière de l'enseignement du Docteur du Carmel, et que, l'Évangile mis à part, il n'est pas d'ouvrage qui ait marqué plus profondément son âme et sa spiritualité que les traités de saint Jean de la Croix. Revanche filiale : la

---

60. Il semble que les hommes modernes, parce qu'intellectuels, se retrouvent assez généralement comme S. Thérèse de l'E.J. dans l'expérience san-johannique.

faveur que le Docteur mystique a retrouvée auprès de nos contemporains, il la doit en partie à la lumière attirante que la petite Sainte a fait briller sur cette physionomie que nous jugions uniquement austère.

Au chapitre XIe de l'*Histoire d'une Âme*, sainte Thérèse de l'Enfant-Jésus raconte à sa sœur aînée Marie, "le rêve le plus consolant de sa vie"[61]. C'était le 10 mai 1896, alors que l'orage des tentations contre la foi grondait déjà sur son âme. Se trouvant dans une galerie, voici que lui apparaissent trois Carmélites voilées. La plus grande d'entre elles, la prend sous son voile et elle reconnaît la Vénérable Anne de Jésus, fondatrice du Carmel en France. Un dialogue s'engage : "Le Bon Dieu viendra-t-il me chercher bientôt ? demande Thérèse. — Oui, bientôt... bientôt", répond la Vénérable. — "Le Bon Dieu est-il content de moi ?" Le visage de l'apparition resplendit. "Le Bon Dieu ne demande rien autre chose de vous, il est content, très content", et elle accompagne ces paroles de douces caresses[62]. Hélas, Thérèse s'éveille, le rêve prend fin, mais il laisse pendant des mois dans l'âme de Thérèse des impressions surnaturelles si profondes que nous pouvons, semble-t-il, y voir une manifestation surnaturelle. N'aurait-il qu'une valeur symbolique, ce rêve nous intéresse.

Nous connaissons bien la Vénérable Anne de Jésus, dont les contemporains, Bañez en particulier, ont parlé avec grande admiration, fille préférée et de sainte Thérèse qui l'appelait sa couronne et de saint Jean de la Croix dont elle obtint le *Cantique Spirituel*, héritière de leur pensée et défenseur austère de leur esprit. N'est-il pas touchant que ce soit Anne de Jésus, la synthèse vivante de l'esprit des deux Réformateurs qui vienne rassurer Thérèse de l'Enfant-Jésus et lui apporter un témoignage de l'affection de tout le Ciel pour elle ? C'était le passé le plus noble qui se penchait sur le présent et l'avenir pour lui sourire ; c'était le représentant le plus autorisé de la grande tradition carmélitaine qui, du Ciel, apportait à Thérèse angoissée l'assurance que la voie d'enfance prolongeait heureusement le chemin de perfection tracé par les Réformateurs.

II – NOVA : LE MESSAGE NOUVEAU

La Sainte avait pris conscience progressivement de la nouveauté de sa doctrine[63] dans ce jeu successif et parfois simultané de lumières profondes[64] et de

---

61. Ms B, 2r°. [Thérèse ne parle effectivement que de "mon rêve" (Ms B, 1v°) là où *L'Histoire d'Une Ame*, 1941, a l'expression ci-dessus ; plus loin elle dit encore que "ce doux rêve... n'a rien perdu de sa fraîcheur, de ses charmes Célestes" (Ms B, 2r°)].
62. Ms B, 2 r°-v°.
63. Cf. CJ 16.7.2.
64. "Je vais parler de la charité fraternelle ; oh ! j'y tiens, dit-elle à Mère Agnès. J'ai reçu de trop grandes lumières à ce sujet, je ne veux pas les garder pour moi seule ; je vous assure que la charité n'est pas comprise sur la terre, et pourtant, c'est la principale des vertus." (PO, p. 173).

ténèbres douloureuses, de certitudes inébranlables et d'angoisses accablantes, jeu bien connu des grands spirituels qui furent des novateurs.

Entre juin et fin septembre 1897, elle affirme une dizaine de fois sa mission posthume.

Le rayonnement lumineux et l'action extraordinairement efficace de ses écrits et de son enseignement, la pluie de roses, les déclarations de l'Église dont on a pu dire *qu'elle avait canonisé la doctrine de sainte Thérèse de l'Enfant-Jésus*[65], ont si merveilleusement confirmé les intuitions surnaturelles de notre Sainte qu'il semble superflu de s'attarder désormais à prouver l'authenticité et la nouveauté de son message.

C'est le contenu de ce message qui nous intéresse et que nous allons examiner après avoir fait cependant quelques remarques utiles sur la façon dont il est formulé.

A. Caractère du message thérésien

On a heureusement souligné le caractère et la finalité pratique de l'enseignement des maîtres du Carmel, spécialement de saint Jean de la Croix[66]. Ces contemplatifs ne prennent la plume que pour venir en aide à l'inexpérience des âmes et éclairer les voies qui conduisent aux sommets où ils sont parvenus.

En dépit cependant de cette orientation pratique, l'enseignement de saint Jean de la Croix reste logiquement ordonné et fortement charpenté sous la lumière de principes qui le commandent. Sainte Thérèse elle-même ordonne, classifie en marquant les étapes des ascensions spirituelles. L'un et l'autre écrivent des traités. Ce sont des docteurs et ils ont construit la science mystique.

Sainte Thérèse de l'Enfant-Jésus est leur fille authentique, nous l'avons vu. Par éducation familiale et par zèle personnel, elle est prise par les mêmes préoccupations apostoliques. Elle aussi livre ses trésors pour guider et secourir. Mais quand on la place auprès des grands maîtres du Carmel, elle paraît une jeune maîtresse, elle nous fait penser à la jeune sous-maîtresse du Noviciat qu'elle fut et qu'elle reste avec nous.

Voici une déclaration qui, en donnant l'essentiel de son message, en caractérise bien la formulation. Le 17 juillet 1897, elle dit :

Je sens que ma mission va commencer, ma mission de faire aimer le bon Dieu comme je l'aime.
– Quelle voie voulez-vous enseigner aux âmes ?
– Ma Mère, c'est la voie de l'enfance spirituelle, c'est le chemin de la confiance et du total abandon. Je veux leur enseigner les petits moyens qui m'ont si

---

65. Cf. A. COMBES, *Introduction à la Spiritualité de Sainte Thérèse de l'E.J.*, Vrin, Paris, 1946, p. 21 ; [1948, p. 27].
66. J. MARITAIN dans la Préface de *Saint Jean de la Croix* par le P. BRUNO DE JÉSUS-MARIE, Plon, Paris, 1928, p. 17-18.

parfaitement réussi, leur dire qu'il n'y a qu'une chose à faire : jeter à Jésus les fleurs des petits sacrifices, le prendre par des caresses, c'est comme cela que je l'ai pris, et c'est pour cela que je serai si bien reçue [67].

Telle est notre jeune maîtresse. Assise près de nous, elle nous livre ses souvenirs et ses expériences, elle énonce les vérités qui ont jailli pour elle de son expérience, elle en tire les conseils pratiques qu'elle répète avec un accent qui nous disent la sincérité ardente de sa conviction et sa confiance affectueuse à notre égard : il s'agit de faire comme elle, de ne pas grandir, de rester pauvre et de garder une confiance inébranlable, de prendre les moyens qui lui ont réussi, bref de la suivre en sa petite voie. Tout cela présenté avec charme, mais sans apparat théologique, sans même un essai de coordination intellectuelle ou d'explicitation conceptuelle, avec une simplicité et une pauvreté d'enfant. Le texte de la Sainte Écriture ou de saint Jean de la Croix, qui vient parfois ponctuer une affirmation, l'image gracieuse qui illustre souvent la pensée semblent s'unir à la simplicité des formules pour voiler mieux encore l'originalité de la pensée et les richesses de vie qu'elle recèle.

Le danger est grand, et on ne l'a pas toujours évité, de confondre cette petitesse apparente avec un certain art facile d'accommoder les exigences de la sainteté à la faiblesse enfantine, et à la loi paresseuse du moindre effort, de réduire la simplicité à une médiocrité souriante et à une banalité mièvre.

Cette simplicité procède en réalité d'une sublimité authentique, cette petitesse cache encore une force héroïque et conduit à une grandeur incontestable. Disons-le dès maintenant : cet enseignement, à mesure qu'on l'étudie, se révèle d'une telle envergure intellectuelle, d'une telle pénétration spirituelle, qu'on est surpris d'abord, ébloui ensuite et qu'on éprouve un certain vertige devant les profondeurs, et l'harmonie qu'il découvre. Tel est le témoignage concordant de plusieurs théologiens familiers de la doctrine thérésienne.

Et cependant, sous prétexte de donner au message thérésien un vêtement digne des richesses qu'il contient, ne lui construisons pas une certaine grandeur de façade, ne lui enlevons pas sa parure simple et pauvre d'enfant qui lui sied admirablement. Ce ne serait pas seulement le priver d'un de ses charmes conquérants, diminuer sa puissance d'action et son efficacité, mais l'appauvrir en sa grâce spéciale, rompre une harmonie profonde, ce serait enlever à David sa

---

[67]. NV, 17.7.1 et 2, p. 81 et 82-83. [La question de Mère Agnès se trouve ainsi dans le PO, p. 195 ; on sait que l'expression "enfance spirituelle" n'est pas de Thérèse mais sous la plume de M. Agnès (cf. C. DE MEESTER, *Dynamique de la Confiance...*, Cerf, 1969, p. 53-56 ; cf. *Derniers Entretiens*, I, p. 578-580) ; mais aussi PHILIPPE de la TRINITÉ, *Thérèse de Lisieux, la Sainte de l'enfance spirituelle*, Lethielleux, 1980, p. 17-27. Noter comment le P. Marie-Eugène, au-delà de l'expression, va à l'esprit d'enfance qui transparaît jusque dans sa présentation extérieure, et dont le fondement est dans une connaissance expérimentale de Dieu-Amour (cf. aussi *Je veux voir Dieu*, p. 832 ss)].

fronde de berger pour le revêtir de l'armure de Saül. Cette simplicité extérieure est la manifestation en effet et l'illustration de la qualité essentielle du message thérésien, de celle qui fait sa valeur et sa nouveauté.

Nous voici en effet au point central de notre étude. Qu'y a-t-il de nouveau en ce message ? Sainte Thérèse de l'Enfant-Jésus ne nous apporte pas de nouvelles révélations, pas plus que de nouvelles conclusions théologiques. Tout le monde en conviendra, j'espère, et s'en réjouira, même ses plus fervents disciples dont nous voudrions être. La nouveauté est en ceci, nous semble-t-il, que Thérèse de l'Enfant-Jésus a vu le bon Dieu et le christianisme avec des yeux purs et neufs d'enfant, qu'elle a réalisé avec une logique rigoureuse et absolue ce que son regard d'enfant avait découvert, et qu'elle a ensuite exprimé avec une simplicité et une sincérité candides qui sont encore d'une enfant. Elle est allée à la vérité sans préjugés, sa pureté a discerné l'essentiel et sa générosité l'a vécu parfaitement. Elle nous ramène ainsi à une pureté et une intégrité de doctrine tout évangélique. Cette simplicité qui pénètre et réalise intégralement et en profondeur, telle est la grâce spéciale de sainte Thérèse de l'Enfant-Jésus et qui fait la nouveauté de son message [68]. Simplicité et profondeur, qualités qui font les grands maîtres. Par elles la petite Thérèse entre de plain-pied dans la famille des grands maîtres spirituels de tous les temps.

Serait-elle donc une grande théologienne ? Non pas, certes, au sens habituel du mot qui éveille l'idée d'explicitations de la vérité divine où s'applique la raison éclairée par la foi ; mais si nous pouvons définir la théologie spirituelle : cette science qui met toutes choses en leur place sous la lumière de Dieu et de son Christ et organise avec sagesse la marche de l'homme vers sa fin dernière, à n'en pas douter la petite Thérèse est une très grande théologienne spirituelle, car son regard a pénétré en Dieu en de telles profondeurs, a vu en une si pure clarté le chemin qui y conduit qu'elle a pu exprimer ses découvertes en un langage d'une simplicité d'enfant. Elle a possédé à un haut degré la science du salut et l'a donnée avec une rare perfection [69].

---

68. On s'est plu à souligner les similitudes frappantes de la doctrine spirituelle de S. Thérèse de l'E.J. avec celle de S. Paul. En faisant la synthèse de son message axé sur les deux pôles — connaissance de Dieu et connaissance de la pauvreté de l'homme — qui nous invitent à prendre comme ascenseur les bras de Jésus pour atteindre les sommets de l'union à Dieu, on pense à la synthèse géniale de la *Somme théologique* de S. Thomas d'Aquin basée sur le triptyque : Dieu, l'homme et le retour de l'homme vers Dieu par le Christ Jésus. Il est aisé de remarquer aussi que l'idée maîtresse qui préside au développement de la pensée de l'un et de l'autre est le respect de la transcendance de Dieu et de la primauté de son action. Sainte Thérèse de l'E.J. n'a cependant jamais lu la *Somme* ; mais simplicité et profondeur assurent, même lorsqu'on travaille en des domaines différents, les plus heureuses rencontres dans la même lumière.

69. Cf. BENOIT XV dans le discours déjà cité [du 14 août 1921 : dans *Vie Thérésienne*, 92 (oct. 1983) p. 270].

Un problème reste à résoudre, une difficulté à surmonter. Comment découvrir les richesses cachées sous cette simplicité d'enfant ?

Sainte Thérèse de l'Enfant-Jésus nous a laissé un enseignement, mais il nous manque le traité de doctrine thérésienne qui en ordonne, en éclaire et précise les divers aspects qui le rendent assimilable à tous et lui assurent tout son rayonnement. La petite Sainte a laissé aux théologiens le soin de composer ce traité. La valeur des travaux du Congrès nous fait espérer qu'ils ont déjà réussi à en établir les bases et à marquer nettement les grandes lignes de sa structure.

Pour conclure ces travaux sur le contenu du message thérésien, nous tenterons une synthèse de l'enseignement pratique de notre Sainte et nous énoncerons ensuite quelques vérités de théologie spirituelle qui y sont mises en un relief nouveau.

B. Contenu du message thérésien

a) Synthèse de l'enseignement pratique

Dans l'enseignement thérésien, il est plusieurs points, tel l'abandon, les petits sacrifices, l'acte d'offrande, à la fois si importants et si séduisants qu'ils forcent et retiennent l'attention. La tentation est grande de se laisser fasciner par eux et d'en faire le centre du message thérésien. Tentation, dirons-nous, car il nous paraît que dès lors on ne peut qu'échouer dans la construction de la synthèse qui éclairerait toute la doctrine.

Une synthèse de cet enseignement ne semble possible qu'en remontant aux sources d'où il a jailli. Sainte Thérèse de l'Enfant-Jésus fut avant tout une âme prise par Dieu, une contemplative. Son expérience mystique, bien qu'obscure, fut à n'en pas douter le foyer lumineux qui éclaire toutes ses démarches et tout son enseignement. Portons-nous donc nous-mêmes à ce point de départ.

1. Lumière contemplative sur Dieu Miséricorde

Dans l'*Histoire d'une Âme*, sainte Thérèse de l'Enfant-Jésus écrit :

A moi, [Dieu] a donné sa Miséricorde infinie et c'est à travers elle que je contemple et adore les autres perfections Divines !... Alors toutes m'apparaissent rayonnantes d'amour, la Justice même (et peut-être encore plus que toute autre) me semble revêtue d'amour... Quelle douce joie de penser que le Bon Dieu est Juste, c'est-à-dire, qu'Il tient compte de nos faiblesses, qu'Il connaît parfaitement la fragilité de notre nature. De quoi donc aurais-je peur ? Ah ! le Dieu infiniment juste qui daigna pardonner avec tant de bonté toutes les fautes de l'enfant prodigue,ne doit-il pas être Juste envers moi qui "suis toujours avec lui"?... [70]

---

70. Ms A, 83v°-84r°.

La simplicité de l'affirmation pourrait bien nous en dissimuler l'importance et la qualité. Il ne s'agit pas, en effet, d'une de ces lumières qui nourrissent un instant ou même plusieurs jours notre oraison. Le regard de Thérèse est maintenant simplifié au point que tout en Dieu et dans le monde lui apparaît sous cette seule lumière, dans un unique miroir, celui de la Miséricorde infinie.

Toute la trame de l'*Histoire d'une Âme* prouve la vérité de ce témoignage : Thérèse y chante la miséricorde divine dont elle découvre l'action souveraine dans l'ensemble comme dans les détails de sa vie, dans les événements heureux comme l'entrée de Céline au Carmel, et dans les plus douloureux comme l'infirmité humiliante de son père.

Cette lumière est la même qui, au regard ébloui de l'Apôtre, éclairait l'harmonie des desseins éternels de Dieu, lui expliquait comment le Père avait pu envelopper dans l'amour qu'il porte à son Fils, l'humanité après la chute [71], et lui donnait raison aussi du choix gratuit et de la transformation dont il avait été luimême l'objet [72].

Dans le plan de la Rédemption, toutes choses trouvent leur sens et leur raison d'être dans la miséricorde qui préside à l'économie du monde chrétien et à l'édification du Corps mystique du Christ.

D'avoir découvert cette vérité de foi divine en une lumière si simple et si pure nous paraît la plus haute et la plus importante grâce contemplative dont ait été favorisée sainte Thérèse de l'Enfant-Jésus. Aussi avons-nous le devoir d'insister.

Cette grâce a eu comme fondement et point de départ cette présence de Dieu obscure qui, semble-t-il, comme un poids vivant et suave sur l'âme de Thérèse l'attira dès son plus jeune âge au recueillement. Son cœur et sa sensibilité que les chaudes affections du foyer avaient formés aux délicates tendresses de l'amour, la blessure causée par la mort de la mère, l'ébranlement produit par l'entrée de Pauline au Carmel, les détachèrent de la terre et les ouvrirent pleinement à l'Amour incréé. La petite élève des Bénédictines sentit la jalousie divine dans les déceptions que lui apportèrent ses amitiés d'enfant [73]. L'Amour voulait pour lui seul toute cette âme et le lui fit expérimenter en cette rencontre de la première Communion qui fut une "fusion" :

Ce jour-là ce n'était plus un regard, mais une fusion, ils n'étaient plus deux, Thérèse avait disparu, comme la goutte d'eau qui se perd au sein de l'océan. Jésus restait seul, Il était le maître, le Roi [74].

---

71. Cf. *Ép* 1, 3-15 ; *Col* 1, 13-29.
72. "Dieu a pitié de qui il veut et il fait miséricorde à qui il veut faire miséricorde. Ce n'est pas l'ouvrage de celui qui veut, ni de celui qui court, mais de Dieu qui fait miséricorde" (*Rm* 9,16).
   "C'est par la grâce de Dieu que je suis ce que je suis" (*1 Co* 15,10).
   "Ce n'est pas à cause de nos œuvres de justice que nous avons faites, mais à cause de sa miséricorde, que Dieu nous a sauvés" (*Tt* 3,5).
   "Où a abondé le péché, la grâce a surabondé" (*Rm* 5,20).
73. Cf. Ms A, 38r°.
74. Ms A, 35r°.

A cette expérience précieuse de l'emprise unifiante de l'Amour, la grâce de Noël 1886 ajoutera celle de la puissance transformante de cet Amour dont l'action s'exerce par des infusions de charité et s'étend jusqu'aux facultés sensibles.

En un instant l'ouvrage que je n'avais pu faire en 10 ans, Jésus le fit se contentant de ma bonne volonté qui jamais ne me fit défaut... Je sentis en un mot la charité entrer dans mon cœur, le besoin de m'oublier pour faire plaisir et depuis lors je fus heureuse !... [75]

La grâce du zèle et de la soif des âmes reçue peu de temps après, la fait pénétrer dans l'Amour divin lui-même pour lui faire expérimenter ses besoins profonds, sa souffrance : l'Amour a soif de se répandre et les hommes refusent de le recevoir [76].

Toutes les faveurs extraordinaires que reçoit Thérèse sont des expérimentations de plus en plus pénétrantes de l'Amour. La révélation semble complète maintenant. Le progrès se fera désormais plus en qualité et en profondeur qu'en extension.

De même que le potier, après avoir façonné l'argile et y avoir inscrit les dessins dont il veut l'orner, la confie au foyer dont la chaleur fixera les formes définitives de son œuvre d'art et lui donnera le fini brillant, ainsi l'Artiste divin, après avoir travaillé de ses mains et façonné par les touches de ses grâces extraordinaires le vase d'élection qu'est l'âme de Thérèse, la place au Carmel sous l'action lente et prolongée du feu de son amour pour fixer en sa forme définitive et parfaite ce chef-d'œuvre de sa grâce. Ce travail se fit surtout en ses longues sécheresses contemplatives. Semblables à la couche de cendre uniformément grise qui, recouvrant le foyer en concentre l'action, ces sécheresses enveloppent l'âme d'une chape protectrice et permettent ainsi au feu intérieur de l'amour de la pénétrer, de la purifier, de la consumer lentement jusqu'à ce qu'elle soit transformée en un brasier d'amour.

Il n'y a d'ailleurs pas que des sécheresses. Thérèse avoue avoir eu des transports. En 1895, elle dit être inondée de lumières. Entre temps, le *Cantique Spirituel* de saint Jean de la Croix et la *Vive Flamme* confirment ses intuitions obscures sur l'Amour et sur son œuvre dans l'âme.

Sainte Thérèse de l'Enfant-Jésus parvient ainsi à ce que nous pouvons appeler la grande vision du brasier divin de l'Amour. Cette vision dans la foi vive comporte la connaissance expérimentée des besoins d'expansion de l'Amour, de ses déceptions devant la haine et l'indifférence qui font plus ardents ses désirs de se donner désormais, non plus selon une mesure juste et raisonnable, mais en ne considérant que ses exigences et les besoins de la créature. L'Amour parvenu à ce degré s'appelle Miséricorde. C'est cette Miséricorde que Thérèse a découverte.

Cette découverte provoque l'offrande à l'Amour miséricordieux, en la fête de la Sainte Trinité (9 juin 1895), acte d'une importance capitale qui se situe à

---

75. Ms A, 45v°.
76. Cf. Ms A, 45v°-46v°.

l'apogée de la vie spirituelle de sainte Thérèse de l'Enfant-Jésus et éclaire sa doctrine et sa mission.

Cette offrande reçoit, nous semble-t-il, une double réponse divine. La première est la blessure d'amour reçue le vendredi 14 juin 1895, donc quelques jours après, et qui marque une prise de possession de son âme par la Miséricorde. "Ah ! depuis cet heureux jour, il me semble que l'Amour me pénètre et m'environne"[77]. Sainte Thérèse expérimente la transformation d'amour en sa plénitude débordante.

La deuxième réponse nous paraît se trouver dans les tentations contre la foi qui vont l'assaillir à partir de l'année suivante (Pâques 1896). Cette épreuve contient les débordements sensibles de l'amour, mais elle a comme effet principal de la faire participer au drame de l'Amour divin ici-bas, à sa lutte douloureuse contre le péché. C'est le drame intérieur de Gethsémani et du Calvaire, un corps à corps en quelque sorte de l'amour et de la haine-péché. Nous comprenons que le regard de Thérèse soit fixé sur la face du Christ Jésus en sa passion, que cette Sainte Face soit sa "seule Patrie, [son] Royaume d'amour, l'astre qui conduit [ses] pas"[78]. Thérèse est heureuse de manger le pain de la douleur pour les pécheurs[79] avec Jésus souffrant qu'elle ne veut plus quitter désormais jusqu'à partager sa mort dans les ténèbres du Calvaire.

Cette identification à Jésus crucifié sera suivie normalement de la participation au triomphe de sa résurrection. Ce triomphe est commencé. La croix est un trône. Au moment où l'épreuve débute, avons-nous constaté, le corps de la doctrine thérésienne est constitué, sa mission s'affirme.

Tout désormais procède de cette haute expérience de l'Amour transformant et douloureux :

et ses désirs d'apostolat qui s'étendent à tous les temps et à tous les lieux, folies que seul l'amour peut se permettre, parce qu'il est seul capable de les réaliser[80],

et ses lumières sur l'amour lui-même qui renferme toutes les vocations.

Je compris que l'Amour renfermait toutes les vocations, que l'Amour était tout, qu'il embrassait tous les temps et tous les lieux... en un mot qu'il est éternel !... Alors dans l'excès de ma joie délirante je me suis écriée : Ô Jésus mon Amour... ma vocation enfin je l'ai trouvée, ma vocation, c'est l'Amour !...
Oui j'ai trouvé ma place dans l'Église et cette place, ô mon Dieu, c'est vous qui me l'avez donnée... dans le Cœur de l'Église, ma Mère, je serai l'Amour...[81]

Elle sera l'Amour, elle est déjà un brasier d'amour. Cette constatation la ramène en son centre, à cette transformation et identification à l'Amour déjà réalisée, source de tout bien, joie suprême et souffrance indescriptible, fécondité universelle et déjà stabilité en une paix d'éternité.

---

77. Ms A, 84r°.
78. "Cantique à la Sainte Face" [PN 20 : "Mon Ciel ici-bas"].
79. Cf. Ms C, 6r°.
80. Cf. Ms B, 3r°.
81. Ms B, 3v°.

Que fera-t-elle donc pour réaliser ses aspirations et le dessein éternel de Dieu, pour soulager le Cœur divin et les besoins des hommes ? Une seule chose qui fera désormais l'unité de sa vie personnelle et de sa mission, qui devient son unique désir : faire connaître et répandre ce bien suprême qu'est l'Amour.

On lui demande si c'est pour jouir de Dieu qu'elle désire le Ciel :

Non, ce n'est pas cela qui m'attire, répond-elle.
– Quoi donc ?
– Oh ! c'est l'Amour ! Aimer, être aimée et revenir sur la terre pour faire aimer l'Amour ! [82]

Conduire les âmes en ces régions où elle est parvenue, leur faire trouver cet amour et les livrer à Lui, pour qu'elles donnent la même joie à Dieu, qu'elles y fassent les mêmes expériences qu'elle-même, qu'elles y trouvent la même paix et la même puissance, tel est son unique désir et sa mission :

Pourquoi désirer communiquer tes secrets d'amour, ô Jésus, n'est-ce pas toi seul qui me les as enseignés et ne peux-tu pas les révéler à d'autres ?... Oui je le sais, et je te conjure de le faire, je te supplie d'abaisser ton regard divin sur un grand nombre de petites âmes... Je te supplie de choisir une légion de petites victimes dignes de ton AMOUR !... [83]

Tel est le point le plus important et central du message thérésien : connaître et révéler l'Amour. A peine serait-il besoin de poursuivre si nous ne l'avions pas compris et accepté.

2. Confiance et pauvreté spirituelle

Comment répondre aux appels de l'Amour infini et se livrer à son action ?

Pour sainte Thérèse de l'Enfant-Jésus, toute la vie spirituelle est dans la solution de ce problème.

Nous savons que le contact avec le monde surnaturel est établi par la foi. "Celui qui veut s'approcher de Dieu, dit l'Apôtre, doit croire que Dieu existe et se donne à ceux qui le cherchent" [84].

A ceux qui imploraient une faveur, Jésus lui-même habituellement demandait la foi, et cette foi qui le faisait tressaillir lorsqu'elle était ardente [85] lui arrachait effectivement des miracles [86].

---

82. NV, 18.7.4, p. 85. [Cf. *Derniers Entretiens* (avec Sœur Geneviève), I, p. 596, avec les notes critiques p. 621 ; 625 ; 721-723 : la fin de la phrase n'est pas de Thérèse qui disait : "Aimer, être aimée et revenir sur la terre..." Sœur Geneviève ajoutait à la correction le 19 mars 1950 : "A mon sens, il n'est pas besoin d'ajouter cette jolie finale harmonieuse : "pour faire aimer l'Amour". Elle sonne bien, en effet, mais elle ne rend pas la simplicité de Thérèse. Il est évident que, si elle désirait revenir sur la terre c'était pour faire aimer le bon Dieu et lui attirer des âmes"].
83. Ms B, 5v°.
84. *He* 11, 6.
85. Cf. *Mt* 15,28 ; 8,10.
86. Cf. *Mc* 5, 25-34.

Le contact transitoire de l'acte de foi ne suffit pas à l'Amour divin, qui exige de l'âme une disposition qui la tienne constamment ouverte à son action. Cette disposition, c'est la confiance ou foi amoureuse, ou mieux encore l'abandon qui livre complètement l'âme aimante à Dieu qu'elle aime.

Cette confiance amoureuse et abandon deviendra donc la disposition foncière de la spiritualité thérésienne. A la question :

"Quelle voie voulez-vous enseigner aux âmes ?"

Sainte Thérèse de l'Enfant-Jésus répond sans hésiter, le 17 juillet 1897 :

C'est la voie de l'enfance spirituelle, c'est le chemin de la confiance et du total abandon [87].

Elle avait écrit dans *L'Histoire d'une Âme* :

Jésus se plaît à me montrer l'unique chemin qui conduit à cette fournaise Divine, ce chemin c'est l'abandon du petit enfant qui s'endort sans crainte dans les bras de son Père... [88]

Parce que vertu théologale, la confiance peut croître jusqu'à l'infini. C'est pourquoi notre Sainte peut dire :

On n'a jamais trop de confiance dans le bon Dieu, si puissant et si miséricordieux. On obtient de lui tout autant qu'on en espère [89].

Plus audacieusement encore elle écrit :

Voilà donc tout ce que Jésus réclame de nous, il n'a point besoin de nos œuvres, mais seulement de notre amour [90].

De cet amour, explique le contexte, qui s'exprime par la confiance.

Le mérite ne consiste pas à faire ni à donner beaucoup, mais plutôt à recevoir, à aimer beaucoup... Il est dit que c'est bien plus doux de donner que de recevoir, et c'est vrai, mais alors, quand Jésus veut prendre pour Lui la douceur de donner, ce ne serait pas gracieux de refuser (Lettre à Céline du 6 juillet 1893).

N'est-ce pas du quiétisme ? Non, certainement, car sainte Thérèse se propose seulement d'affirmer l'importance primordiale de la confiance pour attirer l'Amour miséricordieux, sans nier la nécessité des œuvres.

La pratique de la confiance et de l'abandon comporte d'ailleurs une véritable ascèse d'héroïsme. Ces vertus ne trouvent en effet leur perfection que dans une disposition complémentaire qui est la pauvreté spirituelle.

---

87. NV, 17.7.2, p. 82. [Cf. note 67 plus haut].
88. Ms B, 1r°.
89. Sr MARIE DE LA TRINITÉ, *Une novice de Sainte Thérèse*, p. 107. [La dernière phrase est une citation de S. Jean de la Croix, *Nuit Obscure*, L. II, ch. 21, p. 649 ; cf. "Avis et Maximes 119",p. 1196].
90. Ms B, 1v°.

Dans la lettre à sa sœur Marie du Sacré-Cœur, où elle explique son message, Thérèse signale la corrélation qui existe entre ces deux vertus, confiance et pauvreté :

Ce qui lui plaît, c'est de me voir aimer ma petitesse et ma pauvreté, c'est l'espérance aveugle que j'ai en sa miséricorde... Voilà mon seul trésor, Marraine chérie, pourquoi ce trésor ne serait-il pas le vôtre ?... Ô ma sœur chérie, je vous en prie, comprenez votre petite fille, comprenez que pour aimer Jésus, être sa victime d'amour, plus on est faible, sans désirs, ni vertus, plus on est propre aux opérations de cet Amour consumant et transformant [91].

Sainte Thérèse nous a livré en ces lignes son secret, la structure intime de sa petite voie de confiance.

Pour obtenir autant et tout ce qu'elle espère, la confiance doit être parfaite, c'est-à-dire n'espérer que Dieu seul et à cause de sa miséricorde. Cette purification de l'objet et du motif de l'espérance se fait par le détachement de tout ce qui n'est pas Dieu. Nous retrouvons le tout et le rien de saint Jean de la Croix. L'acte de confiance parfaite qui obtient tout, c'est-à-dire Dieu et l'union parfaite, jaillit des profondeurs de la pauvreté.

Sainte Thérèse ne se lasse pas d'insister sur la nécessité de ces deux dispositions, de montrer la fécondité de leur union en fonction de la miséricorde divine qui veut se répandre. Elle souligne que Jésus est venu en effet non pour les justes, mais pour les pécheurs [92]. C'est la détresse du pécheur qui attire Dieu parce qu'elle lui offre un vide qu'il peut remplir.

L'affirmation évangélique, un peu mystérieuse, s'est éclairée pour elle :

Il y a plus de joie dans le Ciel pour un pécheur qui fait pénitence que pour quatre-vingt-dix-neuf justes qui persévèrent [93].

La joie de Dieu est en effet à la mesure de l'excellence et de la gratuité du don qu'il fait. Le désir de procurer de grandes joies à l'Amour divin lui fait jalouser saintement Marie-Madeleine qui a aimé davantage, c'est-à-dire reçu plus d'amour, parce qu'elle avait beaucoup péché [94]. Elle explique donc que Dieu lui a tout remis en la préservant de tout péché. Si elle n'avait été admise au Carmel, elle serait entrée dans un Refuge [95] pour avoir part aux effusions de l'amour repentant.

Ces développements, subtils en apparence, nous montrent l'estime qu'elle a pour la pauvreté, véritable gagne-pain spirituel. Pour attirer l'amour :

---

91. LT 197, (17-9-1896), à Sr Marie du Sacré-Cœur.
92. Cf. Ms B, 5rº ; *Mt* 9,13 ; *Mc* 2,17 ; *Lc* 5,32.
93. *Lc* 15,7 ; cf. *Lc* 15,10.
94. Cf. *Lc* 7, 46-47.
95. Cf. *Une novice de Sainte Thérèse*, p. 108-109. [Le "Refuge" est une maison tenue par des religieuses pour accueillir celles qu'on appelait alors les "filles repenties". Thérèse connaissait celui de Lisieux].

...le seul désir d'être victime suffit, mais il faut consentir à rester toujours pauvre et sans force et voilà le difficile, car "le véritable pauvre d'esprit, où le trouver, il faut le chercher bien loin", dit l'auteur de l'Imitation... [96].

Aussi, parmi les grandes choses que Dieu a faites en elle, elle estime que la plus grande c'est de lui avoir montré sa petitesse et son impuissance à tout bien [97].

Et elle résume sa conception de la perfection en cette formule :

Il suffit de reconnaître son néant et de s'abandonner, comme un enfant dans les bras du bon Dieu [98].

3. Enfance spirituelle

Confiance et pauvreté spirituelle attirent irrésistiblement l'amour.Cette loi s'affirme en Thérèse à mesure que se développe l'expérience de l'amour, mais probablement avec plus de force et d'intensité que de clarté, du moins au début.

Voici qu'en une date qu'il est difficile de préciser, mais certainement en cette période de lumières [99] qui va de l'offrande à l'Amour miséricordieux (9 juin 1895), à l'épreuve contre la foi (Pâques 1896), brille dans son âme une lumière qui aura une importance considérable [100] :

Je veux chercher le moyen d'aller au Ciel par une petite voie bien droite, bien courte, une petite voie toute nouvelle. Nous sommes dans un siècle d'inventions, maintenant ce n'est plus la peine de gravir les marches d'un escalier, chez les riches un ascenseur le remplace avantageusement.(...)
Alors j'ai recherché dans les livres saints l'indication de l'ascenseur, objet de mon désir et j'ai lu ces mots sortis de la bouche de la Sagesse Éternelle : Si quelqu'un est tout petit, qu'il vienne à moi... [101]
Voulant savoir, ô mon Dieu, ce que vous feriez au tout petit *qui répondrait à votre appel, j'ai continué mes recherches et voici ce que j'ai trouvé :* Comme une mère caresse son enfant, ainsi je vous consolerai, je vous porterai sur mon sein et je vous balancerai sur mes genoux [102]. *Ah! jamais paroles plus tendres, plus mélodieuses ne sont venues réjouir mon âme, l'ascenseur qui doit m'élever jusqu'au Ciel, ce sont vos bras, ô Jésus ! Pour cela, je n'ai pas besoin de grandir, au contraire il faut que je reste petite, que je le devienne de plus en plus* [103].

---

96. LT 197, (17-9-1896), à Sr Marie du Sacré-Cœur. [Le P. Marie-Eugène corrige (sans doute avec *Histoire d'une Âme*, 1941, p. 356) le texte de Thérèse qui porte "a dit le psalmiste" : il s'agit d'Im. II, 11,4, citant *Pr* 31,10].
97. Cf. CJ 13.8.
98. LT 226, (9-5-97), au P. Roulland.
99. Cf. Ms A, 84r° ; Ms C, 5v°.
100. Sainte Thérèse de l'Enfant-Jésus parle de cette grâce dans le ch. XI de *L'Histoire d'une Âme* [*Manuscrit B*] qui fut écrit en septembre 1896. Comme elle n'en parle pas dans les huit premiers chapitres [*Manuscrit A*] dont la rédaction fut terminée en janvier 1896, on peut avec quelque probabilité situer cette grâce au début de 1896. Nous ne pensons pas que cette grâce, malgré son importance, puisse être considérée comme une grâce extraordinaire proprement dite. Elle a dû briller d'une façon très simple en son âme suivant le mode habituel, sans qu'elle pût discerner comment elle lui était venue.
101. *Pr* 9,4.
102. *Is* 66, 13 et 12.
103. Ms C, 2v°-3r°.

Thérèse médite aussi certainement la scène évangélique dans laquelle Jésus présente un enfant à ses apôtres et proclame la nécessité de lui ressembler pour entrer dans le royaume des cieux :

Quiconque se fera petit comme ce petit enfant, c'est lui qui sera le plus grand dans le royaume des cieux [104].

Ces textes scripturaires s'éclairent d'une façon extraordinaire au regard de sainte Thérèse de l'Enfant-Jésus. La lumière qui en jaillit vient confirmer et harmoniser des aspirations et des convictions, sinon confuses du moins imparfaitement explicitées ; elle polarise en un instant ces éléments encore épars et elle incarne en quelque sorte la doctrine thérésienne en une forme vivante, claire et simple : celle du petit enfant qui devient le modèle parfait à imiter et à réaliser.

Certes, cette lumière trouve en sainte Thérèse de l'Enfant-Jésus des dispositions naturelles extrêmement favorables. La grâce est-elle venue jamais plus harmonieusement perfectionner la nature ? Thérèse a toujours été petite : et dans sa famille où la dernière de neuf enfants elle a vécu sous la tutelle affectueuse de ses grandes sœurs, et au Carmel où précédée par deux de ses sœurs et entrée à 15 ans, morte à 24, elle n'a jamais été que l'aînée du Noviciat et n'a pu parvenir à cette majorité canonique qui confère l'exercice des droits de la profession religieuse. Elle a toujours été la *"petite Thérèse"* par situation familiale et sociale ; elle le restera surnaturellement et jusque dans le Ciel [105], par une grâce qui lui a fait réaliser avec une logique rigoureuse et absolue le modèle présenté par Jésus à ses plus intimes disciples.

Thérèse peut aisément copier les attitudes extérieures de l'enfant, ses gestes affectueux et charmants, voire adopter son langage. Ne nous laissons pas tromper par ces formes extérieures qui ne sont pas éléments essentiels de l'enfance et qui pourraient bien en favoriser la déformation. L'enfant que sainte Thérèse prend et présente comme modèle, n'est pas ce petit être faible qui par ses charmes conquérants impose ses désirs et ses caprices, c'est celui dont elle fait elle-même la description. Être petit enfant,

c'est reconnaître son néant, attendre tout du bon Dieu comme un petit enfant attend tout de son père, c'est ne s'inquiéter de rien, ne point gagner de fortune... Être petit, c'est encore ne point s'attribuer à soi-même les vertus qu'on pratique, se croyant capable de quelque chose, mais reconnaître que le bon Dieu pose ce trésor dans la main de son petit enfant, pour qu'il s'en serve quand il en a besoin ; mais c'est toujours le trésor du bon Dieu... [106].

---

104. *Mt* 18, 1-4.
105. Cf. CSG, p. 47 : "Vous m'appellerez petite Thérèse".
106. CJ 6.8.8.

Sainte Thérèse de l'Enfant-Jésus, en cette déclaration importante, indique la disposition fondamentale de l'enfance spirituelle. C'est par la pauvreté confiante jalousement conservée et protégée contre l'appropriation de tous les faux biens, seraient-ce les vertus, que l'enfance spirituelle va édifier toute l'ordonnance de la vie surnaturelle et en régler les diverses manifestations.

Elle libère d'abord l'instinct filial de la grâce sanctifiante ; cet enfant qui a trouvé sa place dans la Trinité Sainte, ne supporte plus d'être séparé de son Père, le bon Dieu. Qu'une difficulté survienne, qu'une tâche plus importante lui soit confiée, d'instinct il va "dans les bras du bon Dieu, comme un petit enfant et [cache sa] figure dans ses cheveux" [107]. Son oraison consiste à regarder le bon Dieu de plus près, à s'efforcer de le connaître mieux à travers les gestes et les paroles que nous rapportent de Lui les Livres Saints [108].

Cette recherche filiale du bon Dieu, parce qu'elle est guidée par la grâce et non par un besoin naturel de caresses, se soumet aux lois de l'ordre surnaturel qui règle nos rapports avec Dieu. Elle s'appuie sur les certitudes de la foi pour persévérer en sa recherche, mais elle accepte amoureusement le voile d'obscurité que la foi maintient ici-bas sur les réalités surnaturelles qu'elle révèle. Thérèse ne veut pas éveiller le bon Dieu en ce silence de la nuit qui ressemble à un sommeil et parfois à l'immobilité de la mort. Parce qu'elle n'est avide que de vérité, elle ne veut pas des fausses représentations de l'au-delà, elle ne désire même pas les manifestations surnaturelles qui ne sont qu'analogiques [109]. La simplicité et la pureté surnaturelles de cette attitude filiale et de ce regard obstinément fixé sur Dieu au-delà de tous les nuages et de toutes les images font de cette enfant une sublime contemplative qui pénètre les plus hauts attributs divins et s'en empare.

Saint Jean de la Croix souligne que l'âme enchaîne Dieu par la pureté de son regard, et, ajoute-t-il, par la vue d'un cheveu qui est le cheveu de l'amour fort tressant les vertus entre elles [110]. Sainte Thérèse de l'Enfant-Jésus, qui a réalisé le premier trait, souligne le second dans une lettre à Léonie en l'appliquant à l'activité d'amour de sa voie d'enfance.

Sachons donc, lui écrit-elle, *le retenir prisonnier, ce Dieu qui devient le mendiant de notre amour. En nous disant que c'est un cheveu qui peut opérer ce prodige, il*

107. Ms C, 22r°.
108. Cf. PA, p. 266, PO, p. 275, CSG, p. 80.
109. "Toutes ces images ne me font aucun bien, je ne puis me nourrir que de la vérité. C'est pour cela que je n'ai jamais désiré de visions" (CJ 5.8.4).
    "Vous vous rappellerez que c'est 'ma petite voie' de ne rien désirer voir. Vous savez bien ce que j'ai dit tant de fois au bon Dieu, aux Anges et aux Saints : Que mon désir n'est pas de les voir ici-bas". (CJ 4.6.1, citant PN 24, str. 27, 7-8).
110. Cf. JEAN DE LA CROIX, *Cantique Spirituel*, str. XXII, p.813-816.

nous montre que les plus petites actions faites par amour sont celles qui charment son cœur... Ah! s'il fallait faire de grandes choses, combien serions-nous à plaindre?... Mais que nous sommes heureuses puisque Jésus se laisse enchaîner par les plus petites [111].

L'amour a le devoir, en effet, de s'exprimer autrement que par le regard, il doit faire des actes. L'activité de l'amour chez Thérèse de l'Enfant-Jésus restera une activité d'enfant, mais activité qui cherchera sa perfection en un amour puissant et délicat, ténu et fort tel un cheveu, qui en animera et en unira tous les actes.

Consciente de sa faiblesse, Thérèse ne se portera pas vers l'ascèse brillante qui revêt des apparences de force ou d'héroïsme. La petite croix de fer qui l'a rendue malade vient lui donner une lumière définitive en précisant et authentiquant ce qu'elle sentait intérieurement.

Doit-elle, à cause de sa petitesse, refuser tout effort? Non certes. Tout ce que le bon Dieu lui impose par les lois, les événements, les devoirs d'état, est preuve et message de son amour. Sa faiblesse n'a pas le droit de s'en effrayer, la tâche dépasserait-elle les forces humaines, car Dieu donne toujours grâce et force pour ce qu'il demande. Aussi avec quelle attention éveillée va-t-elle recueillir tous ses désirs divins, jusqu'aux moindres, avec quelle fidélité scrupuleuse et quel souci de perfection jusque dans le détail va-t-elle réaliser les grands et les plus humbles devoirs de la vie quotidienne pour exprimer ainsi à Dieu à tout instant son amour:

Je n'ai d'autre moyen de te prouver mon amour, dit-elle à Jésus, que de jeter des fleurs, c'est-à-dire de ne laisser échapper aucun petit sacrifice, aucun regard, aucune parole, de profiter de toutes les plus petites choses et de les faire par amour... Je veux souffrir par amour et même jouir par amour, ainsi je jetterai des fleurs devant ton trône ; je n'en rencontrerai pas une sans l'effeuiller pour toi... [112].

Tel est l'héroïsme de petitesse, tout imprégné d'amour, auquel Dieu ne manque pas de fournir l'aliment quotidien adapté à ses forces et nécessaire à son développement depuis les petits coups d'épingle du début de la vie religieuse jusqu'aux douloureuses purifications et aux dernières épreuves qui assureront la consommation.

Ces épreuves, Thérèse en cache la souffrance sous un sourire. Le sourire n'est-il pas par excellence la parure du visage de l'enfant:

Je chanterai, écrit-elle, ... je chanterai, même lorsqu'il me faudra cueillir mes fleurs au milieu des épines et mon chant sera d'autant plus mélodieux que les épines seront longues et piquantes [113].

---

111. LT 191, (12-7-1896), à Léonie.
112. Ms B, 4r°-v°.
113. Ms B, 4v°.

Cacher sa souffrance pour ne pas la faire porter aux autres est un acte de charité délicat. Sainte Thérèse aime cette vertu d'une façon spéciale "parce qu'on aime le bon Dieu dans la mesure où on la pratique" [114], et parce que c'est la vertu du bon Dieu qui est Amour. Elle la pratiquera avec un soin particulier et la recommandera dans les dernières pages qu'elle écrira ici-bas [115].

Tel est l'enseignement pratique de Thérèse de l'Enfant-Jésus, message d'une enfant, d'un "pauvre petit néant, rien de plus" [116], qui nous dit que Dieu est Amour, que Dieu veut répandre les flammes de son amour en nos âmes, et que nous pouvons être transformés et consumés par son amour en nous faisant

humbles et petits entre les bras de Dieu, conscients de notre faiblesse et confiants jusqu'à l'audace en sa bonté de Père [117].

b) *Vérités spéculatives de théologie spirituelle*

Sainte Thérèse de l'Enfant-Jésus, avons-nous constaté, n'a pas composé de traité de spiritualité, n'a pas construit de système appuyé sur des principes spécula- tifs. Mais l'enseignement pratique qu'elle donne avec tant de fermeté, suppose et affirme implicitement des vérités de théologie spirituelle qui, pour n'être pas énoncées, se dégagent cependant en pleine lumière. Que ces vérités soient formu- lées et elles ont un son qui nous surprend ; elles paraissent presque des nouveautés audacieuses. Un examen attentif nous révèle assez promptement que la nouveauté est faite d'un retour à la vérité pure et intégrale, d'une réalisation parfaite et d'une illustration lumineuse, parce que très simple, des définitions données par la théo- logie [118]. Une fois de plus la simplicité triomphe ; ou plutôt, c'est ici qu'elle décou- vre le mieux ses richesses au théologien. Essayons de nous en rendre compte.

---

114. Cité par M. Agnès dans PO, p. 174.
115. Cf. *Manuscrit C*.
116. Ms C, 2r°.
117. NV, 3.8.5 [b], p. 113 (*Derniers Entretiens*, I, p. 582).
118. Comment expliquer que cet enseignement nous surprenne et nous paraisse nouveau alors qu'il est seulement simple et très pur ? Ne serait-ce pas parce que notre théologie spirituelle n'est pas habituée à se tenir directement sous la lumière des deux grands foyers, Dieu et son Christ, qui devrait l'éclairer sans cesse, et qu'elle se contente trop souvent de monnayer pour l'usage courant les trésors laissés par les grands maîtres ? Certes les motifs ne manquent pas qui nous excusent : l'expérience de Dieu est un don gratuit, et quel que soit le degré où nous en sommes parvenus personnellement, nous avons le devoir d'instruire, de guider, d'adapter aux besoins de notre temps et de chaque âme en particulier ; comment remplir ce devoir sinon en commentant l'enseignement des maîtres ? Reconnaissons pour le moins que cette petite monnaie distribuée avec tant de générosité et d'abondance parfois, si elle n'est pas fausse, reste lourde et encombrante et qu'elle risque de gêner et d'alourdir la marche vers l'Absolu dont elle devrait être le viatique bienfaisant... Sainte Thérèse de l'E.J. écrivait à un de ses frères spirituels : "Parfois lorsque je lis certains traités spirituels où la perfection est montrée à travers mille entraves, environnée d'une foule d'illusions, mon pauvre petit esprit se fatigue bien vite, je ferme le savant livre qui me casse la tête et me dessèche le cœur, et je prends l'Écriture Sainte. Alors tout me semble lumineux, une seule parole découvre à mon âme des horizons infinis, la perfection me semble facile : je vois qu'il suffit de reconnaître son néant et de s'abandonner comme un enfant dans les bras du bon Dieu" (LT 226, (9-5-1897), au P. Roulland).
Appréciation sévère, peut-être, de traités écrits avec science et amour, mais qui nous révèle comment les âmes assoiffées de Dieu et qui l'ont déjà trouvé, ont besoin d'affirmations simples et profondes plus que d'explications diffuses et de raisonnements brillants.

1. Toute vie spirituelle doit chercher son fondement et son aliment constant en un regard sur Dieu, regard dont la simplicité fait la perfection.

Telle est la première vérité, plus facile d'ailleurs à développer qu'à énoncer clairement, que mettent en relief et l'exemple de sainte Thérèse de l'Enfant-Jésus et sa doctrine.

Fille des ermites qui habitaient la montagne, notre petite Sainte a tout sacrifié pour trouver Dieu. L'ayant trouvé en une haute contemplation, tout pour elle a jailli de cette lumière. Or, elle nous invite à entrer dans sa petite voie, à réaliser ses attitudes, sinon à imiter tous ses gestes. Nous n'avons pas à la suivre en son désert carmélitain, mais comment pourrait-on se dire son disciple, si en premier lieu on ne donnait à sa vie spirituelle le fondement et l'aliment qui soutinrent la sienne, à savoir un regard constant vers le bon Dieu ? Agir autrement serait commettre une erreur sur les principes, erreur que rien ne pourrait réparer par la suite.

D'ailleurs, c'est une loi de notre nature humaine que nous ne pouvons aimer qu'autant que nous connaissons. Cette loi s'impose avec toute sa rigueur à la foi, tant qu'elle demande aux connaissances distinctes fournies par l'intelligence l'aliment nécessaire à son développement. Lorsque Dieu se substitue à la raison et par les dons du Saint-Esprit assure lui-même la lumière, l'amour prend les devants, il est vrai, mais cet amour ne peut se maintenir en contact avec les sources divines qui l'alimentent, que par un contact de foi, c'est-à-dire par un regard. C'est par ce regard, plus que jamais nécessaire, que se produit désormais la transformation de l'âme de clarté en clarté jusqu'à la ressemblance du Christ [119] ; c'est lui aussi qui fait jaillir au sein de l'âme la source d'eau vive [120].

Résumons en affirmant que cette connaissance et cette présence de Dieu qui sur les sommets est le fruit de l'amour, doit être recherchée et cultivée en toutes les étapes, car la vie éternelle, et celle dont nous jouirons au Ciel, et celle que nous commençons ici-bas par la vie spirituelle, consiste essentiellement à connaître Dieu et Celui qu'il a envoyé, le Christ Jésus [121].

Ces vérités admises spéculativement subissent bien des déformations et diminutions pratiques en bien des âmes, même en des âmes généreuses. Les besoins sont si nombreux et si urgents, les apôtres si peu nombreux que nous exaltons la nécessité et la valeur de l'action et que nos préoccupations vont surtout à la faire chaque jour plus adaptée et mieux conduite techniquement. Certes, nous sentons aussi le besoin de la piété, d'une certaine union à Dieu. Mais

---

119. Cf. *2 Co* 3,18.
120. Cf. *Jn* 4,14.
121. Cf. *Jn* 17,3.

pourquoi s'adonner à des exercices de vie contemplative qui prendraient un temps déjà insuffisant pour les obligations d'apostolat, nous feraient perdre le sens des réalités d'ici-bas et nous enfermeraient probablement en un égoïsme spirituel. Nous ne sommes plus aux époques de foi où le spectacle d'un moine recueilli suffisait à réveiller la torpeur des âmes et à les convertir. L'apôtre doit évoluer avec les foules qu'il veut saisir ; il doit entrer dans le bruit et dans toute la technique du monde moderne. Tels sont nos propos ; et pour justifier ce délaissement de Dieu pour ses œuvres, nous faisons des distinctions entre la vie contemplative et la vie active, entre les obligations de la première que nous avons le droit, sinon le devoir, de négliger, et celles de la seconde qui sont les nôtres, oubliant que Jésus a passé trente ans à Nazareth avant d'entrer dans sa vie publique qui dura trois ans, et que Thérèse de l'Enfant-Jésus, pour devenir un apôtre puissant, a consumé sa vie dans un cloître.

Même ces exemples n'ont pas toujours raison de nos préjugés tenaces contre cette recherche active de la présence divine, que nous devons unir à nos travaux d'apostolat, car il ne s'agit que de cela. Nous gardons, en effet, un souvenir pénible de certaines techniques d'oraison qui nous ont paru compliquées, peu adaptées à notre esprit, et pour cela inefficaces et ennuyeuses. Quant à devenir véritablement contemplatif, pouvons-nous y songer après avoir lu certains traités sur ce sujet, qui nous ont laissé l'impression d'un art pour spécialiste et au surplus dangereux.

Pour réformer nos idées sur l'oraison, lisons simplement la description que sainte Thérèse de l'Enfant-Jésus fait de la sienne :

Moi, je me considère, écrit-elle, *comme un faible petit oiseau couvert seulement d'un léger duvet ; je ne suis pas un aigle, j'en ai simplement les yeux et le cœur car malgré ma petitesse extrême, j'ose fixer le Soleil divin, le Soleil de l'Amour et mon cœur sent en lui toutes les aspirations de l'Aigle... Le petit oiseau voudrait voler vers ce brillant Soleil qui charme ses yeux, il voudrait imiter les Aigles ses frères qu'il voit s'élever jusqu'au foyer Divin de la Trinité Sainte...*
Hélas, tout ce qu'il peut faire, c'est de soulever ses petites ailes, mais s'envoler cela n'est pas en son petit pouvoir !
Que va-t-il devenir ! Mourir de chagrin se voyant aussi impuissant ?... Oh non ! le petit oiseau ne va pas même s'affliger. Avec un audacieux abandon, il veut rester à fixer son Divin Soleil ; rien ne saurait l'effrayer, ni le vent, ni la pluie, et si de sombres nuages viennent à cacher l'Astre d'Amour, le petit oiseau ne change pas de place, il sait que par-delà les nuages son Soleil brille toujours... Jésus, jusqu'à présent, je comprends ton amour pour le petit oiseau, puisqu'il ne s'éloigne pas de toi... mais je le sais, et tu le sais aussi, souvent, l'imparfaite petite créature tout en restant à sa place (c'est-à-dire sous les rayons du Soleil), se laisse un peu distraire de son unique occupation, elle prend une petite graine à droite et à gauche, court après un petit ver... puis, rencontrant une petite flaque d'eau, elle

mouille ses plumes à peine formées, elle voit une fleur qui lui plaît, alors son petit esprit s'occupe de cette fleur... enfin ne pouvant planer comme les aigles, le pauvre petit oiseau s'occupe encore des bagatelles de la terre.

Cependant, après tous ses méfaits, au lieu d'aller se cacher dans un coin pour pleurer sa misère et mourir de repentir, le petit oiseau se tourne vers son Bien-Aimé Soleil, il présente à ses rayons bienfaisants ses petites ailes mouillées, il gémit comme l'hirondelle, et dans son doux chant il confie, il raconte en détail ses infidélités, pensant dans son téméraire abandon acquérir ainsi plus d'empire, attirer plus pleinement l'amour de Celui qui n'est pas venu appeler les justes, mais les pécheurs...

Si l'Astre Adoré demeure sourd aux gazouillements plaintifs de sa petite créature, s'il reste voilé... eh bien ! la petite créature reste mouillée, elle accepte d'être transie de froid et se réjouit encore de cette souffrance qu'elle a cependant méritée...

Ô Jésus ! que ton petit oiseau est heureux d'être faible et petit, que deviendrait-il s'il était grand ?... Jamais il n'aurait l'audace de paraître en ta présence, de sommeiller devant toi... Oui, c'est là encore une faiblesse du petit oiseau lorsqu'il veut fixer le Divin Soleil et que les nuages l'empêchent de voir un seul rayon, malgré lui ses petits yeux se ferment, sa petite tête se cache sous la petite aile et le pauvre petit être s'endort, croyant toujours fixer son Astre Chéri. A son réveil, il ne se désole pas, son petit cœur reste en paix, il recommence son office d'amour, il invoque les Anges et les Saints qui s'élèvent comme des Aigles vers le Foyer dévorant objet de son envie, et les Aigles prenant en pitié leur petit frère, le protègent, le défendent et mettent en fuite les vautours qui voudraient le dévorer [122].

Gracieux laisser-aller d'une âme qui joue à l'enfant pour remédier à sa pauvreté intellectuelle ! seront tentés de dire certains. La sainteté reconnue de Thérèse de Lisieux ne nous permet pas de nous arrêter à l'hypothèse d'un tel jeu irrespectueux.

D'autres, avec plus de raison peut-être, y verront surtout la générosité de Thérèse qui, avec une activité un peu anxieuse, recourt aux petits moyens conseillés par la grande Thérèse aux débutants, pour fournir un aliment à la pauvreté de leur oraison. Certes, on ne peut nier l'activité de la petite Thérèse pendant l'oraison, son souci de procurer un peu de repos à ses facultés en leur assurant un peu d'air et de lumière pendant ces sécheresses si lourdes. Mais il ne faudrait pas que cette activité nous voile l'essentiel.

Pour trouver cet essentiel, relisons avec attention la description si suggestive qui précède. Nous avions été d'abord frappés par les incidents qui semblent troubler cette oraison thérésienne et par l'activité qui y remédie, nous découvrons maintenant le fond de cette oraison qui est constituée par une attitude d'âme simple et vivante, par une orientation constante vers Dieu, attitude et orientation

---

122. Ms B, 4v°-5v°. [Le découpage en paragraphes est celui de l'édition des Lettres par A. COMBES en sept. 1948, p. 335-337. Ce texte a été cité ainsi en conférence dès juillet 1947 ; peut-être à partir d'une copie émanant directement du Carmel de Lisieux ? C'est sans doute la première fois qu'on entendait ce texte *in extenso* (d'où la longueur de la citation) et son premier commentaire].

guidées et éclairées par un regard pénétrant et affectueux, obstinément fixé sur le Soleil divin qui l'a fasciné. Les incidents qui attirent l'attention, sont importants, certes, mais secondaires ; c'est le regard qui fait l'oraison et qui est donc l'élément essentiel. Il y a un jeu en effet ; c'est celui de ce regard qui utilise tout, force et faiblesse, sécheresses et consolations, distractions et sommeil, pour affirmer sa constance et exprimer l'amour dont il est chargé. Jeu de l'amour qui va du divin à l'humain, et remonte aussi vers sa source ; jeu de la foi vive en la pauvreté et la souplesse d'un enfant qui, à travers les agitations et faiblesses que lui vaut sa parfaite incarnation, reste fixée sur son divin objet.

Thérèse nous dit elle-même que c'est l'amour qui fixe ce regard. C'est l'amour certainement aussi qui l'a simplifié à ce point. Dès lors, notre surprise est grande de constater que ce regard ainsi décrit, réalise à la lettre la définition de la contemplation donnée par saint Thomas et complétée par ses commentateurs de Salamanque : "*Simplex intuitus veritatis sub influxu amoris* : Regard simple sur la vérité sous l'influence de l'amour" [123].

Cette définition nous montre que la contemplation ne comporte comme élément essentiel que ce regard simplifié. Dès lors, tout ce dont nous l'avions chargée et que nous lui croyions nécessaire, lumières éblouissantes, saveurs débordantes, transports même et extases, ne nous apparaissent plus que comme des ornements, des éléments secondaires dont la contemplation devra se dépouiller pour devenir plus essentiellement et plus parfaitement elle-même, donc plus pure et plus haute.

Voici donc que ce jeu souple et gracieux de Thérèse avec le Bon Dieu, auquel nous osions à peine donner le nom d'oraison, est une véritable contemplation, et de qualité, parce qu'elle en réalise parfaitement la définition classique. Son regard d'enfant est un regard de haute contemplation. Ne cherchons pas ailleurs qu'en ce regard qu'elle décrit, une illustration plus heureuse et plus vivante de la vérité intégrale sur la contemplation à laquelle sa simplicité nous ramène.

Quelle lumière et quels encouragements pour nous en ce spectacle et cette constation ! car dans l'oraison de Thérèse nous retrouvons quelque chose de la nôtre. La nôtre est pauvre aussi, soumise aux agitations des facultés, troublée par les distractions et les passions, immobilisée par la faiblesse, les sécheresses, par le sommeil peut-être. Ses déficiences nous faisaient croire à un échec. Il n'en est rien. Mais que manque-t-il à la nôtre, pour qu'elle ressemble complètement à celle de

---

123. Cf. S. THOMAS, *Somme Théologique*, II ᵃ-II ᵃᵉ, q.180, a.3, ad 1. [Voir aussi le développement dans P. MARIE-EUGÈNE DE L'E.J., *Je veux voir Dieu*, p. 405-406].

Thérèse et qu'elle soit contemplative ? Examinons-la un instant sous la lumière toute proche. Nous découvrirons sans doute, que pour imiter parfaitement notre petite Sainte, il nous faudrait l'humilité que rien ne décourage, la constance du regard qui utilise tout pour retrouver son objet divin, la simplicité et la pureté de l'enfant.

Continuons nos recherches. Cette simplicité recèle d'autres richesses.

2. Toute vie spirituelle profonde est une vie mystique.

Telle est la deuxième vérité affirmée par l'enseignement thérésien. La spiritualité de sainte Thérèse de l'Enfant-Jésus est fondée sur cette double vérité, à savoir : l'impuissance de l'homme et le désir que l'Amour divin a de se communiquer. Elle reconnaît la nécessité de l'action personnelle, non qu'elle soit efficace par elle-même, mais parce qu'elle est une preuve de bonne volonté et d'amour ; elle met au premier plan la confiance et l'abandon parce que ces dispositions provoquent les effusions de l'Amour. Dès le début de la vie spirituelle, il n'y a qu'à s'abandonner comme un petit enfant. Tout est là.

En un gracieux symbole, Thérèse explique ce qu'est la part de Dieu et celle de l'âme dans le mouvement d'ascension :

Voulant absolument atteindre le haut d'un escalier pour retrouver sa maman, [l'enfant] lève son petit pied afin de monter la première marche. Peine inutile ! il retombe toujours sans pouvoir avancer. Eh bien, soyez ce petit enfant ; par la pratique de toutes les vertus, levez toujours votre petit pied pour gravir l'escalier de la sainteté, et ne vous imaginez pas que vous pourrez monter même la première marche ! non ; mais le bon Dieu ne demande de vous que la bonne volonté. Du haut de cet escalier, il vous regarde avec amour. Bientôt, vaincu par vos efforts inutiles, il descendra lui-même, et vous prenant dans ses bras, vous emportera pour toujours dans son royaume où vous ne le quitterez plus [124].

C'est ce qu'elle a expérimenté elle-même : ses efforts ont été inutiles jusqu'à ce que les bras de Jésus, son Ascenseur divin, l'aient soulevée et placée en la disposition d'âme qu'elle désirait. Elle est convaincue qu'elle n'a rien fait d'elle-même. Aussi lorsqu'à la fin de sa vie on lui dit : "Vraiment, vous êtes une sainte !" elle répond avec conviction :

Non, je ne suis pas une sainte ; je n'ai jamais fait les actions des saints ; je suis une toute petite âme que le bon Dieu a comblée de grâces... Vous verrez au Ciel que je dis vrai ! [125]

Puisque la vie mystique est celle dans laquelle l'action directe de Dieu est prédominante, il est clair que pour Thérèse de l'Enfant-Jésus, vie spirituelle et vie mystique, c'est tout un, et qu'elle ne conçoit pas la vie spirituelle autrement que guidée et agie par Dieu Amour.

---

124. Cf.*Une novice de Sainte Thérèse*, p. 110-111.
125. Cf. PO, p. 316 ; voir aussi : CJ 9.8.4 (*Derniers Entretiens*, I, p. 314, 523).

Ici encore, Thérèse nous ramène simplement à l'enseignement évangélique. Lorsqu'après la Cène, Jésus dévoile à ses apôtres le mystère caché de son union avec eux, il leur dit : "Je suis la vigne,vous êtes les rameaux" [126]. Et il développe : nous sommes quelque chose du Christ et nous vivons de notre union avec lui. Le rameau séparé de la vigne n'est plus qu'un sarment ; de même séparé du Christ, nous perdons notre existence au point de vue surnaturel.

La loi de l'être est celle aussi de l'opération surnaturelle : sans lui nous ne pouvons rien faire ; mais en lui et par lui nous portons beaucoup de fruit.

De cette appartenance au Christ qui est une existence en lui, l'apôtre saint Paul va tirer rigoureusement les conclusions :

Nul ne peut dire : Jésus est le Seigneur, si ce n'est par l'Esprit Saint [127]. *C'est Dieu qui fait en nous le vouloir et le faire* [128]. Et par conséquent, au point de vue pratique dans le chemin spirituel : *Ce n'est donc pas affaire de vouloir, ni de courir, tout dépend de la miséricorde divine* [129].

Toutes ces affirmations de Jésus, de saint Paul et de Thérèse de l'Enfant-Jésus nous placent sous la même lumière, celle de l'efficacité souveraine et exclusive de l'action de Dieu dans le domaine surnaturel, avec toutes les conséquences pratiques qu'elle comporte.

Notre surprise à entendre énoncer ces vérités de foi, nous indique qu'elles sont voilées et pratiquement diminuées en bien des esprits. Des tendances activistes en spiritualité, qui procèdent de l'orgueil, une peur du quiétisme, devenue maladive tellement on l'a cultivée, ont fait mettre en relief la valeur de l'effort personnel,ont fait insister démesurément sur l'ascèse, au point de laisser ignorer pratiquement à l'ensemble des âmes la proportion des forces divines et humaines engagées dans la vie spirituelle, et cette prépondérance de l'action de Dieu qui en tout temps fait de l'activité de l'âme une simple coopération. Les interventions directes de Dieu ont été reléguées systématiquement dans les régions les plus élevées de la vie spirituelle ; on les a présentées comme des cas extraordinaires et habituellement suspects, au point que la plus modeste de ces interventions, telle une oraison, a suffi soit à effrayer, soit, ce qui est encore plus dangereux, à provoquer une admiration naïve et secrètement orgueilleuse, et chez l'âme de bonne volonté qui en était favorisée, et chez celui qui était chargé de l'éclairer et de la conduire.

Cette méconnaissance pratique des données réelles du problème spirituel a eu des conséquences plus graves encore bien que plus générales. En laissant

---

126. *Jn* 15,5.
127. *1 Co* 12,3.
128. *Ph* 2,13.
129. *Rm* 9,16. [Thérèse s'appuie, sur cette citation de S. Paul,au début du Ms A (1r°) en parlant du "mystère des privilèges de Jésus sur son âme"].

ignorer aux âmes les désirs de l'Amour et la part qu'il prend normalement en notre sanctification, on leur a rendu pratiquement impossible la foi et l'espérance nécessaires pour provoquer et utiliser les effusions divines. On n'a même pas toujours obtenu d'elles une activité plus vigoureuse dans la pratique de la vertu, car en tuant les grands désirs on détruit bien des possibilités d'héroïsme ; l'ascèse d'amour de sainte Thérèse de l'Enfant-Jésus est plus active que bien des ascèses de vertu. On a ainsi empêché le développement normal de l'action de Dieu dans les âmes et arrêté l'épanouissement de leur vie spirituelle.

L'enseignement thérésien, en nous découvrant la vérité sur les désirs de Dieu, sur son action prépondérante dans notre marche vers lui, libère les grands désirs, les légitime, ouvre tout grands les horizons de la perfection chrétienne et nous fait un devoir de les considérer comme accessibles, comme nôtres, quelle que soit notre faiblesse, puisque pour y tendre efficacement et sans présomption,

> il suffit de reconnaître son néant et de s'abandonner comme un enfant dans les bras du bon Dieu [130].

3. Les faveurs extraordinaires et les expériences savoureuses ne font pas partie intégrante de la vie mystique.

Telle est la troisième vérité encourageante que nous livre l'enseignement thérésien. Constatons cependant d'abord que, comme l'enfant, le spirituel est avide de merveilleux surnaturel, parce qu'il semble dissiper un instant l'obscurité du mystère et soulever le voile des réalités supérieures qu'il aime. Aussi pendant longtemps l'hagiographie s'est plu à cultiver ce goût en soulignant dans la vie des saints les faveurs dont ils furent gratifiés et en recueillant avec une complaisance marquée des légendes édifiantes dont le charme poétique constituait l'unique valeur.

Ce merveilleux a d'ailleurs sa place dans les ascensions spirituelles. Les demeures du Château intérieur de sainte Thérèse d'Avila, comme les étapes de sa vie, sont jalonnées par des grâces extraordinaires qui symbolisent à la fois et confèrent la grâce de cette période. Nous retrouvons en fait dans la vie des saints canonisés ces faveurs avec assez de fréquence pour que paraisse justifiée en une certaine mesure, sinon la confusion entre vie mystique et faveurs extraordinaires, du moins la persuasion qu'elles sont inséparables.

Sainte Thérèse de l'Enfant-Jésus avoue que l'appel à la haute sainteté qu'elle avait entendu, eut comme effet de la porter tout d'abord vers les choses extraordinaires :

> Lorsque je commençais à apprendre l'histoire de France, écrit-elle à l'Abbé Bellière, le récit des exploits de Jeanne d'Arc me ravissait, je sentais en mon cœur le désir et le courage de l'imiter, il me semblait que le Seigneur me destinait aussi à de grandes choses [131].

---

130. LT 226, (9-5-1897), au P. Roulland.
131. LT 224, (25-4-1897), à l'abbé Bellière.

Ses aspirations ne la trompaient pas, mais une lumière qu'elle considère comme l'une des plus grandes grâces de sa vie vint l'arracher à la séduction de Jeanne d'Arc et la mettre dans sa voie :

Le bon Dieu me faisait sentir que la vraie gloire est celle qui durera éternellement et que pour y parvenir, il n'était pas nécessaire de faire des œuvres éclatantes mais de se cacher et de pratiquer la vertu en sorte que la main gauche ignore ce que fait la main droite... [132].

Cette lumière, comme les lumières surnaturelles profondes, révèlera progressivement ses virtualités et imposera ses exigences au point qu'elle deviendra un trait dominant de la spiritualité thérésienne. Dieu lui-même va la réaliser.

Thérèse ne reçoit presque pas de faveurs extraordinaires et aucune de celles qui pourraient la signaler à l'attention de son entourage. La guérison miraculeuse par le sourire de la Vierge lui devient une cause de souffrance parce que, devinée par l'entourage, elle a dû la raconter. En son expérience mystique, mis à part quelques emprises unissantes et les lumières qu'elle trouve habituellement au fond de son âme, il n'y a que sécheresses, obscurité, impuissance, ou plutôt ce demi-obscur, ce calme du "souterrain où il ne fait ni froid ni chaud, où le soleil ne luit pas et que la pluie ni le vent ne visite pas" [133].

Extérieurement, c'est une vie ordinaire à laquelle aucun événement important ne donne de relief.

Thérèse accepte avec amour cette conduite du Maître à son égard, et la voie qu'il lui impose. Elle fait sienne cette voie ordinaire qui lui est très chère. Elle prête si peu d'attention aux grâces extraordinaires, qu'elle parle une fois à Mère Agnès de la blessure d'amour [134], que c'est le hasard d'une conversation qui nous apprend qu'elle a expérimenté ce que sainte Thérèse d'Avila appelle les vols d'esprit [135]. A toutes les lumières sur la foi, elle préfère les lumières de son néant, à toutes les extases, les joies du sacrifice obscur, l'obscurité à la lumière, le voile terne qui recouvre sa vie profonde à toutes les manifestations extérieures, et même pour entrer dans la vision face à face, la mort de Jésus en croix lui paraît plus désirable que les débordements suaves de l'amour.

Quant à ses actes extérieurs et aux événements de sa vie, même les plus importants, il faut qu'ils revêtent des apparences telles que toutes les petites âmes puissent les reproduire. Elle arrive ainsi par la fidélité à sa grâce, à cacher si bien et l'action de Dieu et l'héroïsme de sa vertu sous le voile de la simplicité que sa vie paraît tout ordinaire et n'offre au regard d'un témoin "rien qui vaille la peine d'être raconté" [136].

---

132. Ms A, 32r°.
133. LT 110, (30.31-8-1890), à Sr Agnès de Jésus.
134. Cf. CJ 7.7.2.
135. Cf. CJ 11.7.2.
136. Jugement d'une religieuse du monastère de Lisieux peu de temps avant la mort de Sainte Thérèse de l'E.J. [Sœur S. Vincent de Paul : cf. *Correspondance générale*, II, p. 1216].

Thérèse entend bien d'ailleurs ne sacrifier aucune grâce intérieure à cette simplicité extérieure. Elle fera un jour cette déclaration si expressive :

> *Ce n'est pas la peine que cela paraisse pourvu que cela soit. Notre-Seigneur est mort d'amour sur la croix, et voyez quelle a été son agonie* [137].

Ce renoncement à paraître ne serait-il pas inspiré par le désir de vivre plus intensément la réalité des choses ? L'attrait qui porte sainte Thérèse de l'Enfant-Jésus vers la vie de Nazareth, comme vers l'idéal de sa vie intérieure, semble l'indiquer. L'onction de la divinité peut, en effet, étaler progressivement sa puissance dans l'Humanité sainte du Christ à Nazareth, la plénitude de la grâce peut se développer sans cesse en Marie sans que les témoins puissent saisir un rayonnement extraordinaire quelconque de ces richesses intérieures ineffables. Les puissances de Marie ont vibré sans doute sous le poids divin qui descendait en son âme au jour de l'Annonciation, pourquoi supposerions-nous qu'elles ont été ébranlées jusqu'à l'extase ? Ce qui est certain, c'est que la vie extérieure de Jésus et de Marie à Nazareth a été à ce point ordinaire, que leurs compatriotes furent scandalisés lorsque Jésus proclama devant eux sa mission divine.

L'instinct surnaturel qui portait sainte Thérèse de l'Enfant-Jésus vers Nazareth ne la trompait pas. Elle y découvrit, en effet, qu'elle pouvait vivre la réalité des choses, donc être sous une emprise complète de Dieu sans que cela paraisse extérieurement. La vie de Jésus et de Marie est l'illustration vivante et l'affirmation de la vie mystique la plus haute dans un parfait dégagement du paraître, c'est-à-dire de tout phénomène mystique.

Voici dégagée, par le fait même, l'essence de la vie mystique qui est constituée uniquement par l'emprise de Dieu, indépendamment de tout phénomène extérieur. Il a fallu à sainte Thérèse de l'Enfant-Jésus la lumière de Nazareth pour confirmer ses intuitions, et à nous-mêmes aussi pour oser le croire.

Ne peut-on pas aller plus loin ? Cette simplification de la vie mystique, réduite à son élément essentiel par l'élimination de tous les éléments secondaires que sont les phénomènes extérieurs, ne serait-elle pas une purification ? Ainsi simplifiée, elle serait donc plus pure et plus haute. L'exemple de Nazareth semble l'insinuer. Essayons de parvenir à une certitude.

Nous comprenons que dans la vie mystique la réalité ou l'être est distinct du paraître ou phénomène mystique, que le baptisé peut ne pas sentir la grâce créatrice qu'il reçoit, que Dieu peut opérer les plus profondes transformations surnaturelles sans que des manifestations extérieures signalent son action, car les

---

137. Cf. CJ 4.7.2 ; 15.7.1.

sens et la conscience psychologique qui enregistrent, sont bien loin des régions où s'opèrent ces merveilles surnaturelles. Et s'il est vrai que les infusions extra-ordinaires de charité produisent habituellement un choc dans les facultés naturelles, nous savons aussi que Dieu peut limiter ces effets sensibles, qu'une souplesse des facultés, soit naturelle, soit acquise par la purification des nuits, réduit ou arrête ces manifestations extérieures, en ployant sans résistance sous l'action divine comme les blés mûrs sous la brise.

Mais voici un texte de saint Jean de la Croix qui jette un jour singulier sur cette absence de phénomènes mystiques :

> *Voici,* écrit-il, *un rayon de soleil qui entre par la fenêtre. Plus il est pur et dégagé d'atomes, moins il est visible ; plus au contraire il y a d'atomes et de poussière dans l'air, plus il semble perceptible à l'œil. Le motif de ce phénomène, c'est que ce n'est pas la lumière que l'on voit en elle-même, elle n'est que le moyen par lequel nous voyons tout ce qu'elle éclaire, et nous ne le voyons que par la réverbération qu'elle produit autour d'elle, sans cela on ne la verrait pas. Voilà pourquoi, si le rayon de soleil entrait par la fenêtre d'un appartement et passait par la fenêtre opposée en traversant le milieu de l'appartement sans rencontrer un objet, ni l'air, ni un atome où il peut se refléter, il n'y aurait pas plus de lumière qu'auparavant dans l'appartement, et on ne verrait pas le rayon. Au contraire, si on y regarde bien, il y a plus d'obscurité là où est le rayon de soleil, parce qu'il enlève quelque chose de l'autre lumière et que lui-même, ainsi que nous l'avons dit, ne se voit pas en lui-même, dès lors qu'il n'y a pas d'objets visibles sur lesquels il puisse se refléter. Voilà ni plus ni moins ce que produit ce rayon divin de la contemplation dans l'âme* [138].

De cette explication du Docteur mystique recueillons la double affirmation : premièrement, la lumière divine et son action sont d'autant moins sensibles qu'elles sont plus hautes et qu'est plus pure l'âme qui les reçoit ; deuxièmement, cette lumière ou action de Dieu produit, parce que très haute, une certaine impression de privation ou d'obscurité, par le fait qu'elle réduit à l'impuissance les puissances naturelles. Résumons : une impression privatrice (obscurité ou impuissance) est la seule qui accompagne les interventions ou emprises directes de Dieu lorsqu'elles sont très hautes et qu'elles s'exercent dans un sujet très pur.

A la lumière de cet enseignement, nous pouvons conclure que l'absence de tout phénomène extérieur (choc sensible ou saveur débordante) dans une vie mystique bien caractérisée, devient un indice de la haute qualité des communications divines. Il n'est pas, donc, nécessaire de recourir au miracle pour expliquer l'aspect ordinaire et simple de la vie de Nazareth ; l'emprise parfaite de Dieu sur tout leur être, leur pureté et leur souplesse vigoureuse y suffisent.

---

138. JEAN DE LA CROIX, *Nuit Obscure*, L. II, ch. 8, p. 578.

Oserons-nous rapprocher l'expérience mystique thérésienne de celle de Jésus et de Marie ? Pourquoi pas ? Il ne s'agit pas de les mettre sur le même plan pour les comparer, mais de les éclairer à la lumière des mêmes principes. D'autant, d'ailleurs, que la petite Sainte a fait elle-même ce rapprochement et que son expérience nous est connue d'une façon beaucoup plus explicitée que celle de la Vierge Marie elle-même. Or, en sainte Thérèse de l'Enfant-Jésus, nous trouvons à la fois l'absence de grâces extraordinaires et une impression habituelle d'impuissance et d'obscurité, par conséquent, les deux indices convergents qui, d'après saint Jean de la Croix, signalent les hautes communications divines et la pureté de l'âme qui les reçoit ; qui décèlent, par conséquent, une très haute vie mystique.

Dès lors, tout s'éclaire pour nous en la vie spirituelle de notre Sainte, et les richesses spirituelles que répand sa pauvreté et les lumières qui jaillissent de sa simplicité. Nous comprenons pourquoi cette pauvreté lui est si chère, pourquoi à toutes les lumières elle préfère les expériences qui la creusent encore ; gagne-pain de l'amour dont elle provoque des effusions nouvelles, cette pauvreté est aussi le signe d'une plénitude que Dieu continue à enrichir de ses dons les meilleurs.

On ne saurait exprimer tout ce que nous découvre à nous-mêmes cette simplicité de la vie mystique de notre Sainte. Essayons cependant de les résumer en signalant la notion exacte qu'elle nous présente de la vie mystique réduite à une emprise de Dieu : l'encouragement précieux qu'elle apporte aux âmes dans la nuit en leur montrant que les expériences mystiques les plus sensibles ne sont pas les plus hautes ; enfin, et surtout, à la théologie spirituelle et à la psychologie, attardées jusqu'à présent dans l'étude des phénomènes mystiques ou des expériences positives et savoureuses des dons du Saint-Esprit, elle ouvre un champ d'exploration immense et presque inconnu, celui de cette expérience privative ou pauvreté spirituelle qui, à n'en pas douter, est l'expérience la plus fréquente et la plus constante de Dieu en même temps que l'indice révélateur des plus hautes vies mystiques. Bien comprise, cette simplicité nous semble devoir réformer bien des notions courantes sur la vie mystique, en même temps que capable d'orienter dans un sens nouveau, et très heureusement pour le bien des âmes, les études des maîtres en spiritualité.

4. En la montrant réalisable par tous les chrétiens, sainte Thérèse universalise la haute sainteté.

Cette constation est la conséquence de ce qui a été dit précédemment et nous permettra de conclure.

En nous découvrant le brasier vivant de la Miséricorde divine, qui cherche à répandre ses flammes, qui trouve sa joie à se donner et se plaint seulement de ne pas trouver d'âmes qui consentent à se laisser consumer, sainte Thérèse de l'Enfant-Jésus nous montre la volonté sanctificatrice de Dieu, sa réalité ardente et efficace ; en nous assurant que cet Amour n'attend de notre part, pour satisfaire ses désirs d'effusion et pour nous consumer, qu'une disposition de confiance et d'abandon, elle nous présente l'emprise divine et la transformation d'amour comme des réalités, non plus lointaines, mais abordables à tous, mieux encore, comme une réponse exigée par l'amour dont Dieu nous enveloppe, et donc comme un devoir pour tout chrétien qui veut vivre en plénitude sa vie chrétienne et remplir le précepte essentiel de l'amour.

En incarnant l'accomplissement parfait de ce précepte dans les devoirs de la vie ordinaire, en dégageant la vie mystique et les transformations qu'elle opère, de tout ce qui la signale et la singularise extérieurement, elle montre que la plus haute vie spirituelle est réalisable dans tous les milieux, en toutes les situations, sous le voile que la simplicité tisse à elle-même pour dissimuler ses richesses.

Quand, d'autre part, nous voyons cette faim de Dieu, cette soif ardente d'absolu, ce besoin de vie chrétienne intégrale et ces désirs obscurs de sainteté que l'action sentie des forces destructrices fait monter des âmes de notre temps, ainsi que l'accueil fait au message thérésien, les espérances qu'il fait naître, l'œuvre qu'il a déjà réalisée, les mots de renouveau et de renaissance spirituelle prononcés à son sujet, il nous paraît que se découvre à notre regard le dessein miséricordieux de Dieu sur notre temps. A notre civilisation raffinée et blasée qui a perdu le sens de l'infini et qui en souffre, Dieu a envoyé une enfant qui, avec les charmes et la pureté lumineuse de sa simplicité, redit le message éternel de son amour, à savoir qu'il nous a créés par amour, que son amour reste vivant, qu'il est plus ardent encore à cause de nos abandons, qu'il attend que nous l'aimions comme des enfants, que nous nous laissions aimer comme de tout petits enfants.

A chaque tournant de l'histoire l'Esprit Saint place un guide, à chaque civilisation qui se lève Il donne un maître chargé de dispenser sa lumière.

L'Église a eu ainsi Augustin, saint Benoît, saint François d'Assise et saint Dominique, sainte Thérèse d'Avila et saint Ignace et les autres. Au seuil de ce monde nouveau qui s'annonce, plus grand et plus puissant que les précédents parce qu'il embrasse et a conquis l'univers, plus tourmenté aussi et plus divisé, Dieu a placé Thérèse de l'Enfant-Jésus pour révéler et faire aimer l'Amour, pour organiser une légion innombrable de petites âmes ayant expérimenté l'Amour et capables d'en mener ici-bas les rudes combats.

Il est toujours dangereux de prophétiser. Mais est-ce prophétiser que d'exprimer nos pressentiments, à tous, notre conviction qui s'appuie sur l'œuvre déjà réalisée, sur l'étendue du champ où elle s'exerce qui n'est autre que l'univers entier, sur la puissance et la pureté de la lumière qui jaillit, et d'affirmer que Thérèse sera, est déjà parmi les grands maîtres spirituels de l'Église, parmi les plus puissants conducteurs d'âmes de tous les temps.

SIGLES DES OUVRAGES CITÉS

(en référence à l'Édition du Centenaire
des œuvres de sainte Thérèse de l'Enfant-Jésus)

BT	: *La Bible avec Thérèse de Lisieux* (Cerf/DDB, 1979).
CG I, II	:*Correspondance générale* (Cerf/DDB, 1972-1973).
CJ	: Carnet jaune de Mère Agnès de Jésus.
CRM	: "Carnet rouge" de Sœur Marie de la Trinité (= Déposition au Procès).
CSG	: *Conseils et Souvenirs*, Sœur Geneviève, 1952.
CV I, II, III, IV, V	: Cinq Cahiers verts de Mère Agnès de Jésus.
DE I, II	: *Derniers Entretiens de sainte Thérèse de l'Enfant-Jésus et de la Sainte-Face*, 2 tomes (Cerf/DDB, 1971).
DE/G	: *Derniers Entretiens*, recueillis par Sœur Geneviève.
Im	: *Imitation de Jésus-Christ*.
Ima	: Neuf "images bibliques" réalisées par Thérèse.
JEV	: "*J'entre dans la Vie*", éditions manuelle des *Derniers Entretiens* (Cerf/DDB), 1973).
LT	: *Lettres de sainte Thérèse de l'Enfant-Jésus* nouvelle édition 1972-3 ; édition manuelle 1977.
Ms A	: Manuscrit autobiographique dédié à Mère Agnès de Jésus.
Ms B	: Lettre à Sœur Marie du Sacré-Cœur.
Ms C	: Manuscrit autobiographique dédié à Mère Marie de Gonzague.
NV	: *Novissima Verba*, imprimés en 1927.
PN I, II	: *Poésies de sainte Thérèse de l'Enfant-Jésus*, édition intégrale, 2 tomes (Cerf/DDB, 1979).
PN 1 à 54	: Poésies, numérotation nouvelle (1979).
PA	: Procès Apostolique (1915-1917) (Rome, 1976).
PO	: Procès de l'Ordinaire (1910-1911) (Rome, 1973).
Pri	: *Prières de sainte Thérèse de l'Enfant-Jésus et de la Sainte Face* (Cerf/DDB, 1988).
RP	: *Théâtre au Carmel, "Récréations pieuses", de sainte Thérèse de l'Enfant-Jésus et de la Sainte-Face*, (Cerf/DDB, 1985).
VT	: Revue *Vie Thérésienne* (Lisieux).
VTL	: *Visage de Thérèse de Lisieux*, volume photos 1961.

TABLES DES MATIÈRES

CONNAÎTRE ET RÉVÉLER L'AMOUR :
THÉOLOGIE DE LA VOIE D'ENFANCE

AU-DELÀ DES FRONTIÈRES :
UNE DOCTRINE UNIVERSELLE

SAINTE THÉRÈSE DE L'ENFANT-JÉSUS,
DOCTEUR DE LA VIE MYSTIQUE

Dans le cadre des *Éditions du Carmel*, la Collection du

CENTRE NOTRE-DAME DE VIE

se présente en quatre séries :

Spiritualité
Théologie
Catéchèse
P. Marie-Eugène de l'E.-J.

La Collection veut retrouver *l'unité fondamentale* entre *la vie spirituelle, la réflexion théologique* et *l'annonce de l'Évangile* au monde d'aujourd'hui, la primauté étant donnée à la contemplation comme source de toute théologie et de tout apostolat.

Cette synthèse vivante trouve son inspiration profonde dans le charisme du Père Marie-Eugène de l'Enfant-Jésus, carme et fondateur de l'Institut Notre-Dame de Vie.

AUX ÉDITIONS DU CARMEL

PÈRE MARIE-EUGÈNE DE L'E.J.,
Je veux voir Dieu, 1988[7] (1ère édition 1957).

R. RÈGUE,
Père Marie-Eugène de l'Enfant-Jésus, maître spirituel pour notre temps, 1978.

REVUE "CARMEL",
Un maître spirituel, le Père Marie-Eugène o.c.d., 1988/3-4, n° 51.

Dans la collection Centre Notre-Dame de Vie

SÉRIE SPIRITUALITÉ

Sainte Thérèse d'Avila (Colloque de Venasque, septembre 1982), 1983.

Jésus-Christ, Rédempteur de l'homme (Rencontre du Centre Notre-Dame de Vie, juillet 1985), 1986.

Le Christ et l'Église (Rencontre du Centre Notre-Dame de Vie, juillet 1986), 1987.

Viens Esprit Saint (Rencontre du Centre Notre-Dame de Vie, juillet 1987), 1988 (épuisé).

Marie, Mère de Dieu (Rencontre du Centre Notre-Dame de Vie, juillet 1988), 1989.

L'Évangile de Jésus (Rencontre du Centre Notre-Dame de Vie, juillet 1989), 1990.

SÉRIE THÉOLOGIE

L. MENVIELLE, *Marie, Mère de Vie, Approche du Mystère marial à partir d'Irénée de Lyon,* 1986 (épuisé).

F.M. LÉTHEL, *Connaître l'amour du Christ qui surpasse toute connaissance - La théologie des saints,* 1989.

SÉRIE P. MARIE-EUGÈNE DE L'E.J.

Jésus - Contemplation du Mystère Pascal, 1986.

Ton amour a grandi avec moi. Un génie spirituel, Thérèse de Lisieux, 1987.

La Vierge Marie toute Mère, 1988.

Au souffle de l'Esprit. Prière et action, 1990.

Jean de la Croix, Présence de lumière, 1991.